제자훈련에 인생을 건 광인(狂人) 옥한흠. 그는 선교 단체의 전유물이던 제자훈련을 개혁주의 교회론에 입각하여 창의적으로 재해석하고 지역 교회에 적용한 교회 중심 제자훈련의 선구자다.

1978년 사랑의교회를 개척한 후, 줄곧 '한 사람' 목회철학으로 예수 그리스도를 닮은 평신도 지도자를 양성하는 데 사력을 다했다. 사랑의교회는 지역 교회에 제자훈련을 접목해 풍성한 열매를 거둔 첫 사례가 되었으며, 국내외 수많은 교회가 본받는 모델 교회로 자리매김했다. 1986년에 시작한 〈평신도를 깨운다 제자훈련 지도자 세미나〉(Called to Awaken the Laity, CAL세미나)는 제자훈련을 목회의 본질로 끌어안고 씨름하는 수많은 목회자에게 이론과 현장을 동시에 제공하는 탁월한 세미나로 인정받고 있다.

철저한 자기 절제가 빚어낸 그의 설교는 듣는 이의 영혼에 강한 울림을 주는 육화된 하나님의 말씀으로 나타났다. 50대 초반에 발병하여 72세의 일기로 생을 마감할 때까지 그를 괴롭힌 육체의 질병은 그로 하여금 더욱 더 하나님 말씀에 천착하도록 이끌었다. 삶의 현장을 파고드는 다양한 이슈의 주제 설교와 더불어 성경 말씀을 심도 있게 다룬 강해 설교 시리즈를 통해 성도들에게 하나님 말씀을 이해하는 지평을 넓혀준 그는, 실로 우리 시대의 탁월한 성경 해석자요 강해 설교가였다.

설교 강단에서뿐만 아니라 삶의 자리에서도 신실하고자 애썼던 그는 한목협(한국기독교목회자협의회)과 교갱협(교회갱신을위한목회자협의회)을 통해 한국교회의 일치와 갱신에도 앞장섰다. 그리하여 보수 복음주의 진영은 물론 진보 진영으로부터도 존경받는, 보기 드문 목회자였다.

1938년 경남 거제에서 태어났으며 성균관대학교와 총신대학원을 졸업했다. 미국의 캘빈신학교(Th. M.)와 웨스트민스터신학교에서 공부했으며, 동(同) 신학교에서 평신도 지도자 훈련에 관한 논문으로 학위(D. Min.)를 취득했다. 제자훈련 사역으로 한국교회에 끼친 공로를 인정받아 웨스트민스터신학교에서 수여하는 명예신학박사 학위(D. D.)를 받았다. 2010년 9월 2일, 주님과 동행한 72년간의 은혜의 발걸음을 뒤로하고 하나님의 너른 품에 안겼다.

교회 중심의 제자훈련 교과서인 《평신도를 깨운다》를 비롯해 《길》, 《안아주심》, 《고통에는 뜻이 있다》, 성경 강해 시리즈인 《로마서 1, 2, 3》, 《요한이 전한 복음 1, 2, 3》 등 수많은 스테디셀러를 남겼으며, 그의 인생을 다룬 책으로는 《열정 40년》, 《광인》 등이 있다.

옥한흠 전집 주제 08

그리스도인의 자존심
희망은 있습니다

그리스도인의 자존심

옥한흠 지음

국제제자훈련원

들어가며

언젠가 내가 읽은 한 토막의 이야기가 생각난다. 어떤 농부가 어린 독수리 새끼를 잡아 집에서 키우게 되었다. 뒷마당에 있는 닭장 안에 가두어 두고 날마다 먹이를 주면서 돌보고 있었는데 그 독수리 새끼는 하루가 다르게 잘 자랐다. 그러나 그 행동거지가 닭을 닮아가 고 있었다. 종일 땅만 쳐다보며 돌아다니는가 하면 무엇인가를 쪼아 먹는 시늉을 하면서 노는 것이었다.

어느 날, 독수리가 많이 서식하고 있는 지방에서 목장을 경영하고 있는 친구가 그 집을 방문하여 닭처럼 이리 기웃 저리 기웃하며 돌아다니고 있는 이 독수리를 보게 되었다. 그는 독수리를 하도 많이 보고 산 사람이라 진짜 독수리라면 저럴 수가 없다고 생각하였다. 그래서 주인과 의논하여 한번 시험을 해보기로 하였다.

두 사람은 독수리를 가지고 뒷산으로 올라가 큰 바위에다 내려놓았다. 푸른 하늘 확 트인 광활한 들판을 얼마 동안 쳐다보던 독수리는 거침없이 날갯짓을 하면서 날아오르기 시작하였다. 그리고 다시는 그들에게 돌아오지 않았다. 그 새는 독수리이지 닭이 아니었기 때문이다.

　나는 이렇게 질문하고 싶다. 다양한 문화와 상대적인 가치관이 엄청난 영향을 끼치고 있는 현대사회 속에 갇혀 사는 우리에게 정말 자존심이라는 것이 남아 있는가? 내가 누구이며 무엇을 위해 살고 있는가를 분명하게 자각하고 있는가? 그리고 이 자존심 때문에 세상 사람들과 구별되는 우리의 정체성을 보여 주고 있는가? 행여나 닭의 행세를 하면서 살고 있는 독수리가 아닌가?

　우리는 모두 이 질문들을 마음에 담고 정직하게 대답할 필요가 있다고 생각한다. 왜냐하면 시간이 흐를수록 많은 사람한테서 그리스도인의 정체성이 흐려지고 있는 것을 보기 때문이다. 교회 밖에서 독수리인지 닭인지 분간하기가 어려운 처신을 하는 자들이 자꾸만 늘어나고 있는 것처럼 보이기 때문이다.

　우리가 잘 아는 것처럼 누구든지 예수님을 구주로 고백하는 것은 곧 자기 자신을 세상 사람과 차별화하는 엄숙한 결단을 의미한다. 이 차별화는 즉시 거룩한 자존심으로 자리매김하여 우리의 마음과 언동을 지배하는 원리로 작용하게 된다. 따라서 이 세대를 본받지 않고 하나님의 뜻에 순종하고자 하는 강한 의지를 가지게 된다. 그러므로 그리스도인은 자신의 거룩한 자존심을 해치는 일을 함부로 할 수 없게 된다.

　영생을 선물로 받은 우리가 어찌 자존심을 잃어버리고 세상에 아부할 수 있는가? 하나님 나라의 왕좌가 무엇이 부족해서 세상 사람들의 상에서 떨어지는 부스러기를 구걸할 수 있겠는가? 왕 같은 제사장이 어떻게 소돔과 고모라의 거리에서 취항 비틀거릴 수 있는가? 자존심이 조금이라도 있다면 절대로 이렇게 살 수 없을 것이다.

　어느 정신과 의사의 글을 보니 최근에 자존심을 다쳐서 병원을 찾는 환자가 늘어나고 있다고 한다. 자존심이란 자기 수용, 자기 인정, 자기 존중의 태도인데 자존심이 상처를 입으면 커다란 분노가 일어난다고 한다. 그 분노가 밖으로 터지면 남에게 상처를 입히지만 자기 내부로 향하면 불면증, 의욕 상실, 우울증, 죄책감 등의 증세를 유발한다고 한다.

나는 이 글을 읽으면서 '자존심을 다치고 환자가 되는 편이 그렇지 못한 편보다 낫지 않겠는가?' 하는 생각을 해 보았다. 에서가 잠깐의 배고픔을 참지 못해 죽 한 그릇에 장자 명분을 팔아먹듯이, 그리스도인으로서의 자존심을 잊고 잠시 잠깐 누리는 낙을 위해 세상과 타협하고 불의 앞에 무릎 꿇고 하찮은 것들을 놓고 희비가 교차하는 생활을 태연하게 할 수 있다면, 그럼에도 아무 이상이 나타나지 않는다면 어찌 이것을 정상이라고 할 수 있겠는가? 차라리 부끄러워하고 억울해하고 탄식하고 그래도 분이 가라앉지 않아서 자리에 눕는 사람이 훨씬 건전하지 않겠는가?

지금은 우리가 모두 내가 누구인가를 다시 한번 물으면서 진지하게 말씀 앞에 앉아 하나님의 음성을 들어야 할 때라고 믿는다. 자기 신분에 대한 자각이 되살아나면 거룩한 자존심을 회복할 수 있을 것이다. 그렇게 되면 세상 사람처럼 날마다 '돈! 돈!' 하면서 구걸하지 못할 것이다. 경건하게 살려다가 핍박당하는 것을 부끄러워하지 않을 것이다. 좁은 길을 걸으면서도 찬송하게 될 것이다. 병든 이 사회를 치유할 수 있는 하나님의 손으로 크게 쓰임 받을 수 있을 것이다.

비록 작은 책이지만 한국 교회가 자존심을 회복하는 데 조금이나마 보탬이 되기를 바란다.

옥한흠

차례

들어가며   5

1   구경꾼으로 서 있지 마십시오   11
2   특명, 자존심 회복   27
3   생긴대로 삽시다   43
4   당신의 삶 전부를 변화시켜야 합니다   59
5   당당하게 삽시다   77
6   돈을 이겨야 세상을 얻습니다   91
7   신뢰와 긍정의 이중주   111
8   인격이 변해야 삶이 변합니다   129
9   죄와의 동거를 청산하십시오   145
10   종말을 향한 카운트다운   161
11   하나님의 은혜는 실패하는 법이 없습니다   175
12   오늘을 즐겁게 사는 법   189
13   겉옷까지 주십시오   209
14   그리스도인의 사전에는 낙심은 없습니다   227
15   충성스러운 삶이 열매를 맺습니다   243

희망은 있습니다   267

I

구경꾼으로
서 있지 마십시오

빛이 있는 곳에서 어두움이 그 세력을 떨칠 수 없고,
의의 자녀들이 버티고 서 있는 곳에서 악의 자녀들이 횡포를 부릴 수 없습니다.

요한계시록 14:1-5

1 또 내가 보니 보라 어린양이 시온산에 섰고 그와 함께 십사만 사천이 서 있는데 그들의 이마에는 어린양의 이름과 그 아버지의 이름을 쓴 것이 있더라 2 내가 하늘에서 나는 소리를 들으니 많은 물소리와도 같고 큰 우렛소리와도 같은데 내가 들은 소리는 거문고 타는 자들이 그 거문고를 타는 것 같더라 3 그들이 보좌 앞과 네 생물과 장로들 앞에서 새 노래를 부르니 땅에서 속량함을 받은 십사만 사천 밖에는 능히 이 노래를 배울 자가 없더라 4 이 사람들은 여자와 더불어 더럽히지 아니하고 순결한 자라 어린양이 어디로 인도하든지 따라가는 자며 사람 가운데에서 속량함을 받아 처음 익은 열매로 하나님과 어린양에게 속한 자들이니 5 그 입에 거짓말이 없고 흠이 없는 자들이더라

구경꾼으로
서 있지 마십시오

사석에서 만나는 사람 중에는 불신자들이 가끔 있습니다. 그런데 그들에게 "요즘 세상에 믿는 사람이라고 해서 안 믿는 사람과 다른 점이 있나요? 믿는 사람이 세상 사람들보다 더 나빠지지 않는 것만 해도 다행이지요"라는 이야기를 들을 때가 있습니다. 매우 심각한 이야기입니다. 사람들의 이러한 판단은 이제 교회와 세상, 신자와 불신자를 구별할 만한 기준이 별로 없다는 사실을 꼬집는 말이기 때문입니다. 실로 심각한 현실이 아닐 수 없습니다. 따라서 우리는 이 시간 하나님의 말씀을 통해서 우리의 정체성에 대해 분명한 가르침을 얻어야 할 것입니다.

우리가 잘 아는 철학자 쇼펜하우어(Arthur Schopenhauer, 1788-1860)가 한번은 무엇인가 생각에 골몰하여 길을 걷다가 맞은편에서 오는 사람과 부딪쳤다고 합니다. 화가 난 상대방이 "여보시오. 도대체 당신이 누군데 앞도 보지 않고 걸어오는 거요?"라고 하자. 쇼펜하우어는 멋쩍은 표정으로 이렇게 대답했다고 합니다. "내가 누구냐고요? 글쎄올시다. 나도 방금 그걸 생각하고 있었습니다." 철학자다운 대답이 아닐 수 없습니다. '내가 누구인가?' 하는 문제에 몰두해서 앞에 사람이 가는지 오는지 모를 정도로 자신에게 집착하는 일은 가끔 필요하다고 생각합니다. 현대인들은 쇼펜하우어와 같은 자기 성찰의 시간을 전부 도둑맞고 살기 때문에 신자, 불신자를 막론하고 모두가 방향감각을 잃은 채 불안해하는 것인지도 모릅니다.

세상과 구별된 존재

사도행전부터 요한계시록까지 보면 예수님을 믿는 사람에 대한 호칭이 "믿는 자"에서 "제자", "그리스도인" 그리고 "성도"의 순으로 바뀌고 있는 것을 발견할 수 있습니다.

　신약시대 초기에는 예수님을 믿고 교회 안에 들어온 사람을 '믿는 자'라고 불렀습니다. 예수님을 구주로 믿는다는 의미입니다. 그다음에 '믿는 자'는 선생이신 예수님을 그대로 닮아 가는 사람이라는 뜻의 '제자'로 바뀌었습니다. 제자는 예수님께 순종하고 예수님께 배우며 그의 발자취를 하나하나 따르려는 자입니다. 그 후 기독교의 중심이 예루살렘에서 세계적 도시인 안디옥으로 옮겨지자 제자로 불리던 사람들이 그 지역에 있는 이방 사람들로부터 '그리스도인'이라는 별명을 얻었습니다. 그리스도인이란 바로 '예수님을 닮은 자' '또 다른 예수' 혹은 '작은 예수'와 같은 말입니다. 예수님의 뜻대로 살려고 노력하다 보니 자신도 모르게 그 인품이나 생활하는 모습에서 예수님을 보여 주는 존재가 된 이들을 향해 세상 사람들은 또 하나의 예수님을 보는 것 같은 느낌을 받았던 것입니다.

　이윽고 복음이 로마제국의 구석구석으로 전파되면서 그리스도인은 '성도'라는 이름으로 다시 바뀌어 불렸습니다. 성도가 뭡니까? 세상과 구별된 거룩한 사람을 말합니다. 서신서를 보면 예수님을 믿는 자들이 제자나 그리스도인이라는 호칭 대신 대부분 성도로 불리고 있는 것을 볼 수 있습니다. 이와 같은 호칭의 변화에서 예수님을 믿는 사람은 세상 사람들과 확연하게 구별되어 왔으며, 앞으로도 계속 구별되어야 할 존재라는 사실을 알게 됩니다.

창세기에서 요한계시록에 이르기까지 성경 66권을 통하여 하나님은 한결같이 '너희는 구별된 백성, 곧 거룩한 백성'이라고 말씀하고 계십니다. "이방인에게 마음을 주거나 그들의 행위를 따라 하지 말며, 이방인의 딸들을 며느리로 삼거나 너희의 아들을 그들에게 주지 말며, 그들과 어떤 맹세도 하지 말라"(신 7:2-3 참조)라고 가르치는 것은 바로 이러한 이유 때문입니다. 포로 된 이후에 이스라엘 백성은 성령님의 은혜 안에서 이러한 선민의식을 다시 강하게 회복했습니다. 세계 곳곳으로 흩어져서 방랑 생활을 했지만, 그들은 결코 다른 민족에 동화되지 않았던 것입니다. 신약시대로 접어들면서 이 선민의식은 모든 그리스도인에게 그대로 적용되었습니다. 성경은 장마다 '너희는 그리스도의 피로 깨끗함을 받은 자들이다. 성령의 사람이다. 하나님의 자녀이며, 하늘의 유업을 받을 자들이다. 그러므로 세상과 구별되라. 내가 거룩한 것 같이 너희도 거룩하라'라는 메시지를 끊임없이 들려주고 있습니다. 그렇습니다. 예수님을 믿는 사람인 우리는 다른 사람과 반드시 구별되어야 할 존재입니다.

그럼에도 불구하고 신자와 불신자 사이에 그어 놓은 선이 희미해지기 시작하면 하나님의 심판이 따라오게 되어 있습니다. 심판은 "저게 신자냐?" 하는 사람들의 손가락질로부터 시작됩니다. 그렇게 짓밟히고도 정신 차리지 못하면 하나님은 개인을 심판하십니다. 개인이 정신을 못 차리면 교회가 심판을 받습니다. 그리고 더 나아가 교회가 정신 차리지 못하면 사회가 심판을 받고, 국가가 심판을 받습니다. 이것이 지난 2천 년 동안의 교회사를 통해서 하나님이 우리에게 주신 엄숙한 교훈입니다.

오늘날 우리가 직면한 가장 심각한 문제 중 하나는 바로 신자와 불신자의 구별이 쉽지 않다는 것입니다. 자녀를 보는 시각에서부터 가치관이나 미래에 대한 비전 그리고 세계관에 이르기까지 신자와 불신자 사이에 큰 차이가 없습니다. 이렇게 그리스도인들이 '나는 누구인가?' 하는 자의식에 대해 이처럼 불투명하다면 어떻게 이 세상에서 하나님 자녀의 역할을 감당할 수 있겠습니까? 어떤 사람은 우리가 직면한 이 심각성에 대해 세상이 악해졌기 때문이라며 자꾸 그 탓을 돌리려 합니다. 그러나 이것은 바른 태도가 아닙니다. 세상은 옛날이나 지금이나 변하지 않았습니다. 아담과 하와가 에덴동산에서 쫓겨난 이후부터 지금까지 그래 왔듯이 세상은 원래 악한 곳입니다. 그러므로 "왜 세상이 자꾸 악해지느냐"라고 비판만 하는 것은 의미가 없는 일입니다.

문제는 우리가 세상의 악을 견제할 수 있는 선한 존재, 어두움에 대항할 수 있는 빛의 존재가 되느냐 못 되느냐에 있습니다. 빛이 있는 곳에서 어두움이 그 세력을 떨칠 수 없고, 의의 자녀들이 버티고 서 있는 곳에서 악의 자녀들이 횡포를 부릴 수 없습니다. 만약 하나님의 자녀들이 의의 옷을 입고 이 세상 어두움의 자녀들과 맞서기를 주저하지 않는다면, 아무리 세상이 악해도 거기에는 문제를 해결할 가능성이 있습니다.

그 수가 적었던 과거에는 사람들이 그리스도인을 개인적으로 평가했습니다. "저 사람이 예수를 믿는다는데, 우리와 다른 점이 뭔가?" 하는 것이 예수님을 믿지 않는 사람들의 주된 관심사였습니다. 그러나 이제는 사정이 달라졌습니다. 대한민국의 어느 단체를 놓고 봐도 교회만큼 동질성이 있는 다수를 가진 단체가 없습니다. 교회만큼 주기적으로 사람들을 수십, 수백, 혹은 수천에서 수만에 이르기까지 한자리에 모아 놓고 체계적으로 수준 높은 교육을 하는 단체는 없습니다. 그런 의미에서 교회는 가장 큰 응집력을 가진 집단이라고 보아야 합니다. 사람들은 이제 기독교를 집단적으로 평가합니다. 달리 말해서, 수백 만에 이르는 그리스도인들을 놓고 기독교의 진면모를 보려고 하는 것입니다. 이런 도전 앞에 우리는 우리의 진면모가 무엇인가를 보여 줄 수 있어야 합니다. 그렇지 않으면 교회는 짠맛을 잃은 소금의 처지로 전락하고 말 것입니다. 그러면 우리는 과연 그들에 비해 구체적으로 무엇이 다릅니까?

○ ○ ○ ○ ○ ○ ○ ○
14만 4천과 우리

거의 1세기를 살았던 사도 요한은 당시 예수님의 12제자 중에 가장 연소했으며, 그들 중에 가장 오래 살아남았던 인물이기도 합니다. 말년에 교회의 감독과 사도를 겸하고 있었던 그는 네로(Nero Claudius Caesar Augustus Germanicus, 37–68) 황제 때 기독교에 대한 탄압이 강화되자 제일 먼저 핍박의 대상이 되었습니다. 전하는 바로는 그는 기름이 끓는 가마솥에 들어갔지만, 하나님이 기적적으로 살려 주셨다고 합니다. 갖은 핍박에도 불구하고 살아 있는 그가 핍박자들에게는 마치 불사조와 같은 존재로 비쳤는가 봅니다. 겁이 난 로마의 위정자들은 그를 불모의 귀양지 밧모섬으로 보내 버렸습니다. 그렇다고 그가 그곳에서 망망대해를 바라보고 지나온 삶을 반추하며 남은 생을 조용히 마무리 지었겠습니까? 아닙니다.

　하나님께서 그를 백 세 가까이 살게 하신 데는 중요한 이유가 있었습니다. 그것은 이 세상의 종말과 예수님의 재림과 새 하늘과 새 땅의 영광을 미리 환상으로 보여 주시고, 그것을 기록해서 교회에 전하도록 하는 것이었습니다. 요한계시록은 그렇게 해서 탄생했습니다. 아직도 이 성경은 인간의 능력으로 해석할 수 없는 비밀을 많이 간직하고 있습니다. 우리도 성령께서 깨닫게 해 주시는 범위 안에서만 그 신비의 세계를 들여다볼 수 있습니다.

요한이 본 신비로운 장면 가운데 하나가 바로 14만 4천이라는 숫자의 거룩한 무리였습니다. 그들은 시온산에 서 있었습니다. 이 시온산을 하나님 나라로 해석하느냐, 아니면 이 지상에 있는 교회로 해석하느냐 하는 문제는 지금 다루지 않겠습니다. 왜냐하면 어느 쪽의 해석을 취하느냐에 따라서 요한계시록을 보는 전반적인 시각이 달라지기 때문입니다. 여기에서 더 중요한 쟁점은 '14만 4천 명의 존재가 과연 누구냐' 하는 것입니다. 어떤 학자는 구약시대에 하나님을 잘 믿었던 무리의 수라고 말합니다. 또 다른 학자는 4절의 "여자와 더불어 더럽히지 아니한 자"를 근거로 해서 일반적인 신자들이 아니라 결혼하지 않고 동정을 지키면서 특별히 헌신한 성자들이라고 말하기도 합니다. 곧 신자 중의 신자, 교회 중의 교회, 택자 중의 택자인 하늘의 귀족 계급이라는 것입니다.

하지만 14만 4천을 어디까지나 상징적인 숫자입니다. 구약시대에 이스라엘의 선민을 대표하는 수는 12지파의 '12'입니다. 또 신약시대의 교회를 대표하는 것도 12사도의 '12'입니다. 구약과 신약을 대표하는 두 수를 곱하면 '144'가 됩니다. 또 성경에서 완전한 수로 보는 '10'을 세 번 곱하면 '천'이 되고, 여기에 다시 144를 곱하면 '14만 4천'이 됩니다. 이런 이유로 해서 저는 '14만 4천'을 주님이 구원하시기로 작정한 모든 성도의 모임, 즉 완성된 하나님 나라의 모습이라고 믿습니다.

이 수에는 저와 여러분을 비롯하여 예수님을 믿는 대다수의 성도가 반드시 포함되어야 합니다. 따라서 그 14만 4천 명에게 나타나고 있는 여러 가지 특징이 바로 우리 자신의 참모습이어야 할 것입니다.

시온산에 선 그들의 모습에서 우리는 세상 사람들과는 매우 다른 특징을 볼 수 있습니다. 그러나 그것은 하늘나라에서 갑자기 주어진 것이 아니라, 그들이 세상에 있을 때부터 본질적으로 지니고 있었던 차별성이었습니다. 이 세상에서 예수님을 믿고 새로운 피조물이 된 순간부터 이미 그들은 세상 사람들과 전혀 다른 모습이 되었습니다. 그것이 사도 요한의 환상을 통해 뚜렷하게 부각된 것입니다.

유명한 영국의 설교자 스펄전(Charles Haddon Spurgeon, 1834-1892)이 이런 말을 했습니다. "이 세상은 악기를 만드는 장소이다. 이곳에서 악기를 잘 만들고 조율까지 완전하게 해야만 하나님 나라에 갔을 때 그 악기를 연주할 수 있다. 그러나 악기만 만들어 놓고 조율하지 않으면 하나님 나라에서 그 악기로 찬양할 수 없다."

옳은 말입니다. 14만 4천 명에게 있는 아름다운 특징은 우리가 이 세상에서부터 소유하고 있는 것입니다. 하나님 나라에 갔다고 해서 갑자기, 새삼스럽게 얻어지는 것이 아닙니다. 그러므로 우리는 14만 4천 명에게서 볼 수 있는 아름다운 것들을 지금 가지고 있어야 합니다. 그래야 세상 사람들과 어떻게 구별되는가를 말할 수 있을 것입니다.

◦ ◦ ◦ ◦ ◦ ◦
소속이 다르다

14만 4천 명은 소속이 달랐습니다. 요한계시록 14장 1절에 보면 시온산에 서 있는 그들의 이마에는 어린양의 이름이 있고, 그 아버지의 이름이 쓰여 있다고 했습니다. 얼굴은 사람의 인격을 나타냅니다.

얼굴 가운데서도 특히 이마는 쉽게 눈에 띄는 부위입니다. 따라서 예수님과 하나님의 이름이 그 이마에 있다는 것은 그들이 하나님에게 속한 사람이고, 어디를 가도 그 신분을 감출 수 없으며, 멀리서 보아도 그가 누구라는 것을 당장 알 수 있는 구별된 존재라는 뜻입니다. 학교 운동회에서 학생들이 이마에 청 띠와 백 띠를 둘러 청군이나 백군에 속했음을 나타내고, 군인들이 모자에 계급장을 달아서 자신의 신분이나 소속을 나타내는 것처럼, 하나님은 예수님을 믿는 우리 모두에게 성령으로 인을 치신다고 했습니다. 마치 이마에 이름을 새긴 것처럼 언제 어디서나 볼 수 있도록 성령의 도장을 찍어 놓으셔서 우리 눈에는 안 보이지만 영계(靈界)의 모든 악령은 우리가 하나님의 소유라는 것을 금방 알아차립니다.

반면에 세상 사람들은 그 이마에 짐승의 이름이 씌어 있다고 합니다. 사탄의 소유라는 의미입니다. 얼마나 대조적입니까? 그러므로 비록 우리 눈에는 보이지 않는다고 할지라도 우리에게 이같이 분명한 도장이 찍혀 있는 이상, 세상에 나가서 우리 신분을 숨길 수가 없습니다. 예수님은 이렇게 말씀하셨습니다.

> 너희가 세상에 속하였으면 세상이 자기의 것을 사랑할 것이나 너희
> 는 세상에 속한 자가 아니요 도리어 내가 너희를 세상에서 택하였기
> 때문에 세상이 너희를 미워하느니라_요 15:19

그러므로 우리는 세상에 나가서 자신의 소속을 분명히 밝혀야 합니다. 세상 사람들이 이질감을 느끼고, 심지어 증오하는 일이 있어도 우리 신분을 알려야 합니다. 이것이 우리의 능력입니다. 등불을 켜서 이불로 덮어 놓는 사람은 없습니다. 등불은 모든 사람이 멀리서도 볼 수

있도록 높은 곳에 달아 두어야 합니다. 만약 등불이 그 역할을 하지 않는다면 사방이 어두움으로 가득 찰 것입니다. 마찬가지로 그리스도인들이 세상에 나가서 자신이 하나님께 속한 사람이라는 사실을 밝히기 꺼린다면, 그것은 등불을 이불로 덮어 놓는 행위나 다를 것이 없습니다. 그렇게 되면 우리 주변에는 어두움이 있을 뿐입니다.

그런데 실제로 사회생활을 하는 많은 사람이 자신을 그리스도인으로 밝히기를 주저한다는 놀라운 이야기를 들은 적이 있습니다. 그것은 출세 지상주의나 이기주의 등의 이상한 모자를 눌러써서 이마에 있는 하나님과 예수님의 이름을 가리는 행위입니다. 우리 사회가 건강하고 우리 민족이 바르게 살아가려면, 각 곳에 흩어져 있는 모든 성도가 그 모자를 벗고 자기 신분을 분명히 밝힐 수 있어야 합니다.

○ ○ ○ ○ ○ ○ ○
행동 기준이 다르다

14만 4천 명은 행동 기준이 달랐습니다. 요한계시록 14장 4절 상반절을 보십시오. "이 사람들은 여자와 더불어 더럽히지 아니하고 순결한 자"라고 했습니다. 여기에서 '여자'는 세상을 상징합니다. 세상에 물들지 않고 지조가 있는 그들은 '어린양'이 어디로 인도하든지 따라가는 자들이었습니다. '어린양'이라는 말에 주목하기를 바랍니다. 이 단어에는 사랑의 고백이 담겨 있습니다. 평생 변치 않겠다는 정조의 서약이 들어 있습니다. '어린양'은 십자가에서 나 대신 돌아가신 예수님을 가리키는 말이기 때문입니다. 어린양은 14만 4천의 성도를 위해 십자가의 저주를 자진해서 받으셨습니다. 시온산에 서 있는 거룩한 무리는 이 놀라운 사랑에 마음이 녹아내린 자들이었습니다. 그 사랑을 발견하는 순간부터 그들은 자신의 마음과 몸을 던져 예수님만 사랑하기로 서약한 자들이었습니다.

그들의 삶의 원칙은 예수님을 향한 사랑에 의해 좌우되었습니다. 세상 돌아가는 대로 적당히 살아가는 지조 없는 사람이 아니었습니다. 예수님이 기뻐하시면 하고 싫어하시면 하지 않았습니다. 이것이 14만 4천 명의 행동 기준이었습니다.

지조 있는 삶이란 단순히 죄를 짓느냐, 짓지 않느냐 하는 문제에만 적용되는 것이 아닙니다. 요즘 흔하게 보는 실직 문제를 예로 들어 보겠습니다. 어느 가정에 예수님을 안 믿는 남편이 40이 넘은 나이에 실직을 당했습니다. 누구나 이런 충격을 받으면 눈앞이 캄캄해질 수밖에 없습니다. 사실 남편의 직업이 떳떳한 것이 아니어서 예수님을 믿게 된 아내는 늘 괴로웠습니다. "주님, 남편의 직업을 바꾸어 주세요. 적게 벌어도 좋습니다. 하나님의 자녀답게 살기 원합니다." 그런데 남편이 그 직장에서 물러나게 된 것입니다. 이때 예수님을 믿는 아내는 자신의 기도를 들어주신 주님께 감사드리고, 지금까지 자신을 인도하신 하나님이 이 어려움 속에서도 꼭 도와주실 것을 믿는다는 자신의 믿음을 남편에게 고백하면서 예수님을 믿으라고 전할 것입니다. 그다음에 교회를 찾아가든지, 골방으로 들어가서 조용히 무릎 꿇고 기도를 드릴 것입니다. 예수님을 모르는 부인과 얼마나 다릅니까? 이것이 주님께서 우리에게 가르쳐 주신 방법이며, 예수님이 원하는 대로 따라가는 삶입니다.

또 있습니다. 세상을 살다가 죄의 유혹을 받았다고 합시다. 그럴 때 예수님을 믿는 자들은 자신이 망하더라도 절대 타협할 수 없다는 뜻을 고수할 것입니다. 예수님을 따라가는 지조를 가진 사람의 삶은 이렇게 다릅니다. 우리는 모두 어떻습니까? 이같이 지조 있는 삶을 살고 있습니까? 그렇다면 우리 역시 세상에서 구별된 자들입니다. 여자로 더불어 자기를 더럽히지 아니하고 정절이 있는 자라 할 수 있을 것입니다.

○ ○ ○ ○ ○
삶이 다르다

14만 4천 명은 거룩한 삶을 살았습니다. 5절을 보십시오.

> 그 입에 거짓말이 없고 흠이 없는 자들이더라_계 14:5

그들은 어떻게 하든지 입에 거짓말을 담지 않으려고 노력하는 자들입니다. 세상에 있을 동안 믿지 않는 자들에게 흠 잡히지 않으려고 애쓰는 자들이었습니다.

> 사람이 악으로 굳게 서지 못하나니 의인의 뿌리는 움직이지 아니하느니라_잠 12:3

악한 자들은 아무리 그 가지가 무성해 보여도 밑에 뿌리가 없으나, 의인은 겉으로 보기에 초라한 가지처럼 보여도 밑으로는 깊이 뿌리를 박는다는 의미입니다. 죄 된 방법으로 많은 돈을 벌고, 수단과 방법을 가리지 않고 출세한 사람들의 끝을 보십시오. 자신만 망할 뿐 아니라 가정까지도 깨지는 비극을 경험합니다.

여러분 가운데 불의한 방법으로 부자가 된 분이 있다면 그 부를 하나님의 복으로 생각하지 마시기를 바랍니다. 그 말은 절대로 입 밖에 내서는 안 될 말입니다. 거룩하게 살려고 하다가 가난하게 되는 것이 오히려 하나님의 복입니다. 의인의 뿌리를 아는 사람은 절대로 죄와 타협하지 않습니다. 신자다운 지조를 가지고 거룩하게 살려고 하다가 진급이 안 되고, 출세가 늦고, 사회에서 도태되었습니까? 바로 그와 같은 환경이 하나님의 축복이라는 생각은 거룩한 삶을 추구하는 성도의 신념이며, 기독교 가치관입니다. 남들 보기에는 조그만 집에서 초라하게 사는 것 같지만, 하나님이 그 가정을 버려두지 않으시기 때문에 의인의 집은 평안합니다. 당대에 무엇이 잘 이루어지지 않는 것 같아도 자손들을 통해서 하나님이 축복하시는 것을 우리가 얼마나 많이 봅니까? 하나님이 알뜰하게 지키시는 그 가정은 가족이 서로 화목하고 사랑하며 웃음을 잃지 않고 살아갑니다.

프랑스의 철학자 마르셀(Gabriel Honé Marcel, 1889-1973)은 "나는 구경을 하고 있는 것이 아니다. 이 말을 나는 매일 되풀이하고 싶다"라고 했습니다. 그의 말처럼 그리스도인 역시 구경꾼이 아닙니다. 악한 세태를 한탄하면서 뒷짐지고 쳐다만 보는 사람들이 아닙니다. 왜냐하면 하나님이 이 어두움의 세상에서 빛으로 살아야 할 책임을 우리 모두에게 주셨기 때문입니다. 우리는 방관자가 되어서는 안 됩니다. 우리가 그들과 어떻게 다른가를 밝히고 그들이 걸어가야 할 길, 옳은 길을 제시해 주어야 합니다. 이 나라 이 땅은 우리의 후손들이 살아가야 할 곳입니다. 그들이 뿌리를 잘 내릴 수 있도록 누가 도와줘야 합니까? 지금의 우리가 해야 합니다. 매주 수십 명에서 수만 명씩 모아 놓고 하나님의 말씀을 가르치는 교회가 이 일을 하지 않으면 이 나라는 더 이상 희망이 없습니다.

우리는 이 영광스러운 책임을 포기하지 말아야 합니다. 그것은 울면서 할 일이 아니라 긍지를 가지고 감사하면서 할 일입니다. 비록 그것 때문에 어떤 어려움이 온다고 할지라도 말입니다.

주일예배를 본 여러분이 교회 밖으로 나가서 각처로 흩어지고 나면 세상 사람들은 '무엇이 다른가' 하고 여러분의 이마를 볼 것입니다. 우리의 진면모를 유감없이 보여 줍시다. 소속이 다르다는 것, 행동의 기준이 다르다는 것, 거룩하게 살려는 의지가 다르다는 것을 말입니다. 이 일에 우리와 우리 자손의 행복이 달려 있습니다. 대한민국의 장래가 달려 있습니다. 북한의 공산주의자들이 그리스도 앞에 무릎을 꿇고, 그 밑에서 고통하는 우리 형제들이 해방되는 그날에 대한 비전도 바로 '우리가 얼마나 다르게 사느냐'에 달려 있습니다. 여러분 모두가 시온산에 선 14만 4천 명이라는 진리를 한시도 잊지 마시기를 바랍니다.

2

특명,
자존심 회복

우리는 세상 사람들이 갖지 못한 것을 가졌기 때문에 자존심을 가질 수 있습니다.
예수님 안에서 우리는 세상 사람들이 돈을 다 쏟아부어도 구할 수 없는 것을
이미 세상에서 누리고 있습니다.

사도행전 26:19-29

19 아그립바 왕이여 그러므로 하늘에서 보이신 것을 내가 거스르지 아니하고 20 먼저 다메섹과 예루살렘에 있는 사람과 유대 온 땅과 이방인에게까지 회개하고 하나님께로 돌아와서 회개에 합당한 일을 하라 전하므로 21 유대인들이 성전에서 나를 잡아 죽이고자 하였으나 22 하나님의 도우심을 받아 내가 오늘까지 서서 높고 낮은 사람 앞에서 증언하는 것은 선지자들과 모세가 반드시 되리라고 말한 것밖에 없으니 23 곧 그리스도가 고난을 받으실 것과 죽은 자 가운데서 먼저 다시 살아나사 이스라엘과 이방인들에게 빛을 전하시리라 함이니이다 하니라 24 바울이 이같이 변명하매 베스도가 크게 소리 내어 이르되 바울아 네가 미쳤도다 네 많은 학문이 너를 미치게 한다 하니 25 바울이 이르되 베스도 각하여 내가 미친 것이 아니요 참되고 온전한 말을 하나이다 26 왕께서는 이 일을 아시기로 내가 왕께 담대히 말하노니 이 일에 하나라도 아시지 못함이 없는 줄 믿나이다 이 일은 한쪽 구석에서 행한 것이 아니니이다 27 아그립바 왕이여 선지자를 믿으시나이까 믿으시는 줄 아나이다 28 아그립바가 바울에게 이르되 네가 적은 말로 나를 권하여 그리스도인이 되게 하려 하는도다 29 바울이 이르되 말이 적으나 많으나 당신뿐만 아니라 오늘 내 말을 듣는 모든 사람도 다 이렇게 결박된 것 외에는 나와 같이 되기를 하나님께 원하나이다 하니라

특명,
자존심 회복

'자존심'을 국어사전에서는 "제 몸을 굽히지 않고 스스로 높이는 마음가짐"이라고 풀이하고 있습니다. 이 단어는 사용자의 의도에 따라 좋은 이미지를 주기도 하고 나쁜 이미지를 주기도 합니다. 이 시간에는 좋은 이미지의 '자존심'에 대해서 살펴보고자 합니다.

우리나라의 탁월한 문학자 중의 한 분인 이은상(李殷相, 1903~1982)씨는 자존심에 대해서 이렇게 피력했습니다. "자존심이란 결코 배타가 아니다. 또한 교만도 아니다. 다만 자기 확립이다. 자기 강조다. 자존심이 없는 곳에 비로소 얄미운 아첨이 있다. 더러운 굴복이 있다. 넋빠진 우상숭배가 있다. 위대한 개인, 위대한 민족이 필경 다른 것이 아니다. 오직 이 자존심 하나로 결정되는 것이다."

일반적으로 우리가 알고 있는 자존심의 개념도 이와 비슷하리라고 봅니다. 세상을 향해 아첨하거나 비굴해지지 않기 위해서 이 자존심을 가지는 것은 매우 중요합니다. 그것은 하나님의 자녀답게 스스로를 높이는 마음가짐이기 때문입니다. 안타까운 것은 교회 안에서는 왕자처럼 처신하면서 세상에 나가면 걸인처럼 행세하는 그리스도인들이 종종 있다는 사실입니다. 불행한 일입니다.

그리스도인의 자존심

어느 성경학자의 말처럼 우리는 지금 바울의 생애 가운데 가장 위대한 장면을 마주하고 있습니다. 본문은 성경 중에서 그리스도인의 자존심을 매우 감동적으로 보여 주는 대목입니다. 그리스도인의 자존심이 무엇입니까? 그것은 왕과 총독 그리고 많은 고관 앞에서 쇠사슬에 묶인 두 팔을 들고 당당하게 말하는 바울의 태도에서 드러납니다. 사도행전 26장 29절을 보십시오.

> 바울이 이르되 말이 적으나 많으나 당신뿐만 아니라 오늘 내 말을 듣는 모든 사람도 다 이렇게 결박된 것 외에는 나와 같이 되기를 하나님께 원하노이다 하니라_행 26:29

그리스도인의 자존심을 다른 말로는 더 이상 멋있게 표현할 수 없을 만큼, 아그립바 왕에게 응수한 바울의 이 한마디는 완벽합니다.

바울은 특별한 혐의 사실도 없이 2년이 넘도록 가이사랴에 있는 로마 총독의 교도소에 갇혀 있었습니다. 무슨 수를 써서라도 바울을 자신들의 손으로 죽이려고 백방으로 애쓰던 당시 유대 지도자들로 인해 유대인 지역의 행정을 담당하는 총독 베스도는 진퇴양난에 빠져 있었습니다. 바울을 석방하자니 유대인의 감정을 건드릴 것 같고, 그대로 가두어 두자니 별다른 혐의 사실을 찾기가 어려웠기 때문입니다. 이런 상황을 직시한 바울은 자신이 무혐의 처리를 받을 수 있는 길은 로마 황제에게 직접 재판을 받는 것뿐이라고 판단하여 로마의 최고 법정에 상소합니다.

일이 이렇게 전개되자, 죄수를 황제 앞으로 보내려면 뚜렷한 죄목이 첨부되어야 했던 당시 관례로 보아 바울은 총독에게 뜨거운 감자와도 같은 존재였을 것입니다. 이렇게 미묘한 정치적 사건으로 고심하던 그때, 총독은 팔레스타인 북부 지역의 통치자로 있던 아그립바 왕과 그의 누이동생의 내방을 받게 되었습니다. 베스도 총독은 이 좋은 기회를 놓치지 않고 왕과 함께 최종 결정을 내릴 작정으로 다시 공판을 열게 되었고, 본문이 바로 그 재판을 받는 장면입니다.

바울은 먼저 아그립바 왕을 향해 자신이 어떻게 예수님을 만났으며, 무엇 때문에 유대인들의 미움을 받게 되었는지에 대해 말문을 엽니다. 그리고 23절에서는 드디어 그가 증거하고자 했던 핵심, 곧 그리스도가 고난을 받으실 것과 죽은 자 가운데서 살아나심으로 말미암아 이스라엘 백성의 오랜 소망이 성취되었다는 사실을 선포합니다. 그러자 총독 베스도는 참지 못하고 "바울아 네가 미쳤도다 네 많은 학문이 너를 미치게 한다"라고 소리를 지릅니다. 그러나 바울은 도리어 당당하게 대답합니다.

바울이 이르되 베스도 각하여 내가 미친 것이 아니요 참되고 온전한 말을 하나이다_행 26:25

그러면서 바울은 시선을 왕에게로 돌렸습니다. 그 자리에서 바울이 복음을 전하려고 마음먹은 대상은 총독보다도 왕이었습니다. 총독에게는 지난번 재판에서 이미 할 이야기를 다 한 상태였기 때문입니다. 바울은 왕과 그의 누이동생 버니게를 향하여 복음을 계속 증거합니다. "아그립바 왕이여, 당신은 선지자를 믿으며 예수님의 이야기도 알고 있는 분입니다. 구약에서 뭐라고 했습니까? 장차 인류의 구원자이신 하나님의 아들이 이 세상에 오셨을 때 그는 고난을 겪는다고 했습니다. 그리고 죽은 지 3일 만에 다시 살아나서 인류에게 복음의 빛을 비추는 구원자가 되신다고 분명히 예언했습니다. 왕이여, 보시옵소서. 나사렛 예수의 이야기를 들어 보셨지요? 그는 십자가에서 죽으셨습니다. 그러나 하나님께서 그를 3일 만에 살리셨습니다. 이 예수님이야말로 구약성경이 예언한 메시아입니다. 왕이여, 이 사실을 좀 더 논리적으로 생각해 보시면 제가 전하는 예수 그리스도가 인류의 구원자라는 것을 조금도 의심하지 않고 믿게 될 것입니다."

이 말을 들은 왕이 뭐라고 했습니까? 28절을 보십시오.

> 아그립바가 바울에게 이르되 네가 적은 말로 나를 권하여 그리스도
> 인이 되게 하려 하는도다_행 26:28

그 당시에 사용되던 '그리스도인'이라는 말에는 '형편없는 것'이라고 얕잡아 보는 멸시의 뜻이 담겨 있었습니다. 곧 "네가 몇 마디의 웅변으로 나를 그리스도인으로 만들 수 있을 것 같으냐" 하고 비아냥대는 것입니다. 웬만한 사람 같으면 이 정도에서 그만 입을 다물고 물러났을 것입니다.

그러나 바울은 "말이 적으나 많으나 당신뿐만 아니라 오늘 내 말을 듣는 모든 사람도 다 이렇게 결박된 것 외에는 나와 같이 되기를 하나님께 원하노이다"(29절)라고 말합니다. 얼마나 대단한 말입니까? 여기에서 '나처럼 되기를 바란다'라는 의미는 무엇입니까? 이 한마디는 사도 바울의 자존심을 통쾌하게 대변할 뿐만 아니라 함축된 여러 가지

의미를 담고 있습니다. '왕이여, 당신은 나보다 나은 것이 하나도 없습니다. 인생의 승자는 당신이 아니라 바로 나입니다'라는 의미가 담겨 있고, 또 '예수님이 없는 왕자보다도 예수님이 있는 죄수가 되는 것이 현명한 선택입니다. 나처럼 예수님을 믿고 구원받으십시오'라는 메시지도 들어 있는 것입니다. 또한 '나는 당신에게 부러운 것이 하나도 없습니다'의 뜻도 그 속에 담겨 있다고 봅니다.

한번 상상해 보십시오. 한 사람은 왕이고, 또 한 사람은 죄수입니다. 화려한 자주색 왕복을 걸친 자와 쇠고랑을 차고 냄새나는 죄수복을 입은 자가 지금 대면하고 있습니다. 왕의 곁에는 그의 누이동생인 버니게가 번쩍거리는 보석으로 온몸을 치장하고 앉아 동정과 경멸이 가득 담긴 눈초리로 바울을 내려다보고 있으며, 진홍색 정장을 차려입은 총독과 행정 장관들 그리고 로마 군대의 내노라하는 장교들이 둘러앉아 있습니다. 세상적으로 가장 화려한 신분에 속하는 그들은 권세와 부를 소유하고, 인생을 즐기며 사는 자들입니다. 그들은 세상의 지혜를 터득했다고 자부하는 자들로서 재판정의 분위기를 압도하고 있었습니다.

더욱이 아그립바 왕과 버니게는 20대 중반이 넘지 않는 새파란 젊은이들이고, 바울은 이미 50대를 바라보는 장년입니다. 그들에 비해 너무 초라해 보이는 처지인지라 바울의 기가 꺾인다고 해서 하등 이상한 것이 없는 상황이었습니다. 그럼에도 불구하고 바울이 비굴합니까? 아닙니다. 바울이 왕을 부러워합니까? 아닙니다. 그렇다고 자기에게 없는 것이 남에게 있을 때 냉소하는 병적인 무엇이 그에게 있습니까? 전혀 없습니다. 그는 끝까지 떳떳하고 의연했습니다.

자존심의 근원, 예수 그리스도

바울이 이렇게 대단한 자존심을 가진 배후에는 그가 예수 그리스도를 발견했다고 하는 중요한 사실이 숨어 있습니다. 예수님을 알게 되자마자 그는 밑바닥부터 변화가 일어났습니다. 가치관의 변화요, 패러다임의 변화였습니다. 세상을 보는 눈, 사람을 보는 눈, 부귀영화를 보는 눈에 일대 혁명이 일어난 것입니다. 예수님 때문에 일어난 변화였습니다. 예수님을 발견한 다음부터 그는 누구를 보아도 '당신도 나와 같이 되었으면 좋겠다'라는 자존심을 가지고 왕자처럼 살았지, 다른 사람을 부러워하는 거지처럼 살지 않았습니다.

우리는 바울이 어느 정도로 자존심이 대단한 사람인가를 성경의 여러 곳에서 발견할 수 있습니다. 고린도전서 11장 1절을 보면, 그는 "내가 그리스도를 본받는 자 된 것 같이 너희는 나를 본받는 자 되라"라고 합니다. 여기에서도 "나를 본받으라" 하고 말했습니다. 또 고린도전서 7장 7절에서도 그와 같은 말을 했습니다.

고린도교회에는 예수님을 믿고 아름답게 변화된 처녀들이 많았습니다. 지금도 예수님을 잘 믿는 처녀들이 결혼하기 어려운 세상인데 그 당시에는 얼마나 더 어려웠겠습니까? 그래서 혼기가 찬 처녀들이 '결혼을 해야 하나, 평생을 독신으로 살아야 하나?' 하는 문제로 고민하다가 바울에게 상담을 해왔습니다. 이때 바울이 여러 가지 설명을 하는 중에 나는 모든 사람이 "나와 같기를 원하노라" 하고 처방을 했습니다. 우리가 잘 아는 바와 같이 바울은 결혼하지 않고 평생 독신으로 살았습니다. 이제 그는 믿음이 좋은 처녀들이 할 수 있으면 자기같이 되기를 원한다고 말하고 있습니다. 얼마나 대단한 자존심입니까? 우리가 그 수준에는 못 미친다고 하더라도 예수님을 믿는 사람으로서 최소한의 자존심은 가져야 합니다. 그리고 이 자존심을 생명처럼 소중하게 여겨야 한다고 봅니다. 그러면 우리가 왜 바울과 같은 자존심을 가져야 하는지 대략 세 가지로 정리해 봅시다.

우리가 자존심을 가져야 할 이유

첫째, 우리는 세상의 부귀영화를 보는 시각이 다른 자들이기 때문에 그렇습니다. 빌립보서 3장 8절을 봅시다.

> 또한 모든 것을 해로 여김은 내 주 그리스도 예수를 아는 지식이 가장 고상하기 때문이라 내가 그를 위하여 모든 것을 잃어버리고 배설물로 여김은_ 빌 3:8

현대어로 바꾸면 이렇게 말할 수 있습니다. "나의 주님 예수 그리스도를 알게 된 것이 너무도 존귀해서 이것과 비교하면 다른 것은 다 무가치하게 여겨질 뿐이다. 나는 예수 그리스도 외에는 다 쓰레기처럼 여기고 모두 다 내버렸다." 이처럼 예수님을 믿고 나면 세상을 보는 눈이 달라집니다. 디모데전서 6장 7절과 8절을 보면, "우리가 세상에 아무것도 가지고 온 것이 없으매 또한 아무것도 가지고 가지 못하리니 우리가 먹을 것과 입을 것이 있은즉 족한 줄로 알 것이니라"라고 했습니다. 하루하루를 하나님의 은혜로 사는 자는 굳이 부귀영화에 연연할 필요가 없다는 말입니다.

얼마 전에 세상을 뜬 성철(性徹, 속명-이영주, 1912-1993) 스님은 평생을 바쳐 진리를 추구하던 구도자였습니다. 그러나 길을 잘못 들어선 구도자였습니다. 그가 만약 예수님을 알았더라면 위대한 영적 지도자가 되었을 것입니다. 그는 초등학생의 교과서를 비롯한 몇 트럭분의 책을 실어 날라서 읽으며 그 깊은 산골에 있는 절간에서 세상과 4, 50년을 단절하고 벽을 쳐다보며 도를 닦았답니다. 그리고 그가 터득한 도는 "산은 산이고, 물은 물이다"였습니다. 결국 인생은 그저 인생일 뿐, 그 이상의 아무것도 아니라는 자각입니다.

그러나 그런 깨달음이 반드시 도를 닦아야만 터득되는 것은 아닙니다. 프랑스 혁명이 일어났을 때 황제인 루이 16세(Louis XVI, 1754–1793)가 감옥에 끌려 들어갔습니다. 죽을 날을 기다리며 손톱이 뭉개지는 것도 마다하지 않고 그가 벽에다 뭐라고 썼는지 아십니까? "인생은 아무것도 아니다"라는 한 구절이었습니다. 이처럼 하나님을 모르는 사람일지라도 조금이나마 깨어 있는 사람은 인생이 아무것도 아니며 부귀영화가 한낱 허깨비와 같다는 것을 압니다.

문제는 그 사실을 알면서도 예수님을 믿지 않는 사람들은 부귀영화를 기뻐해서 스스로 그 속으로 뛰어 들어간다는 데에 있습니다. 요즘 과소비가 또다시 심각한 사회 문제가 되고 있습니다. 그런데 왜 과소비를 합니까? 그들의 소망이 그것밖에 없기 때문입니다. 예수님을 모르는 사람은 가장 가치 있고 영원한 것을 보는 눈이 없습니다. 그러므로 "부귀영화가 헛된 것인 줄 알지만, 이것에라도 매달리지 않으면 무슨 재미로 사느냐"라고 자조 섞인 소리를 하면서 거기에 생명을 겁니다. 여전히 산은 산이고 물은 물인데 도리가 있습니까? 그들은 부귀영화의 허구성을 알면서 속는 자들이요, 속는 줄 알면서 더 몰입하는 자들입니다.

한편, 예수님을 믿는 우리는 하나님을 통해서 부귀영화가 얼마나 헛되고, 인생이 얼마나 허무한가를 분명하게 봅니다. 검은색이 검다는 것을 쉽게 알려면 그 옆에 흰색을 놓고 비교해 보면 되는데, 하나님은 이 세상이 얼마나 검은가를 우리에게 보여 주시기 위해 이사야 51장 6절을 흰색으로 주셨습니다. "너희는 하늘로 눈을 들며 그 아래의 땅을 살피라 하늘이 연기같이 사라지고 땅이 옷같이 해어지며 거기에 사는 자들이 하루살이같이 죽으려니와", 여기까지는 검은색입니다. 반면에 "나의 구원은 영원히 있고 나의 공의는 폐하여지지 아니하리라", 이것은 흰색입니다. 이 두 가지를 비교해서 알 수 있도록 주님은 우리에게 은혜를 주셨습니다. '산은 산이고 물은 물이다' 하고 끝나는 것이 아니라 일시적인 것과 영원한 것, 마음을 주어야 할 것과 주지 말아야 할 것, 부러워해야 할 것과 하지 말아야 할 것을 선명하게 말씀하신 것입니다.

그러므로 세상을 보는 눈이 달라질 수밖에 없습니다. 우리는 헛된 것을 손에 쥐고 아옹다옹하지 않게 되었습니다. 그 때문에 예수님을 모른 채 헛된 것에 속아서 세월을 보내는 사람을 보면 상대방의 신분이 무엇이든 간에 바울처럼 말하게 되는 것입니다. "당신도 나처럼 될 수 있다면 얼마나 좋을까요!"

둘째, 우리는 세상 사람들이 갖지 못한 것을 가졌기 때문에 자존심을 가질 수 있습니다. 예수님 안에서 우리는 세상 사람들이 돈을 다 쏟아부어도 구할 수 없는 것들을 이미 세상에서 누리고 있습니다. 로마서 14장 17절을 보십시오.

하나님 나라는 먹는 것과 마시는 것이 아니요 오직 성령 안에 있는 의와 평강과 희락이라_롬 14:17

여러분, 먹고 마시는 문제를 놓고 볼 때 왕과 견줄 만한 사람이 천하에 어디 있겠습니까? 그에 비해 바울은 떡 한 조각으로 겨우 연명하는 죄수입니다. 하지만 하나님은 그에게 귀한 것을 주셨습니다. 하나님의 의와 마음의 평강과 세상 사람들이 모르는 희락과 무엇에도 얽매이지 않는 자유가 그것이었습니다.

그러나 17세에 왕이 된 아그립바는 왕위를 유지하기 위해 평생 눈에 불을 켜고 안절부절못했던 사람입니다. 자신의 권좌를 넘보는 듯한 사람이 있으면 중상모략을 해서 그를 제거해야 겨우 마음을 놓을 수 있었습니다. 그런 사람에게 무슨 자유로움이 있었겠습니까? 무슨 기쁨이 있었겠습니까? 버니게 역시 마찬가지였습니다. 그녀는 왕의 누이동생이었지만 이미 몇 차례의 결혼에 실패하고 돌아와 오빠에게 얹혀사는 처지였습니다. 그 마음에 평안함이 있었겠습니까? 왕비의 옷을 걸치고 진수성찬을 먹는다고 그 마음에 진정한 삶의 기쁨이 있었겠습니까? 더욱이 당시 세간에는 오빠인 아그립바 왕과의 사이가 수상하다는 소문이 파다하게 퍼져 있었다고 합니다. 어디 그뿐인 줄 압니까? 로마 황제가 여행을 왔을 때 그를 유혹하여 황제의 정부로 들어가기까지 했습니다. 이런 여자에게 자유로움이 있었겠느냐 말입니다.

바울은 예수님을 믿지 않고 겉만 요란하게 꾸미는 사람들을 볼 때 자기에게 있는 이 놀라운 하나님의 축복들이 그들에게 없는 것을 알았습니다. 그래서 그는 "당신도 나처럼 되기를 원합니다"라고 소리칠 수 있었습니다. 이것이 그리스도인의 긍지입니다.

세상 기준으로 말하면, 우리는 초라해 보일 수밖에 없는 존재들입니다. 어떤 분은 나이가 많은 것 때문에 소망 없는 사람처럼 보이고, 또 어떤 분은 새벽부터 밤늦게까지 땀 흘리며 수고하지만 한평생 가난과 질고를 뛰어넘지 못하는 절망과 답답함에 둘러싸여 있을지 모릅니다. 그럼에도 불구하고 우리는 세상 사람들이 모르는 은혜, 곧 평안과 기쁨과 자유를 골고루 받았음을 고백할 수 있습니다. "한 날의 괴로움은 그날로 족하니라"(마 6:34하 참조)라고 했습니다. 우리에게는 내일의 염려에 얽매이지 않는 자유가 있습니다. 또한 "내일 일은 내일 염려할 것이요"(마 6:34중)라는 말씀처럼 우리는 오늘을 사는 것도 기적이라고 생각합니다. 내일 일은 모든 것이 주님의 손에 있음을 믿습니다. 그러므로 오늘도 내일도 매이지 않는 자유가 있고, 그 자유로 인해 누리는 심령의 평안함이 있습니다. 그러나 아그립바 왕과 버니게에게 이 자유가 있습니까? 없습니다. 이것이 바울이 긍지를 가지고 그들과 대면할 수 있었고, "나처럼 되기를 바란다"라는 말을 담대하게 할 수 있었던 이유입니다.

셋째, 예수님을 믿는 사람이 자존심을 갖는 것은 내세에서 영원히 누릴 영생을 소유하고 있기 때문입니다.

> 예수께서 이르시되 나는 부활이요 생명이니 나를 믿는 자는 죽어도 살겠고 무릇 살아서 나를 믿는 자는 영원히 죽지 아니하리니 이것을 네가 믿느냐 이르되 주여 그러하외다 주는 그리스도시요 세상에 오시는 하나님의 아들이신 줄 내가 믿나이다_요 11:25-27

이와 같이 고백하는 믿음을 우리는 가지고 있습니다. 이 고백과 함께 영생을 선물로 받았습니다. 영생에 대해 예수님은 이렇게 말씀하십니다.

> 사람이 만일 온 천하를 얻고도 제 목숨을 잃으면 무엇이 유익하리요 사람이 무엇을 주고 제 목숨을 바꾸겠느냐_마 16:26

즉, 왕이 되어 한평생을 희희낙락하면서 살았다 할지라도 영원히 사는 생명을 잃어버렸다면 무슨 소용이 있겠느냐는 반문으로 세상의 모든 것을 잃어버리더라도 이 영생만 소유한다면, 거지 나사로와 같은 인생을 살더라도 후회할 일이 없다는 말씀입니다. 영생은 너무 소중한 것이라 세상의 다른 것은 다 포기할지라도 이것만은 놓치지 말아야 합니다. 마태복음 13장 44절에 "천국은 마치 밭에 감추인 보화와 같으니 사람이 이를 발견한 후 숨겨 두고 기뻐하며 돌아가서 자기의 소유를 다 팔아 그 밭을 사느니라"라고 했습니다.

영생을 소유하지 못했다면 아그립바 왕처럼 화려한 인생을 살았어도 영원히 후회하는 패배자가 되어 버립니다. 무슨 일이든 끝이 중요합니다. 영생의 문제에 있어서는 더욱 그렇습니다. 영생을 얻었느냐, 얻지 못했느냐에 따라 한 인간이 잘 살았느냐, 잘못 살았느냐 하는 인생의 질이 결정됩니다. 한 번 태어난 목숨은 언젠가는 예외 없이 죽게 되어 있습니다. 그러므로 인생의 끝이 좋으려면 영원히 누릴 영광으로 이어져야 하고, 그렇게 되기 위해서는 끝을 좌우하는 권세를 가진 예수님을 우리 안에 모셔야 합니다. 예수님은 자신을 일컬어서 "나는 알파와 오메가요 처음과 마지막이요 시작과 마침이라"(계 22:13)라고 하셨습니다. 예수님을 붙들고 영생을 소유한 자는 끝을 바로잡은 사람입니다. 인생의 성패는 이 땅에서 얼마나 오래 사느냐에 달린 것이 아니라 내세에서 영원히 살 수 있느냐, 없느냐에 달린 것입니다.

최근에 한국인의 수명이 많이 길어졌다는 신문 기사를 보았습니다. 남자는 80세이고, 여자는 86세였습니다. 그래서 남편이 부인의 나이보다 6살 이상이면 남편이 세상을 뜬 뒤 부인 혼자 12년 이상을 더 살아야 한다는 계산이 나옵니다. 어쨌거나 예전에 평균 수명이 41세일 때에 비하면 얼마나 감사한 일인지 모릅니다. 그러나 솔직히 터놓고 이야기해 봅시다. 41세에 죽으나 80세 혹은 86세에 죽으나 무슨 차이가 있습니까?

우연한 기회에 어느 목사님과 함께 비행기의 2등석을 탄 일이 있습니다. 의자와 의자 사이가 넓어 자유롭게 드나들 수 있었고 승무원들도 얼마나 친절하게 잘 섬기는지, 열 몇 시간을 오는데도 3등석에 앉아서 올 때보다는 피곤도 덜하고 기분이 훨씬 좋았습니다. 그런데 여행을 마치고 공항 청사에서 입국 절차를 받느라고 줄을 서 있을 때였습니다. 제가 옆에 있는 목사님을 쳐다보니까 그분이 나를 향해 씩 웃었습니다. 그래서 나도 따라서 씩 웃었습니다. 2등석에서 열 몇 시간을 쾌적하게 여행한 사람이나 3등석에서 고생한 사람이나 비행기에서 내리고 보니 다를 게 없다는 사실을 실감하는 데서 나오는 쓴웃음이었습니다.

인생도 마찬가지입니다. 아그립바와 같이 팔자 좋은 생을 살다가 종착역에 서는 사람이나 거지 나사로처럼 힘겹게 살다가 종착역에 서는 사람이나 돌이켜 보면 다를 것이 없습니다. 굳이 다른 것을 찾는다면 편히 산 사람이 배가 좀 더 나왔다거나 주름살이 덜 생겼다는 정도일 것입니다. 결국 어떤 사람이 복이 있느냐, 없느냐 하는 것은 마지막에 영생을 붙들었으냐, 영원한 죽음을 붙들었으냐 하는 것으로 판가름이 납니다. 여러분, 그 순간이 얼마나 중요합니까?

바울이 볼 때 아그립바 왕은 끝을 잘못 잡은 사람이었습니다. 그래서 불쌍하게 보였습니다. 왕뿐만이 아니라 그 자리에서 바울의 말을 듣고 있던 많은 사람도 같은 처지였습니다. 세상에서 잠시 죄수로 살다 내세에서 영원히 왕자로 사는 것은 세상에서 잠시 왕으로 살다가 내세에서 영원히 죄수로 사는 것과 비교할 수 없는 복이었기에 바울은 자신의 결박당한 것 외에는 그들 모두가 자신과 같이 되기를 원한 것입니다.

이제 바울과 같은 자존심이 우리 자신에게 있는지 살펴야 할 때입니다. 여러분은 아그립바와 버니게를 부럽습니까? 만약 그렇다면 그것은 예수님을 모신 여러분 자신에 대한 모욕입니다. 또 쇠사슬을 차고 외로이 복음을 전하는 바울이 초라하게 보입니까? 그렇다면 여러분은 어딘가 잘못된 그리스도인입니다.

우리 중에 아직도 인생을 향해서 비굴하게 구걸하는 자와 세상 부귀영화를 하늘의 영광보다 부러워하는 자가 있다면 성령께서 이 자리에 임하셔서 그 능력으로 치료해 주시기를 바랍니다. 그리고 세상 사람들이 모르는 하나님의 의와 평화와 기쁨과 자유를 누리는 사람이 되게 하시고, "모든 사람이 나처럼 되기를 바란다"라고 증거하던 바울의 자존심을 우리에게 회복시켜 주시기를 바랍니다.

3

생긴대로
삽시다

하나님께서는 우리에게 구원의 옷을 입혀 주셨습니다.
이것은 보이지 않는 예수 그리스도의 의(義)의 옷입니다.
영광스럽고 찬란한 이 옷은 우리가 하나님 나라에 들어갈 때 비로소
우리 눈에 보이게 될 것입니다. 의의 옷을 입은 우리는 제사장이 된 것입니다.

베드로전서 2:9-10

9 그러나 너희는 택하신 족속이요 왕 같은 제사장들이요 거룩한 나라요 그의 소유가 된 백성이니 이는 너희를 어두운 데서 불러내어 그의 기이한 빛에 들어가게 하신 이의 아름다운 덕을 선포하게 하려 하심이라 10 너희가 전에는 백성이 아니더니 이제는 하나님의 백성이요 전에는 긍휼을 얻지 못하였더니 이제는 긍휼을 얻은 자니라

생긴대로
삽시다

○ ○ ○ ○ ○ ○
나는 누구인가?

        신앙생활을 하면서 여러분은 한 번 쯤은 '나는 누구인가?'라고 자문해 보았을 것입니다. 이 질문에 대한 답변은 예수님이 제자들에게 "너희는 나를 누구라 하느냐"(마 16:15; 막 8:29; 눅 9:20 참조) 물으시고 그 답변을 중요하게 여기신 것처럼, 오늘날 우리에게도 대단히 중요합니다. 왜냐하면 그것은 한 사람의 사고와 삶의 방식을 근본적으로 바꿀 수 있기 때문입니다.

    교회를 개척하면서 품었던 비전은 모든 성도가 자신이 누구라는 것을 분명하게 알도록 가르치겠다는 것이었습니다. 하지만 성도치고 자기가 누구인가를 잘 모르는 사람이 있습니까? 적어도 "나는 하나님의 자녀다", 혹은 "나는 그리스도인이다"라는 대답쯤은 누구든지 할 수 있습니다. 그런데 이것에 대한 답변을 달리 요구할 필요를 느낍니다. 나는 기독교인이다라는 보편적인 인식만으로는 자신의 신분을 정확하게 파악했다고 말할 수 없기 때문입니다. 오늘날 많은 사람이 교회로 몰려들고 있음에도 교회가 제구실을 못하고 점점 무력한 집단으로 변해 가고 있는 것이 증거입니다. 믿지 않는 사람들이 교회를 단지 종교의식을 행하는 단체들 중 하나로 보는 이유도 여기에 있습니다.

우리의 제사장 신분

이런 의미에서 오늘 이 말씀을 통해 우리 자신이 '왕과 같이 귀한 제사장'이라는 주체 의식을 분명히 확인하는 시간을 갖고자 합니다. '제사장'이라는 말은 단순히 개념적이고 상식적인 선에서 다룰 수 있는 용어가 아닙니다. 구약시대의 제사장은 하나님께서 특별하게 선택한 사람이었습니다. 이스라엘 백성 중에 12지파, 12지파 중에서도 레위 지파, 레위 지파 중에서도 아론의 집안, 아론의 집안 중에서도 하나님 보시기에 가장 좋은 아들들만 뽑은 것입니다. 그러므로 제사장이야말로 이스라엘의 엘리트이며, 가장 거룩한 존재들이었습니다. 평생 성전에서 살면서 하나님을 섬기는 일에 그들의 전 삶을 헌신할 수 있도록 특권을 부여받은 계급이었습니다.

이렇게 특별한 사람에게 주어지던 직분이 신약시대에 와서는 누구에게 넘어왔습니까?

> 너희도 산 돌같이 신령한 집으로 세워지고 예수 그리스도로 말미암아 하나님이 기쁘게 받으실 신령한 제사를 드릴 거룩한 제사장이 될지니라 … 그러나 너희는 택하신 족속이요 왕 같은 제사장들이요 거룩한 나라요 그의 소유된 백성이니_벧전 2:5, 9상

여기서 '너희'란 본도와 갈라디아, 갑바도기아 그리고 아시아와 비

두니아에 흩어져 사는 평범한 그리스도인들을 가리키는 것입니다(1:1 참조). 동시에 예수님을 믿는 우리를 가리킵니다. 하나님께서는 구약 시대의 특별한 제사장의 신분을 우리에게 그대로 넘겨주신 이 엄청난 사실을 베드로를 통해서 확인해 주셨습니다.

그러나 사실 이것은 이미 예수님이 오시기 7, 8백 년 전에 이사야 선지자를 통하여 예언된 것입니다. 이사야 61장 6절 상반절을 보십시오.

오직 너희는 여호와의 제사장이라 일컬음을 얻을 것이라_사 61:6상

그리고 하나님은 사도 요한에게 주신 계시를 통해서 교회가 장차 하나님 나라로 완성되는 그 날, 그 나라에서 살게 될 모든 백성이 제사장이 될 것이라는 사실을 다시 한번 확증해 주셨습니다. 요한계시록 1장 6절을 보십시오.

그의 아버지 하나님을 위하여 우리를 나라와 제사장으로 삼으신 그에게 영광과 능력이 세세토록 있기를 원하노라 아멘_계 1:6

그러므로 신약시대를 사는 모든 성도는 이스라엘 중에서 지명을 받은 레위 지파요, 레위 지파 중에 지명을 받은 아론의 집안이요, 아론의 집안 중에서도 특별히 하나님의 눈에 든 고귀한 신분의 소유자라는 사실을 분명히 알아야 합니다.

저는 꽤 교인이 많이 모인다는 어떤 교회가 이 제사장 신분에 대해서 잘못 가르치고 있는 것을 보았습니다. 교회 이름을 밝힐 수는 없지만, 그곳에서는 목사만 제사장이라고 가르칩니다. 목사만 기름 부음 받은 종이라는 것입니다. 기름 부음이 무엇입니까? 안수를 받은 것을

의미합니다. 즉, 안수를 받은 목사의 신분은 제사장이고, 안수를 받지 않은 성도는 이스라엘 백성과 같다는 논리를 내세우는 것입니다.

물론 그 교회에서도 영원한 대제사장은 오직 예수 그리스도 한 분뿐이시며, 그 자리는 인간에게 계승되지 않는다는 기독교 교리에 대해서는 이견을 달지 않습니다. 그러나 그들은 어처구니없게도 목사만 제사장이므로 구약시대처럼 십일조를 전부 목사에게 돌려야 한다고 가르치며, 1년 예산을 세울 때 십일조는 아예 거기에 포함하지도 않습니다. 따라서 목사 사례비를 따로 정하지 않고, 십일조 명목의 헌금이 얼마든지 간에 그것을 모두 목사 앞으로 돌리는 것입니다. 물론 목사가 그것을 전적으로 자기만을 위해서 썼겠습니까? 구제도 하고 선교비로도 썼을 것입니다. 그럼에도 그러한 가르침을 옳은 진리로 알고 받아들이는 성도들이 불쌍하다는 생각이 들기는 마찬가지입니다.

성경은 그렇게 가르치지 않습니다. 우리가 모두 제사장인데, 목사가 교회 안에서 무슨 자격으로 십일조를 거두어 간다는 말입니까? 그럴 자격이 있는 사람은 아무도 없습니다. 이런 교회일수록 성도들은 피동적이고 소극적인 사고방식을 갖게 됩니다. 목사가 시키는 것만 하지 능동적으로 신앙생활을 할 줄은 모릅니다. 그뿐만 아니라 교회 일에 좀 더 충성하지 못하는 것에 대해서도 "나는 평신도니까"라는 변명을 늘어놓기에 급급합니다. 그 교회 안에 성도가 아무리 많다 할지라도, 목사만 제사장이라는 가르침에 익숙해진 사람들이 세상에 흩어져서 살아갈 때 과연 무슨 힘을 행사할 수 있겠습니까? 성도들의 자의식 결핍이야말로 오늘날 그 많은 교인 수에도 불구하고 한국 교회가 무력해지는 원인이 되고 있습니다.

미국 로스앤젤레스(Los Angeles)에서 집회를 인도할 때, 플러턴(Fullerton)에 있는 어느 한인 교회로부터 초청을 받아 수요일 저녁에 그 교회를 방문한 적이 있습니다. 찰스 스윈돌(Charles Rozell Swindoll)이 목회하던 교회인데, 지금은 한국 교회가 인수해서 사용하고 있는 대단히 아름다운 건물이었습니다. 그곳에서 저는 "평신도 여러분이 깨어야 한다"라는 주제로 설교를 했습니다. 왜냐하면 LA 집회의 대주제가 〈깰 때가 되었다〉였기 때문입니다. "깬다는 것은 평신도 개개인이 자신이 누구인가를 정확히 깨닫는 것이다"라는 요지의 메시지를 전한 다음 날, 저는 다음과 같은 이야기를 전해 듣게 되었습니다.

약 2년 전에 뉴욕에서 성공적으로 목회를 하는 목사님이 그 교회에 와서 4일간의 집회를 인도하면서 "목사만 제사장이고, 따라서 목사를 위해서 봉사하고 섬기는 것이 곧 주님을 섬기는 것"이라는 내용의 설교를 했다고 합니다. 평소에 성경공부도 하지 않고, 예배에 참석하는 것이 신앙생활의 전부인 줄 알았던 그들은 성경을 잘 모르니 어찌할 도리 없이 그 말을 순진하게 받아들일 수밖에 없었을 겁니다.

그런데 그로부터 불과 2년 후에 옥 목사로부터 "여러분은 제사장이고, 신분상으로 목사와 전혀 구분이 없는 사람이므로 목사가 교회에 충성하는 만큼 여러분도 충성해야 하고, 또 목사가 하나님을 사랑하는 것만큼 여러분도 하나님을 사랑해야 한다"라는 설교를 들었으니 그들이 얼마나 혼란스러웠겠습니까? 감사하게도 그들은 예배를 마치고 나가면서 "목사님, 이제야 제대로 배웠습니다"라며 기쁨에 넘쳐서 돌아갔습니다.

그 교회를 보면서 잘못된 가르침이 성도들에게 영적으로 얼마나 심각한 해를 입힐 수 있는지를 분명하게 깨닫게 되었습니다. 그런 의미에서 교인들에게 '나는 누구인가'에 대해 분명하게 가르치는 일은 아무리 강조해도 지나치지 않습니다.

어느 교단의 교역자들 6, 7백 명가량 모이는 곳에서 특강을 하다가 우연히 이 문제를 다루게 된 적이 있었습니다. 그때 제가 "여러분 가운데 목사만 제사장이라고 생각하는 분이 계시면 손 좀 들어 주십시오"라고 했더니 손을 드는 사람이 여러 명 있었습니다. 그렇게 생각하는 목회자라면 교역자와 일반 성도들 신분이 다르다고 가르칠 것이 뻔합니다. 그러나 이것이야말로 로마 가톨릭교회가 남겨 놓은 냄새나는 유물입니다. 이는 '교역자는 하나님의 기름 부음을 받은 자들이니 그 수준까지 도달하는 것이 당연하고, 우리는 평신도이니 거기에 못 미쳐도 괜찮다'라는 사고의 근저가 되는 것입니다.

요즘 성도들의 사회적, 교육적 수준이 얼마나 높습니까? 한 사람 한 사람을 놓고 보았을 때 너무도 귀한 분들이 교회 안에서 예수님을 믿고 새 생활을 시작했는데, 주체 의식이 바르게 정립되지 않아서 소모적이고 소극적인 신앙생활을 하는 것을 보면 안타깝기 그지없습니다. 교회에 그런 사람 몇천 명이 모인들 무슨 의미가 있습니까? 그들은 천당에는 갈 수 있을지 모르지만, 하나님께서 이 세상에서 이루고자 하시는 뜻을 성취하는 데는 쓸모없는 오합지졸에 불과할 뿐입니다. 이 모두가 '내가 제사장이다'라는 신분에 대한 올바른 확신이 없기 때문에 빚어진 결과들입니다.

○ ○ ○ ○ ○ ○ ○ ○ ○
그리스도께 죄가 전가됨

우리는 하나님이 세상에서 선택하신 거룩한 제사장입니다. 제사장으로서 행해야 할 절차도 이미 다 치렀습니다. 이것은 레위기 8장에 나타난 구약시대 제사장의 위임식을 가지고 우리 자신을 비교해 보면 확인할 수 있습니다. 아론과 그의 아들들을 임명할 때 무엇보다도 중요한 것은 깨끗하게 하는 의식, 곧 그들의 죄를 용서받는 의식을 행하는 것이었습니다. 그 방법은 두 가지였는데, 먼저 수송아지 머리 위에 아론과 그의 아들들이 손을 얹고 자신의 모든 죄를 고백하는 기도를 드린 다음 그것을 대속의 제물로 드리는 것입니다. 아론이 이들을 대표해서 이렇게 기도하지 않았겠습니까? "하나님 아버지, 저는 죄인 중에 죄인입니다. 이 더러운 죄인이 어떻게 영광스러운 하나님을 섬기는 제사장이 될 수 있겠습니까? 주님, 저의 모든 죄를 이 송아지에게 다 넘기오니 이 송아지에게 제 모든 죄의 값을 갚으시고 저를 용서해 주옵소서." 이러한 아론의 기도에 그의 아들들도 '아멘' 했을 것입니다. 기도가 끝난 다음에 칼로 수송아지의 목을 찔러서 피를 내고, 껍질을 벗기고, 각을 떠서 그 제물을 제단에 올려놓고 불로 태웠습니다. 이것이 모든 죄를 용서받는 하나의 절차였습니다.

그러면 우리에게는 이런 절차가 없었습니까? 아닙니다. 우리도 처음으로 예수님을 믿게 되었을 때 보이지 않는 믿음의 손을 주님께 얹고 죄를 고백하고 용서를 구하는 기도를 했습니다. "하나님 아버지, 저는 태중에서도 죄인이었고 태어나서도 죄인이었습니다. 죄인 중에 괴수 된 저의 죄를 예수님의 머리 위에 다 돌리오니 하나님께서 제게 벌하실 모든 죄의 값을 예수님에게 돌리시옵소서." 이 기도를 들으시고 하나님이 우리의 죄를 다 예수님께 돌리셨으며, 십자가의 피로 우리의 모든 죄를 씻으시고 용서하셨습니다. 이 의식은 완전하여 우리의 원죄와 우리 내면에 잠재된 죄의식까지도 깨끗하게 하셨습니다. 그리고 "이제 그리스도 예수 안에 있는 자에게는 결코 정죄함이 없나니"(롬 8:1)라고 선언하셨습니다. 예수님의 피로 씻음 받은 우리는 하나님 앞에서 다시는 죄인이라고 정죄당하지 않습니다. 이미 제사장이 되는 의식을 행한 것입니다.

죄 용서의 길

아론과 그의 아들들은 수소의 피로 깨끗함을 받는 것만으로는 아직 완전하지 못했습니다. 그들은 하나님 앞에 죄 용서를 받았다고 할지라도 다시 죄를 범하는 약점을 지닌 인간이었기 때문입니다. 그러므로 그들에게는 물로 목욕을 하는 또 하나의 의식이 필요했던 것입니다.

우리도 마찬가지입니다. 예수님을 믿음으로써 하나님 앞에 우리의 근본적인 죄는 용서를 받았지만, 우리의 연약함으로 인하여 다시 범하는 죄에 대해서는 어떻게 합니까? 하나님은 우리를 너무나 잘 아십니다. 그렇다고 해서 다시 죄짓는 것을 방치하는 하나님도 아니십니다. 그래서 길을 열어 주셨습니다. 요한일서 2장 1절 하반절을 보십시오.

> 만일 누가 죄를 범하여도 아버지 앞에서 우리에게 대언자가 있으니
> 곧 의로우신 예수 그리스도시라_요일 2:1하

하나님은 우리가 더 이상 죄를 범하지 않기를 원하십니다. 그러나 우리가 연약해서 죄를 범하는 일이 있으면 우리 대신 아버지 앞에 우리를 변호해 주시는 대언자가 계신다는 것입니다. 바로 예수 그리스도이십니다. 하나님은 우리가 예수님께 죄를 고백하면 물로 아론과 그의 아들들을 깨끗하게 하셨듯이 우리를 깨끗하게 하신다고 말씀하셨습니다. 물론 그렇다고 반복해서 죄를 범하고도 아무런 가책을 받지 않아도 된다는 말은 아닙니다. 용서를 받으면 받을수록 죄를 더 멀리하게 되는 것은 하나님의 일이지만, 용서를 받았다고 해서 점점 더 죄를 잘 짓게 되는 것은 마귀의 역사라는 것을 잘 구별해야 합니다.

우리는 근원적으로 이미 용서함을 받은 하나님의 자녀이며, 제사

장이기 때문에 예수님께 죄를 고백하면 영원한 사죄의 은총이 보장되어 있습니다.

○ ○ ○ ○ ○ ○
의의 옷을 입음

이 정결 의식 다음에 아론과 그의 아들들은 예복을 차려입었습니다. 속옷 위에 에봇을 입고, 띠를 띠고, 흉패를 매고, 관을 썼습니다. 하나님이 우리에게는 어떤 의복을 입혀 주셨습니까? 이사야 61장 10절 하반절을 봅시다.

> 이는 그가 구원의 옷을 내게 입히시며 공의의 겉옷을 내게 더하심
> 이 신랑이 사모를 쓰며 신부가 자기 보석으로 단장함 같게 하셨음이
> 라_사 61:10하

하나님께서는 우리에게 구원의 옷을 입혀 주셨습니다. 이것은 보이지 않는 예수 그리스도의 의(義)의 옷입니다. 영광스럽고 찬란한 이 옷은 우리가 하나님 나라에 들어갈 때 비로소 우리 눈에 보이게 될 것입니다. 이 세상에서 비록 초라한 옷을 입고 가난하게 살았을지라도 하나님은 우리를 아름답게 단장한 신부로 보아주십니다. 의의 옷을 입은 우리는 제사장이 된 것입니다.

○ ○ ○ ○ ○ ○ ○
성령의 기름 부음

또 하나, 아론과 그의 아들들은 제사장이 되기 위하여 기름 부음 받는 의식을 행하였습니다. 신약시대에 있어서 '기름'은 무엇입니까? 그것은 성령을 말합니다. 요한일서 2장 27절 상반절에 "너희는 주께 받은 바 기름 부음이 너희 안에 거하나니"라고 했습니다. 예수님을 믿는 사람은 예외 없이 기름 부음을 받았습니다. 이미 그 마음 가운데 성령이 계신다는 것입니다. 답답한 것은 자신이 성령의 사람이라는 확신이 없는 성도가 우리 중에 꽤 많이 있다는 사실입니다. 그것은 독특한 체험만이 성령이 임재해 계신 증거라는 잘못된 인식에서 비롯된 것입니다.

방언을 강조하고 귀신을 쫓아내는 교회에 사람들이 몰리는 것을 봅니다. 성령을 받았다는 특별한 증거가 있어야 믿음도 더 강해진다는 그들의 주장은 나름대로 일리가 있습니다. 믿음이 약한 자가 방언을 하고 나서, 혹은 병 고침을 받고 나서 그 믿음이 강해지는 것은 사실입니다. 하지만 성령이 함께 하신다는 증거를 꼭 체험에서 찾으려고 하는 태도에는 문제가 있습니다.

성경을 보면 신약시대 초기에는 개인이나 교회에 특별한 성령의 역사가 많았지만, 이후 기록에 나타난 개인이나 교회들은 평범한 가운데 성령의 임재를 알았으며, 평범한 가운데 성령이 함께 하심을 믿었다는 사실을 발견할 수 있습니다. 그들이 그런 믿음을 가질 수 있었던 것은 무엇 때문이겠습니까?

로스앤젤레스에 사는 어떤 부인이 낮에는 음식점으로, 밤에는 그 자리를 나이트클럽으로 운영해서 많은 돈을 벌었다고 합니다. 로스앤젤레스 경찰 당국에서 주의할 인물로 주시하고 있는 한국계 청소년들 6백여 명 중 상당수가 그곳을 드나들었을 것입니다. 그런데 놀랍게도 그녀가 예수님을 믿게 되었습니다. 예수님을 믿자마자 하나님 말씀에 눈이 열린 그녀는 날마다 성경을 들고 살다시피 했습니다. 하지만 50세가 넘어서인지 기억력이 별로 좋지 않아서 자꾸 잊어버리니까 아예 중요한 부분은 쓰기 시작했다고 합니다. 손가락에 못이 박힐 정도로 반복해서 쓰고 또 썼습니다.

그렇게 변화된 그녀가 나이트클럽을 예전과 같이 운영해 나갈 수 있었겠습니까? 2, 3년의 세월이 흐르는 동안 오히려 큰 빚을 지고 말았지만, 그 과정에서 그녀는 전혀 다른 존재로 변화되는 은혜를 맛보았습니다. 그녀는 이렇게 간증했습니다. "예수님을 믿은 이후로 하나님께서 나의 재물을 빼앗아 가셨지만 저는 그것을 문제시하지 않습니다. 그분은 돈 대신 저에게 너무나 큰 선물을 주셨기 때문입니다. 돈이 있을 때 그렇게 애를 먹이던 남편과 아이들이 이제는 바르게 살려고 애쓰는 모습을 볼 때 얼마나 기쁜지 모르겠습니다. 저는 이 생활이 너무나 좋습니다."

여러분, 기름 부음 받은 증거를 어디에서 찾습니까? 성령이 함께하시는 증거를 어디에서 찾습니까? 그것은 바로 인격과 가치관 그리고 생활 태도의 변화에서 찾아야 합니다. 또한 하나님 말씀을 깨닫는 데서 찾아야 합니다. 그렇게 되면 그 부인처럼 과거에 좋다고 생각하던 것을 버리게 됩니다. 자신도 모르게 무릎을 꿇고 기도하는 사람으로 바뀌게 됩니다. 사랑하지 못했던 사람을 사랑하게 되고, 조급하고 신경질적이던 성격이 포용력 있는 성격으로 바뀌게 됩니다. 이런 증거가 드러날 때 "나는 기름 부음을 받은 제사장이다"라고 말할 수 있는 것입니다.

○ ○ ○ ○ ○
구별된 존재

그다음에 아론과 그의 아들들은 수송아지의 피를 귓불과 엄지손가락 그리고 엄지발가락에 칠했습니다. 이것은 온몸이 하나님을 위해서 구별되었다는 것을 표하는 것입니다. 우리에게도 이와 같은 역사가 있습니다. 하나님이 우리를 세상 사람들과 완전히 구별해서 하나님만 위해 살도록 만들어 놓으셨습니다. 우리의 몸은 너무나 고귀합니다. 성경에 진주를 돼지에게 던지지 말라는 말씀이 있습니다(마 7:6 참조). 진주는 복음만을 의미하는 것이 아니라 예수님의 피로 구별된 우리의 거룩한 몸도 의미합니다.

성경은 "너희 몸을 하나님이 기뻐하시는 거룩한 산 제물로 드리라"(롬 12:1)라고 했습니다. 그러므로 이제는 우리의 거룩한 몸을 세상에서 함부로 더럽혀서는 안 됩니다. 조금 덜 벌면 어떻습니까? 좀 작은 집에 살면 또 어떻습니까? 비록 경쟁에서 밀려날지라도 세상 사람들처럼 수단 방법 가리지 않고 살면 안 됩니다. 살아 계신 하나님께서 "너희는 먼저 그의 나라와 그의 의를 구하라 그리하면 이 모든 것을 너희에게 더하시리라"(마 6:33)라고 말씀하십니다. 그분 자신이 우리의 기업이 되신다는 뜻입니다.

구약시대에는 제사장들에게 땅을 주지 않았습니다. 하나님만이 그들의 기업이었기 때문입니다. 마찬가지로 신약시대의 제사장인 우리에게 하나님은 세상에서 영원히 먹고 살 수 있는 기업을 주시지 않습니다. 우리의 현재와 미래는 모두 하나님 손에 달려 있습니다. 우리의 신분이 제사장이기 때문입니다.

한국 풍토에서는 장로 직분과 사업을 병행할 수 없어서 이민을 왔다는 어떤 장로님을 로스앤젤레스에서 만난 적이 있습니다. 세상 사람들과 같은 방식으로 사업을 할 수 없었다는 뜻입니다. 그러나 아브라함 때도 세상은 악했습니다. 그뿐만 아니라 지난 2천여 년 동안의 기독교 역사를 볼 때, 어느 때 어느 장소를 막론하고 예수님을 믿는 사람이 안심하고 사업을 할 수 있을 만큼 세상이 깨끗했던 적은 한 번도 없었습니다. 그러나 감사하게도 위대한 하나님의 자녀들은 승리했습니다. 하나님이 지혜를 주셨기 때문입니다. 중요한 것은 자신이 구별된 거룩한 존재라는 사실에 대한 확신입니다.

우리는 제사장입니다. 제사장의 영광스러운 신분을 함부로 땅에 굴리지 마십시오. 죄와 타협하지 마시고, 세상 사람들의 사고방식을 그대로 추종하지 마십시오. 대궐 같은 집에 초대를 받아 보면 의외로 그 집에 사는 사람들의 내면은 말할 수 없이 황폐한 경우를 가끔 볼 수 있습니다. 차라리 작은 집에 살면서 하나님 나라의 곳간에 재물을 쌓는 생활을 했다면, 그 사람의 제사장 신분이 얼마나 영광스럽게 보이겠습니까?

우리는 믿지 않는 자들과 삶의 태도가 완전히 다른 존재들입니다. 결코 더럽혀지거나 세상 사람들의 발밑에 짓밟히는 존재가 되어서는 안 됩니다. 여러분 모두 하나님께서 선택하신 거룩한 제사장답게 남은 생을 살아야 합니다.

4

당신의 삶
전부를
변화시켜야
합니다

우리가 삶을 가치 있게 보는 이유는 하나님께서 우리의 몸을
자기가 기뻐하시는 거룩한 제사로 받으시겠다고 약속하셨기 때문입니다.
하나님이 받으시는 것이기에 가치가 있습니다.

로마서 12:1-2

1 그러므로 형제들아 내가 하나님의 모든 자비하심으로 너희를 권하노니 너희 몸을 하나님이 기뻐하시는 거룩한 산 제물로 드리라 이는 너희가 드릴 영적 예배니라 2 너희는 이 세대를 본받지 말고 오직 마음을 새롭게 함으로 변화를 받아 하나님의 선하시고 기뻐하시고 온전하신 뜻이 무엇인지 분별하도록 하라

당신의 삶 전부를
변화시켜야 합니다

얼마 전에 신문지상을 통해 참으로 가슴 아프고 충격적인 사건을 접한 적이 있습니다. 고등학교 3학년 여학생들이 하숙집에 연탄을 피워 놓고 동반 자살을 한 사건입니다. 그들이 남긴 유서에는 이런 글들이 적혀 있었다고 합니다. "행복한 기분으로 죽고 싶다. 난 절대 후회하지 않는다. 나의 갈 길은 오직 이 길 뿐, 다른 길이 없다. 하나님, 절대로 깨어나지 못하게 해주세요." 17세라는 꽃다운 나이에 스스로 목숨을 끊을 만한 이유가 무엇이었을지?

그들은 17년 동안 부모님 슬하에서 사랑을 받으며 성장했습니다. 지나온 세월 동안 부모님에게 왜 세상을 살아야 하는가를 배우려고 했을 것입니다. 그러나 부모들이 그 이유를 가르쳐 주지 못한 것 같습니다. 그들은 또한 12년 동안의 학창 시절을 보냈습니다. 선생님으로부터 삶의 이유를 배우기를 원했을 것입니다. 그러나 선생님들 역시 만족할 만한 대답을 해주지 못한 것 같습니다. 결국 그들이 도달한 결론은 자살이었습니다. 삶의 허무로부터 탈출할 수 있는 유일한 길은 죽음밖에 없다고 생각한 것입니다. 안타까운 것은 우리 주변에는 자살한 이 여학생들과 같은 눈으로 인생을 바라보는 사람들이 한두 명이 아니라는 사실입니다. 다른 점이 있다면 그 여학생들은 자기 생명을 끊을 용기가 있었는데 반해, 그들은 그저 죽지 못해 살고 있다는 것뿐입니다. 톨스토이(Lev Nikolayevich Tolstoy, 1828-1910)는 대문호답게 삶의 허무를 안고 몸부림치는 자신의 모습을 이렇게 표현했습니다.

삶의 목표가 무엇인가? 죽기 위해서 사는 것인가? 그렇다면 아예 자살해 버릴까? 아니다. 자살을 하기엔 난 용기가 없다. 그러면 죽음이 올 때까지 군말 없이 견딜까? 그것 역시 두렵기는 마찬가지다. 결국 나는 어쩔 수 없이 살 수밖에 없다. 그러나 무엇을 위해서 산단 말인가? 죽기 위해서 산단 말인가? 끝없이 반복되는 이러한 질문들의 굴레에서 벗어나고 싶어 손에 잡히는 대로 책을 읽어 본다. 그러나 그것도 잠시뿐, 이내 똑같은 질문이 나를 괴롭힌다. 드러누워 눈을 감아 보지만 더 괴로울 뿐이다.

얼마나 많은 사람이 톨스토이처럼 인생의 의미를 알지 못한 채 허우적거리다가 지쳐 쓰러져 있는지 모릅니다. 하루하루 마지못해 살아가고 있는 것입니다.

○ ○ ○ ○ ○ ○ ○ ○ ○ ○ ○ ○
크리스천의 삶이 가치 있는 이유

그러나 예수님을 발견한 사람은 절대 이와 같은 생의 허무를 용납할 수 없습니다. 예수님을 통해 새 생명을 찾은 사람들은 인생이 허무하다고 말하지 않습니다. 뚜렷한 삶의 목적이 있기 때문입니다. 또한 그들은 날마다 기쁨으로 살아갑니다. 예수님을 믿는 사람이 이처럼 삶의 희열을 느끼며 살 수 있는 이유는 무엇일까요?

로마서 12장 1절에 그 이유가 나와 있습니다.

> 그러므로 형제들아 내가 하나님의 모든 자비하심으로 너희를 권하
>
> 노니 너희 몸을 하나님이 기뻐하시는 거룩한 산 제물로 드리라 이는
>
> 너희의 드릴 영적 예배니라_롬 12:1

우리가 삶을 가치 있게 보는 이유는 하나님께서 우리의 몸을 자기가 기뻐하시는 거룩한 제물로 받으시겠다고 약속하셨기 때문입니다. 하나님이 받으시는 것이기에 가치가 있는 것입니다. 하나님이 기뻐하시는 것이기에 의미가 있는 것입니다. 우리는 택하신 족속이요, 왕 같은 제사장입니다(벧전 2:9 참조). 제사장으로서 우리가 우리 몸을 제사로 드리면 기쁘게 받으신다는 것입니다. 이 약속의 말씀이 있기에 우리는 인생의 허무라는 말을 용납할 수 없는 것입니다.

○ ○ ○ ○
몸의 의미

그러면 여기에서 몸은 구체적으로 무엇을 말합니까? 어떤 학자들은 이것을 우리의 전인격으로 해석합니다. 그러나 저는 그보다는 흙에서 나서 흙으로 돌아가야 하는 우리의 육체를 말한다고 봅니다. 고린도전서 6장 19절과 20절을 보십시오.

> 너희 몸은 너희가 하나님께로부터 받은 바 너희 가운데 계신 성령의
>
> 전인 줄을 알지 못하느냐 너희는 너희 자신의 것이 아니라 값으로
>
> 산 것이 되었으니 그런즉 너희 몸으로 하나님께 영광을 돌리라
>
> _고전 6:19-20

여기에서도 몸은 우리의 육체를 가리킵니다. 예수님을 믿고 구원

받은 이후에 우리의 몸은 성령이 거하시는 처소가 되었습니다. 하나님이 영광을 받으시는 성전이 된 것입니다. 이렇게 생각할 때 로마서 12장 1절의 몸은 육체를 의미하는 것이 분명합니다.

바울 당시만 해도 이와 같은 사상은 대단히 충격적인 것이었습니다. 헬라 사람들은 육체를 물질로 보았고, 따라서 육체를 악한 것이라고 여기고 있었기 때문입니다. 그들에게 육체란 영혼을 가두는 감옥에 불과했습니다. 영혼만 깨끗하면 된다고 생각했기 때문에 그들은 자기 몸을 학대하거나 세상에서 마음껏 즐기며 육체를 더럽혔습니다. 이렇게 육체를 경멸하다 보니 자살하는 사람이 많아질 수밖에 없었습니다. 육체를 경멸하는 가장 확실한 방법은 스스로 그 감옥에서 탈출하는 것, 곧 자살밖에 없는 것입니다.

예수님을 믿는 사람 중에도 육체는 천한 것으로 생각하는 경향이 많은 것 같습니다. 그러나 이것은 '몸'이라는 개념과 '육신'이라는 개념을 혼동한 데서 빚어지는 오해입니다. 성경을 유심히 읽어 보십시오. 몸과 육신이 엄연히 구별하여 사용하고 있다는 사실을 알 수 있을 것입니다. 몸은 육체를 가리키지만, 육신은 옛 자아 혹은 옛사람을 가리킵니다(롬 7장 참조). 그러므로 우리가 경멸하고 버려야 할 것이 있다면 그것은 육신이지 몸이 아닙니다. 성경에서 우리의 육체가 악하다고 말하는 곳은 한 군데도 없습니다.

그럼에도 불구하고 육신과 몸을 구분하지 못해서 육체를 자학하거나 더럽히는 경향이 많습니다. 요즘 유행하고 있는 40일 작정 금식도 어떤 면에서는 육체를 경시하는 경향에서 나온 풍조의 하나가 아닌가 합니다. 물론 금식이 예수님께서도 인정하신 능력 있는 간구인 것은 분명합니다. 그러나 무조건 몸을 괴롭히면서 기도해야만 하나님이 들으신다는 사고방식은 잘못된 것입니다. 금식을 부정하려는 것이 아닙

니다. 다만 지나치게 몸을 학대하는 것은 성경적인 태도가 아니라는
말입니다.

'하나님의 자비'라는 동기

바울은 우리 몸이 하나님께 제물로 기쁘게 드릴 만한 가치가 있는 것
이라고 말합니다. 전에는 우리의 몸이 무의미했을지 모르지만, 예수
님 안에서 의미 있는 것이 되었다는 것입니다. 그러므로 몸을 보는 우
리의 가치관이 바뀌어야 합니다. 흔히 가치관의 패러다임이 바뀔 때
는 그 배후에 어떤 강력한 동기가 있게 마련입니다. 우리도 마찬가지
입니다. 우리의 가치관이 바뀌게 된 데는 강력한 동기가 있습니다.
　그 동기가 무엇입니까? 로마서 12장 1절 상반절을 보십시오.

> 그러므로 형제들아 내가 하나님의 모든 자비하심으로 너희를 권하
> 노니_롬 12:1상

　'하나님의 모든 자비하심으로'가 바로 그 동기입니다. 개역개정 성
경을 보면 그 뜻이 그다지 명확하게 드러나지 않습니다. 그러나 공동
번역 성경을 보면 의미가 좀 더 분명해집니다. 공동번역은 이 부분을
"하나님의 자비가 이토록 크시니"라고 번역했습니다. 따라서 1절은
이런 의미입니다. "내가 하나님의 자녀인 너희들에게 권한다. 하나님
의 모든 자비가 이토록 크시니 너희 몸을 하나님이 기뻐하시는 거룩
한 산 제사로 드려라. 하나님의 말로 다 못 할 엄청난 자비를 입은 자
로서 우리가 우리 몸을 하나님이 기뻐하시는 거룩한 제사로 드려야
마땅하지 않겠느냐"라는 말입니다.

사실 "하나님의 자비가 이토록 크시니라"라는 말은 로마서 1장부터 11장까지의 모든 내용을 압축한 표현입니다. 그 내용이 무엇입니까? 어떤 죄인이라도 예수님을 믿기만 하면 의롭다 함을 받고 영원한 생명을 얻는다는 것입니다. 이와 같이 놀라운 복음은 '하나님의 자비'라는 말로밖에 표현할 수 없습니다. 아무리 큰 죄인이라도 예수님의 이름을 부르기만 하면 구원을 얻게 되었으니 얼마나 큰 은혜이며, 축복입니까?

로마서 8장 30절에 이런 말씀이 있습니다.

> 또 미리 정하신 그들을 또한 부르시고 부르신 그들을 또한 의롭다
> 하시고 의롭다 하신 그들을 또한 영화롭게 하셨느니라_롬 8:30

이것은 하나님의 자비를 드러내는 일종의 드라마라고 할 수 있습니다. 전지전능하신 하나님이 이 세상을 창조하시기도 전에 나를 자기 자녀 삼기로 작정해 놓으셨다는 것입니다. 무궁하신 자비로 나를 불쌍히 여기셔서 구원의 자녀로 선택해 주셨다는 것입니다. 이 얼마나 큰 영광입니까?

강단에 올라가면 눈시울이 뜨거워질 때가 참 많습니다. 기도할 때나 두 손을 들고 성도들과 함께 찬송을 부를 때 마음속에 이런 음성이 자주 들려오기 때문입니다. "내가 너를 사랑한다. 그러니까 너같이 더러운 자도 내가 사용하지 않니?" 그때마다 저는 감격에 벅차서 솟구치는 눈물을 억제하지 못하곤 합니다.

도대체 우리가 무엇인데 만세 전에 우리를 택하셨다는 것입니까? 우리가 무엇인데 우리를 구원하시고자 자기 아들을 십자가에 죽게 하셨다는 것입니까? 우리가 무엇인데 성령을 보내 주셔서 거부하고 믿

지 않으려는 마음을 깨끗이 녹여 주시고 순종하는 마음을 주셔서 예수님을 믿게 하셨다는 것입니까? 어디 그뿐입니까? 우리의 모든 죄를 사하시고 우리를 의롭다고 인정해 주셨습니다. 더 나아가 하나님께 제사를 드릴 수 있는 왕 같은 제사장으로 삼으셔서 장차 하나님과 함께 있어도 조금도 손색이 없는 그의 자녀로 만들어 주셨습니다. 달리 말해서, 우리를 하나님 자신처럼 영화롭게 해 주셨습니다. 이 모든 은혜가 우리의 영혼에 대해서만 말하는 것이 아닙니다. 많은 사람이 영혼에 임한다고 생각하지만, 하나님의 자비는 내 영혼에만 임한 것이 아니라 내 몸에도 임한 것입니다.

사람은 나이를 먹어 갈수록 몸이 썩어 문드러지게 되어 있습니다 (고후 4:16 참조). 그러다가 결국에는 죽음이라는 과정을 거쳐 흙으로 돌아가고 말 것입니다. 그러나 우리가 기억할 것은, 장차 우리의 몸이 새로운 몸으로 부활하게 된다는 사실입니다. 하나님 나라에는 우리의 영혼만 들어가는 것이 아닙니다. 부활할 때 입게 될 새 몸도 가지고 들어가는 것입니다. 이런 의미에서 우리의 구원에는 몸의 구원까지 포함되는 것입니다. 예수님의 구원 사역은 영계만 아니라 물질계 전부를 포용하는 것이기 때문입니다.

하나님이 놀라운 사랑을 우리에게 베풀어 주셔서 우리의 영혼뿐 아니라 몸까지 구원하여 주셨으니 이것이 얼마나 놀라운 동기가 됩니까? 우리가 이 큰 은혜를 입고도 어떻게 우리의 몸을 귀하게 여기지 않을 수가 있겠습니까? 에베소서 5장 29절 말씀처럼 우리의 몸을 양육하고 보호하기를 그리스도께서 교회를 돌보시는 것처럼 해야 합니다. 하나님이 기뻐하신다는데 어떻게 우리의 몸을 주님께 드리지 않을 수 있겠습니까? 예수님을 믿는 자들의 헌신 뒤에는 세상이 알지 못하는 이와 같은 강하고, 뜨겁고, 거룩한 동기가 작용하고 있다는 사실을 잊지 마시기를 바랍니다.

영국의 유명한 소설가 서머셋 모옴(William Somerset Maugham, 1874-1965)은 이런 말을 했습니다.

> "만일 하나님의 존재를 생각하지 않는다면 그리고 그분이 사람들의
> 행동에 어떠한 영향을 준다고 생각하지 않는다면 삶이 무슨 의미가
> 있겠는가? 만일 죽음이 모든 것의 끝이라고 한다면, 이 세상에서 기
> 대할 좋은 것도, 두려워할 나쁜 것도 없다면, 다시 말해서 그 모든
> 것을 심판하실 하나님이라는 존재가 없다고 한다면 내가 살아야 할
> 이유는 무엇인가? 나는 어떻게 살아야 하는가? 도대체 어디에서 그
> 답을 찾아야 한단 말인가!"

그는 무신론자요, 무종교주의자였지만 옳은 말을 했다고 봅니다.
하나님이 안 계신다면 나의 몸은 천한 것일 수밖에 없습니다. 나의 삶
도 무의미할 수밖에 없습니다. 그런 삶은 결국 허무주의에 빠지고 말
것입니다. 그러나 우리 크리스천들은 다릅니다. 우리는 우리 안에 예
수 그리스도를 모시고 사는 자들입니다. 하나님은 우리의 몸을 기쁘
게 제물로 받으실 만큼 귀하게 보십니다. 그러므로 우리는 우리의 몸
을 귀하게 여길 수밖에 없고, 우리의 삶을 소중하게 다룰 수밖에 없습
니다.

‘몸을 드리라’는 말의 의미

우리는 여기에서 "우리 몸을 하나님께 드려야 한다"라는 말의 의미를
분명히 해 둘 필요가 있습니다. ‘하나님께 몸을 드린다’라는 것은 전적

으로 헌신하는 것을 의미합니다. 그러나 무엇이 전적인 헌신인가에 대해는 잘못 생각하고 있는 사람이 많습니다.

어릴 때부터 이런 말을 많이 들었습니다. "하나님께 몸을 바치려면 목사가 되어 교회를 위해서 24시간 충성해야 한다. 세상 직업은 다 일시적일 뿐, 하나님 나라에 가면 아무 의미 없는 것이다. 그러니 너는 목사가 되어 전적으로 주를 위해 살아야 한다." 많은 사람은 그렇게 해야 하나님께 몸을 바치는 것으로 생각합니다. 그렇다면 성직자가 아닌 대다수의 성도는 어떻게 해야 합니까? 그들은 몸을 하나님께 드리는 것과 상관없는 사람들입니까?

어떤 학자의 계산에 의하면 우리가 한평생을 살면서 시간의 40%를 직장에서 보낸다고 합니다. 이것이 사실이라면 잠자는 시간이나 여가를 빼고 나면 우리가 일생 중 교회에 나와서 앉아 있는 시간은 계산조차 어려울 정도로 미비하다고 할 수 있습니다. 7, 80년밖에 안 되는 인생의 전부를 세상일만 하다가 보내 버린 꼴이 될 것입니다. 이런 경우 누가 감히 하나님 앞에 가서 "제가 하나님을 위해서 몸을 드렸습니다"라고 말할 수 있겠습니까? 우리가 모두 의기소침해져서 절망할 수밖에 없을 것입니다. 차라리 지키지도 못할 로마서 12장 1절은 성경에서 도려내 버리는 것이 낫다고 생각할지도 모릅니다.

몸을 드린다는 것은 교회에서 예배하거나 성직자가 되어 헌신하는 것만을 의미하지 않습니다. 그럼 무슨 뜻입니까? 우리의 몸을 가지고 활동하는 모든 영역을 하나님이 기뻐하시는 제사가 되도록 하는 것입니다. 전 생활권이 하나님을 기쁘시게 하는 헌신이 되어야 한다는 말입니다. 달리 말해서, 우리의 몸을 써서 하는 모든 일이 하나님께 바쳐져야 한다는 말입니다. 우리가 아침부터 밤늦게까지 몸을 던져 일하는 생업이 하나님께 드리는 헌신의 성격을 가져야 합니다.

하나님은 우리에게 일을 주셨습니다. 일은 죄 때문에 들어온 것이 아닙니다. 미처 죄가 들어오기 이전에 이미 일이 있었습니다. 죄로 인해 달라진 것이 있다면 그것은 일이 몹시 힘들게 느껴지게 되었다는 것입니다. 하나님은 모든 인생에게 일을 맡기셨습니다. 이것은 예수님도 예외가 아니었습니다. 예수님께서도 자신을 두고 "내 아버지께서 이제까지 일하시니 나도 일한다"(요 5:17)라고 분명히 말씀하셨습니다.

그러므로 우리는 땀을 흘리며 몸으로 일해야 합니다. 우리의 몸을 움직이고, 머리를 움직이고, 그 외 다른 지체를 움직여서 하는 모든 일은 의미가 있습니다. 왜냐하면 그것은 우리가 몸을 통해서 하나님께 드리는 거룩한 제사이기 때문입니다. 하나님의 지극한 자비 때문에 자기의 몸이 새로운 가치를 갖게 되었다는 것을 발견한 신자는 속된 일과 거룩한 일을 구별하지 않습니다. 목사의 일이 거룩하다면 회사 일도 거룩합니다. 교회에서 하는 일이 거룩하다면 부인들이 시간 대부분을 바치고 있는 가사도 거룩합니다. 교회가 하나님 앞에 제사 지내는 제단입니까? 여러분의 가정이나 직장도 하나님께 영광을 돌리는 제단입니다. 구별할 수가 없습니다. 우리의 삶 전부가 하나의 제사로서 하나님께 드려지고 있기 때문입니다.

기독교 철학자 스킬더(Klaas Schilder, 1890-1952)는 이렇게 말했습니다. "크리스천은 중생받지 않은 문화의 상에서 떨어지는 부스러기를 먹고 만족해서는 안 된다." 예수님을 안 믿는 중생받지 못한 사람들이 열심히 뛰고 있는 현장에서 떨어지는 부스러기나 주워 먹고 만족하는 사람이 되어서는 안 된다는 말입니다. 왜냐하면 그곳은 하나님이 우리에게 맡기신 일터이며, 우리가 제사드려야 할 제단이기 때문입니다. 하나님은 교회만의 하나님이 아니라, 온 우주의 하나님이십니다. 우리가 일하는 모든 현장은 하나님께서 영광을 받으셔야 할 거룩한 곳입니다. 중생받지 못한 사람들이 그 지역을 장악하도록 내버려 두어서는 안 됩니다. 보다 적극적으로 일터에 뛰어들어야 합니다. 우리의 몸을 써서 그곳을 하나님께 영광 돌릴 수 있는 거룩한 제단으로 만들어야 합니다.

그런 의미에서 우리가 이 세상에서 가지는 직업이나 생업은 각자가 하나님으로부터 받은 소명이라고 할 수 있습니다. "아무리 누추하고 천한 일이라 할지라도 그것이 우리의 소명인 줄 알고 순복하면 하나님 앞에 빛나고 가장 귀한 것으로 여겨지지 않을 수 없다"라는 칼뱅(John Calvin, 1509~1564)의 말은 백번 옳은 것입니다. 그러므로 '내가 무슨 일을 하느냐'보다는 '어떤 자세로 그 일을 하고 있느냐'가 더 중요합니다. 이것이 바로 소명입니다. 여러분의 직장이 인생의 대부분을 바쳐서 일하는 곳이라고 한다면, 그곳이 바로 하나님이 주신 소명의 일터입니다. 어떻게 우리가 이것을 등한히 할 수 있겠습니까? 어떻게 그 일이 무의미한 것이 될 수 있겠습니까?

교회에 드나드는 젊은이들을 보며 실망할 때가 가끔 있습니다. 예수를 잘 믿는다는 젊은이 중에 사회에 나가서는 적응을 잘하지 못하는 사람이 많기 때문입니다. 그들은 믿는 사람들 가운데서만 편안함을 얻습니다. 그러나 직장은 어떻습니까? 대부분은 중생받지 못한 사람이 압도적으로 많기 마련입니다. 그러다 보니 자연 그들과 거리를 두게 되고, 직장에서 점점 더 달팽이처럼 오그라드는 소극적인 사람이 되어갑니다. 나중에는 아예 직장도 마지못해 나가는 사람이 되어버립니다.

그러나 이것은 성경적인 태도가 아닙니다. 예수님을 믿는 사람은 어느 회사에 들어가든지, 어떤 직장을 다니게 되든지 최선을 다해야 합니다. 그곳은 내 몸을 하나님께 제사드릴 거룩한 제단이기 때문입니다. 성실해야 합니다. 정직해야 합니다. 세상 사람들보다 더 앞서야 합니다. 지혜가 부족하면 하나님께 지혜를 구해야 합니다. 경쟁 대열에서 따라가지 못한다면 하나님의 도우심을 구하며 노력해야 합니다. 믿지 않는다고 해도 그들과 어울려야 합니다.

어떤 경우에는 그들이 술집을 가면 같이 따라가야 할지도 모릅니다. 그들과 적극적으로 어울리면서 진정한 삶의 의미를 아는 사람의 모습을 보여 주어야 합니다. 예수 그리스도를 영접하면 생을 보는 눈이 어떻게 달라지는지 보여 주어야 합니다. 우리의 손길이 필요한 사람은 없는지 돌아보고 그들을 은밀하게 도와 보십시오. 내가 손해를 본다고 하더라도 다른 사람이 승진할 수 있도록 배려해 보십시오. 그렇게 함으로써 그들에게 예수님을 믿는 사람에게서만 발견할 수 있는 뭔가를 보여 준다면, 그들이 우리가 믿는 하나님을 한 번 더 생각해 보지 않겠습니까? 그럴 때 내가 일하는 직장이 하나님 앞에 거룩한 제사를 드리는 제단이 될 수 있는 것입니다.

그러나 한 가지 명심해야 할 것이 있습니다. 저는 성도들에게 시간이 한가하든 그렇지 않든, 시간을 절약해서 가능하면 실제로 복음을 전하는 일에 뛰어들도록 강하게 도전하는 목사 중 하나입니다. 그러나 늘 강조하는 선이 있습니다. 가정이 무너지도록 해서는 안 된다는 것입니다. 교회는 광신자를 만드는 곳이 아닙니다. 가정불화를 부추기는 곳도 아닙니다. 교회를 그런 곳으로 만들면 안 됩니다. 교회는 가정생활이 하나님께 몸을 드리는 헌신이 되도록 가르치는 곳입니다.

그러므로 부인들은 가정에서 최선을 다해야 합니다. 그곳이 내 일터이며, 내 제단입니다. 몸을 바쳐서 걸레질하고, 설거지하고, 어린아이들의 발을 씻겨 주어야 합니다. 이 모든 것은 하나님이 기뻐하시는 거룩한 제사입니다. 우리가 일상생활에서 주님의 소명을 받은 자답게 살지 못한다면 우리의 몸으로 하나님께 산 제사를 드리는 데 실패하고 말 것입니다.

○ ○ ○ ○ ○ ○
거룩한 산 제사

우리가 반드시 기억해야 할 중요한 사실이 하나 있습니다. 우리의 몸을 산 제사로 드리되 거룩한 제사가 되게 해야 한다는 것입니다. 여전히 죄 가운데 살면서 하나님께 거룩한 제사를 드릴 수는 없습니다. 하나님은 더러운 것은 받지 않으십니다. 내 몸이 하나님이 받으실 만한 제물이 되게 하려면 죄와 피 흘리기까지 싸워야 합니다(히 12:4 참조). 여러분의 직장이 하나님께 영광을 돌리는 거룩한 제단이 되기를 원한다면 세상 사람들처럼 죄를 끌어들여서는 안 됩니다.

만일 여러분이 월급은 많지만 날마다 거짓말을 하고 남을 짓밟아야만 되는 자리에 있다면, 차라리 그보다 적은 월급을 받는다고 하더라도 죄짓지 않을 수 있는 더 낮은 자리로 내려가야 할 것입니다. 그래야만 그 삶이 하나님이 받으시는 거룩한 제사가 될 수 있습니다. 하나님께 영광을 돌리기 위해서 사는 삶이라고 할 수 있습니다. 물 마시듯 죄를 지어야 하는 자리에 그대로 눌러앉아 있으면서 하나님의 영광을 위해서 산다고 하는 말은 맞지 않습니다.

부모님들이 가정에서 자녀들을 교육할 때도 마찬가지입니다. 국가가 법으로 고액 과외를 금지했으면 하지 말아야 합니다. 온 국민이 법을 지키는데 자기 자식만 생각하고 몰래 고액 과외를 시킨다면, 그것은 여러분의 양심을 좀먹을 뿐 아니라 어린 자녀의 양심마저 마비시키는 결과를 초래하고 말 것입니다. 죄를 끌어들여서 자녀를 키워서는 안 됩니다. 왜냐하면 우리가 하는 모든 일을 통해서 하나님께 거룩한 제사를 드려야 하기 때문입니다.

워싱턴(Washington, D.C.)의 어떤 교회를 방문했을 때의 일입니다. 한 교우의 집에 갈 기회가 있었는데, 엄청나게 호화로운 저택에 살고 있었습니다. 그 동네는 에드워드 케네디(Edward Moore Kennedy, 1932-2009)가 살았던 적이 있다고 할 정도로 매우 부유한 곳이었습니다. 그런데 나중에 교회로 돌아와서 알고 봤더니 그가 이민 오기 전에 한국에서 고위 세무 공무원이었다는 것입니다. 만약에 그것이 사실이라면, 그가 예수님을 믿은 후부터는 그의 삶이 완전히 달라져야 합니다.

마태와 같이 아예 전부 내버리고 예수님을 따르는 새 생활을 하든지(마 9:9 참조), 아니면 삭개오와 같이 주님 앞에서 새로운 결단을 해야(눅 19:1-10 참조) 하는 것입니다. 예수님을 믿고 의미 있는 거룩한 삶을 살기를 원한다면 죄지으면서 끌어모은 재산에 대해서 새로운 결단을 내려야 합니다. 그대로 앉아서 어떻게 하나님을 위해 산다고 할 수 있습니까? 하나님은 더러운 것은 받지 않으십니다. 죄를 용납하는 삶은 반드시 허무주의에 빠지게 되어 있습니다. 의미 있는 생이 아니기 때문입니다. 하나님이 기쁘시게 받지 않는 생이라면 인간의 마음은 언제나 텅 비어 있을 수밖에 없습니다.

우리의 인생은 길어야 70이요, 강건하면 80입니다(시 90:10 참조). 이짧은 인생을 의미 있게 살아야 하지 않겠습니까? 우리의 몸을 하나님이 기쁘게 받으시는 제사로 드려야 하지 않겠습니까? 저는 하나님이 손수레를 끌며 살라고 하면 지금 당장이라도 손수레를 끌 자신이 있습니다. 제일 하류 생활이라 해도 '주님, 내가 이 일을 통해서 주님께 영광 돌리기를 원합니다' 하는 마음으로 손수레를 끌며 장사를 한다면 하나님께서 그와 같은 삶을 축복하시지 않겠습니까? 하나님의 영광을 위해서 작은 일에 충성하겠다고 몸 바쳐 일하는데 하나님이 어찌

복 주시지 않겠습니까?

　왕 같은 제사장의 신분으로서 우리의 삶 전부를 하나님께 드립시다. 그럴 때만이 인생의 허무를 극복할 수 있습니다. 그럴 때만이 우리의 삶이 하늘의 놀라운 기쁨으로 더욱더 충만할 것입니다.

5

당당하게
삽시다

우리는 돈이나 지식 때문이 아니라 하나님의 자녀가 되었다는 긍지 때문에
당당할 수 있는 것입니다. 우리는 세상 사람들과 신분이 다른 존재들입니다.

요한일서 3:1-3

1 보라 아버지께서 어떠한 사랑을 우리에게 베푸사 하나님의 자녀라 일컬음을 받게 하셨는가, 우리가 그러하도다 그러므로 세상이 우리를 알지 못함은 그를 알지 못함이라 2 사랑하는 자들아 우리가 지금은 하나님의 자녀라 장래에 어떻게 될지는 아직 나타나지 아니하였으나 그가 나타나시면 우리가 그와 같을 줄을 아는 것은 그의 참모습 그대로 볼 것이기 때문이니 3 주를 향하여 이 소망을 가진 자마다 그의 깨끗하심과 같이 자기를 깨끗하게 하느니라

당당하게
삽시다

요한일서 말씀을 읽을 때마다 숨을 쉬기가 힘들 정도로 가슴이 벅차오르는 감격을 느낍니다. 특별히 3장 1절 상반절 말씀이 그렇습니다.

> 보라 아버지께서 어떠한 사랑을 우리에게 베푸사 하나님의 자녀라
> 일컬음을 받게 하셨는가, 우리가 그러하도다 _요일 3:1상

우리가 하나님의 크신 사랑을 입어 그의 자녀가 되는 엄청난 특권을 얻었다는 것입니다.

그런데 요즘 교회에 다니는 분 중에는 이 놀라운 사실을 들으면서도 별로 감격할 줄 모르는 사람이 많은 것 같습니다. 어릴 때부터 부잣집에서 호의호식하며 자란 사람들은 자기가 누리는 행복과 축복을 너무나 당연한 것으로 여기지 않습니까? 교회 다니는 사람 중에서도 불행하게도 하나님의 자녀가 되었다는 축복에 대해서 이와 같은 태도를 보이는 사람이 많다는 것입니다. 당연하게 여긴다는 것은 곧 감격이

없다는 말과 같습니다. 이것은 어떤 면에서는 하나님의 자녀가 된 것이 얼마나 감사하고 놀라운 일인지 잘 모르고 있거나 아니면 자기 신분이 어떻게 바뀌었는지 아직 모르고 있다는 말밖에 되지 않습니다.

말로 다 할 수 없는 하나님의 사랑

그러나 본문 말씀을 기록한 사도 요한을 보십시오.

> 보라 아버지께서 어떠한 사랑을 우리에게 베푸사 하나님의 자녀라
> 일컬음을 받게 하셨는가_요일 3:1상

아마 성경 기자들 가운데 사도 요한보다 하나님의 사랑을 더 강하게 표현한 사람은 없을 것입니다. 그는 하나님 아버지의 사랑을 특별히 어떠한 사랑으로 표현했습니다. 이 말은 얼핏 보기에는 매우 단순한 내용을 담고 있는 것 같습니다. 그러나 원어를 살펴보면 절대 단순한 말이 아니라는 것을 알 수 있습니다.

'어떠한'은 원어로 '포타포스'입니다. 이 말은 뭐라고 말로 표현할 수 없는 일에 대해 놀라움과 경탄을 표현할 때 잘 쓰입니다. 마태복음 8장 27절이 그 좋은 예라 할 것입니다. 예수님이 풍랑 이는 호수를 꾸짖어 잠잠하게 하시자 함께 있던 제자들이 이렇게 말하지 않습니까? "이이가 '어떠한' 사람이기에 바람과 바다도 순종하는가!" 바람과 바다가 그의 명령에 순종하여 잠잠해진 이 일을 도대체 어떻게 설명할 수 있겠습니까? 이것은 인간의 머리로는 도저히 이해할 수 없는 차원의 일이었습니다. 바로 이러한 때 그들은 '어떠한'이라는 말을 써서 놀라움과 경탄을 표현했던 것입니다.

사도 요한도 마찬가지였습니다. 그는 아무런 자격이 없는 우리를 자기 자녀로 삼아 주신 하나님의 놀라우신 사랑을 다 담아낼 수 있는 말을 생각해 낼 수가 없었습니다. 그 사랑은 인간의 모든 언어를 초월한 것이기 때문입니다. 그는 놀라움과 감격만을 담아서 '어떠한' 사랑이라 표현할 수밖에 없었던 것입니다. 그러므로 우리는 이 어떠한 사랑이라는 단순한 표현에서도 그가 하나님의 자녀가 된 것에 대해 얼마나 감격하고 있는지를 잘 알 수 있는 것입니다.

그리고 '베푸사'라는 표현도 그렇습니다. 한글 성경이 너무나 단순하게 번역해 놓아서 주고받는다고 할 때의 그런 단순한 의미만 담고 있는 것처럼 보이는 게 사실입니다. 그래서 저는 '베푸사'라는 표현보다 '샤워하다(shower)'라는 표현이 원문의 뜻을 드러내는 데 더 적절하다고 봅니다. 우리나라에서는 샤워하면 흔히 몸을 씻는 것을 연상하기가 쉽습니다만, 여기서는 그런 샤워를 말하는 것이 아닙니다. 하늘에서 비가 억수같이 쏟아져 내리는 것을 말합니다.

폭우가 쏟아져 내릴 때 바깥에 나가 보신 분들은 다 아시겠지만, 그때는 비옷이나 우산이 비를 막는 데 별로 도움이 되지 못합니다. 온몸이 흠뻑 젖어 버리는 것입니다. 바로 이것입니다. 사도 요한은 지금 하나님의 사랑이 마치 폭우와 같이 우리에게 쏟아졌다고 말하는 것입니다. 하나님은 우리가 아무리 안 맞으려 발버둥쳐도 안 맞을 수 없고, 아무리 거부하려 해도 거부할 수 없을 만큼 넘치도록 사랑을 쏟아 부어 주셨습니다. 그리고 그 사랑으로써 우리를 자녀로 삼으시고, 또 자녀로 살아가게 하셨습니다. 이 엄청난 사랑에 감격하여 "보라! 아버지께서 우리에게 얼마나 큰 사랑을 폭우같이 넘치게 부어 주셨는가!" 하고 흥분해서 말하고 있는 것입니다.

성령이 하나님의 사랑을 체험하게 하신다

그러나 오늘 우리는 어떻습니까? 하나님의 사랑이 폭우처럼 우리에게 쏟아졌다는 이 말씀을 들으면서도 너무나 무덤덤하지 않습니까? 과연 우리 중에 하나님의 자녀가 되었다는 놀라운 사실에 눈물 흘리며 감격하는 사람이 얼마나 있습니까? 어떻게 하면 우리도 사도 요한처럼 하나님의 사랑을 감격스럽게 체험하고, 표현할 수 있습니까?

중세의 성자 버나드(Bernard of Clairvaux, 1090-1153)는 이런 말을 했습니다. "아버지 되신 하나님과 아들 되신 예수 그리스도 사이에는 '사랑'이라는 이름을 가진 신이 계신다. 그는 바로 성령이시다. 성부의 사랑이요, 성자의 사랑이신 성령은 우리 마음속에 오셔서 우리로 하나님의 사랑을 느끼게 만드신다." 참으로 옳은 말입니다.

성경이 이것을 확증하고 있습니다.

> 우리에게 주신 성령으로 말미암아 하나님의 사랑이 우리 마음에 부
> 은 바 됨이니_롬 5:5하

하나님의 무궁무진한 사랑이 성령을 통해서 우리에게 '샤워되었다'는 것입니다. 육적인 자연인으로는 우리가 아무리 애를 쓴다 해도 하나님의 사랑을 알 수도 없고 느낄 수도 없습니다. 그러나 예수님을 믿음으로 하나님의 자녀로 태어난 우리에게 성령이 오시면 그 성령으로 인하여 우리가 하나님의 사랑에 눈을 뜨게 될 것입니다. 그리고 더 나아가 차고 넘치는 기쁨과 감격으로 그 사랑을 느낄 수 있게 될 것입니다.

여러분 가운데 하나님의 자녀가 되었다는 놀라운 말을 들으면서도

가슴이 냉랭해져 있는 분이 계십니까? 입술로는 하나님을 아버지라고 잘도 부르면서 마음으로는 아버지의 사랑에 감사할 줄도, 감격할 줄도 모르는 그런 한심한 모습으로 살고 있지 않습니까? 오늘 이 시간에 성령께서 묵은 땅과 같이 굳어진 여러분의 마음을 제거해 주시기를 바랍니다. 그래서 사도 요한처럼 "보라 아버지께서 어떠한 사랑을 우리에게 베푸사 하나님의 자녀라 일컬음을 얻게 하셨는고, 우리가 그러하도다"라고 감격하며 고백할 수 있게 되기를 바랍니다.

하나님의 자녀라는 긍지를 가지라

여기서 우리가 특별히 주목해 보아야 할 말이 있습니다. '보라'입니다. 원어로는 '이데테'인데, 이는 명령을 나타내는 말일 수도 있고, 주위를 환기시키는 감탄사일 수도 있습니다. 한 가지 재미있는 것은 신약 성경에서 이 말은 오직 눈에 보이는 것을 가리킬 때만 사용되고 있다는 사실입니다. 이것은 사도 요한도 예외일 수 없습니다. 그는 우리가 하나님의 자녀가 된 것을 "보라" 하고 말하는 것입니다. 그렇다면 세상 사람도 이것을 볼 수 있다는 말입니까? 그것은 절대 아닙니다. 왜냐하면 그들은 우리가 하나님의 자녀라는 것을 결코 눈치채지 못하기 때문입니다.

요한일서 3장 1절 하반절에서 요한은 이렇게 말합니다.

> 그러므로 세상이 우리를 알지 못함은 그를 알지 못함이니라
> _요일 3:1하

그들은 우리가 하나님의 자녀라는 것을 잘 알지 못합니다. 우리를

아직도 자기들과 똑같은 존재로만 생각하는 것입니다. 왜 그렇습니까? 그 이유는 간단합니다. 우리의 아버지가 되신 하나님을 모르기 때문입니다. 그들은 예수님이 세상에 오셨을 때도 그가 하나님의 아들이심을 알아보지 못했습니다. 자기들과 똑같은 인간이며 나사렛 출신의 촌놈으로만 알았을 뿐, 그 안에 하나님의 아들로서의 영광이 감추어져 있다는 사실은 전혀 알지 못했던 것입니다. 그러므로 요한이 "보라" 하고 외치는 것은 세상 사람들에게 하는 말이 아닙니다.

그렇다면 그는 누구에게 "보라" 하고 말하는 것입니까? 바로 예수님을 믿는 우리 자신입니다. 세상 사람들이 예수님을 몰라볼 그때도 그의 제자들과 그를 믿는 자들은 그가 하나님의 아들이심을 알아보았습니다. 믿음의 눈으로 그에게서 독생자의 영광을 바라본 것입니다. 우리도 마찬가지입니다. 우리가 겉으로는 세상 사람들과 별 차이가 없는지 모릅니다. 그러나 실상에 있어 우리는 목이 멜 정도로 감격스러운 사랑을 입어 하나님의 자녀가 된 존재들입니다. 오늘날도 세상 사람들은 믿음의 눈이 없기에 우리의 변화된 신분을 알아보지 못합니다. 그러나 우리는 믿음의 눈을 가지고 있기에 서로 바라보며 하나님의 자녀가 된 신분을 똑똑히 확인할 수 있는 것입니다. "야! 저 형제가 하나님의 자녀가 되었구나! 정말 아름답다! 저들에게 일어난 신분의 변화, 하나님이 선물로 주신 신분의 변화가 참으로 놀랍구나."

사실 우리가 일주일에 한두 번씩 교회에 모여 예배드리는 것도 서로를 보며 "보라" 하고 말하기 위함이 아닌가 합니다. "보라! 너에게도 하나님 자녀의 모습이 보이는구나." "나를 보라! 내게서도 하나님 자녀의 모습이 보이지 않느냐!" 서로를 쳐다보면서 하나님의 자녀가 된 기쁨을 맛볼 수 있습니다. 비록 세상에서 실패하고 지친 마음으로 살았을지라도 하나님께 머리를 조아리고 입을 열어 찬송하는 그 모습들을 지켜보면서 '참 멋있는 하나님의 자녀구나!' 하고 느끼는 것입니다.

형제를 보십시오. 하나님이 그에게 주신 아름다운 신분을 볼 수 있지 않습니까? 남편을 보십시오. 예수님을 믿는 이상 그는 하나님의 영광스러운 자녀입니다. 하나님의 사랑이 그의 머리 위에 '샤워'된 사람입니다. 세상 사람들은 돈으로, 학식으로 콧대가 올라가지만 우리는 하나님의 자녀가 되었다는 이 사실에 대단한 긍지를 느끼는 것입니다. 이 긍지가 없다면 우리는 한 순간도 살아갈 수 없습니다. 수십억을 푼돈처럼 생각하는 사람들 틈에서 기껏해야 우리가 무슨 재미로 얼굴을 들고 다니겠습니까? 돈으로 따진다면 우리는 기가 죽을 수밖에 없습니다. 지식으로 자존심을 세운다면 우리는 할 말이 없습니다. 그러나 예수님을 믿는 사람은 누구 앞에나 당당히 설 수 있는 긍지가 있습니다. 우리가 하나님의 자녀이기 때문입니다.

예전에 박정희(朴正熙, 1917-1979) 대통령이 지방을 순시할 때 도정 보고를 받은 후 그 지방의 유지들과 함께 식사한 적이 있었다고 합니다. 그런데 그 자리에는 조그마한 어느 시골에서 지방 유지로 뽑혀 올라온 한 사람이 있었습니다. 그가 자기 마을로 돌아가서 그때 일에 대해 얼마나 자랑을 늘어놓았던지 부러운 마음으로 듣고 있던 어떤 노인이 그에게 이렇게 물었다고 합니다.

"여보게. 그곳에 가서 얼마나 맛있는 음식을 먹었기에 이렇게 입이 마르게 자랑을 늘어놓는 건가?"

"설렁탕 한 그릇을 먹었지요!"

"예끼, 이 사람. 설렁탕 한 그릇 가지고 뭘 그렇게 자랑을 늘어놓는가?"

"그게 아닙니다. 제가 지금 자랑하는 것은 설렁탕을 먹었다는 게 아니라 대통령과 한 상에 앉았다는 것입니다!"

평범한 일화지만 여기에 참으로 중요한 진리가 담겨 있습니다. 우리는 이 세상에서 설렁탕을 먹고 사는 사람들이나 다름없습니다. 세상에는 우리가 자랑할 것이 아무것도 없습니다. 그렇지만 우리에게는 영원히 변치 않는 자랑거리가 하나 있습니다. 바로 하나님이 우리 아버지시라는 사실입니다. 하나님이 우리 아버지시라는 이 사실 하나 때문에 우리는 절대 기죽지 않습니다. 우리가 얼마나 엄청난 사랑을 받고 하나님의 자녀가 되었습니까? 하나님이 자기 아들까지 죽게 하실 정도로 우리를 사랑해 주셨는데 우리가 왜 기가 죽어 삽니까? 왜 얼굴을 찡그리고 삽니까? 비록 고달픈 인생을 살면서 지쳐 있다 할지라도 우리의 얼굴은 하나님의 자녀가 되었다는 영광스러운 긍지로 빛나야 합니다.

하나님의 자녀는 특별한 소망이 있다

이러한 긍지를 가지고 있는 한 우리는 세상 사람들과 다를 수밖에 없습니다. 사도 요한은 우리가 두 가지 면에서 그들과 다르다고 말합니다.

첫째로, 우리는 세상 사람들에게서 발견할 수 없는 특별한 소망이 있다는 것입니다.

> 사랑하는 자들아 우리가 지금은 하나님의 자녀라 장래에 어떻게 될지는 아직 나타나지 아니하였으나 그가 나타나시면 우리가 그와 같을 줄을 아는 것은 그의 참모습 그대로 볼 것이기 때문이니_요일 3:2

예수님은 분명코 다시 오실 것입니다. 그때 우리는 그의 참모습 그대로를 볼 것입니다. 우리가 가장 사랑하는 예수님을 우리 눈으로 직접 보게 된다니 이 얼마나 놀라운 꿈입니까? 이 얼마나 우리를 흥분케

하는 소망입니까?

　그러나 우리의 꿈은 여기에서 그치지 않습니다. 예수님과 한 번 상견례를 하는 정도로 끝나는 것이 아니라는 말입니다. 우리가 지금은 세상 사람들과 똑같은 외모를 가지고 있지만, 예수님을 만나는 그때에는 그들과 질적으로 다른 모습으로 변화될 것입니다. 예수 그리스도가 이 세상에 재림하실 때 우리가 '그와 같이 된다'라는 사실입니다. 물론 그렇다고 해서 우리가 신이 된다는 말은 절대 아닙니다. 아무리 하나님 나라가 이상적인 동산이라 하더라도 창조주이신 하나님과 피조물인 우리 인간의 위치가 같을 수는 없기 때문입니다. 하나님은 하나님이요, 인간은 인간입니다.

　그러나 그날 우리의 모습은 부활하고 승천하신 예수 그리스도와 같이 썩지 아니할 영광스러운 모습으로 변화될 것입니다. 우리가 사망의 육체를 벗고 영광스러운 주님의 모습을 닮는다니 이 얼마나 흥분되고 감격스러운 일입니까?

　베드로는 특별히 이 꿈을 '산 소망'(벧전 1:3)이라고 했습니다. '산 소망'이란 말 그대로 '숨 쉬는 소망'입니다. '생수'를 '숨 쉬는 물'이라고 하는 것처럼 우리가 예수님을 만나 그와 같이 된다고 하는 꿈은 우리로 숨을 쉴 수 있게 하는 '산 소망'이 되는 것입니다. 하나님의 자녀인 우리에게 이 꿈이 없다면 우리는 숨을 쉬지 못하는 것처럼 답답함을 느낄 것입니다. 우리가 아무리 고통스러운 환경에서도 하나님을 찬양하고 하나님께 감사할 수 있는 것은 바로 이 꿈이 있기 때문입니다.

　주님 오실 때까지 똑같은 시간이 앞으로 또 얼마나 반복될지 모르지만, 시간이 지나고 해가 거듭될수록 남는 것은 인생의 허무와 좌절밖에 없습니다. 소망이 없는 이 세상에서 우리가 그래도 붙잡을 수 있는 유일한 소망이 있다면 우리 눈으로 직접 주님을 만나 뵙고 그와 같이 변화된다는 이 놀라운 사실 하나밖에 없는 것입니다.

하나님의 자녀는 처신을 다르게 한다

둘째로, 이와 같은 영광스러운 소망 때문에 우리의 처신이 달라진다는 것입니다. 사람은 어떤 꿈과 인생의 목적이 있느냐에 따라서 처신이나 몸가짐이 달라지지 않습니까? 우리는 거룩하시고 영광스러운 주님을 만나 그와 같이 된다는 소망을 가진 자들입니다. 그러므로 이 소망이 없는 세상 사람들과는 처신이 완전히 다를 수밖에 없는 것입니다.

사도 요한은 우리가 가져야 할 몸가짐을 이렇게 말합니다.

> 주를 향하여 이 소망을 가진 자마다 그의 깨끗하심과 같이 자기를
> 깨끗하게 하느니라_요일 3:3

바로 이것입니다. 이제 우리는 죄를 멀리해야 합니다. 이 세상과 동화되지 말고 하나님의 자녀답게 깨끗하게 살아가야 합니다. 이것이 바로 우리가 가져야 할 몸가짐입니다. 우리는 장차 거룩하고 흠이 없으신 주님을 만나야 할 사람들입니다. 그러므로 우리가 이 세상 사람들과 달리 항상 깨끗하게 처신해야 하는 것은 당연합니다.

미국 남가주(Southern California) 사랑의교회에 다니는 어떤 자매 이야기가 생각납니다. 이 자매는 남편이 모 회사 지점장으로 파견 근무하고 있는 사람입니다. 이 자매가 아직 예수님을 모르던 중·고등학교 시절에 점을 친 일이 있었는데, 그 점쟁이가 40대가 되면 대통령 부인이 될 신수라고 말했다고 합니다. 이 말을 그대로 믿은 그 순진한 자매

는 학창 시절과 처녀 시절 동안 잠재의식 속에 대통령 부인이 된다는 꿈을 갖고 있으면서 세상의 모든 남자를 눈 아래로 내려다보고 매사에 신중히 처신했다고 합니다.

그러다가 지금의 남편을 만나 결혼을 했는데, 그는 대통령이 될 가능성이 백만 분의 1도 안되는 사람입니다. 그러나 이들 부부가 예수님을 믿고 변화된 다음에 하나님의 자녀가 된 기쁨과 긍지가 최고인 것을 알게 되었습니다. 그래서 이 자매는 이렇게 간증할 수 있었던 것입니다. "저는 세상에서 대통령 부인이 되는 것보다 예수님을 믿고 하나님의 자녀가 된 것이 더 기쁘고 흥분되는 것임을 알게 되었습니다. 하나님의 자녀가 된 것이 자랑스럽습니다."

사람은 이처럼 대통령 부인이 된다는 다소 허황된 꿈 때문에라도 처신과 몸가짐이 달라지는 것입니다. 그런데 하물며 하나님의 자녀로서 장차 예수님을 직접 만나고, 또 예수님처럼 변하리라는 꿈을 가진 우리가 이러한 꿈이 없는 세상 사람들과 어떻게 몸가짐이 같을 수가 있겠습니까? 우리가 죄를 멀리하면서 깨끗하게 처신하는 것은 어떤 법이나 하나님이 무서워서가 아닙니다. 예수님을 만나 그와 같이 될 그날을 바라보기에 우리가 즐거운 마음으로 깨끗하게 살려고 노력하는 것입니다.

우리는 폭우처럼 쏟아부으시는 하나님의 사랑을 받고 그의 자녀가 되었습니다. 그러므로 우리는 이 놀라운 사랑에 감격하며 감사해야 합니다. 그러나 이것은 우리의 힘으로 되는 일이 아닙니다. 우리 안에 계신 성령님께서 우리의 굳어지기 쉬운 마음을 끊임없이 부드럽게 해주셔야 가능합니다. 그때서야 우리는 서로를 바라보면서도 하나님의 자녀 된 기쁨과 감격을 누릴 수 있게 되는 것입니다.

그리고 우리는 이 세상에 대해서도 당당해야 합니다. 우리는 돈이

나 지식 때문이 아니라 하나님의 자녀가 되었다는 긍지 때문에 당당할 수 있는 것입니다. 우리는 세상 사람들과 신분이 다른 존재들입니다. 그뿐만 아니라 장차 예수 그리스도를 직접 만나고 그와 같은 모양으로 변화될 것이라는 꿈을 가진 자들입니다. 바로 이 꿈이 있기에 우리는 세상 사람들과는 처신이 달라야 합니다. 장차 거룩하신 예수님을 만나야 할 사람이기 때문에 그들처럼 더럽고, 부정하게 살 수 없는 것입니다. 우리가 이와 같이 가정에서, 직장에서, 사업장에서, 각자의 모든 삶의 현장에서 하나님의 자녀라는 긍지를 가지고 매사에 자신을 깨끗하게 처신할 때 세상 사람들은 우리에게서 변화된 신분을 보게 될 것입니다. 우리에게 소망이 있음을 알게 될 것입니다.

6

돈을 이겨야
세상을 얻습니다

돈에 의지해서 구원을 받은 사람은 아무도 없습니다.
그러므로 우리는 모든 것을 후히 주사 누리게 하시는 하나님께만 소망을 두어야 합니다.

디모데전서 6:7-19

7 우리가 세상에 아무것도 가지고 온 것이 없으매 또한 아무것도 가지고 가지 못하리니 8 우리가 먹을 것과 입을 것이 있은즉 족한 줄로 알 것이니라 9 부하려 하는 자들은 시험과 올무와 여러 가지 어리석고 해로운 욕심에 떨어지나니 곧 사람으로 파멸과 멸망에 빠지게 하는 것이라 10 돈을 사랑함이 일만 악의 뿌리가 되나니 이것을 탐내는 자들은 미혹을 받아 믿음에서 떠나 많은 근심으로써 자기를 찔렀도다 11 오직 너 하나님의 사람아 이것들을 피하고 의와 경건과 믿음과 사랑과 인내와 온유를 따르며 12 믿음의 선한 싸움을 싸우라 영생을 취하라 이를 위하여 네가 부르심을 받았고 많은 증인 앞에서 선한 증언을 하였도다 13 만물을 살게 하신 하나님 앞과 본디오 빌라도를 향하여 선한 증언을 하신 그리스도 예수 앞에서 내가 너를 명하노니 14 우리 주 예수 그리스도께서 나타나실 때까지 흠도 없고 책망 받을 것도 없이 이 명령을 지키라 15 기약이 이르면 하나님이 그의 나타나심을 보이시리니 하나님은 복되시고 유일하신 주권자이시며 만왕의 왕이시며 만주의 주시요 16 오직 그에게만 죽지 아니함이 있고 가까이 가지 못할 빛에 거하시고 어떤 사람도 보지 못하였고 또 볼 수 없는 이시니 그에게 존귀와 영원한 권능을 돌릴지어다 아멘 17 네가 이 세대에서 부한 자들을 명하여 마음을 높이지 말고 정함이 없는 재물에 소망을 두지 말고 오직 우리에게 모든 것을 후히 주사 누리게 하시는 하나님께 두며 18 선을 행하고 선한 사업을 많이 하고 나누어 주기를 좋아하며 너그러운 자가 되게 하라 19 이것이 장래에 자기를 위하여 좋은 터를 쌓아 참된 생명을 취하는 것이니라

돈을 이겨야
세상을 얻습니다

박 모라고 하는 한 젊은이가 미국에서 유학 중에 갑자기 귀국해서 돈 때문에 자기 부모를 칼로 난자하여 죽인 사건이 있었습니다. 예수님을 믿는다는 집안에서, 그것도 중직자로 뽑힐 정도로 믿음이 좋다는 가정에서 그런 끔찍한 일이 일어났다는 사실에 우리는 큰 충격을 받았습니다. 그런데 그 일이 있은 지 1년도 채 안 되어 교회도 다녔다고 하고 박사학위를 받아 대학 강단에서 후배들을 가르치며 성실한 교수로 인정을 받고 있던 40대의 한 젊은이가 역시 돈 때문에 아버지를 칼로 찔러 죽이는 끔찍한 사건이 또 일어났습니다. 나이로 보나 사회적 지위로 보나 이제 성숙한 단계에 접어들었다고 할 만한 사람이 이런 일을 저질렀다는 데서 우리는 모두 메가톤급 펀치를 맞아 꼬꾸라지는 것 같은 충격을 받았습니다.

저는 이런 사건들을 접할 때마다 속에서 분노가 치밀어 오르는 것을 억제할 수가 없습니다. 부모를 죽인 그 사람에 대한 분노가 아니라 바로 돈에 대한 분노입니다. 더 정확하게 말하면, 보이지 않는 배후에서 간교하게 돈으로 인간을 유혹해서 자기와 똑같은 악마로 만들어

버리는 사탄과 마귀에 대한 분노입니다. 마귀가 마음에 들어가자(요 13:2 참조). 예수님의 제자 가룻 유다는 은 삼십이라는 돈 때문에 죄 없는 스승을 팔아먹으면서도(마 26:15 참조) 눈 하나 깜짝 하지 않고 스승에게 입맞춤하는(마 26:48-49 참조) 그런 냉혈 인간이 되어 버렸습니다.

마귀가 선량한 젊은이의 마음을 사로잡으니까 몇억 안 되는 돈을 손에 넣기 위해서 밤마다 탐정소설을 읽으며 자기 부모를 어떻게 죽일까를 궁리하는 무서운 악마로 변하고, 해부학책을 뒤적이며 어떻게 하면 아버지의 목숨을 단번에 끊어 놓을까를 연구하는 악마가 되어 버리는 것입니다.

마귀는 인간을 악마로 만드는 데 돈보다 더 성능이 좋은 무기를 발견하지 못했습니다. 돈은 그 성능이 얼마나 뛰어난지 사람들 앞에 이것을 흔들기만 하면 너 나 할 것 없이 정신을 차리지 못하고 빠져듭니다. 이것은 어느 시대 어느 장소를 막론하고 다 통하는 전천후 무기라서 한 번이라도 손질하거나 개량해 본 적이 없습니다. 지금도 얼마나 많은 사람이 돈이라는 무서운 독약을 마시고 비틀거리며 죽음의 길로 가고 있는지 모릅니다. 신문을 보십시오. 돈 때문에 망한 사람이 우리 주변에 얼마나 많습니까? 돈 때문에 얼마나 많은 비극이 일어나고 있습니까? 그런데 안타까운 것은 모두 다 이것을 뻔히 보면서도 "돈! 돈!"하며 좇아갑니다. 모두 돈에 미쳐 버렸습니다.

19세기 독일의 단막극 가운데 〈돈불〉이라고 하는 것이 있습니다. 부유한 아버지와 계모로 들어온 어머니, 아들, 딸 네 식구가 단란하게 살던 가정 이야기입니다. 비록 계모로 들어왔지만 어머니는 아버지에게 사랑받는 아내였고 두 자녀에게 존경을 받는 사랑이 많은 여인이었습니다.

그러나 어느 날 갑자기 아버지가 세상을 떠났습니다. 그러자 그렇게 행복했던 가정이 금세 싸움터로 변했습니다. 시체를 가운데 놓고 유산 싸움이 시작된 것입니다. 계모는 계모대로 자신의 권리를 주장합니다. 가정 내 위치로 보나 법적인 권리로 보나 유산은 마땅히 부인인 자기에게 돌아와야 한다는 것입니다. 그러나 아들이 이를 인정할리가 없습니다. 그는 자신만이 재산을 상속받을 법적인 권리를 가진 유일한 사람이라고 주장합니다. 딸 역시 절대 물러나지 않고 유산에 대해 자신도 동등한 권리를 가지고 있다고 주장합니다. 시체를 사이에 두고 세 사람은 눈에 핏발을 세운 채 소리를 지르고 삿대질을 하며 싸웠습니다.

한참을 이렇게 싸우다가 누군가 한 사람이 갑자기 정신이 번쩍 들었습니다. '어이구. 우리가 왜 이러고 있지? 도대체 돈이 뭐길래 우리가 서로 철천지원수가 되려고 할까?' 하는 자각이 생긴 것입니다. 그래서 그가 이렇게 말합니다. "우리 이러지 말자. 우리가 지금까지 얼마나 화목하게 살아왔는데 돈 때문에 서로 원수가 되겠는가? 자, 내가 돈을 포기하겠다." 그러자 다른 두 사람도 그제서야 이성을 되찾고는 맞장구를 칩니다. "좋아요. 우리 돈을 그냥 다 버립시다. 그리고 우리 서로 사랑하면서 같이 삽시다." 그리고 그들은 금고 문을 열었습니다. 그 안에는 지폐가 차곡차곡 쌓여 있었습니다. 그들은 그 지폐들을 모두 꺼내 하나도 남김없이 불을 붙였습니다. 그러니까 옆에 있던 딸은 불타는 돈다발에다 손을 쬐며 "야, 따뜻하다"라고 말합니다.

얼마나 멋있는 광경입니까? 저는 돈 때문에 이 땅 위에서 일어나는 끔찍한 일들을 대할 때마다 세상에 있는 돈을 전부 끌어다가 그들처럼 몽땅 불 질러 버리면 얼마나 좋을까 하고 생각해 봅니다.

6년 전 일본에서는 1억 엔 이상 되는 지폐를 대나무밭에 버린 사람이 있어서 세계적인 화젯거리가 된 일이 있습니다. 나중에 그 장본인

이 나타났는데, 사람들은 그가 왜 거액의 돈을 거기에 버렸는지 그 이유를 무척 알고 싶어 했습니다. 그러자 그는 "돈 때문에 많은 사람이 자살하고, 배신하고, 사기 치고, 서로 죽이고, 망하게 되는 것을 보고 인간을 구원하기 위해서는 돈을 내버려야겠다고 생각해서 그랬노라"라고 대답했다고 합니다.

그러나 여러분, 돈을 불에 태운다고 문제가 해결될 수 있겠습니까? 돈을 대나무밭에 갖다 버린다고 문제가 해결될 수 있겠습니까? 성경은 그렇게 가르치지 않습니다. 문제는 돈에 있지 않고 사람의 마음에 있습니다. 돈을 보는 눈이 문제이며, 돈을 다루는 마음이 문제입니다. 아무리 돈을 불태우거나 갖다 버린다 해도 돈에 대한 우리의 의식이 바뀌지 않는 한 돈은 여전히 우리를 망하게 하는 마귀의 수단이 될 수밖에 없습니다. 그러므로 우리는 돈에 대한 우리의 의식을 점검하고 새롭게 하려면 하나님의 말씀으로 돌아가야 합니다. 하나님의 말씀에 귀 기울여야 합니다.

○ ○ ○ ○ ○ ○ ○
거짓 선생들과 돈

사도 바울은 믿음의 아들 디모데에게 교회 안에 가만히 숨어 들어온 거짓 선생들을 조심하라고(딤전 6:3-5 참조) 경고하면서 자연스럽게 돈 이야기로 이어갑니다. 요즘도 이단이 많지만 그 당시에도 가만히 교회 안에 숨어 들어와서 사람들을 이리저리 유인해서 그릇된 길로 이끄는 거짓 선생이 많았습니다. 예나 지금이나 그들에게는 한 가지 공통점이 있습니다. 그들은 한결같이 돈을 사랑하는 자들이라는 사실입니다.

이번에 일본에서 독약을 가지고 많은 사람을 해친 사이비 종교의 교주를 보십시오. 그가 얼마나 돈을 사랑하는 사람이었습니까? 사람들이 사이비 종교나 이단에 잘못 빠져들었다가 완전히 빈털터리가 되고 결국에는 허망하게 죽음을 당하는 일들을 우리가 주변에서 자주 보지 않습니까? 박태선과 통일교가 그 대표적인 예일 것입니다. 이것은 초대 교회 당시에도 마찬가지였습니다. 거짓 선생이나 이단들이 교회 안에 살금살금 들어와서 사람들을 미혹하는 목적은 바로 돈에 있습니다. 그런데 사람들은 이것도 모르고 그들에게 빠져들었다가 자기가 가지고 있던 것까지도 다 털리고 맙니다. 이런 일들이 교회 안에서도 충분히 일어날 수 있기에 바울은 특별히 거짓 선생들을 경계하라고 말하는 것입니다.

거짓 선생들은 사람들을 유혹할 때 '경건'을 앞세웁니다. 그들은 마음이 부패한 자들입니다. 입으로는 진리를 외칠지 모르지만 실제로는 진리를 잃은 자들입니다. 그들은 경건을 이익의 재료로 생각합니다. 달리 말해서, 그들이 거룩하게 말하는 것도 사실은 돈을 벌기 위한 방편에 지나지 않는다는 것입니다. 그들이 설교를 얼마나 기가 막히게 잘하는지 모릅니다. 또 어떨 때는 안수해서 여러 가지 병을 낫게 하기도 합니다. 그러나 그들이 경건을 앞세우는 것은 돈에 마음이 가 있기 때문임을 분명히 알아야 합니다. 바로 이러한 이유로 바울은 거짓 선생들에 대해 경계하면서 돈에 대해서 교훈할 수밖에 없었던 것입니다.

○ ○ ○ ○ ○ ○ ○
세 부류의 사람들

그는 교회 안에 세 부류의 사람들이 있을 수 있다고 말합니다. 이들은 각각 돈에 대해서 저마다 다른 태도를 보입니다.

첫째로, '우리'입니다. 여기서 '우리'는 일차적으로 바울과 디모데를 가리키며 이차적으로는 교회 안에 있는 거룩한 성도들을 가리킵니다. 이들은 돈을 쌓아 놓고 살지 않았습니다. 그렇다고 해서 날마다 길에 나가서 구걸하지도 않습니다. 그저 하나님이 날마다 주시는 일용할 양식으로 살아갈 따름입니다. 그들은 광야의 이스라엘 백성처럼 저녁에 잠자리에 들면서 절대 내일을 걱정하지 않습니다. 내일이면 하나님이 또 하늘에서 만나를 주실 것이기 때문입니다. 이처럼 그날그날 하나님이 주시는 은혜로 사는 사람들을 일컬어서 '우리'라고 하는 것입니다.

둘째로, '부하려 하는 자'들입니다. 이들은 예수님을 믿기는 믿되 돈에 대해 강한 애착을 가진 사람들입니다. 예수님을 믿은 이후에도 돈에 대한 애착을 버리지 못하는 사람들입니다.

마지막으로, '부한 자'들입니다. 이들은 예수님을 믿기 전에 재산을 좀 모았을 가능성이 있거나 예수님을 믿은 후에 하나님이 물질의 복을 주셔서 비교적 여유 있게 쌓아 놓고 사는 사람들입니다. 당시 에베소교회 안에도 하나님의 말씀대로 깨끗하게 번 돈으로 부자가 된 사람들이 있었습니다. 만약 그들이 나쁜 수단과 방법을 통해 부자가 되었다면 그것은 절대로 하나님의 복이라고 할 수 없을 것입니다. 그런 사람은 하나님과 아무런 관계가 없는 사람입니다.

오늘날에도 교회 안에는 이렇게 세 부류의 사람들이 있을 수 있습니다. 여러분은 자신이 어느 부류에 속한다고 생각하십니까? '우리'입니까? '부하려 하는 자'들입니까? 아니면 '부한 자'들입니까? 그 어떤 부류에 속하든지 우리는 오늘 본문 말씀을 통해 하나님이 돈에 대해서 들려주시는 교훈을 들어야 합니다. 우리가 돈으로 인해 망하지 않기 위해서는 이 말씀을 들어야 합니다. 돈을 앞세워 끊임없이 우리를 넘어지게 하려는 마귀의 간교한 궤계를 물리치기 위해서라도 우리는 이 말씀을 들어야 합니다. 예수님을 모른 채 돈으로 인해 망해 가는 숱한 사람을 하나님 앞으로 인도하여 우리와 같이 하나님께 영광을 돌리는 거룩한 백성이 되게 하기 위해서라도 우리는 이 말씀을 듣고 마음에 깊이 새겨 두어야 할 것입니다.

○ ○ ○ ○ ○ ○
족한 줄로 알라

먼저 하나님이 '우리'에게 주시는 교훈을 생각해 봅시다. 디모데전서 6장 8절 말씀에 그 교훈의 핵심이 고스란히 다 담겨 있습니다.

> 우리가 먹을 것과 입을 것이 있은즉 족한 줄로 알 것이니라_딤전 6:8

족한 줄로 알라는 것입니다. 이것을 6절에서는 '자족하는 마음'이라고 표현하기도 합니다. 자족한 마음이란 우리가 영적으로 누리는 평안을 말합니다. 재물이 별로 없어도 그것 때문에 마음에 풍랑이 일어나지 않는 상태를 말합니다. 아기가 엄마 품에서 젖을 맘껏 먹고 나면 생긋이 미소를 지으며 잠자는 것을 자주 보지 않습니까? 마찬가지입니다. 하나님께서 우리 영혼에 신령한 은혜를 풍성히 부어 주시면 좋은 집에서 화려한 옷을 입고 진수성찬을 먹으면서 살지 못한다 해도 우리는 만족할 수 있는 것입니다.

그러나 우리가 이와 같은 만족을 누리기 위해서는 반드시 갖추어야 할 것이 두 가지 있습니다. 첫째는, 인생을 똑바로 보는 눈입니다. 이 눈은 성령께서 말씀을 통하여 열어 주시는 눈입니다. 거룩하고 경건한 눈입니다.

우리가 세상에 아무것도 가지고 온 것이 없으매 또한 아무것도 가지
고 가지 못하리니_딤전 6:7

공수래공수거(空手來空手去)! 하나님이 열어 주신 눈으로 인생을 똑
바로 보는 사람은 가진 것이 별로 없어도 마음에 자족하며 평안을 누
릴 수 있습니다. 거창하게 쌓아 놓고 허세를 부리는 사람들을 보아도
'공수래공수거' 이 말 한마디면 마음이 평안해집니다. 누군가가 밍크
코트를 입고 거드름을 피우면서 지나가도 마음의 평안을 절대 잃지
않는 것입니다. 이 평안은 하나님이 주시는 은혜요, 성령을 마음에 모
시고 사는 사람이 누리는 기가 막힌 은혜입니다.

둘째는, 하나님이 날마다 일용한 양식을 공급해 주신다는 믿음입
니다. 비록 물질적으로는 빠듯하게 하루하루를 살아갈 수도 있습니
다. 그러나 하나님이 날마다 나에게 먹을 것과 입을 것을 주신다는 믿
음이 있는 사람은 이런 상황에서도 자족할 수 있습니다. 그래서 바울
은 "우리가 먹을 것과 입을 것이 있은즉 족한 줄로 알 것이니라" 하고
말했던 것입니다.

자본주의 사회에서는 먹을 것과 입을 것만 가지고 빠듯하게 사는
사람들을 '서민층' 혹은 '저소득층'이라고 부르면서 멸시하는 경향이
있습니다. 그러나 하나님 앞에서는 바로 이런 사람들이 칭찬을 받고
하나님의 사랑을 독차지한다는 것을 알아야 합니다. 성경에 나오는
수많은 사람을 보십시오. 그들 가운데 90%가 소위 '우리'라고 하는 사
람들입니다. 그들은 그다지 풍족한 편은 아니었지만 그렇다고 거지처
럼 살지도 않았습니다. 한평생을 하나님의 은혜로 살았기에 하나님을
더 많이 사랑하고 의지할 수 있습니다. 기독교 역사를 보아도 이것은
마찬가지였습니다. 경건하게 살면서 하나님 나라를 위해 큰일을 감당

했던 사람 중에 대부분은 '우리'라는 그룹에 속한 자들이었습니다.

그러므로 여러분, 주님의 칭찬을 마음에 담으시기를 바랍니다. "가난한 자는 복이 있나니 하나님 나라가 너희 것임이요"(눅 6:20). 행복은 많이 가진 자의 손에 있는 것이 아닙니다. 자족하는 자의 손에 있는 것입니다. 부자들이 우리보다 더 잘 아는 진리가 하나 있습니다. 돈이 사람을 행복하게 만들지 못한다는 사실입니다. 이 사실을 가장 절실하게 깨닫고 있는 사람들이야말로 진짜 부자라고 할 것입니다.

○ ○ ○ ○ ○ ○ ○
돈을 사랑치 말라

하나님께서 '부하려 하는 자들'에게 주시는 교훈을 생각해 봅시다. 이들은 마음에 재물에 대한 강한 애착과 욕망을 가진 사람들입니다. 그렇다고 열심히 일해서 잘살아 보겠다고 하는 사람 모두를 말하는 것은 아닙니다. 우리가 열심히 일해야 하는 것은 두말할 필요가 없는 일입니다. 하나님의 명령이기 때문에 그렇습니다. 따라서 열심히 일해서 하나님이 주시는 대로 그 대가를 받아 부자가 될 수도 있는 것입니다. 그러므로 잘살아 보겠다고 열심히 일하는 사람을 '부하려 하는 자'라고 말하는 것은 아닙니다. 그리고 재물을 많이 모아서 선한 일을 해보리라는 꿈을 가진 사람을 말하는 것도 아닙니다.

그러면 도대체 어떤 사람을 말하는 것입니까? 바로 돈에 대해 병적인 애착심을 가진 사람을 말하는 것입니다.

> 돈을 사랑함이 일만 악의 뿌리가 되나니 이것을 탐내는 자들은 미혹을 받아_딤전 6:10상

그들은 돈을 사랑하고 또 사모하는 사람들입니다. 쉽게 말해, 그들은 돈에 환장해서 날마다 "돈! 돈!" 하는 심정을 안고 사는 사람들입니다.

어떤 사람은 '교회 밖의 세상 사람들을 말하는 것이겠지' 하고 생각할지도 모르겠습니다. 그러나 바울이 디모데에게 경고하는 본문 말씀은 모두 교회 안에 있는 사람을 놓고 하는 이야기라는 것을 기억할 필요가 있습니다. 당시 에베소교회 안에는 분명 부하려 하는 자들이 있었습니다.

이것은 오늘날 한국 교회 역시 마찬가지입니다. 주일마다 교회에 나와서 예배 시간에 거룩한 얼굴로 앉아 청산유수와 같은 기도를 하지만 마음속 깊은 곳에서는 항상 "돈! 돈!" 하는 자들이 있습니다. 성령 충만하고 은혜 충만한 사람은 자다가도 "주여" 하는데, 이 사람은 자기도 모르게 무의식중에 "돈! 돈!" 합니다. 왜 그렇습니까? 마음에 있는 게 그대로 쏟아져 나오기 때문입니다. 이것은 목사나 장로라고 해서 예외일 수 없습니다. 목사나 장로 중에도 이런 사람들이 얼마든지 있을 수 있기 때문입니다.

그래서 베드로가 이렇게 경고하지 않았습니까?

> 너희 중에 있는 하나님의 양 무리를 치되…더러운 이득을 위하여 하지 말고_벧전 5:2

무슨 말입니까? 돈에 목적을 두고 교회 안에서 장로 일이나 목사 일을 하지 말라는 것입니다. 그렇다면 집사나 일반 성도는 말할 것도 없을 것입니다. 디모데전서 3장 8절을 보십시오. 집사를 선정할 때 어떤 사람은 세우지 말라고 하십니까? 더러운 이를 탐하는 사람입니다. 돈을 사랑해서 마음으로 항상 "돈! 돈!" 하는 사람은 절대 집사로 세우지 말라는 것입니다. 그러므로 교회 안에도 돈에 애착을 갖고 하나님보다 돈을 더 사랑하는 자들이 얼마든지 있을 수 있다는 사실에 우리모두 경각심을 가져야 할 것입니다.

이처럼 돈에 애착을 갖는 사람은 심각한 위험에 빠지기 쉽습니다. 9절을 보십시오. 부하려 하는 자들은 처음에는 시험에 빠집니다. 그러나 일단 시험에 빠져들어 가면 올무에 걸려 꼼짝달싹 못 하게 되고 맙니다. 그러다가 급기야 목에 오랏줄까지 감깁니다. 그러는 동안 마귀의 집요한 충동질로 인해 결국은 해로운 정욕에 빠져 그 속에서 허우적거리다가 침륜과 멸망에 빠지고 마는 것입니다. '침륜과 멸망'은 한 가지 의미를 전달하는 합성어로서 물에 빠져 죽는 절망적인 상황을 가리킬 때 하는 말입니다.

타고 가던 배가 암초에 부딪혀 산산조각이 나서 가라앉아 버렸다고 상상해 보십시오. 물에 빠져 허우적거려 보지만 주변에는 나무토막 하나 보이지 않습니다. 그렇다고 건져 줄 수 있는 사람이나 배가 있는 것도 아닙니다. 망망대해에서 그렇게 허우적대고 있을 때 무슨 소망이 있겠습니까? 이제 고기밥이 되는 일만 남은 것입니다. 침륜과 멸망에 빠진다는 것은 바로 이런 상황을 일컫는 것입니다.

이 세상에는 "돈! 돈!" 하다가 나중에는 돈 때문에 시험에 빠지고 올무에 걸려들어서 마침내는 정욕이 이끄는 대로 끌려다니는 사람들이 얼마나 많습니까? 돈 때문에 아버지를 죽이는 아들이 없나! 돈 때문에 엄마에게 온갖 폭언과 폭력을 휘두르는 자식들이 없나! 한꺼번에 많은 돈을 벌어 보겠다고 집을 뛰쳐나가 사창가에서 몸을 파는 딸이 없나? 온갖 거짓말로 사람들을 속여 돈을 끌어들이다가 들통이 나서 허겁지겁 도망하여 지구 모퉁이 어딘가에 숨어 지내는 사람들이 없나! 이 모두가 부하려다가 침륜과 멸망에 빠진 사람들이라 할 수 있습니다.

돈을 사랑하여 애착을 가지다 보면 우리 역시 이러한 침륜과 멸망에 빠지지 말라는 법이 없습니다. 바울은 돈을 사랑하는 것을 가리켜 "일만 악의 뿌리"라고 했습니다(딤전 6:10상). '뿌리(root)'는 원어로 '흐리자'라고 하는데, 이 말에는 원래 정관사(the)가 없습니다. 우리나라 말은 정관사가 별의미가 없지만 헬라어는 정관사가 있느냐 없느냐에 따라 뜻이 상당히 달라질 수 있습니다. 대부분 권위 있는 성경학자들이 해석하는 바에 따르면 '뿌리'라는 말에 정관사가 없는 것은 질(質)을 강조하기 위한 것이라고 합니다. 뿌리의 질을 강조한다는 말이 무슨 말입니까? 뿌리와 일만 악이 질적으로 하나라는 것입니다. 이것은 '뿌리 자체가 곧 일만 악'이라고 말하는 것과 같은 것입니다.

돈을 사랑하는 마음이 있습니까? 마음속 깊은 곳에 숨어 있어서 겉으로는 보이지 않을지도 모릅니다. 우리가 돈을 사랑하는지 안 하는지 다른 사람은 모릅니다. 또 아직은 돈을 사랑하는 마음 때문에 무슨 흉칙한 일을 범하지도 않았고 거짓말을 한 적도 없다고 생각할 수도 있을 것입니다. 그러나 하나님께서 돈을 사랑하는 그 음흉한 마음을 다 들여다보고 계신다는 것을 기억하십시오. 하나님은 돈을 사랑하는 마음을 '일만 악의 뿌리'라고 말씀하십니다. 달리 말해서, '일만 악 자체'라고 말씀하시는 것입니다.

가시나무의 뿌리를 만져 본 적이 있습니까? 저는 시골에 살았기 때문에 가시나무의 뿌리가 얼마나 보들보들한지 잘 알고 있습니다. 그 부드러운 뿌리에는 가시가 하나도 없습니다. 그러나 우리가 부인할 수 없는 것은 그 뿌리 역시 가시나무라는 사실입니다. 돈을 사랑하는 마음은 우리가 보기에는 악이 아닐지 모릅니다. 이것으로 무슨 악을 행하고 있지는 않기 때문입니다. 그러나 하나님께서 보시기에는 일만 악 그 자체입니다. 일만 악이 되는 뿌리가 사람의 마음속에 점점 더 깊이 뿌리내리고 자라나 그 본색을 드러내기 시작하면 마침내 그는 돈 때문에 유혹을 받게 됩니다. 예수님을 잘 믿는다고 하는 사람도 믿음에서 떠나게 될 수 있습니다.

또 이렇게 "돈! 돈!" 하는 사람에게는 근심이 늘 떠나지를 않습니다. 가진 사람은 놓칠까 걱정이고 못 가진 사람은 어떻게 하면 좀 더 벌까 걱정입니다. 바울이 "많은 근심으로써 자기를 찔렀도다"라고 한 것은 바로 이러한 상황을 말하는 것입니다(딤전 6:10하).

오늘날 부하려 하는 사람들이 교회 안에 얼마나 많습니까? 일반 성도들은 물론이거니와 장로와 목사 중에도 이런 사람들이 있을 수 있습니다. 짐 베이커(Jim Bakker, 본명: James Orsen Bakker)라고 하는 목사님은 7년 전 미국의 텔레비전 전도자로서 가장 인기를 끌었던 사람입니다. 그가 한 번 복음을 전하면 수천 명이 텔레비전 앞에서 예수님을 영접하고 구원을 받았습니다. 그가 병든 자를 위해 기도하면 온갖 병을 앓던 사람들이 텔레비전 앞에서 벌떡벌떡 일어나는 기적이 일어나기도 했습니다. 그는 많은 사람에게서 인기와 존경을 한 몸에 받는 유명 인사가 되었습니다. 그가 "여러분, 선교를 위해서는 여러분의 헌금이 필요합니다. 헌금을 보내 주십시오"라고 호소하면 은혜를 받은 사람들이 어떻게 가만히 있겠습니까? 너 나 할 것 없이 헌금을 보냈습니다.

그렇게 돈이 엄청나게 쌓이다 보니 그의 마음속에 숨을 죽이고 숨어 있던 돈을 사랑하는 마음이 점점 고개를 쳐들기 시작했습니다. 돈은 쌓을수록 애착이 생기고, 보면 볼수록 욕심이 생기지 않습니까? 그 역시 엄청나게 쌓이는 돈을 볼수록 욕심이 더 생긴 것입니다. 그래서 나중에는 헌금을 자기 통장으로 빼돌리기에 이르렀습니다. 조금씩 조금씩 그렇게 한 게 자그마치 8백만 달러라고 합니다. 우리 돈으로 64억 원이나 되는 거액을 자기 주머니에다 집어넣었다는 것입니다. 이자만 따져도 엄청날 텐데 그가 그 많은 돈을 무슨 수로 다 쓰겠습니까? 그래서 마당에 있는 자기 개 집에 에어콘까지 달아 줬다고 합니다.

나중에 이 모든 부정이 드러나서 그는 구속되어 재판을 받게 되었습니다. 그때 불신자인 재판관이 판결문을 읽으면서 이런 말을 했다고 합니다. "짐 베이커 씨, 당신은 목사로서 디모데전서 6장 10절의 말씀을 무시하고 살았소." 디모데전서 6장 10절이 무슨 말씀입니까?

> 돈을 사랑함이 일만 악의 뿌리가 되나니 이것을 탐내는 자들은 미혹
> 을 받아 믿음에서 떠나 많은 근심으로써 자기를 찔렀도다_딤전 6:10

혹시 여러분 중에 하나님보다 돈을 더 사랑하는 분들이 계신다면 꼭 기억하십시오. 아직도 늦지 않았습니다. 오늘 이 시간 성령의 손에 치료받기를 바랍니다. 하나님의 말씀을 통하여 여러분의 마음이 하나님 자녀의 마음으로 거듭나기를 바랍니다. 하나님을 사랑하는 사람으로 바뀌기를 원합니다. 하나님의 손에서 깨끗하게 고침받기를 바랍니다.

마음을 높이지 말라

마지막으로 '부한 자들'에 대해서 주시는 교훈을 생각해 봅시다. 디모데전서 6장 17절을 보십시오. 하나님은 이 세대에 부한 자들에게 이렇게 명령하셨습니다.

> 네가 이 세대에서 부한 자들을 명하여 마음을 높이지 말고 정함이
> 없는 재물에 소망을 두지 말고 오직 우리에게 모든 것을 후히 주사
> 누리게 하시는 하나님께 두며_딤전 6:17

이들에게 주는 첫 번째 교훈은 이것입니다. '마음을 높이지 말라'라는 것입니다. 다시 말해, 조금 가졌다고 해서 교만하지 말라는 것입니다.

하나님 앞에서 교만만큼 무서운 죄가 없습니다. 성경은 우리에게 돈을 벌 수 있는 능력을 주신 분이 하나님이시라고 말씀합니다(신 8:18 참조). 하나님이 벌게 해서 번 것이므로 우리가 가진 돈도 사실은 우리의 것이 아니라 하나님의 것입니다. 우리가 하나님의 것을 잠깐 맡아 관리하는 사람에 불과한데 무슨 거드름을 피우겠습니까? 안 믿는 사람은 그럴 수 있어도 성경 말씀을 읽는 사람은 절대 교만할 수 없는 것입니다.

수년 전에 재벌이라고 할 만한 분의 집을 방문한 적이 있습니다. 별장같이 큰 저택에는 보통 그 집을 관리하는 수위가 있지 않습니까? 그 집 정문에도 수위가 있었는데 그가 어떻게 거만하게 구는지 그야말로 안하무인이었습니다. 그 집 마당에 있는 나무 한 그루도 자기 것이 아닌 사람이 무엇 때문에 그렇게 거만하게 구는지 모르겠습니다. 오히려 주인은 정문까지 나와서 "아이구, 목사님 오셨습니까?" 하고 공손하게 맞이하는데 말입니다. 명심하십시오. 내가 가진 돈이나 부동산, 금덩어리, 땅, 이 모든 것은 다 하나님의 것입니다. 그런데 무엇 때문에 그것들을 들고 그렇게 거드름을 피웁니까? 그것은 수위가 거드름을 피우는 것이나 다를 바 없는 것입니다. 절대 교만하지 마십시오.

○ ○ ○ ○ ○ ○ ○ ○ ○
재물에 소망을 두지 말라

하나님이 부한 자들에게 주시는 두 번째 교훈은 '정함이 없는 재물에 소망을 두지 말라'라는 것입니다. 재물이나 돈을 의지하지 말라는 말입니다. 돈에 의지해서 구원을 받은 사람은 아무도 없습니다. 그러므로 우리는 모든 것을 후히 주사 누리게 하시는 하나님께만 소망을 두어야 합니다.

○ ○ ○ ○ ○ ○ ○ ○ ○
선한 사업을 많이 하라

> 선을 행하고 선한 사업을 많이 하고 나누어 주기를 좋아하며 너그러
> 운 자가 되게 하라_딤전 6:18

돈을 좀 가지고 있다고 생각되십니까? 선한 일을 하십시오. 하나님 나라를 위해서, 하나님의 영광을 위해서 쓰십시오. 이 세상의 가난한 자들을 위해서도 나눠 주십시오. 그렇게 할 때 장래에 자기를 위해서 좋은 터를 쌓게 될 것입니다. 장차 하나님 앞에 설 때 하나님의 자녀로서 떳떳하게 설 수 있다는 말입니다. 그리고 결국에는 참된 생명을 취하게 될 것입니다(딤전 6:19). 반드시 구원을 얻게 된다는 말입니다.

사랑의교회 안에 소위 '부한 자'라고 말할 수 있는 분들이 얼마나 될지 잘 모르겠지만 아마 꽤 될 것이라 봅니다. 이 말씀대로 사십시오. 우리나라 모 재벌 회장이 몸이 아파서 고생하다가 매우 어려운 지경에 빠졌을 때 주변에 둘러서 있던 의료진을 향해서 이런 말을 했다고 합니다. "나를 1년만 더 살게 해 주십시오. 1년만 더 살게 해 주시면 내가 할 일이 있습니다. 나는 지금까지 돈을 모으는 데는 대단히 성공했지만, 돈을 돈답게 써 보지 못하고 이때까지 살았습니다. 1년만 더 살게 해 주면 내가 모은 돈을 한번 멋지게 써 보고 세상을 떠나겠습니다."

그는 믿지 않는 사람이었음에도 양심에 가책을 느꼈나 봅니다. 비록 믿지는 않았지만, 그 역시 하나님의 형상을 닮은 사람이었기 때문

에 마음에 가책을 받은 것입니다. 그가 죽어서 하나님 앞에 설 때 무슨 면목이 있겠습니까? 그래서 때는 늦었지만 돈을 제대로 써야겠다는 마음이 생긴 것입니다. 그러나 불행하게도 그는 1년을 채 살지 못했습니다. 안 믿는 사람도 그런 가책을 받는데 하물며 인생이 '공수래공수거'에 불과한 것임을 아는 믿는 사람들인 우리가 재물을 움켜쥐고만 있다가 하나님 앞에 빈손을 들고 서는 부끄러운 사람 되어서는 안 될 것입니다. 말씀대로 살아야 합니다.

'유산 안 남기기 운동'이 신선한 바람을 일으키고 있습니다. 1984년도에 시작된 이 운동은 많은 회원을 확보하고 있다고 합니다. 그 가운데는 한국유리(현재 한글라스)의 최태섭(崔泰涉, 1910-1998) 회장을 비롯한 이영덕(李榮德, 1926-2010) 전 총리와 이한빈(李漢彬, 1926-2004) 전 부총리, 정근모(鄭根謨) 전 장관, 손봉호(孫鳳鎬) 교수 등 상당수의 유명 인사들이 끼어 있습니다. 그들은 부모가 가진 재산을 자녀에게 물려주면 자녀를 무위도식하게 하거나 낭비하는 삶을 살게 만들어 자녀의 인생을 망칠 위험성이 크다는 인식하에 자신들의 재산 중 3분의 2를 하나님 나라를 위해 쓰던지, 아니면 이 사회의 선한 일에 바치고 세상을 떠나겠다고 서약하는 것을 기본 강령으로 삼고 있습니다.

이 서약에 다짐하고 실천하려는 부모들의 간증을 읽어 보았는데 참 재미있는 말이 많았습니다. 어떤 사람은 이렇게 말합니다. "유산을 남겨 주지 않고 사회에 환원하겠다. 하나님 나라를 위해 쓰겠다고 했더니 아이들의 눈매가 달라지면서 이제는 내 힘으로 살아야 되겠구나 하고 각오를 단단히 하는 것을 보았다"라고 합니다. 또 어떤 분은 이렇게 말합니다. "교회나 사회단체에 기쁜 마음으로 헌금할 수 있는 용기가 생겨서 좋습니다." 또 다른 사람은 이렇게 말합니다. "해마다 유서를 새로 쓰다 보니 죽음에 대한 공포에서 해방되고 인생을 관조할 수 있는 여유가 생겼습니다." 돈에서 마음이 떠나니까 유서를 쓰면서도 '공수래공수거' 하면서 인생을 직시하게 되고, 가진 것을 마음대로 선한 일에 내줄 수 있는 여유를 가지게 되었다는 것입니다.

우리는 인간이기에 돈을 사랑할 가능성을 항상 지니고 있습니다. 예수님을 믿게 되었지만 우리는 여전히 부패한 본성을 가진 육신을 가지고 있습니다. 그러므로 아무도 장담하거나 큰소리칠 수 없는 게 사실입니다. 그러나 돈으로 인해서 오늘 이 사회가 얼마나 참혹한 지옥이 되어가고 있는지를 보면서 우리부터 정신을 차려야 하겠습니다.

하나님은 사랑하는 우리를 향해서 돈을 바로 다루라고 말씀하십니다. 그뿐만 아니라 돈을 바로 다루기 위해서 내 마음이 먼저 고쳐져야 한다고 말씀하십니다. 하나님이 날마다 베풀어 주시는 은혜로 살아가는 평범한 '우리'라고 생각되십니까? 자족하십시오. 행여나 마음속에 부자가 되고 싶어 하는 욕심이 살아 있어서 "돈! 돈!" 하고 있습니까? 하루빨리 회개하시고 하나님이 주시는 새로운 마음을 가지십시오. 이미 하나님의 축복을 받아 물질의 부요를 누리는 분들이 계십니까? 쌓아 놓지 말고 흩어 쓰십시오. 선한 일에 힘쓰십시오.

그렇게 해서 우리가 이 세상을 좀 더 밝혀야 하지 않겠습니까? 우리가 가진 것으로 이 세상을 구원하는 일에 써야 하지 않겠습니까? 우리 모두 이 귀한 일에 하나님께 쓰임 받는 멋진 백성이 되었으면 좋겠습니다.

7

신뢰와 긍정의 이중주

당신은 나를 신뢰해도 좋습니다. 왜냐하면 내가 믿는 하나님이 신실하시기 때문입니다.
나는 절대로 부정적일 수 없습니다. 나는 모든 것을 긍정적으로 보는 사람입니다.
왜냐하면 내가 믿는 하나님이 항상 긍정적인 분이시기 때문입니다.

고린도후서 1:15-23

15 내가 이 확신을 가지고 너희로 두 번 은혜를 얻게 하기 위하여 먼저 너희에게 이르렀다가 16 너희를 지나 마게도냐로 갔다가 다시 마게도냐에서 너희에게 가서 너희의 도움으로 유대로 가기를 계획하였으니 17 이렇게 계획할 때에 어찌 경솔히 하였으리요 혹계획하기를 육체를 따라 계획하여 예 예 하면서 아니라 아니라 하는 일이 내게 있겠느냐 18 하나님은 미쁘시니라 우리가 너희에게 한 말은 예 하고 아니라 함이 없노라 19 우리 곧 나와 실루아노와 디모데로 말미암아 너희 가운데 전파된 하나님의 아들 예수 그리스도는 예 하고 아니라 함이 되지 아니하셨으니 그에게는 예만 되었느니라 20 하나님의 약속은 얼마든지 그리스도 안에서 예가 되니 그런즉 그로 말미암아 우리가 아멘 하여 하나님께 영광을 돌리게 되느니라 21 우리를 너희와 함께 그리스도 안에서 굳건하게 하시고 우리에게 기름을 부으신 이는 하나님이시니 22 그가 또한 우리에게 인치시고 보증으로 우리 마음에 성령을 주셨느니라 23 내가 내 목숨을 걸고 하나님을 불러 증언하시게 하노니 내가 다시 고린도에 가지 아니한 것은 너희를 아끼려 함이라

신뢰와
긍정의 이중주

　　　　　　　　오늘날 그리스도인들이 당면하고 있는 심각한 고민 중 하나는 세상 사람들과 별로 다른 데가 없다는 것입니다. 이것은 대단히 심각한 문제가 아닐 수 없습니다. "믿는 사람이 다르긴 뭐가 달라! 그런 순진한 소리는 집어치우라고. 오히려 믿는 사람이 더 하다니까." 언젠가 저보고 들으라고 큰 소리로 떠들어 대던 사람의 말이 아직도 잊혀지지 않습니다. 심지어 예수님을 믿는 사람들 가운데도 "아무리 예수님을 믿어도 세상을 살려면 세상 사람들과 같아야지, 달라 가지고서야 어디 발이나 붙일 수 있는 줄 아시오?"라며 자기 나름대로 지론을 펴는 사람이 꽤 많이 있습니다.

　　그러나 이것은 하나님의 말씀을 정면으로 부인하려는 무모한 행동에 지나지 않습니다. 하나님은 자신이 사탄과 철저하게 다른 것처럼 하나님의 자녀인 우리도 세상 사람들과 철저하게 달라야 한다고 말씀하십니다. "그리스도와 벨리알이 어찌 조화되며 믿는 자와 믿지 않는 자가 어찌 상관하며"(고후 6:15). 예수 그리스도와 이 세상의 신인 벨리알이 조화를 이루는 것이 불가능하듯 믿는 자와 믿지 않는 자는 서로 구별될 수밖에 없다는 것입니다. 우리는 세상 사람들과 근본적으로 다른 존재들입니다. 그렇다면 우리가 어떤 점에서 그들과 달라야 한다는 말입니까? 오늘 본문을 중심으로 이것에 대해서 함께 생각해 보고자 합니다.

본문 말씀을 제대로 이해하기 위해서는 먼저 그 배경을 살펴볼 필요가 있습니다. 고린도교회는 사도 바울이 2차 선교 여행 때 개척한 교회였습니다. 2차 선교 여행을 마치고 안디옥에 가 있던 바울은 자신이 지난번 여행 때 세운 교회들을 순방하기를 원했습니다. 이것이 3차 선교 여행입니다. 그는 여행하는 동안 고린도교회를 방문하려고 두 번이나 계획을 세웠지만, 이상하게도 두 번 다 계획을 취소하게 되었습니다. 결과적으로는 두 번이나 약속을 어기게 된 것입니다.

> 내가 이 확신을 가지고 너희로 두 번 은혜를 얻게 하기 위하여 먼저
> 너희에게 이르렀다가_고후 1:15

그는 두 번 그들을 방문하려고 했습니다. 그러나 두 번 다 그들을 지나쳐 마게도냐로 갈 수밖에 없었습니다(고후 1:16 참조). 그럼에도 바울은 포기하지 않고 세 번째 방문 계획을 세우고, 이번에 가면 좀 더 오랫동안 고린도교회 교인들과 함께 지내리라 마음먹고 있었습니다.

바울이 이와 같이 방문 계획을 두 번이나 취소하게 되니까 고린도교회 안에서 바울을 반대하는 사람들이 그것을 꼬투리 잡아 그에게 인신공격을 퍼붓기 시작했습니다. "바울이라는 사람은 한다고 하다가 자기에게 불리하다고 생각되면 금방 안 한다고 번복하는 이중인격자"라고 사람들을 선동한 것입니다. 한마디로 그는 신뢰할 수 없는 사람이라는 것입니다. 이와 같은 선동에 말려든 어리석고 수준 낮은 교인

들은 바울을 절대 신뢰할 수 없는 사람인 양 색안경을 끼고 보기 시작했습니다.

교인은 그 교회의 지도자가 영적으로 낳은 자녀라고 할 수 있습니다. 우리가 자녀에게 신뢰받지 못하는 부모의 아픔을 안다면, 고린도교회의 교인들이 자신을 이중인격자로 몰아붙이며 불신임한다는 소식을 들었을 때 바울이 얼마나 큰 충격과 상처를 받았을지 충분히 상상할 수 있을 것입니다. 그것은 인격 모독을 지나서 배신감마저 느끼게 할 만큼 견디기 어려운 것이었습니다. 이러한 충격과 상처를 안고 오랫동안 고통받던 바울은 부득이 연필을 들고 자신의 처지를 변호하기로 결심했습니다. 그래서 그가 쓰게 된 내용이 바로 본문 말씀입니다.

사실 바울이 고린도교회를 방문하려고 했던 계획을 두 번씩이나 취소할 수밖에 없었던 것은 바울 자신 때문이 아니라 고린도교회의 사정 때문이었습니다. 우리가 잘 아는 바와 같이 당시 고린도교회는 매우 복잡한 상황에 처해 있었습니다. 복잡한 문제로 얽히고설켜서 서로가 긴장하고 있었고, 또 서로 신뢰하지 못하는 분위기에 있었습니다. 나는 바울파, 나는 아볼로파, 나는 베드로파 하면서 서로 분쟁하며 헐뜯는 험악한 상황 가운데 있었습니다(고전 1:12). 바울은 고린도교회를 방문하겠다고 약속을 했지만 그런 상황에서는 자기가 가는 것이 오히려 그들을 자극하여 영적으로 시험받게 할 위험이 크다는 생각을 하게 되었습니다. 그래서 그들을 정말 아끼는 마음에서 두 번이나 방문 약속을 취소해야 했던 것입니다.

바울은 자신의 심경을 이렇게 표현합니다.

내가 내 목숨을 걸고 하나님을 불러 증거하시게 하노니 내가 다시
고린도에 가지 아니한 것은 너희를 아끼려 함이라_고후 1:23

신뢰와 긍정의 이중주

●

바울은 자신의 말이 둘러대는 변명처럼 들리기를 원치 않았습니다. 그래서 그는 하나님이 자신의 말이 진실함을 증명해 주시기를 기도하는 마음으로 하나님의 이름을 걸고 맹세하듯 방문을 취소하게 된 내막을 밝히고 있는 것입니다.

두 가지 질문

바울은 고린도 교인들에게 자신의 신실함을 변호하면서 매우 중요한 진리 두 가지를 교훈하고 있습니다. 이것은 바울뿐만 아니라 예수님을 믿는 모든 사람에게 그대로 적용해야 할 불변의 진리일 것입니다. 그 두 가지 진리란 다음과 같은 두 가지 질문에 대한 대답입니다. '그리스도인이 신뢰할 만하다는 근거는 무엇인가?' '그리스도인이 긍정적일 수 있는 근거는 무엇인가?' 바울은 자기 자신을 변호하는 가운데 이 두 가지 질문에 명쾌한 해답을 웅변적으로 제시해 주고 있습니다.

왜 신뢰할 만한가?

첫 번째 질문에 대해 생각해 봅시다. '그리스도인은 왜 신뢰할 만합니까?' 바울은 자신에 대해서 이렇게 말합니다. "고린도 교인들이여, 당신들은 나를 신뢰할 만하다고 생각해야 합니다. 왜냐하면 내가 믿는 하나님이 미쁘시기 때문입니다"(고후 1:18 참조). 바울이 자신을 신뢰할 만하다고 한 이유는 그가 믿는 하나님이 신실하시기 때문이었습니다. 그는 자신이 이중인격자가 아니라 신뢰할 만한 사람이라는 것을 변호할 때 자신의 잘난 것이나 성실함, 정직함 등을 내세우지 않았습니다.

사실 인간 중에는 그런 것을 내세울 수 있을 만한 존재가 아무도 없습니다. 예레미야 17장 9절 말씀처럼 "만물보다 거짓되고 심히 부패한 것은 마음"이라고 한다면, 정도의 차이는 있을지 몰라도 누구나 믿을 수 없는 존재라는 점에서 차이가 없습니다. 그렇다면 바울이라 해도 다를 게 없습니다. "내가 이렇게 잘난 사람이요. 그러니 나를 믿어 주시오"라고 말할 만한 입장이 못 되는 것입니다. 만약 그가 그런 식으로 자기를 변호했더라면 오히려 더 큰 거부반응을 불러일으켰을지도 모릅니다. 그러나 바울은 그들의 눈을 하나님께로 돌리게 만들었습니다. 자기가 믿는 하나님이 미쁘시기 때문이라는 것입니다.

사실 하나님이 신실한 분이시라는 사실을 의심하는 사람은 아무도 없습니다. 그분은 절대 조령모개(朝令暮改) 하는 분이 아니십니다. 속으로는 이렇게 생각하면서 말은 저렇게 표현하는 분이 아니십니다. 그는 항상 예스(Yes)면 예스, 노(No)면 노 하시는 분이십니다. 어떤 면에서 고린도후서 1장 18절의 "예 하고 아니라 함이 없노라"라는 번역은 자칫 오해를 불러일으키기 쉽습니다. 마치 하나님은 절대 '노'는 안 하시고 항상 '예스'만 하신다는 말로 들리기 쉽기 때문입니다.

그러나 이 구절의 진의는 하나님은 한 입으로 예와 아니오라는 두 가지 말씀을 하시지 않는다는 뜻입니다. 다시 말해서, 한 번 '그래'라고 하신 것은 끝까지 지키신다는 말입니다. 하나님은 우리에게 별로 유익하지 못한 것에 대해서는 단호하게 "안돼!"라고 말씀하시는 분입니다. 그러나 우리에게 유익하다고 생각하시는 부분에 대해서는 항상 무엇이든지 "좋다"라고 하시는 분이 바로 우리 하나님이십니다.

성경에는 하나님이 우리에게 약속하신 것이 약 7,500가지나 기록되어 있다고 합니다. 하나님은 그중에 하나라도 소홀히 다루시거나 어기신 적이 없습니다. 여호수아는 임종을 앞두고 자기 후손들에게 이렇게 간증했습니다. "보라 나는 오늘 온 세상이 가는 길로 가려니와 너희 하나님 여호와께서 너희에게 대하여 말씀하신 모든 선한 말씀이 하나도 틀리지 아니하고 다 너희에게 응하여 그중에 하나도 어김이 없음을 너희 모든 사람은 마음과 뜻으로 아는 바라"(수 23:14). 하나님은 신실하심 그 자체시라는 것입니다. 악한 자를 심판하시리라 약속하셨다면 금세에서도 심판하실 것이요, 내세에서도 그 심판을 그대로 지키실 것입니다. 가난한 자나 고독한 자, 병 든 자, 소외당한 자에게 하나님이 위로와 축복을 약속하셨습니까? 반드시 그대로 지키실 것입니다. 하나님은 자신을 신뢰하고 두려워하는 자에게 약속하신 축복을 하나도 어김없이 다 지키고 계십니다.

바울은 하나님이 이렇게 신실하고 신뢰할 만한 분이시니 그분을 믿는 나를 믿어 달라고 말하고 있는 것입니다. 어떻게 보면 "우리 아버지는 정직한 사람이었소. 그러니 아들 된 나를 믿어 주십시오"라고 말하는 것처럼 들릴지 모릅니다. 그러나 사실 아버지가 신실하다고 해서 아들 역시 신실하다고 믿어 주기에는 어려운 점이 많은 것이 현실입니다. 그렇다면 바울은 도대체 무슨 근거로 하나님이 신실하고 신뢰할 만하니 자신도 신뢰할 만하다고 말하는 것입니까?

우리가 분명히 알 것은, 바울이 막연하게 세상적인 논리를 따라 그렇게 말하고 있는 것이 아니라는 사실입니다. 그가 그렇게 말할 수 있는 데는 명백한 근거가 있었습니다. 고린도후서 1장 21절에서 그 근거를 찾을 수 있습니다. 바울은 이렇게 말합니다.

우리를 너희와 함께 그리스도 안에서 굳건하게 하시고 우리에게 기름을 부으신 이는 하나님이시니_고후 1:21

바울은 자신을 그리스도 안에서 이미 굳건하게 된 사람이요, 성령의 기름 부음을 받은 사람이라고 말합니다.

그리고 자신을 그렇게 만드신 분은 하나님이시라고 말합니다. 바울이 예수님을 믿게 된 것은 그가 원해서 된 것이 아닙니다. 그는 하나님께 강제로 끌려가서 예수님을 믿게 된 사람입니다. 바울이 성령의 기름 부음을 받은 것도 자신이 구해서 된 일이 아닙니다. 하나님이 성령을 선물로 주신 것입니다. 그러니까 바울이 예수님 안에 들어와서 예수님을 믿는 사람이 되게 한 것도 하나님이시요, 예수님을 믿자마자 성령을 부어 주신 이도 하나님이셨습니다. 즉, 모든 것이 하나님의 강권적인 역사로 말미암은 것이었습니다.

성령께서 그의 안에 거하신다는 것은 부활하신 예수 그리스도 자신이 그의 안에 살아 계신다는 말과 같습니다. 더 나아가 이것은 단순히 내재하심에서 끝나지 않고 그의 속사람과 겉 사람을 지배하심을 의미합니다. 이것은 바울이 갈라디아 교인들에게 고백한 사실 그대로를 말합니다. "이제는 내가 사는 것이 아니요 오직 내 안에 그리스도께서 사시는 것이라"(갈 2:20중). 그러기에 그는 자신을 '그리스도 안에서 굳건하게 된 자'(고후 1:21)라고 말할 수 있는 것입니다.

그러므로 바울의 논리는 매우 정당한 것입니다. 신실하시고 거짓이 없으신 하나님이 성령을 통해서 내 마음에 살아 계시기 때문에, 그의 신실하신 인격이 나를 통해서 반사되고 드러나게 된다는 것입니다. 나는 원래 거짓되고 믿을 수 없는 인간이지만 내가 믿는 신실하신 하나님이 내 마음에 와서 거하시니 나를 믿어도 좋다는 것입니다.

이것이 어디 바울에게만 해당되는 이야기이겠습니까? 바울의 신앙 인격에서 일어나는 하나님과의 하나 되는 관계는 우리 모두에게도 똑같이 반복되어 나타나는 현상이라는 사실을 분명히 아셔야 합니다.

우리를 너희와 함께 그리스도 안에서 굳건하게 하시고 우리에게 기름을 부으신 이는 하나님이시니_고후 1:21

하나님이 바울 자신뿐만 아니라 고린도교회의 성도들 또한 그리스도 안에 굳건하게 하신다고 분명히 밝히고 있지 않습니까! 이 점에서 자기나 그들이나 다를 바 없다는 것입니다. 그러므로 바울의 마음에 계시던 그 하나님을 똑같이 모시고 있는 우리 역시 이렇게 말할 수 있습니다. "하나님 아버지가 신실하시니, 나는 신뢰할 만한 사람이다."

우리 사회는 점점 불신 사회로 전락하고 있습니다. 부정부패라는 사회적 독소가 민족의 건강한 생명을 좀먹어 가고 있는 어려운 때를 겪고 있습니다. 대내외적으로 도덕적인 자본인 신뢰를 먼저 저축하지 않으면 안 될 아주 중요한 시점에 와 있는데도 서로 간에 불신이 팽배해 있습니다. 예수님을 믿는 사람끼리도 서로 믿지 못합니다. 목사도 믿지 못합니다. 장로도 믿지 못합니다. 집사도 믿지 못합니다. 이런 풍토에서 어떻게 우리가 국제적으로 상품을 내놓고 거래를 할 수 있겠습니까? 신실하지 못한 사람이 만들어 내는 제품을 우리가 어떻게 신용할 수 있겠습니까? 양심적이지 못한 기업가가 만들어 내놓는 상품을 우리는 어떻게 안심하고 살 수 있겠습니까?

링컨(Abraham Lincoln, 1809-1865)이 말한 대로 우리가 몇 명의 사람들을 항상 속일 수는 있을지 모릅니다. 그러나 모든 사람을 항상 속일 수는 없습니다. 물건을 한 번 팔아먹을 때는 속일 수 있겠지만 두세 번 속이지는 못합니다. 그렇다면 우리가 가야 할 길은 오직 하나밖에 없습니다. 신뢰받을 수 있는 상품을 만들어 신뢰받는 나라가 되는 것입니다. 그럴 때 다른 나라와 떳떳하게 거래할 수 있게 되는 것입니다. 이것은 올림픽을 백 번 치른다고 되는 것도 아니요, 민주주의만 정착하면 다 되는 것도 아닙니다. 가장 중요한 것은 우리의 인격이 하나님처럼 신뢰받을 수 있는 인격으로 바뀌어야 한다는 것입니다. 그래서 그분의 성실하심이 우리의 삶을 통해서 반사되고 전달되게 해야 할 것입니다.

만일 이 나라 국민의 4분의 1이나 된다는 크리스천들이 사람들에게 "하나님은 신뢰할 수 있는 분이십니다. 그분은 거짓말을 못 합니다. 그러므로 나를 믿어도 좋습니다. 왜냐하면 나는 하나님을 모시고 사는 그분의 자녀이기 때문입니다"라고 말할 수 있다면 이 사회가 얼마나 달라지겠습니까? 신뢰받을 수 있는 사회를 건설할 일차적인 책임이 예수님을 믿는 우리에게 있다고 봅니다. 도덕성이 부족한 4분의 3에게 기대를 걸 것이 아니라 선악을 분명히 분별할 줄 아는 크리스천들이 책임져야 합니다.

컴퓨터에 대해서는 잘 알지 못하지만 제가 아는 상식만 가지고도 분명하게 말할 수 있는 것이 있습니다. 컴퓨터는 거짓말을 할 줄 모른다는 것입니다. 컴퓨터는 인간이 만들어 준 프로그램을 따라, 입력하는 대로 작동합니다. 1이면 1이고, 2이면 2입니다. 조금만 잘못 조작해도 삐삐 소리를 내며 "잘못 눌렀소. 잘못 눌렀소. 고치시오"라는 메시지를 보내며 작동하지 않습니다. 그만큼 정직한 것입니다. 따라서 컴퓨터를 작동시키는 사람은 반드시 그것을 정직하게 대해야 합니다. 그래야만 자기가 원하는 대답을 얻을 수 있습니다.

이 사회에서 크리스천들이 이 컴퓨터와 같은 존재가 되어야 한다고 생각합니다. 우리가 세상에서 그런 위치에 설 수만 있다면 거짓말을 밥 먹듯 하는 사람들이 우리 앞에서 태도를 바꾸게 될 것입니다. 우리를 만나는 자들이 거짓을 포기하지 않으면 안 될 정도로 우리가 하나님의 성실하심을 따라 정직하게 산다면 거짓으로 물든 이 땅이 온전하게 고침 받을 것입니다.

왜 긍정적일 수 있는가?

두 번째로 생각할 것은 '그리스도인은 왜 긍정적일 수 있는가?' 하는 것입니다. 고린도 교인들이 보기에는 두 번씩이나 약속을 지키지 못한 바울이 퍽 부정적이고 폐쇄적인 사람으로 보였는지도 모릅니다. 그러나 바울은 자신이 정반대의 사람이라고 말합니다.

> 하나님의 약속은 얼마든지 그리스도 안에서 예가 되니 그런즉 그로
> 말미암아 우리가 아멘 하여 하나님께 영광을 돌리게 되느니라
> _고후 1:20

하나님이 그리스도 안에서 얼마든지 '예'가 되시기 때문에 그를 모시고 사는 사람은 항상 '예'라고 할 수 있다는 것입니다. 하나님은 우리가 항상 감격해서 '아멘! 아멘!' '할렐루야! 할렐루야!' 하며 살지 않으면 안 될 정도로 좋은 것은 다 주시려고 하는 분입니다. 그에게는 부정적인 것이 전혀 없습니다.

마태복음 7장 7절을 보십시오.

> 구하라 그리하면 너희에게 주실 것이요 찾으라 그리하면 찾아낼 것
> 이요 문을 두드리라 그리하면 너희에게 열릴 것이니_마 7:7

우리의 구하는 것이나 생각하는 것에 더 넘치도록 주시는 분이 우리 하나님이십니다(엡 3:20 참조). 후히 되어 누르고 흔들어 넘치도록 안

겨 주시는 분이 우리 하나님이십니다(눅 6:38 참조). 그가 '안돼'라고 하실 때에는 우리에게 유익하지 않기 때문입니다. 우리에게 필요하고 유익한 것이라면 절대 접근 금지라는 팻말을 박아 두지 않으십니다. 우리가 믿고 모시는 하나님이 '예'라고 하시기 때문에 우리는 항상 긍정적일 수밖에 없습니다. 이것이 바울이 말하려고 하는 내용입니다.

그리스도 안에서

그러나 우리가 한 가지 명심해야 할 것이 있습니다. 여기에는 한 가지 조건이 따른다는 사실입니다. 즉, 그것은 '그리스도 안에서'라는 조건입니다(고후 1:20). 저는 이 말이 두 가지 의미를 담고 있다고 봅니다.

첫째는, 예수님을 믿는 것을 의미합니다. 고린도후서 5장 17절을 보십시오.

> 그런즉 누구든지 그리스도 안에 있으면 새로운 피조물이라 이전 것은 지나갔으니 보라 새것이 되었도다_고후 5:17

여기서 '그리스도 안에'라는 말은 바로 예수 그리스도를 믿는 것을 의미하는 것입니다. 다음으로는, 주님께 순종한다는 의미입니다. 에베소서 6장 1절을 보십시오.

> 자녀들아 주 안에서 너희 부모에게 순종하라 이것이 옳으니라_엡 6:1

이때 '주 안에서'라는 말은 주님께 순종하라는 의미입니다. 예수 그리스도께 순종할 수 있는 범위 내에서 부모에게 순종하라는 것입니다. 이 말은 부모가 자녀에게 예수님의 명령에 어긋난 것을 명할 때는 순종하지 않을 수도 있다는 것을 전제합니다. 고린도후서 1장 20절의 그리스도 안에서는 이 두 가지 뜻을 모두 포함하고 있습니다.

우리는 예수님을 믿고 순종할 때 예수 그리스도를 항상 '예'라고 하시는 주님으로 체험하면서 살 수 있습니다. 여러분 가운데 세상을 자기 계획대로 살려다가 절벽을 만난 분이 계십니까? 이것저것 다 해 보았지만, 이제는 능력의 한계를 절감하고 있는 분이 계십니까? 여기 놀라운 능력의 근원이 있습니다. 이것은 무한한 근원입니다. 예수님을 믿으십시오. 예수님이 명령하시는 대로 순종하며 사십시오. 그리고 예수님 앞에 나아가 보십시오. 그에게 모든 것을 얻을 수 있는 가능성이 있습니다. 왜냐하면 그분은 자기를 믿고 순종하는 자에게는 무조건 '예'라고 하시기 때문입니다.

사람들은 요즘 사회를 가리켜 적자생존의 경쟁 사회라고 합니다. 이제 웬만큼 똑똑한 사람이 아니고는 이 사회에서 살아남지 못하고 모두 도태되고 말 것입니다. 그러나 아직 출구는 남아 있습니다. 예수님을 믿고 순종하기만 하면 모든 것에 '예'라고 대답하시는 우리 주님 앞에 나아갈 수 있습니다. 주님이 계시기에 우리는 절대 부정적일 수 없습니다. 우리가 믿고 의지하며 순종하는 예수님이 항상 긍정적인 분이시기 때문입니다.

○ ○ ○ ○ ○
성령의 보증

그러나 바울은 이것을 자기가 긍정적인 생을 살 수 있는 이유의 전부라고 말하지 않습니다. 아무리 하나님이 '예'라고 하실지라도 그 '예'를 자기 안에서 구체화하고 체험하게 하시는 성령의 증거가 없이는 탁상

공론에 그칠 수밖에 없다는 사실을 잘 알고 있기 때문입니다.

> 그가 또한 우리에게 인치시고 보증으로 우리 마음에 성령을 주셨느
> 니라_고후 1:22

그가 성령의 보증을 언급하고 있는 것은 바로 그 때문입니다. '보증'이라는 말은 '계약금'이라는 뜻입니다. 집을 살 때는 반드시 10분의 1이든지 20분의 1이든지 계약금을 미리 냅니다. 후에 중도금과 잔금을 지불하고 그 집을 사겠다는 것을 보증하는 신용거래입니다. 하나님께서 우리에게 성령을 주신 것은 적당히 거하도록 하시기 위한 것이 아닙니다. 하나님이 약속하신 것을 틀림없이 주시겠다는 계약금으로 주신 것입니다. 성령은 하나님의 계약을 보증하는 사인입니다.

그리스도인은 세상에서 하나님의 결재 서류를 가지고 다니는 사람입니다. 성경에는 하나님이 친히 성령으로 약속하고 보증하신 엄청난 약속들이 수없이 기록되어 있습니다. 성경은 하나님이 성령으로 도장을 찍어서 우리에게 결재해 주신 일종의 결재 서류입니다. 그래서 우리는 이것만 보면 중도금과 잔금도 다 받을 것이라고 분명히 믿을 수 있는 것입니다.

그러므로 하나님이 이렇게 모든 것을 다 주신다고 성령으로 인을 쳐서 보증하시고 약속을 주셨는데 내가 어떻게 부정적인 사람이 될 수 있느냐는 바울의 논리는 정당한 것입니다. 바울이 비록 두 번이나 고린도교회를 방문하려다가 못 갔지만 그렇다고 해서 그를 항상 부정적으로 "안돼! 안돼!" 하는 사람으로 볼 수 없는 이유가 바로 여기에 있습니다. 예수님을 믿는 사람에게는 이와 같은 부정적인 것이 있을 수 없습니다. 왜냐하면 하나님이 너무나 긍정적인 분이시기 때문입니다.

사랑하는 형제자매 여러분, 과연 우리는 어떻습니까? "내 안에 모시고 사는 하나님이 너무나 긍정적인 분이시기 때문에, 그분에게는 모든 것이 가능하기에, 나는 항상 긍정적일 수 있습니다." 이렇게 말할 수 있습니까?

우리는 도덕적으로, 정신적으로, 정치적으로 매우 어두운 시대를 살아가고 있습니다. 저는 사방이 이렇게 어둡기 때문에 우리 그리스도인들이 세상 사람들에게 영향을 미칠 수 있는 더 좋은 기회를 맞이했다고 생각합니다. 아무리 상황이 복잡하고 불투명해도 우리가 비관하지 않으면 나머지 4분의 3도 비관하지 않을 것입니다. 부정적인 시각에 사로잡힌 채 비관하기보다 모든 것을 그리스도 안에서 가능하다고 보는 하나님의 자녀들이 곳곳에서 이 사회를 지탱하는 튼튼한 보루가 될 것이기 때문입니다.

가이사 아구스도가 로마의 황제일 때 있었던 일입니다. 그의 신복 중에 공로 훈장이나 상을 받아 보았으면 하고 몹시 갈망하는 사람이 있었다고 합니다. 그의 그런 마음을 알게 된 황제는 어느 날 그에게 굉장한 선물을 하사했습니다. 선물을 받은 그 신하는 너무나 황홀해서 "아니, 이것은 저에게는 너무 커서 받을 수가 없습니다"라며 어쩔 줄 몰라 했습니다. 그때 황제는 껄껄 웃으면서 이렇게 대답했다고 합니다. "나에게는 너무 커서 주지 못할 것이 하나도 없다네."

이것은 바로 우리 하나님의 대답입니다. 하나님은 너무 커서 주지 못할 것이 아무것도 없습니다. 너무 어려워서 하지 못하시는 일도 없습니다. 항상 그리스도 안에서 '예'라고 말씀하시는 하나님을 모시고 사는 우리가 왜 '안돼'라고 합니까? 왜 불가능하다고 얼굴을 찡그립니까? 지금 당장 내 손에 없다고 해서 그것을 불가능하다고 보면 안 됩니다. 왜냐하면 내 손에 없다면 하나님의 손에 있기 때문입니다. 하나님의 손에 있으면 곧 내 손에 있는 것과 다를 바 없는 것입니다.

우리는 본문을 통해서 두 가지 질문에 대한 대답을 분명히 알게 되었습니다. 그러므로 이제는 우리도 바울처럼 말할 수 있어야 합니다. "당신은 나를 신뢰해도 좋습니다. 왜냐하면 내가 믿는 하나님이 신실하시기 때문입니다." "나는 절대로 부정적일 수 없습니다. 나는 모든 것을 긍정적으로 보는 사람입니다. 왜냐하면 내가 믿는 하나님이 항상 긍정적인 분이시기 때문입니다."

이와 같은 자세를 가지고 세상을 살아간다면 우리는 세상 사람들과 분명히 구별된 사람들이 될 수 있을 것입니다. 또한 이 세상에서 하나님을 모른 채 소망을 잃고 주저앉아 있는 수많은 사람을 능력의 근원이신 예수 그리스도께로 인도하여 그리스도 안에서 굳건하게 된 자들로 세울 수 있으리라 믿습니다.

8

인격이 변해야
삶이 변합니다

나는 예수님 안에, 예수님은 내 안에 하나가 되도록 성령이 우리 안에서 일하십니다.
그분은 성령의 열매를 가진 자로서 다른 사람을 위해 살 수 있도록
우리의 인격을 변화시키는 작업을 쉬지 않고 하고 계십니다.

갈라디아서 5:22-23

22 오직 성령의 열매는 사랑과 희락과 화평과 오래 참음과 자비와 양선과 충성과 23 온유와 절제니 이 같은 것을 금지할 법이 없느니라

인격이 변해야
삶이 변합니다

마리우스 고글은 "기독교는 예수의 종교가 아니라 예수를 따르는 사람들의 종교"라고 했습니다. 의미심장한 이 한마디는 세상에서 기독교가 책임져야 할 부분을 잘 표현한 말이라고 생각됩니다. 세상은 예수 그리스도를 직접 볼 수가 없습니다. 오직 교회를 통해서 예수님을 보게 됩니다. 또한 세상은 예수님과 직접 만날 수 없습니다. 오직 예수님을 믿는 사람들의 인격과 삶을 통해서 예수님을 만나게 됩니다. 그러므로 기독교에 대한 마리우스 고글의 정의는 세상에서 교회와 성도들의 역할이 그만큼 중요하다는 것을 강조했다는 데 의의가 있습니다. 만약 우리가 그리스도를 보여 주지 못한다면 세상은 결코 예수님을 알지 못할 것입니다.

한국 교회 안에 만연한 불신은 교회와 세상, 신자와 불신자 사이를 가로막는 장애 요인이 되고 있습니다. 심지어 한 가족 안에서도 믿지 않는 자가 믿는 자를 불신한다고 합니다. 그 이유가 무엇입니까? 예수님을 믿는 자들에게서 예수님을 발견할 수 없기 때문입니다. 사회 역시 교회를 불신합니다. 왜 그렇습니까? 교회가 예수 그리스도를 보여 주지 못하기 때문입니다. 이것이 오늘날 우리가 처한 현실입니다. 우리는 그 동안 '말과 행동이 다르다'라는 불신의 씨앗을 우리 스스로 심어 왔던 것입니다.

어떤 불교학자가 기독교에 매력을 느껴서 성경을 깊이 연구했다고 합니다. 그가 내린 "결론은 예수님이야말로 정말 놀랍고 위대한 인물이다. 그런데 예수님을 믿는 사람들이 예수님과 같지 않은 것은 이해가 되지 않는다"라는 것이었습니다. 바로 이것입니다. 예수님을 불신하게 하는 자는 바로 예수님을 믿는 자들입니다. 여기에 우리의 탄식과 고민이 있습니다. 자칫하면 믿는 자라는 긍지조차도 잃어버릴 정도로 심각한 문제가 아닐 수 없습니다. 우리가 생활 속에서 자주 실패하는 것은 하나님이 원하시는 수준만큼 인격이 변하지 않았기 때문입니다. 여러분은 자신을 돌아볼 때 위선자요, 모순적인 신자라는 가책을 받지는 않습니까?

○ ○ ○ ○ ○ ○ ○ ○
성령의 아홉 가지 열매

본문 말씀은 예수 그리스도를 구주로 고백하고 십자가의 피로 죄 씻음을 받은 신자의 인격에 나타나는 찬란한 매력을 표현한 구절입니다. 우리가 얼마나 즐겨 외우는 말씀입니까!

> 오직 성령의 열매는 사랑과 희락과 화평과 오래 참음과 자비와 양선
> 과 충성과 온유와 절제니 이 같은 것을 금지할 법이 없느니라
> _갈 5:22-23

사랑에서 절제까지 아홉 가지의 인격적 요건을 고루 갖춘 인물을

한번 그려 보십시오. 누구의 모습이 나타납니까? 예수님입니다. 따라서 예수님을 믿는 자에게는 그분의 인격이 그대로 투영될 수밖에 없습니다.

그런데 우리 대부분은 왜 이 사실 앞에서 고통을 느낍니까? 우리 속에 성령의 열매가 부족하기 때문입니다. 하나님은 이런 우리를 향해서 예수님을 닮아야 한다고 말씀하십니다. 아홉 가지 성령의 열매가 실제 삶에서 나타나야 비로소 그리스도인이 될 수 있다는 것입니다. 그러나 하나님은 우리에게 명령만 하시는 것이 아니라 그 가능성도 열어 놓으셨습니다. 우리는 자신의 부족함에 갈등하기보다는 긍정적인 생각에서 이 문제를 검토해야 합니다.

먼저 아홉 가지 성령의 열매에 대해서 살펴봅시다. '사랑'이 무엇입니까? 하나님이 우리에게 보여 주신 무조건적이고 자기 희생적인 사랑, 곧 '아가페'를 말합니다. 크리스천은 이 사랑을 실천하는 사람입니다. '희락'이 무엇입니까? 하나님이 자기를 사랑하신다는 사실 때문에 늘 충만한 기쁨입니다. 그것은 환경과 여건에 구애받지 않으며, 마치 사막의 반석에서 샘이 솟듯이 계속 넘쳐납니다. 크리스천은 이 기쁨의 근원을 소유한 사람입니다. '화평'이 무엇입니까? 어떤 상황에서도 마음의 동요가 일어나지 않는 평안을 말합니다. 크리스천은 자신과 동시에 다른 사람들도 평안으로 하나 되게 하는 사람입니다.

'오래 참음'은 무엇입니까? 사람에 대하여 오래 참을 수 있는 능력입니다. 크리스천은 원수까지도 사랑하면서 참을 수 있는 사람입니다. 그리고 '자비'는 다른 사람의 잘못과 약점을 그대로 갚지 않고 덮어 주면서 불쌍히 여기는 마음입니다. 크리스천은 불쌍히 여기는 마음의 소유자입니다. '양선'은 부드러움과 강인함이 알맞게 조화를 이룬 품성을 말합니다. 크리스천은 부드러울 때 부드럽고, 강할 때 강하며, 양보할 때 양보할 줄 알고, 포기하지 말아야 할 때 끝까지 버티는 인격의 소유자입니다.

'충성'은 무엇에나 신실하게 최선을 다하는 것이며, '온유'는 과격하지 않고 한쪽에 치우치지 않는 중용의 태도를 말합니다. 또한 자신을 다스릴 줄 아는 능력을 '절제'라고 합니다. 이 아홉 가지 요소가 한 인격을 이루었을 때 그를 일컬어 성령의 사람, 곧 예수님을 닮은 사람이라고 말할 수 있습니다.

○ ○ ○ ○ ○ ○ ○
신자의 마음 상태

유명한 성경학자인 라이트푸트(Joseph Barber Lightfoot, 1828-1889)는 이 아홉 가지를 세 그룹으로 분류한 후에 재미있는 통찰을 했습니다. 그는 '사랑, 희락, 화평'을 예수님을 마음에 모신 신자의 마음 상태라고 했습니다. 좋은 해석이라고 생각합니다. 예수님을 믿는 사람이 누구입니까? 사랑이 넘치고, 세상 사람들이 맛보지 못하는 기쁨을 마음에 담고 있으며, 늘 평안한 사람입니다. 마음의 상태가 이와 같을 때 우리는 떳떳하게 자신을 신자라고 소개합니다. "나는 그리스도를 따라가는 사람이며, 예수님과 조금이나마 닮은 데가 있다"라고 자부하기도 합니다. 그러나 그 반대의 경우, 곧 사랑이 메마르고 마음에 기쁨과 평화가 사라지면 우리는 더 이상 주님과 닮은 점이 없다는 사실을 알게 됩니다. 믿지 않는 자들이 이러한 우리를 과연 업신여기지 않겠습니까?

신자의 대인 관계

라이트푸트는 또한 '오래 참음, 자비, 양선'을 대인 관계에서 보여 주는 덕성이라고 규정했습니다. 오래 참는 훈련이 안 된 사람은 대인 관계에서 실패하기 쉽습니다. 사람을 참지 못하면 사회생활을 할 수 없으며, 그런 자세로는 차라리 사람을 사귀지 말아야 합니다. 성급하게 남의 잘못이나 약점을 들추어내고 비판함으로써 자신을 돋보이게 하려는 비열한 성격을 가진 사람은 다른 사람에게 손해를 끼치느라 자신의 시간을 허비하곤 합니다.

만약에 어떤 성도가 이렇게 남을 해치는 사람이라면 그를 통해서 그리스도께서 어떻게 영광을 받으시겠습니까? 오래 참지 못하는 사람일수록 자신은 성격이 급하니 이해해 달라고 변명하기에 급급한 것을 볼 수 있습니다. 그러나 다른 사람이 그를 꼭 이해해야 할 무슨 의무라도 있습니까? 남의 이해를 바라기보다 자신이 먼저 남의 처지를 염두에 두어야 합니다. 더욱이 양선의 덕성을 갖추지 못하면 맺고 끊는 데가 없으며 주체 의식도, 신념도, 목표도 없이 흐리멍덩한 사람이 되기 쉽습니다. 양보하지 말아야 할 때는 끝까지 양보하지 말아야 하고, 옳은 것은 옳다고 주장하는 강인함이 있어야 인간적인 매력도 있는 것입니다. 그러므로 이 세 가지 요소는 대인 관계에서 빼놓을 수 없는 크리스천의 덕성이라고 할 수 있습니다.

신자의 행동 원리

그리고 '충성, 온유, 절제'는 자기 행동을 지배하는 원리라고 했습니다. 이것은 우리가 자신에게 "나는 하나님을 향해서나 사람을 향해서

나 충성되게 일하겠다. 어떤 경우에도 과격하지 않으며, 내가 나를 다스리는 사람이 되겠다"라고 다짐하고 그것을 실행하는 것을 말합니다. 이러한 행동의 원리가 뒤따르지 않는 사람은 그리스도를 보여 주는 일에 반드시 실패하고 맙니다.

우리 각자에게 이와 같이 그리스도의 인격을 닮은 요소들이 있습니까? 대인 관계에서 나타나는 덕성과 나 자신의 행동을 잘 규제하고 지킬 수 있는 원리가 있습니까? 우리가 모두 기도해야 할 부분입니다.

성령의 열매 - 예수님의 인격

여기에서 한 가지 흥미로운 것은 성령의 열매가 단수라는 사실입니다. 우리말 번역은 단수인지 복수인지 구별하기 어려운 경우가 종종 있으므로, 열매가 아홉 가지나 되니 복수가 맞지 않겠는가 하는 추측도 해 볼 수 있습니다. 그러나 원문이나 영어 성경에는 단수로 기록되어 있는 것을 봅니다. 어떻게 아홉 가지나 되는 성령의 열매를 단수로 쓸 수 있느냐고 문법을 좀 아는 사람이면 당황할 만도 하지만, 성경적으로 볼 때는 조금도 이상하지 않습니다. 성령의 열매는 여러 종류가 아니라 하나입니다. 왜냐하면 예수님의 인격을 가리키고 있기 때문입니다. 인격은 하나지 둘이 아닙니다. 성령의 열매 역시 한 뿌리에서 나오는 것이므로 단수일 수밖에 없습니다. 이것은 열매의 종류가 아니라 열매의 다양성을 의미합니다.

포도 한 송이를 들고 보십시오. 얼마나 탐스럽고 향기롭고 달콤한 과일입니까? 포도는 수십 알의 포도알이 달려 있지만, '포도들'이라는 복수로 쓰지 않고 '포도'라는 단수를 사용합니다. 어느 연구에 의하면, 포도 한 알마다 아홉 가지의 성분이 들어 있는데 그 성분들이 골고루 갖추어졌을 때 포도가 지니는 독특한 맛이 난다고 합니다. 그렇다고 그 성분들을 아홉 가지의 종류라고 말합니까? 아닙니다. 단지 포도의 맛을 내기 위한 하나의 성분일 뿐입니다.

　이와 같이 예수 그리스도의 모습을 드러내는 신자의 인격은 한 인격이신 그리스도가 우리를 통하여 반사되고 흘러넘치는 성령의 열매라 할 수 있습니다. 그러므로 사랑이 넘치는데 오래 참지 못하는 사람이 있는가 하면, 양선이 넘치는데 자비를 베풀지 못하는 사람이 있다는 식의 모순된 설정은 신자에게 적용이 되지 않습니다. 성령의 열매로 조화를 이룬 인격을 가진 사람은 양선이 필요할 때 양선을, 오래 참음이 필요할 때 오래 참음을, 사랑이 필요할 때 사랑을 나타냅니다. 이것이 신자의 인격입니다.

　우리는 한 번도 예수님을 뵌 적이 없지만, 성령의 열매를 고루 갖춘 한 인격으로서의 예수님을 상상할 수는 있습니다. 그런데 예수님처럼 성령의 열매가 조화를 이룬 인격이 가지는 특징을 한마디로 요약한다면 어떻게 표현할 수 있습니까? 저는 그것을 '이타주의'(利他主義)라 부르고 싶습니다. 전적으로 남을 위해서 봉사하는 사람, 다른 사람을 위해서 자신을 희생하는 사람, 종으로서 다른 사람을 섬기는 사람 등이 이에 속합니다.

　'사랑'에서 '절제'까지를 놓고 보았을 때 이기주의와 어울리는 것은 하나도 없습니다. 예수님이 우리 중에 섬기는 자로 자처하신 것만 보아도 이타의 삶이 어떤 것인지를 명백히 알 수 있습니다. 그분은 우리를 위해서 사셨지 결코 자기를 위해서 살지 않으셨습니다.

　그러나 현대인들은 '나'라는 성곽을 견고히 쌓고 사는 존재입니다. 모든 출입문을 걸어 잠그고 그 성에서 빠져나오지를 않습니다. 성경이 경고하는, 즉 자기만 사랑하는 말세적 존재들입니다. 이것이야말로 누구의 본성입니까? 타락한 아담과 하와의 본성입니다. 그들은 범죄한 순간부터 치마를 만들어 입는 등 부끄러운 자기를 감추기에 바빠서 남편이 아내를, 아내가 남편을 배려할 생각을 하지 못했습니다. 더욱이 그들은 하나님으로부터 책임 추궁을 당했을 때 책임을 상대방에게 전가하면서 자기 보호에만 급급했습니다. 이것이 이기주의자의 발로였습니다. 그 근성이 지금까지 우리에게 이어졌고, 우리는 본질적으로 철저한 이기주의자들입니다.

만약 성령의 아홉 가지 열매가 인간의 이기주의에 유용한 것이었다면, 우리는 그것을 허겁지겁 받아들였을지도 모릅니다. 그뿐만 아니라 남보다 내가 더 행복해지는 데 성령의 열매가 꼭 필요한 것이었다면 우리는 지대한 관심을 가지고 계속 추구했을 것입니다. 그러나 우리는 그것에 대해서 거리감을 느끼고 무관심해 왔습니다. 왜냐하면 성령의 열매는 이타주의자에게만 적용되는 인격적인 특성이므로, 마치 어린 다윗이 걸쳐 보았던 사울 왕의 갑옷처럼 이기주의자에게는 거북한 옷이 틀림없기 때문입니다. 이 말은 우리가 그만큼 다른 사람을 위해 살기에는 준비가 되어 있지 않다는 것을 의미합니다.

로마서 12장 10절 이하는 신자의 삶이 어떠해야 하는가를 단적으로 보여 줍니다.

형제를 사랑하여 서로 우애하고 존경하기를 서로 먼저 하며
_롬 12:10

성도들의 쓸 것을 공급하며 손 대접하기를 힘쓰라_롬 12:13

즐거워하는 자들로 함께 즐거워하고 우는 자들과 함께 울라 서로 마

음을 같이하며 높은 데 마음을 두지 말고 도리어 낮은 데 처하며 스스로 지혜 있는 체 하지 말라_롬 12:15-16

바로 이것이 이타주의이며, 이타의 삶을 사는 크리스천의 모습입니다. 사실 성령의 열매를 가진 인격이 아니면 이 말씀에 순종한다는 것은 불가능합니다. 그러나 성령의 사람은 가정에서부터 자기희생적으로 이타의 삶을 실천합니다. 우리의 가정을 먼저 돌아봅시다. 예수님을 믿는 남편이 믿지 않는 아내에게 어떤 모습으로 비쳐집니까? 이기주의자입니까? 이타주의자입니까? 또한 예수님을 믿는 아내는 예수님을 믿지 않는 남편의 눈에 희생적인 아내요, 어머니로 비쳐지고 있습니까?

유명한 전도자인 휫필드(George Whitefield: 1714-1770)가 한번은 어떤 사람으로부터 "목사님, 저쪽에 서 있는 저 남자분은 크리스천인가요?"라는 질문을 받았다고 합니다. 그러자 휫필드는 "잘 모르겠습니다. 아직 그의 부인되는 사람과 이야기를 나누어 보지 않았거든요"라고 대답했다고 합니다. 동문서답처럼 들리지만, 그의 말에는 깊은 진리가 숨어 있습니다. 그것은 '교회에 다니며 입으로 주여, 주여 한다고 다 크리스천이 아니다. 그가 진정한 크리스천인가를 알려면 가정에서 그의 인격이 어떻게 비쳐지고 있는지를 그의 아내로부터 들어봐야 한다'라는 뜻입니다. 많은 사람이 교회를 신뢰하지 않거나 예수님을 싫어하는 것에 대한 책임은 크리스천이면서도 이타주의로 살지 않는 우리에게 있습니다. 이것이 우리가 가정이나 직장에서 예수님을 믿는 사람으로서의 자신을 잘 살펴야 하는 이유입니다.

성령이 가능케 하신다

'예수'라는 이름은 철저한 이타주의의 표본입니다. 그 이름은 남을 죄에서 구원하기 위해 자기 몸을 죄값으로 내놓으셨다는 사실과 함께 항상 주는 자요, 봉사하는 자요, 희생하는 자로서의 이미지를 가지고 있습니다. 하나님은 우리가 철저하게 그리스도를 닮기를 원하십니다.

그러나 우리 자신은 어떻습니까? 이러한 성경 말씀을 볼 때마다 쉬이 변화되지 않는 우리 자신에 대하여 수없이 가책을 느끼지 않습니까? 예수님이 하나님의 아들이심을 믿어서 하나님의 자녀가 되고 나면 신자로서의 할 일은 끝나는 줄로 알았는데, 인격까지도 예수님을 닮아야 한다는 사실 앞에서 낙심하고 있지는 않습니까? 예수님을 믿는다는 것은 그만큼 쉬운 일이 아닙니다. 그것은 인간이 하나님을 닮는다는 어마어마한 주제를 함유하고 있기 때문입니다. 그러나 우리는 낙심할 필요가 없습니다. 우리 힘으로는 안 되지만, 해결책이 없는 것은 아니기 때문입니다.

'나의 열매'나 '우리의 열매', 혹은 '신자의 열매'라고 하지 않고 '오직 성령의 열매'라고 말씀하신 하나님께 우리는 감사해야 합니다. 왜 그렇습니까? 우리는 아가페의 사랑을 할 수 없습니다. 우리는 온유할 수 없으며, 사람에 대해서 오래 참지 못합니다. 또한 지금까지 우리의 욕망이나 기타 삶의 여러 행태에도 절제하지 못했습니다.

그러나 성령이 우리 안에 거하신 이후부터는 스스로도 불가능하게 여겨지던 이 모든 것이 하나하나 가능해지는 것을 발견하지 않습니까? 나의 열매가 아니라 성령의 열매를 가진 자로서 아가페의 사랑을 할 수 있게 되었으며, 온유와 오래 참음과 절제도 가능해졌습니다. 성령은 부활하신 예수 그리스도와 우리를 하나 되게 하십니다. 즉, 나는 예수님 안에, 예수님은 내 안에 하나가 되도록 성령이 우리 안에서 일하신다는 뜻입니다. 그분은 성령의 열매를 가진 자로서 다른 사람을 위해 살 수 있도록 우리의 인격을 변화시키는 작업을 쉬지 않고 하고 계십니다. 그 때문에 예수님과 하나 된 나를 통해서 성령의 열매, 즉 예수님의 인격이 드러날 수밖에 없는 것입니다.

자연림이 우거진 숲에서 이상한 나무를 본 적이 있습니다. 둥치는 두 개인데, 중간부터 한 줄기로 합쳐져서 자란 나무입니다. 그들이 씨앗이었던 때로 시간을 거슬러 올라가 보겠습니다. 산은 나무나 풀의 씨앗이 바람에 날려와 앉은 그 자리에서 자유롭게 싹을 틔우는 곳입니다. 그런데 우연히 두 개의 씨앗이 꼭 같은 자리에 떨어져서 포개진 채 두 개의 싹을 틔웠습니다. 시간이 흐릅니다. 두 개의 나무는 여린 가지를 뻗어 냅니다. 어쩌다가 센 바람이 불어오면 그들은 너무 가까이 붙어 있기 때문에 서로 엉켜 버리고 맙니다. 또다시 몇 년의 세월이 흐르면서 엉킨 채 풀리지 않은 큰 가지나 줄기는 바람 때문에 서로 끊임없이 비비적거리게 되어 껍질이 벗겨지고 상처가 나게 됩니다. 그 상처들을 통해서 나무의 진액이 흘러나옵니다. 시간이 흐르면서 놀랍게도 두 나무 중 강한 쪽이 약한 쪽의 진액을 빨아들여서 이윽고 둘은 하나가 됩니다. 둥치는 두 개인데 어느 부분부터는 하나를 이루게 된 것입니다.

이 나무는 예수님과 우리 사이를 비유하기에 매우 적절합니다. 성령은 우리 안에서 예수님과 나 사이에 이와 비슷한 과정이 일어나게 하십니다. 처음 예수님을 믿었을 때는 예수님과 내가 서로 갈등을 일으키고 비비적거리기 시작합니다. 아직도 세속에 때가 묻어 있는 자아와 내 안에 새로 생긴 신령한 자아가 좀처럼 조화를 이루지 못합니다. 예수님에게 순응하기 싫어서 버티다가 상처를 입기도 합니다. 그러면 이윽고 예수 그리스도가 나를 받아들여서, 세례 요한이 말한 것처럼 나는 점점 망하고 예수님은 점점 흥해서 내 인격을 통하여 그분의 품성이 반사되는 기적이 일어나게 됩니다. 이렇게 해서 성령의 열매를 가진 사람이 태어나는 것입니다.

○ ○ ○ ○ ○ ○ ○ ○ ○ ○
성령이 하시는 일, 세 가지

그러면 우리 안에서 열매를 맺기 위해 성령은 어떻게 일하십니까? 첫째, 성령은 우리가 예수님을 보게 하십니다. 고린도후서 3장 18절을 봅시다.

> 우리가 다 수건을 벗은 얼굴로 거울을 보는 것 같이 주의 영광을 보매 그와 같은 형상으로 변화하여 영광에서 영광에 이르니 곧 주의 영으로 말미암음이니라_고후 3:18

이 말씀은 어떤 대상을 계속 응시하면 그 대상을 닮는다는 의미입니다. 마치 오랜 세월을 같이 산 부부가 서로 닮아 가는 이치와 같습니다. 우리가 예수님을 닮은 인격이 되는 것은 내 안에 있는 육체의 정욕과 계속 혈투를 벌인다고 되는 것이 아니라, 성령의 도우심으로 그것을 물리쳐야만 가능한 것입니다. 예수님을 보게 한다는 것은 성경을 깨달아 알게 하는 것이며, 쉬지 않고 기도하게 함으로써 그와 교제하게 하는 것입니다. 성령께서 이 두 가지를 계속 하게 하신 체험이 있는 분은 안심하십시오. 여러분은 예수님을 닮은 성령의 열매가 맺히고 있는 분입니다. 여러분은 이기적이 아닌 이타주의의 삶을 살 수가 있습니다.

둘째, 성령은 열매 맺는 데 필요치 않은 우리 안의 방해 요소를 제거해 주십니다. 로마서 8장 13절은 "너희가 육신대로 살면 반드시 죽을 것이로되 영으로써 몸의 행실을 죽이면 살리니"라고 했습니다. 이와 같이 성령은 우리가 몸의 행실을 죽이는 일을 도우십니다.

셋째, 예수님을 닮게 행동할 힘을 주십니다. 빌립보서 4장 13절에서 바울은 "내게 능력 주시는 자 안에서 내가 모든 것을 할 수 있느니라"라고 했습니다. 믿는 자에게는 반드시 모든 일을 다 이룰 수 있도록 하나님께서 힘을 주십니다. 이것은 내가 몸부림쳐서 되는 문제가 아니라 성령께 맡김으로써만 가능한 일입니다.

우리는 성령을 모신 사람이요, 그리스도와 하나 된 그의 지체라는 것을 잊지 말아야 합니다. 우리를 통해서 이 사실이 세상에 드러나도록 성령께 순종하는 사람이 됩시다. 신자라고 하면서 우리의 인격과 삶에 성령의 열매가 보이지 않으면 만나는 사람마다 우리를 불신할 뿐만 아니라, 심지어는 예수님까지 불신하게 될 것입니다. 그것은 하나님의 영광을 가리는 일입니다. 우리가 모두 예수 그리스도를 닮은 성령의 사람이 됩시다.

9

죄와의 동거를
청산하십시오

마귀는 더 이상 우리를 자기 수중으로 끌고 갈 수 없습니다.
예수님이 우리의 죄를 다 제거하시고 우리를 하나님의 자녀로 인정해 주셨기 때문입니다.

요한일서 3:4-9

4 죄를 짓는 자마다 불법을 행하나니 죄는 불법이라 5 그가 우리 죄를 없애려고 나타나신 것을 너희가 아나니 그에게는 죄가 없느니라 6 그 안에 거하는 자마다 범죄하지 아니하나니 범죄하는 자마다 그를 보지도 못하였고 그를 알지도 못하였느니라 7 자녀들아 아무도 너희를 미혹하지 못하게 하라 의를 행하는 자는 그의 의로우심과 같이 의롭고 8 죄를 짓는 자는 마귀에게 속하나니 마귀는 처음부터 범죄함이라 하나님의 아들이 나타나신 것은 마귀의 일을 멸하려 하심이라 9 하나님께로부터 난 자마다 죄를 짓지 아니하나니 이는 하나님의 씨가 그의 속에 거함이요 그도 범죄하지 못하는 것은 하나님께로부터 났음이라

죄와의 동거를
청산하십시오

정권이 바뀔 때마다 하게 되는 청문회는 온 국민의 관심과 이목을 집중시킵니다. 여러분은 청문회를 지켜보면서 무슨 생각을 하셨습니까? 텔레비전으로 청문회 중계방송을 시청했던 사람들은 너 나 할 것 없이 죄인이라고 추정되는 몇몇 증인을 향해서 돌을 던졌습니다. 민족의 대역 죄인이라는 것입니다.

죄를 지은 사람을 죄인이라 정죄하는 것은 어떤 면에서는 당연한 일입니다. 그러나 적어도 예수님을 믿는 사람들인 우리는 세상 사람들과 달라야 합니다. 그들을 정죄하기에 앞서 우리 자신을 돌아보고, 그들의 모습에서 우리가 영적으로 무엇을 배울 수 있을지를 깊이 생각해 보아야 옳을 것입니다. 예수님께서는 간음한 여인을 향해 돌을 든 군중에게 이렇게 말씀하지 않으셨습니까? "너희 중에 죄 없는 자가 먼저 돌로 치라"(요 8:7하). 만약 주님이 우리 각자에게 "너는 죄가 없는가? 너는 죄 문제를 평소에 어떻게 다루면서 살아왔는가?"라는 문제를 가지고 청문회를 여신다면 심문하시는 주님 앞에서 뭐라고 증언하겠습니까? 주님 앞에서 부끄러움을 당하지 않으려면 죄에 대한 우리의 인식과 자세를 새롭게 점검할 필요가 있습니다.

○ ○ ○ ○ ○ ○
죄는 불법이다

성경에는 죄에 대한 정의가 너덧 가지 정도 나옵니다. 그 가운데 가장 대표적인 것이 요한일서 3장 4절의 정의입니다.

> 죄를 짓는 자마다 불법을 행하나니 죄는 불법이라_요일 3:4

사도 요한은 죄를 '불법'으로 정의합니다. 이것은 말 그대로 '법에 어긋나는 행동'을 의미합니다. 그러므로 죄를 지었다는 것은 곧 법을 어겼다는 말과 같습니다. 계엄군이 국회를 해산한 것이 법적으로 타당하냐, 타당하지 않으냐에 대해 치열한 공방전이 벌어지고 있지만 전문 지식이 없는 우리가 봐도 그 행위가 죄라는 것이 명백하지 않습니까? 국가의 법을 어긴 행위였기 때문입니다.

성경이 죄를 불법이라고 말하는 것도 같은 맥락에서 이해할 수 있습니다. 성경은 하나님의 법입니다. 그러므로 성경에 기록되어 있는 하나님의 뜻에 어긋나는 모든 생각과 행동이 죄입니다. 죄는 크게 두 가지로 나뉠 수 있습니다. '오미션'(Omission)의 죄와 '커미션'(Commission)의 죄가 그것입니다. 오미션의 죄는 성도로서 마땅히 해야 할 일을 하지 않는 것이며, 커미션의 죄는 하지 말아야 할 일을 하는 것입니다. 이런 의미에서 볼 때 우리가 범하는 죄는 전부 하나님을 향한 거역이며 반항이라 할 수 있습니다.

하나님의 자녀는 죄를 짓지 말아야 한다

우리는 본문을 통해서 죄에 대해서 네 가지 원리를 배울 수 있습니다. 첫째, 하나님의 자녀로서 우리는 죄를 짓지 말아야 한다는 것입니다 (4절 상반절). 이것은 움직일 수 없는 원칙으로 요한일서 2장 1절 상반절에도 명시되어 있습니다.

> 나의 자녀들아 내가 이것을 너희에게 씀은 너희로 죄를 범하지 않게 하려 함이라_요일 2:1상

하나님의 자녀 된 우리는 예수 그리스도를 십자가에 죽게 만든 죄를 여전히 사랑하고 용납해서는 안 됩니다. 부모를 사랑하는 자식이 부모의 뜻을 거스르지 않듯이, 하나님의 자녀 된 우리 역시 하나님의 뜻을 거스르지 말아야 합니다. 시편 97편 10절 상반절을 보십시오.

> 여호와를 사랑하는 너희여 악을 미워하라_시 97:10상

진정 하나님을 사랑한다면 의지와 행동으로 그의 뜻을 거스르지 않을 뿐 아니라 감정적으로 죄를 미워하기까지 해야 합니다.

인간 - 죄를 지을 수밖에 없는 존재

그럼에도 불구하고 우리는 날마다 죄를 짓고 삽니다. 예루살렘 성전을 완공하여 헌당식을 할 때 솔로몬이 한 기도야말로 인간이 하나님께 드릴 수 있는 가장 솔직한 고백이라고 생각합니다. 역대하 6장 36

절 상반절을 보십시오. 그는 이렇게 고백했습니다.

> 주께 범죄하지 아니하는 사람이 없사오니_대하 6:36상

하늘과 같은 은혜를 맛본 사람도 죄를 짓고, 수십 년 동안 신앙생활을 해온 사람도 죄를 짓습니다. 다시는 죄를 짓지 않겠다고 수없이 회개한 사람도 죄를 짓습니다. 어제도 죄를 지었고, 오늘도 짓고 있으며, 내일도 죄를 짓는 존재가 바로 인간입니다. 이것은 하나님께서도 시인하신 것입니다. 요한일서 1장 8절을 보십시오.

> 만일 우리가 죄가 없다고 말하면 스스로 속이고 또 진리가 우리 속
> 에 있지 아니할 것이요_요일 1:8

우리가 죄를 지었다고 고백하는 것이 정상이라는 것입니다. 또 요한일서 1장 10절을 보십시오.

> 만일 우리가 범죄하지 아니하였다 하면 하나님을 거짓말하는 이로 만
> 드는 것이니 또한 그의 말씀이 우리 속에 있지 아니하니라_요일 1:10

여기서 '범죄하다'는 사람이 부지중에 잘못을 범하게 되는 것으로서, 특별히 하나님의 자녀가 평소에 빠질 수 있는 범죄행위를 지칭합니다.

어떤 사람은 하나님의 자녀는 죄를 짓지 말아야 한다는 첫 번째 원칙을 오해하고서 믿는 사람은 절대 죄를 짓지 않는다고 생각합니다. 그러나 성경은 우리에게 이러한 완전주의를 요구하지 않습니다. 그러

므로 누구든지 예수님을 믿은 후에는 더 이상 죄를 짓지 않는다고 주장한다면 죄를 지을 수 있는 개연성을 시인하고 계시는 하나님을 거짓말쟁이로 만드는 가소로운 일이 될 것입니다. 인간으로 태어난 이상 우리는 모두 죄를 지을 수밖에 없는 존재입니다. 은혜를 받은 사람이라고 예외일 수 없습니다. 이것은 죄 문제를 논할 때마다 우리가 인정할 수밖에 없는 사실입니다.

하나님의 자녀는 같은 죄를 반복하지 말아야 한다

우리는 어쩌다 죄를 지을 수는 있지만, 습관적으로 그 죄를 반복하며 살아서는 안 됩니다. 가끔 보면 믿음 좋고 신앙생활을 오래 한 분들은 한 가지 위험한 버릇을 가지고 있는 것 같습니다. 그것은 죄를 범할 때마다 다음과 같은 여러 가지 구실을 가지고 자기 행위를 은근히 합리화하려 하는 것입니다. 그들이 이야기하는 구실은 대부분이 성경에서 찾아낸 것들입니다. 그들은 말씀을 자기 편하게 해석하고 있습니다. "사람치고 죄 안 짓는 사람이 어디 있느냐"며 죄를 보편화하거나, "육신이 약하기 때문에 어쩔 수 없다"라고 핑계를 댑니다.

또 "구원은 행위가 아니라 믿음으로 받는다"(엡 2:8-9 참조)라는 말씀을 내세우며 자신의 죄를 은폐하려 하거나 "온 세상이 악한데 어떻게 혼자서 거룩할 수 있는가"라며 모든 것을 악한 세상 탓으로 돌립니다. 더 나아가서는 "죄가 더한 곳에 은혜가 더욱 넘친다"(롬 5:20하)라는 말씀을 주장하면서 그 죄를 통해 하나님이 더 큰 은혜를 주실 것이라는 터무니없는 기대를 하거나 "일곱 번을 일흔 번까지라도 용서하라"(마 18:22)라는 말씀을 아전인수격으로 해석하여 다시 죄를 범해도 회개만 하면 얼마든지 용서받을 수 있다고 가볍게 생각하는 것입니다.

물론 이런 생각들이 반드시 틀렸다고 할 수는 없습니다. 그러나 하나님의 말씀을 가지고 범죄를 합리화하는 도구로 삼는 자는 스스로 심각한 결과를 초래하고 있다는 사실을 알아야 합니다. 그것은 제2, 제3의 죄를 범할 수 있도록 영적으로 무장해제를 하는 것이나 다름없습니다. 달리 말해서, 똑같은 죄를 다시 저지를 수 있게끔 길을 활짝 터놓는 행위라는 말입니다. 이미 죄를 대적할 힘을 잃어버렸기 때문에 똑같은 죄를 다시 범하게 될 수밖에 없는 것입니다.

그러나 하나님의 자녀는 죄를 습관적으로 반복해서는 안 됩니다.

그 안에 거하는 자마다 범죄하지 아니하나니_요일 3:6상

하나님께로서 난 자마다 죄를 짓지 아니하나니_요일 3:9상

'범죄하지 않는다' '죄를 짓지 않는다'라는 단어가 헬라어로는 현재 시제로 표현되고 있음을 주목해야 합니다. 헬라어에서 현재 시제는 연속적이고 습관적인 행위를 가리킵니다. 따라서 이렇게 풀어서 말할 수 있을 것입니다. "예수님 안에 거하는 사람마다 죄를 짓는 생활에 계속 머물러 있을 수 없다." "하나님에게서 난 사람이라면 똑같은 죄를 반복하며 자신을 더럽히는 생활을 계속할 수 없다."

우리가 죄 가운데 그대로 머물 수 없는 이유는 두 가지입니다. 첫째로는, 우리가 예수님 안에 거하는 자들이기 때문입니다(요일 3:6). '예수님 안에 거한다'라는 말이 무슨 뜻입니까? '예수님과 하나가 되었다' 혹은 '예수님과 동행한다'라는 말입니다. 우리 입장에서 보면 내 안에 예수님을 모시고 산다는 말일 것입니다. 믿음의 분량에 관계없이 우리는 이미 예수님과 하나 된 사람입니다. 우리가 예수님 안에 있고,

우리 안에 예수님이 있습니다. 예수님은 포도나무요, 우리는 가지입니다(요 15:5). 우리가 그와 한 몸이라는 것입니다. 그러나 그러기 위해서는 우리가 반드시 그와 동질성을 가져야 합니다.

예수님은 죄가 없으신 분입니다(요일 3:5). 그러므로 그와 하나가 되려면 우리에게 죄가 없어야 합니다. 예수님이 십자가의 붉은 피로 우리의 과거, 현재, 미래의 죄들을 깨끗이 씻어 주신 것은 우리에게 그와 동질성을 갖게 하기 위해서였습니다. 주님은 우리를 죄짓게 하려고 끊임없이 유혹하는 마귀를 멸하고 승리하셨습니다. 우리를 그의 손아귀에서 해방해 주신 것입니다. 그러므로 이제 마귀는 더 이상 우리를 자기 수중으로 끌고 갈 수 없습니다. 예수님이 우리의 죄를 다 제거하시고 우리를 하나님의 자녀로 인정해 주셨기 때문입니다. 그러므로 우리는 다시금 죄짓는 생활을 반복하는 사람이 되어서는 안 됩니다. 예수님과 동거하는 비결이 바로 여기에 있습니다.

좋은 예는 아니지만, 남편이 어쩌다가 외박을 하고 새벽에 들어왔다고 합시다. 부인이 반갑게 맞이하겠습니까? 아마도 화가 나서 말도 하지 않는 냉전이 며칠이고 계속될 것입니다. 그러다가 남편이 잘못을 시인하고 행동을 고치면 부부 사이는 다시 원상으로 회복될 수 있습니다. 그러나 남편이 그 후로도 자주 외박을 한다면 부인이 그 남편과 동거할 수 있겠습니까? 그들은 같은 집에 살면서도 아예 별거를 하게 될지도 모릅니다.

예수님 안에 거하는 하나님의 자녀들 역시 마찬가지입니다. 우리가 어쩌다가 죄를 범하게 되면 주님 앞에 나아가 잘못을 회개합니다. 그러면 주님은 우리를 용서해 주시고 십자가의 피로 깨끗이 씻어 주십니다. 그러나 우리가 죄 사함을 받은 후에도 세상에서 습관적으로 같은 죄를 반복하며 산다고 생각해 보십시오. 그때에도 예수님 안에 거한다고 할 수 있겠습니까? 없습니다. 우리가 죄 없는 예수님과 동질성을 유지하려면 절대 죄에 머물러서는 안됩니다.

둘째로는, 우리가 하나님의 씨를 가진 자들이기 때문입니다(요일 3:9). 예수님을 믿는 사람은 누구나 하나님이 낳은 새로운 존재입니다. 어머니 태 속에 있는 아주 작은 생명의 씨앗은 시간이 지남에 따라서 점점 형체를 갖추기 시작하여 10개월 후에는 하나의 인격으로 태어납니다. 이와 마찬가지로 우리 안에 심긴 하나님의 씨도 점점 자라서 우리를 하나님을 닮은 사람으로 다시 태어나게 만듭니다. 우리가 죄를 혐오하는 것도 죄를 미워하시는 하나님의 자녀이기 때문입니다.

아직도 같은 죄를 거듭해서 범하고 있는 분이 계시다면 스스로를 심각하게 돌아보셔야 합니다. 왜냐하면 같은 죄를 반복하는 자는 마귀에게 속한 자이기 때문입니다(요일 3:8 참조). 달리 말해서, 그 속에 마귀의 씨가 있다는 말입니다. 마귀의 씨를 가진 자는 자기만 죄짓는 것이 아니라 남도 죄짓게 만드는 마귀를 닮을 수밖에 없습니다. 그런 사람은 죄짓는 것을 예사로 생각합니다. 교회 다니는 사람 중에도 마귀의 씨를 갖고 있는 사람이 더러 있습니다. 입으로는 "주여! 주여!" 외치면서도 습관적으로 죄를 범하는 사람들이 바로 그들입니다.

어떻습니까? 같은 죄를 몇 번이고 반복하면서도 마음에 전혀 고통이 느껴지지 않습니까? 그렇다면 여러분 안에 있는 씨는 하나님의 씨가 아닐지도 모릅니다.

우리 선조들은 지체가 높은 집안일수록 혈통을 중시해 왔습니다. 저는 얼마 전에 신문에서 조선 시대 역대 임금의 언행을 기록한《일성록》(日省錄)의 일부가 도절(刀切)되었음이 밝혀졌다는 기사를 읽은 적이 있습니다. 이태진(李泰鎭) 교수는 그 이유를 이렇게 추리했습니다. "대원군이 왕이 된 자기 아들 고종의 혈통에 천한 궁녀의 피가 흐르고 있다는 사실을 은폐하기 위해 해당 부분을 몰래 잘라내 버렸다"라는 것입니다. 온 천하가 다 아는 사실임에도 그것이 역사적인 기록으로 남는 것을 수치라고 생각했던 것입니다.

세상의 하찮은 혈통도 이렇게 중요하게 여기는데 하물며 하나님의 혈통을 이어받은 우리가 어떻게 마귀의 피를 섞을 수 있겠습니까? 하나님의 씨는 죽은 씨가 아닙니다. 가장 깊은 곳에서부터 우리의 인격을 변화시키고 치료하는 살아 있는 씨앗입니다. 아버지 되신 하나님을 닮게 만드는 능력의 씨앗입니다. 그러므로 이 씨를 가진 자는 아버지의 거룩함과 같이 거룩하게 되고, 아버지가 죄를 미워하심같이 죄를 미워하게 되는 것입니다.

여러분은 하나님의 씨를 가진 사람입니까? 아니면 마귀의 씨를 가진 자입니까? 다소 역설적이기는 하지만 이것을 시험하는 방법이 두 가지 있습니다. 하나 죄를 지었을 때 자신이 어떠한 반응을 나타내는지 점검하는 것입니다. 또 하나 죄짓는 생활을 몇 달이고 반복해 보는 것입니다. 하나님의 씨를 가진 사람은 아주 작은 죄를 지어도 괴로워서 못 견뎌 합니다. 그래서 어쩌다 죄를 지으면 즉시 십자가 앞에 나아가 회개하여 깨끗함을 얻습니다. 그러나 마귀의 씨를 가진 사람은 죄 속으로 점점 더 깊이 빠져들어 갑니다. 같은 죄를 지어도 하나님의 씨를 가진 사람과 마귀의 씨를 가진 사람이 나타내 보이는 자세는 본질적으로 다른 것입니다.

로이드 존스(David Martyn Lloyd-Jones, 1899-1981)는 하나님으로부터 난 사람의 범죄와 그렇지 않은 사람의 범죄가 어떻게 다른지를 설명하기 위해 이런 예화를 들었습니다.

두 사람이 산을 오르고 있습니다. 한 사람은 산의 초입에서 발을 헛디뎌 넘어졌습니다. 또 한 사람은 정상을 바로 눈앞에 두고 넘어졌습니다. 넘어졌다는 점에서는 두 사람이 똑같지만, 그다음에 따라오는 반응은 전혀 다를 수 있습니다.

산의 초입에서 넘어진 사람은 계속해서 산을 오를 생각을 단념하여 버립니다. 하나님의 씨를 가지지 않은 사람이 죄를 범하면 그는 그 자리에 주저앉아 같은 죄를 반복합니다. 나중에는 그 죄를 즐기면서 은근히 자기 태도를 합리화하려 합니다.

한편, 산을 오르다 정상 가까이에서 넘어진 사람은 절대로 포기하지 않을 것입니다. 털고 일어나 다시 정상을 향해 산을 오를 것입니다. 마찬가지로 하나님의 씨를 가진 사람은 어쩌다 죄를 범하면 그 자리에 그대로 주저앉지 않습니다. 회개하고 그 죄를 털어 버립니다. 그리고 엉금엉금 기어서라도 정상을 향해서 전진합니다.

하나님의 자녀는 죄를 철저히 회개해야 한다

하나님의 자녀는 죄에 대해서 철저하게 회개해야 합니다. 요한일서 2장 1절을 보십시오.

> 나의 자녀들아 내가 이것을 너희에게 씀은 너희로 죄를 범하지 않게
> 하려 함이라 만일 누가 죄를 범하여도 아버지 앞에서 우리에게 대언
> 자가 있으니 곧 의로우신 예수 그리스도시라 _요일 2:1

우리가 이러저러한 이유로 죄를 범하면 하나님 앞에서 우리를 위해서 대언해 주실 예수 그리스도가 계십니다. 그러므로 우리는 대언자 되신 예수님께 우리의 죄를 낱낱이 자백해야 합니다. 그럴 때 깨끗함을 입게 될 것입니다. 요한일서 1장 9절에서 하나님은 분명히 이렇게

약속하셨습니다.

> 만일 우리가 우리 죄를 자백하면 저는 미쁘시고 의로우사 우리 죄를
> 사하시며 우리를 모든 불의에서 깨끗하게 하실 것이요_요일 1:9

본회퍼(Dietrich Bonhoeffer, 1906-1945)는 이렇게 말했습니다.

> "참다운 사회는 회개를 통해서만 성립된다. 죄는 한 개인을 외톨이
> 로 만든다. 고립된 인간일수록 점점 더 파괴적인 죄 가운데로 깊이
> 빠져들게 되고, 그러면 그럴수록 그는 점점 더 고립되어 가는 것이
> 다. 이러한 파괴와 고립의 악순환 속에서 한 인간은 멸망되어 간다.
> 여기에서 헤어 나올 길은 오직 회개뿐이다. 속에 숨겨진 것을 다 털
> 어 내는 것, 이것이 바로 회개이다."

오늘날 죄가 사람들을 얼마나 비참하게 파멸시키고 있습니까? 그
들을 얼마나 고립시켜 버렸습니까? 이것은 예수님을 믿는 우리에게
도 동일하게 적용되는 진리입니다. 죄는 우리를 영적으로 파괴하고
고립시킵니다. 하나님으로부터 고립시키고, 형제와 이웃들로부터 고
립시킵니다. 더 나아가서는 모든 것을 잃어버리게 만드는 기가 막힌
비극을 부를 수도 있습니다. 인간에게는 자기의 잘못과 부끄러운 죄
를 숨기고 싶어 하는 경향이 있습니다. 물론 일시적으로 죄를 숨기는
데 성공할 수 있습니다. 그러나 하나님의 불꽃 같은 눈앞에 드러나지
않을 비밀이란 존재하지 않는다는 것을 기억해야 합니다. 하나님이
우리의 죄를 폭로하시기 전에 우리가 먼저 하나님 앞에 나아가 회개
하는 것이 지혜로운 길일 것입니다.

무디(Dwight Lyman Moody, 1837–1899)는 "회개란 꽃병 속에 넣은 주먹과 같다"고 했습니다. 꽃병의 주둥이는 좁기 때문에 손바닥을 펴면 병에서 손을 뺄 수가 없습니다. 만약 병 속에 들어 있는 금화가 욕심이 나서 그것을 움켜쥐었다고 해봅시다. 그 손을 빼낼 수 있겠습니까? 어림도 없습니다. 쥐었던 것을 놓지 않고서는 불가능합니다. 회개란 바로 이와 같이 손에 쥔 것을 놓는 것입니다. 돈과 권력을 쥐었습니까? 미움을 쥐었습니까? 하나님을 사랑하지 않고 세상만 사랑하는 못된 근성을 쥐었습니까? 쥐었던 모든 것을 놓아야 합니다. 그래야만 죄를 버릴 수 있습니다. 하나님께 불쌍히 여김을 얻을 수 있습니다.

잠언 28장 13절을 보십시오.

> 자기의 죄를 숨기는 자는 형통하지 못하나 죄를 자복하고 버리는 자는 불쌍히 여김을 받으리라_잠 28:13

예수 그리스도의 이름을 빌어 하나님께 회개하고 용서를 구하는 일은 하나님의 자녀에게만 허용된 특권입니다. 예수님이 우리의 영원한 대제사장이 되어 하나님 앞에서 우리를 변호하시는 이상 회개하면 무슨 죄든지 용서받을 수 있습니다. 이 특권을 무시하는 어리석음을 범치 말아야 합니다.

우리는 예수님 안에 거하는 하나님의 자녀입니다. 죄를 짓지 말아야 한다는 원칙에도 불구하고 인간이기에 여전히 죄를 지을 가능성을 가지고 있는 존재입니다. 그러나 우리는 죄 가운데 계속 머물러 있어서는 안 됩니다. 왜냐하면 우리 안에 하나님의 씨가 있기 때문입니다. 예수님과 동거하는 사람은 예수님과 동질성을 가져야 합니다.

그 동질성이 무엇입니까? 죄를 짓지 않는 거룩한 삶입니다. 죄를 밥 먹듯이 지으면서 변명을 늘어놓는 그런 사람이 되어서는 안 됩니다. 또한 죄를 짓지 않겠다는 의지와 행동만 가져서도 안 됩니다. 감정적으로 죄를 미워하기까지 해야 합니다. 설혹 어쩌다 죄를 지었다 하더라도 십자가 앞에 나아가 영혼의 고통을 부여안고 철저히 회개해야 합니다. 같은 죄를 반복하지 않으려고 온갖 노력을 다해야 합니다. 우리가 하나님의 씨를 가진 그의 자녀이기에 그렇습니다. 죄는 이제 더 이상 하나님의 자녀를 지배하지 못할 것입니다.

10

종말을 향한
카운트다운

만물의 마지막이 가까운 이때, 마귀가 우는 사자같이 삼킬 자를 찾는 이때,
정신을 바짝 차리고 근신하여 기도해야 합니다. 열심히 사랑해야 합니다.
세상의 허다한 죄를 사랑으로 덮어야 합니다.

베드로전서 4:7-11

7 만물의 마지막이 가까이 왔으니 그러므로 너희는 정신을 차리고 근신하여 기도하라 8 무엇보다도 뜨겁게 서로 사랑할지니 사랑은 허다한 죄를 덮느니라 9 서로 대접하기를 원망 없이 하고 10 각각 은사를 받은 대로 하나님의 여러 가지 은혜를 맡은 선한 청지기 같이 서로 봉사하라 11 만일 누가 말하려면 하나님의 말씀을 하는 것 같이 하고 누가 봉사하려면 하나님이 공급하시는 힘으로 하는 것 같이 하라 이는 범사에 예수 그리스도로 말미암아 하나님이 영광을 받으시게 하려 함이니 그에게 영광과 권능이 세세에 무궁하도록 있느니라 아멘

종말을 향한
카운트다운

베드로전서 4장 7절 이하의 말씀에는 말세를 살아가는 그리스도인의 바른 자세에 대한 교훈이 기록되어 있습니다. 특별히 7절을 중심으로 이 교훈을 함께 생각해 보며 말세를 준비하는 우리의 자세를 새롭게 하고자 합니다.

> 만물의 마지막이 가까이 왔으니 그러므로 너희는 정신을 차리고 근신하여 기도하라_벧전 4:7

여기에서 우리는 세 개의 중요한 단어를 발견할 수 있습니다. '만물의 마지막' '가까이 왔으니' '그러므로'가 그것입니다.

○ ○ ○ ○ ○ ○   ○ ○ ○ ○ ○ ○
종말에 관한 관심 - 교회의 생명 지표

먼저, '만물의 마지막'에 대하여 생각해 봅시다. 이 말에는 세 가지 진리가 함축되어 있습니다. 예수님의 재림과 역사의 종말 그리고 개인의 구원과 멸망이 그것입니다. 마지막에 관한 교리는 성경 속을 흐르는 진리의 큰 물줄기 가운데 하나를 이룰 정도로 중요합니다. 특히 신약성경에는 '마지막 때'에 대한 언급이 300회 이상 나오는데, 이것은 25절마다 한 번의 빈도로 기록된 셈입니다. 그런 점에서 "신약에서 세상 종말에 관한 언급이 전혀 없는 곳은 하나도 없다. 믿음이나 예수님의 보혈, 심지어 사랑에 관한 말씀보다 더 많이 나오는 것이 바로 예수님의 재림과 세상의 종말에 관한 교리이다"라는 성경학자 케논 화이트(Vernon Philip White, Canon Theologian)의 말은 매우 타당하다고 봅니다.

그럼에도 불구하고 우리가 세상의 종말에 관해서 말하면 냉소적으로 받아들이는 사람이 적지 않습니다. 그들은 종말을 순전히 개인의 죽음 정도로만 국한시키거나, 역사적으로 신빙성이 없는 진부한 전설로 간주합니다. 기독교가 2천 년 동안이나 말세를 강조해 왔지만, 아직도 지구는 건재하지 않느냐는 것입니다. 심지어 예수님을 믿는다고 하는 사람 중에서도 세상 종말에 관해서 이야기하면 광신자로 몰아붙이는 경향이 있습니다. 참으로 한심스러운 일이 아닐 수 없습니다.

그들에게 기독교 2천 년 역사를 돌아보라고 권하고 싶습니다. 종말과 재림에 관한 믿음이 무시되었던 시대치고 교회가 쇠퇴하거나 부패하지 않았던 때는 없었습니다. 먼저 초대 교회를 보십시오. 2세기까지 이르는 이 시기는 예수님의 재림과 함께 일어날 세상 종말에 관한 신앙이 크게 고조되었던 시기였습니다. 성도들은 "너희 가운데서 하늘로 올려지신 이 예수는 하늘로 가심을 본 그대로 오시리라"(행 1:11 하)하신 말씀이 당대에 이루어지리라는 것을 의심하지 않았습니다. 그들 가운데 일부 과격한 사람들은 눈앞에 임할 그날을 위해 일상생활을 포기해 버리기까지 했지만, 그럼에도 영적으로 건전했던 대다수 성도 때문에 기독교는 세속화되거나 병 들지 않은 채 온갖 핍박 속에

그리스도인의 자존심

●

164

서도 살아남을 수 있었습니다.

그러나 콘스탄티누스 대제(Flavius Valerius Constantinus, 약 272-337)가 즉위한 후 기독교가 자유를 얻어 태평성대를 누리기 시작하면서부터 상황은 완전히 달라졌습니다. 종말론이나 재림 신앙이 사람들의 관심 밖으로 밀려나고 만 것입니다. 그 결과 소위 말하는 기독교의 암흑시대가 막을 열게 되었습니다. 1500여 년의 암흑기를 놓고 분명히 말할 수 있는 사실은 예수님의 재림과 세상의 종말에 대한 믿음이 철저히 무시되었던 시대였다는 것입니다.

이러한 역사적 사실이 무엇을 말해 줍니까? 재림과 종말에 대한 믿음이 교회의 생사를 판가름하는 생명지표(生命指標)가 된다는 것입니다. 이것은 크리스천 개인에게도 똑같이 해당되는 진리입니다. 종말에 대해 회의적인 사람치고 정신을 차려서 신앙생활을 잘해 보려고 하는 경우를 보기가 쉽지 않습니다. 반대로, 건전한 신앙을 가진 사람은 절대 종말에 대해서 회의적이거나 무시하는 태도를 보이지 않습니다.

신자, 불신자를 막론하고 요즘 사람들은 모든 사회 현상에 대해서 '말세'라고 정의 내리는 것에 대해 그다지 거부 반응을 보이지 않는 것 같습니다. 그럼에도 문제는 여전히 남아 있습니다. 모두가 이러한 위기의식을 가지고 있음에도 불구하고 종말을 대비하는 데는 너무나 무관심하다는 것입니다. 어떻게 보면 소돔과 고모라 성의 사람들처럼 내일 죽을 테니 오늘 마음껏 먹고 즐기자 하는 사람들이 늘고 있는 것 같습니다. 그러나 우리 그리스도인들은 그들과 같아서는 안 됩니다. 그날을 대비하며 살아야 합니다.

두 번째로, '가까이 왔으니'라는 말을 살펴봅시다. 인생이나 세상만사에 끝이 있다는 것은 세상 사람들도 인정하고 있는 사실입니다. 전화기를 들고 116번을 눌러 보십시오. "5초 간격으로 다음 시각은 12시 11분 25초입니다. 다음 시각은 12시 11분 30초입니다"라는 음성을 들을 수 있을 것입니다. 우리는 이것을 단순히 현재 시각을 알려주는 것으로만 들어서는 안 됩니다. 언젠가 종말에 이르게 될 인류 역사의 운명을 암시하는 초읽기로 들어야 합니다.

이 초읽기는 오늘도 변함없이 계속되고 있습니다. 하나님은 성경말씀을 통해 그 사실을 끊임없이 경고하고 계십니다. 로마서 13장 11절을 보십시오.

> 또한 너희가 이 시기를 알거니와 자다가 깰 때가 벌써 되었으니 이는 이제 우리의 구원이 처음 믿을 때보다 가까웠음이니라_롬 13:11

또 빌립보서 4장 5절은 이렇게 말합니다.

> 너희 관용을 모든 사람에게 알게 하라 주께서 가까우시니라_빌 4:5

야고보는 심지어 심판자가 이미 문밖에 서 계신다(약 5:8-9 참조)라고까지 말합니다.

성령은 우리가 이와 같은 말씀을 읽을 때마다 그날이 얼마 남지 않았다는 사실을 각성시켜 주십니다. 하찮은 개도 주인이 잡아먹으려고 날을 받아 놓으면 안절부절못한다고 하지 않습니까? 하물며 하나님의 자녀인 우리가 예수님의 재림이 가까웠다는 사실을 알면서도 개보다 못해서야 되겠습니까? 그날이 가까움을 알수록 더욱 긴장하고 깨어 준비해야 할 것입니다.

변화하는 세계정세와 고도로 발전하는 과학을 보아도 인간의 역사가 성경이 예언하고 있는 대파국을 향해 치닫고 있다는 징조가 얼마나 명백합니까? 세계 민족의 97%가 자기 나라말로 된 성경을 가지고 있다는 것은 무엇을 의미합니까? 복음이 온 세상에 증거되는 그날, 주님이 오시리라는 약속의 말씀(마 24:14 참조)이 성취될 때가 그만큼 가까웠다는 뜻입니다.

미국 기술 평가국의 연구 결과에 따르면 전면적인 핵 전쟁이 일어났을 경우에 미국 인구의 88%, 러시아 인구의 50%가 사멸할 것이며, 다행히 살아남는다고 할지라도 죽은 자를 더 부러워할 만큼 비참한 세상이 될 것이라고 합니다. 최근에 어떤 과학자들은 만약 원자 폭탄이 폭발하면 지구 표면의 85%를 차지하는 바닷물에 들어 있는 수소 원자들이 연쇄 반응을 일으켜서 전 세계가 마치 종이를 말아 불을 붙인 것처럼 타버릴 것이라고 경고했습니다. 이 말은 "체질이 뜨거운 불에 풀어지리라"라는 베드로후서 3장 10절의 예언을 상기시켜 줍니다. 베드로의 표현과 과학자의 표현이 매우 유사하다는 데 새삼 놀라게 됩니다.

주유소에 가면 '화기 엄금'이라는 팻말이 있지 않습니까? 주유소 마당은 거대한 기름 탱크 위에 콘크리트 포장을 덮은 것에 불과하기 때문에 조금만 부주의하면 순식간에 불바다가 될 수 있는 곳입니다. 어떤 정신 이상자가 한밤중에 기름 탱크의 뚜껑을 열고 라이터 불을 던져 넣었다고 가정해 보십시오. 불이 주유소를 완전히 살라 버리지 않겠습니까? 우리가 사는 세상은 주유소와 다를 바 없는 곳입니다. 월

친스키(Stephanie Wilczynski)는 "내일이라도 한 걸음만 잘못 디디면 지평선에서 버섯구름이 피어오르는 것을 보게 될지도 모른다"라고 경고했습니다. 세상에서 이러한 위험에서 벗어날 수 있는 사람은 아무도 없습니다.

그러므로 우리가 세상 종말이 가까웠다고 말하는 것은 광신자이기 때문이 아닙니다. 그것은 성령이 우리에게 주시는 내적인 증거요, 성경을 묵상하면서 얻은 결론이요, 우주에 관한 과학자들의 연구 결과를 통해서 알게 된 지식입니다. 세상에서 '마지막'이라는 말을 좋아하는 사람은 아무도 없습니다. 병원에서 의사가 "이것이 마지막으로 시도해 보는 수술입니다"라고 말한다면 그 누구라도 유쾌하게 받아들이지 못하는 것은 당연합니다. 그러나 주님이 성경을 통해 들려주시는 경고는 의사가 '마지막'이라고 선언하는 것과는 비교도 안 될 정도로 심각한 것입니다.

그러나 신앙의 눈으로 종말을 바라보면 종말은 마지막이 아니라 새로운 세계의 시작이라는 사실을 확인하게 됩니다. 멸망이 아니라 구원이며, 소멸이 아니라 영생이며, 불행이 아니라 영광임을 알 수 있습니다. 우리는 예수님을 믿고 죄 사함을 받아 영생을 소유한 하나님의 거룩한 백성들입니다. 그러기에 오늘 당장 주님이 오신다 해도 우리는 그분을 기쁨으로 맞이할 수 있습니다. 자다가 이 세상을 떠나게 된다 해도 주님이 인도하시리라는 확신이 있기 때문에 두렵지 않은 것입니다.

우선권이 달라져야 한다

마지막으로, '그러므로'에 대해서 생각해 봅시다. 이 짧은 한마디에 매우 중요한 진리가 들어 있습니다. "만물의 마지막이 가까웠으니, 그러므로 너희는 정신을 차리고 근신하여 기도하라. 열심으로 사랑하라. 은사를 받은 청지기답게 서로 봉사하라"라고 했습니다. 그러면 여기에서 '그러므로'가 의미하는 바는 무엇일까요? 저는 이것을 '마지막 때에 우선순위를 결단하는 마음의 태도'라고 정의하고 싶습니다.

누구나 자기의 마지막이 가까운 줄 알면 우선순위가 평소와는 달라지는 것을 볼 수 있습니다. 예수님은 십자가의 죽음이 자신의 목전에 가까이 온 것을 아시고는 제자들을 끝까지 사랑하시는 것을 최고의 우선순위로 삼았습니다(요 13:1 참조). 히스기야가 피부암에 걸려 죽게 되었을 때 하나님은 그에게 "네 집을 정리하라"(왕하 20:1)라고 지시하셨습니다. 마지막이 가까운 그에게는 그 일이 가장 중요했던 것입니다. 세계적인 기독교 자선가 피어슨(Arthur Tappan Pierson, 1837-1911) 박사는 암에 걸려 여생이 얼마 남지 않은 것을 알고는 하나님 앞에서 자신의 평생을 되돌아보는 회고록을 쓰는 일에 우선순위를 두었다고 합니다. 의사에게서 사형 선고를 받은 어느 미혼 여성은 기력이 쇠한 몸을 추슬러 죽는 그날까지 무디 선생과 함께 가가호호 방문하면서 복음 전하는 일을 무엇보다 앞세우며 실천하다가 죽었다고 합니다. 누구나 죽음 앞에서는 우선권을 달리하는 법입니다.

그러나 우리가 우선순위를 바꾼다고 해서 그것이 일상생활의 포기를 의미하는 것은 아닙니다. 한 가지 예를 들겠습니다. 안식교의 교주인 윌리암 밀러(William Miller, 1782-1849)는 1843년 3월 21일부터 다음 해 3월 21일 사이에 예수님이 재림한다는 교리를 가지고 미국 전역을 다니면서 포교하였습니다. 수많은 사람이 흥분해서 그를 따랐습니다. 그러나 1년이 다 가도록 예수님은 오시지 않았습니다. 드디어 마지막 날이 되었습니다. 그들은 재림의 기대에 들떠 모두 산으로 올라갔습니다. 그들 중에 어떤 이는 제일 먼저 주님을 맞이하려는 마음에서 나무 위에 올라가 있는가 하면 또 어떤 이는 공중으로 오를 때 좀 더 쉽게 오르고자 우산을 쓰고 있었다고 합니다.

그러나 끝내 주님은 오시지 않았습니다. 밀러는 궁여지책으로 예수님의 재림이 10월 22일로 연기되었다고 발표했습니다. 그의 추종자들은 그 말을 믿고 또 기다리기 시작했습니다. 몇 달이 지나 다시 그날이 다가오자 그들은 이제 집단 히스테리 반응을 일으키기 시작했습니다. 상인들은 세상의 마지막 때가 되었는데 이까짓게 무슨 소용이 있느냐면서 팔던 물건을 손에 잡히는 대로 길에 던져 버렸고, 농부들 역시 추수할 곡식을 베지 않고 논밭에 그대로 방치해 두었습니다. 일상생활을 포기해 버린 것입니다. 드디어 그날이 왔습니다. 그러나 밀러와 그 추종자들의 기대와는 달리 주님은 결국 오시지 않았습니다.

이 사건이 우리에게 주는 교훈이 무엇입니까? 예수님의 재림이 날로 가까워지는 것은 사실이지만, 날짜가 언제라고 가르친다거나 주님을 맞이하게 한답시고 세상만사를 다 내버리고 산으로 올라가게 하는 것은 크게 잘못되었다는 것입니다. 성경은 절대로 그렇게 가르치지 않습니다. 데살로니가 교인들은 재림이 가까웠다는 말을 믿고 게으름과 안일주의에 빠져 있다가 바울로부터 "일하기 싫은 자는 먹지도 말라"(살후 3:10)라는 책망을 들었습니다. 건전한 신앙을 가진 사람이라면 절대로 재림을 핑계로 일상생활을 등한히 하거나 포기하지 않을 것입니다. 하나님은 우리에게 마지막이 가까웠다고 생업을 포기하라고 하지 않으실 뿐 아니라, 가정을 등한히 해서도 안 된다고 경고하십니다.

세상 끝 날까지 우리가 맡은 본연의 일에 충실해야 합니다. 설혹 주님이 당장 내일 오신다 해도 우리는 출근 버스 속에서 그분을 맞이해야 하며, 설거지를 하다가 맞이해야 하는 것입니다.

기도하라

그럼에도 말세가 가까워지면 우리가 우선적으로 해야 할 일이 있다는 것은 분명한 사실입니다. '말세지말'(末世之末)이라고 하는 이때 우리가 제일 먼저 앞세워야 할 일은 기도입니다. 기도가 이처럼 중요한 것은 예수님이 재림하실 때 깨어서 그분을 맞을 수 있는 유일한 수단이기 때문입니다. 베드로전서 4장 7절을 보면 '정신을 차리는 것'과 '근신하는 것'과 '기도하는 것'이 서로 구분된 것 같지만, 많은 학자는 이것을 기도하기 위해 정신을 차리고 근신해야 한다고 해석합니다. 영적으로 깨어 있는 사람만이 기도할 수 있습니다. 또 그 반대로 기도하는 사람만이 영적으로 깨어 있을 수 있고 세상의 유혹과 사탄의 위협을 이겨낼 수 있습니다. 기도는 친구나 연인과 대화하는 달콤한 전화 통화보다도 더 앞서야 합니다. 아침에 일어나자마자 붙잡는 신문보다 더 우선해야 합니다. 동창회에 나가 즐거운 시간을 가지는 것보다 더 중요하게 다루어져야 합니다.

열심으로 사랑하라

마지막이 더욱더 가까울수록 무엇보다 열심히 사랑해야 합니다(벧전 4:8 참조). 마태복음 24장 12절을 보십시오. 말세에는 "불법이 성하므로 많은 사람의 사랑이 식어질 것"이라고 했습니다. 이것은 요즘 날로 악해져 가고 있는 우리 사회를 보아도 분명히 알 수 있는 일이 아닌가 합니다. 사랑이 빙점 이하로 떨어지는 살벌한 세상에서 우리가 작심하고 실천해야 할 일은 '열심히' 사랑하는 것입니다. 여기서 특별히 '열심으로'라는 말에 주의를 기울일 필요가 있습니다. 이 말은 헬라어로 '엑테네스'라고 하는데, 이것은 말이 근육과 힘줄을 최대한으로 뻗어서 힘껏 달리는 것을 묘사할 때 쓰는 표현입니다.

베드로 사도가 사랑하라고 말하면서 왜 이 말을 덧붙였겠습니까? 말세가 되면 우리의 정신과 영과 육신을 최대한 희생하지 않으면 작은 사랑도 실천에 옮기기가 어렵다는 것을 알려 주기 위해서라고 생각합니다. 달리 말해서, 희생적인 노력 없이는 그 어떤 사랑도 할 수 없는 세상이 된다는 것입니다. 말세에는 엄청난 죄악들이 지구상에 만연할 것입니다. 세상이 온통 양심도, 도덕성도 없는 인간들로 가득 차게 되어 친구가 친구를 배신하고, 부부가 서로 돌아서고, 심지어는 자식이 아비를 죽이는 자의 손에 넘기는 비참한 일들이 곳곳에서 일어날 것입니다.

그러나 사랑은 이 모든 허다한 죄를 덮을 수 있는 능력이 있습니다(벧전 4:8 참조). 이 말을 오해해서는 안 됩니다. 허다한 죄를 덮는다고 해서 형제가 무슨 악한 짓을 해도 눈감아 준다는 말이 아닙니다. 그리스도의 사랑으로 그를 용서하라는 말입니다. 이 사랑이 없다면 우리는 세상 사람들과 다를 바 없는 존재가 되고 말 것입니다.

○ ○ ○ ○ ○ ○
서로 봉사하라

봉사해야 합니다. 이것은 섬김과 헌신을 의미합니다. 예수님이 재림하실 때 우리가 아름다운 몸매를 가지고 있다는 것이 무슨 소용이 있습니까? 세상에서 누리고 있던 명성이나 인기가 무슨 의미가 있으며, 은행에 저축해 놓은 돈이나 여기저기에 사 놓은 땅이 무슨 의미가 있겠습니까? 세상 종말이 오면 우리는 모두 흙으로 돌아가야 할 존재들입니다. 그러므로 의식 있는 사람이라면 이 모든 것을 가치 있는 일에 쓰려고 할 것입니다. 자기 재능을 주님을 위해 사용하고 싶은 열정이 생길 것입니다. 재물을 좀 더 선하게 사용하려는 강한 의욕을 느끼게 될 것입니다.

이것이 마지막 때가 가까운 것을 아는 사람들이 받는 은혜입니다. 심판석에 앉아 계시는 예수님을 만나려고 할 때 우리가 이 세상에서 주의 이름으로 봉사하면서 바친 우리의 몸과 시간, 재능, 은사, 물질, 생명 말고 무엇을 들고 그분 앞으로 나갈 수 있겠습니까?

바울은 "항상 주의 일에 더욱 힘쓰는 자들이 되라 이는 너희 수고가 주 안에서 헛되지 않은 줄을 앎이라"(고전 15:58하)라고 했습니다. 마지막이 가까울수록 주의 일에 더욱 힘쓰는 자들이 되어야 합니다. 그렇다고 해서 날마다 교회에 와서 살라는 말이 아닙니다. 베드로전서 4장 10절을 봅시다.

> 각각 은사를 받은 대로 하나님의 여러 가지 은혜를 맡은 선한 청지
> 기 같이 서로 봉사하라_벧전 4:10

여기에서 서로는 가족일 수도 있고, 교우이거나 안 믿는 이웃일 수도 있습니다. 그러나 그 어떤 경우든지 믿음으로 봉사하는 것이라면 곧 주의 일인 것입니다.

어떤 소녀 가장이 불치병에 걸려 임종을 앞두고 있었습니다. 8살에 어머니를 여읜 후 갖은 고생을 하며 4명의 동생을 돌봐 온 그녀는

인생의 쓴맛만 본 소녀였습니다. 어떤 믿음 좋은 부인이 찾아가서 그를 위로하며 "죽는 것이 두렵냐?"라고 물었습니다. 소녀는 고개를 설레설레 저으며 "아니요, 죽는 것은 두렵지 않은데 한 가지 걱정이 있어요. 여태까지 손발이 부르트도록 애쓰며 지치도록 살아왔지만, 제가 주님 앞에 설 때 그분이 날 위해 무엇을 했느냐고 물으시면 전 대답할 말이 하나도 없어"라고 말했습니다. 그러자 그 부인은 소녀의 손을 잡고 "아니에요. 예수님을 만나면 동생들 뒷바라지하느라고 부르트고 못이 박힌 그 손을 보여 드리세요. 그러면 주님께서 분명히 작은 일에 충성한 착한 종이라고 칭찬하실 거예요"라고 대답해 주었답니다. 그 말을 들은 소녀는 마음에 큰 위안을 받고 영원한 안식에 들어갔다고 합니다.

마지막 때가 가깝습니다. 하나님께 받은 달란트는 무엇입니까? 주님을 위해 사용합시다. 이웃의 가난한 사람들을 위해서 사용합시다. 여러분이 하는 일이 바로 주님의 이름으로 봉사하는 천국의 일이라는 확신이 들면 그 일에 우선권을 두십시오. 만물의 마지막이 가까운 이때, 마귀가 우는 사자같이 삼킬 자를 찾는 이때, 정신을 바짝 차리고 근신하여 기도해야 합니다. 열심히 사랑해야 합니다. 세상의 허다한 죄를 사랑으로 덮어야 합니다. 받은 은사를 따라 청지기로서 열심히 봉사해야 합니다. 그리하면 주님이 오실 그때 부끄러움을 당하지 않을 것입니다.

II

하나님의 은혜는
실패하는 법이
없습니다

우리가 누리고 있는 건강, 몸담고 있는 가정 그리고 생업을 돌아보아도
하나님은 우리를 우리 이상으로 대우하셨지
결코 그 이하로 대우하지 않으셨다는 것을 알 수 있습니다.
나 이상의 삶을 사는 것, 이것이 바로 '그러나'의 파격적인 은혜입니다.

고린도전서 15:9-10

9 나는 사도 중에 가장 작은 자라 나는 하나님의 교회를 박해하였으므로 사도라 칭함 받기를 감당하지 못할 자니라 10 그러나 내가 나 된 것은 하나님의 은혜로 된 것이니 내게 주신 그의 은혜가 헛되지 아니하여 내가 모든 사도보다 더 많이 수고하였으나 내가 한 것이 아니요 오직 나와 함께하신 하나님의 은혜로라

하나님의 은혜는
실패하는 법이
없습니다

한생을 살면서 사람은 자신이 지나온 날을 회고할 수 있는 여러 번의 기회를 얻게 됩니다. 아마 이 점이 동물과 다른 인간다움의 일면이 아닌가 합니다. 그 가운데 하나가 생일입니다. 더욱이 50세를 넘긴 분들이 맞는 생일의 의미는 젊은이들의 생일과는 본질적으로 다를 수밖에 없습니다. 그것은 지나온 기나긴 날들을 되돌아보고, 앞날을 진지하게 내다보는 계기가 되어 줍니다. 또 하나, 해마다 맞이하는 연말연시 역시 자연스럽게 우리의 삶에 대한 반성과 평가 그리고 계획의 지평이 되어 줍니다.

'그러나'의 은혜

고린도전서를 기록할 당시 바울의 나이는 40대 중반을 조금 넘었을 것이라는 추측이 일반적입니다. 그는 지금 예수 그리스도를 다메섹 도상에서 만난 이후의 10여 년 세월을 회상하고 있습니다.

그러나 내가 나 된 것은 하나님의 은혜로 된 것이니_고전 15:10상

이 말씀에는 "나는 하나님의 은혜로 오늘의 내가 되었다"에서부터 "오늘의 내가 있게 된 것은 하나님의 은혜였다", 그리고 "하나님의 은혜가 아니었다면 지금의 나는 존재할 수 없었을 것이다"라는 강한 의미까지 포함되어 있습니다.

본문에서 바울이 특별히 강조하는 것은 '은혜'입니다. 우리가 잘 아는 바와 같이 은혜는 하나님이 아무 조건 없이 일방적으로 주시는 선물입니다. 은혜는 기독교의 대명사로서 복음의 가장 두드러진 특성이라고 할 수 있습니다. 이런 의미에서 기독교를 '은혜의 종교'라고 부르는 것입니다.

사실 우리가 하나님의 자녀로 구원받은 것은 기적과 같은 일이 아닐 수 없습니다. 예수님을 믿고 싶어서 애를 쓰는데도 결국 믿지 못하고 세상을 떠나는 사람들이 우리 주변에 얼마나 많습니까? 그들에 비해서 우리가 하나님의 사랑을 받게 된 것은 그 무엇으로도 설명할 수 없는 수수께끼입니다. 하나님께서 아무 공로도 없는 우리에게 영원히 사는 축복을 주시려고 천국에 들어갈 수 있는 통행권(free pass)을 주신 것, 이것이 바로 은혜입니다. 바울은 로마서 5장 17절에서 이런 자들을 일컬어 "은혜와 의의 선물을 넘치게 받는 자들"이라고 했습니다. 누구 때문입니까? 예수 그리스도 때문입니다.

그러나 본문을 통해 바울이 말하는 하나님의 은혜는 그가 받은 구원의 은혜와 더불어 구원받은 자신의 삶을 통해서 체험한 은혜도 포함되어 있습니다. 저는 그것을 '그러나의 은혜'라고 부르고 싶습니다. 왜냐하면 고린도전서 15장 9절과 10절을 연결하는 '그러나'라는 접속사가 바울 자신이 받은 은혜의 색깔을 선명하게 해주고 있기 때문입니다. 한번 보십시오. 9절에서 그가 무엇이라고 말합니까?

> 나는 사도 중에 지극히 작은 자라 나는 하나님의 교회를 박해하였으
> 므로 사도라 칭함 받기를 감당하지 못할 자니라_고전 15:9

여기에서 자신을 가리켜 말한 사도 중의 지극히 작은 자라는 바울의 인식은 정확합니다. 바울은 항상 자신에 대하여 사도 중의 가장 아래라는 의식이 있었습니다.

베드로, 요한과 비교하면 그가 자신을 과장하거나 겸손하게 보이려고 일부러 꾸며서 한 말이 아니라는 것을 금방 알 수 있습니다. 베드로와 요한이 비록 학식은 없었다고 하지만 그들은 예수님으로부터 직접 부름을 받아 3년 동안 그 곁을 떠난 적이 없었고, 예수님이 십자가에서 운명하시는 모습을 지켜본 사람들입니다. 또한 부활하신 주님과 함께 40일 동안 음식을 나누면서 하나님 나라를 이야기했을 뿐만 아니라, 주님이 승천하시는 모습을 실제로 본 사도 중의 사도들이었습니다. 그에 비해 바울은 다메섹 도상에서 부활하신 주님을 만난 것 외에는 예수님을 따라다닌 적도, 예수님께 배운 적도, 주님의 십자가를 본 적도 없는 사람이었습니다.

또 바울은 "나는 하나님의 교회를 박해하였다"라고 말합니다. 그가 고백한 대로 그는 믿는 자들을 옥에 가두고 고문하였을 뿐만 아니라 예수님을 모독하는 말을 시켰으며, 심지어 그들을 죽이기까지 한 무서운 핍박자였습니다. 그러므로 이 모든 일을 생각하면 바울의 자격지심은 어쩌면 당연하다고 할 수 있습니다. 그의 전과만 보아도 그는 사도라는 영광스러운 직분을 받을 만한 인물이 전혀 아니라는 것을 알 수 있습니다.

그럼에도 불구하고 10절이 무슨 말로 이어집니까? '그러나'입니다.

> 그러나 내가 나 된 것은 하나님의 은혜로 된 것이니 내게 주신 그의 은혜
> 가 헛되지 아니하여 내가 모든 사도보다 더 많이 수고하였으나 내가 한
> 것이 아니요 오직 나와 함께하신 하나님의 은혜로라 _고전 15:10

즉, 바울은 자신이 죄가 많아서 사도가 될 자격이 없으며, 감히 사도의 일을 할 수 없다고 생각하는데, 하나님은 아무것도 문제로 삼지 않고 그를 사도로 세우셨다는 말입니다. 이와 같은 하나님의 파격적인 대우가 '그러나'의 은혜입니다.

○ ○ ○ ○ ○ ○ ○
은혜에 빚진 마음

우리는 바울의 고백을 두 가지 측면에서 정리해 볼 수 있습니다. 첫째로, 이와 같은 하나님의 파격적인 은혜야말로 사도로서 그를 형성한 바탕이 되었다는 사실입니다. 인간의 연약과 잘못을 불문에 부치며 불쌍히 여기시는 하나님의 은혜가 아니었다면 자기가 어떻게 사도로 쓰임 받을 수 있었겠느냐는 그의 고백에서 우리는 바울의 심정에 좀 더 접근해 볼 필요를 느낍니다.

그에게 죄책감이 남아 있었겠습니까? 그럴 수도 있습니다. 비록 주님 앞에 모두 용서받았지만, 예수님을 핍박하고 사람들까지 죽였던 기억이 완전히 사라지지는 않았을 것입니다. 그러나 로마서를 위시하여 그가 기록한 성경들을 모두 검토해 보면, 말로 다 할 수 없는 사죄의 은총을 체험한 그가 죄책감에 짓눌려 있었다고 보기는 어렵습니다. 그렇다면 열등감이었습니까? 물론 그런 감정도 없지는 않았을 것

입니다. 그러나 예수 그리스도 안에서 능치 못할 것이 없다고 큰소리 쳤던 바울이 열등감 따위에 끌려다녔다고는 생각되지 않습니다.

그렇다면 무엇으로 '그러나'라고 외치는 바울의 심정을 설명할 수 있겠습니까? 그것은 악하고 미천한 자기를 사도로 불러 주신 하나님 의 은혜에 압도당한 감격을 주체하지 못하는 마음, 곧 은혜에 크게 빚 진 자의 마음이었습니다. 그는 '이 많은 사람 가운데 어떻게 나 같은 자를 하나님께서 복음의 증인으로 삼으시고 이방인의 사도로 세우셨 을까?'라고 생각할 때마다 감격하지 않을 수 없었던 것입니다.

오늘을 사는 우리에게도 하나님의 은혜에 빚진 마음이 숨 쉬고 있 어야 합니다. 우리 역시 바울처럼 하나님 앞에 전과가 있기 때문입니 다. 하나님을 향해 흠 없이 완전한 사람이 있겠습니까? 대부분 우리 는 예수님을 믿기 전에 무슨 방법으로든 그리스도인을 핍박한 경험이 있습니다. 때로는 하늘 꼭대기까지 교만해져서 하나님을 향해 주먹을 흔들어 보이기도 했습니다. 그뿐만 아니라 예수님을 믿은 다음에도 이런 죄 저런 죄를 지으면서 성령을 근심시키고 하나님의 명령에 불 순종한 과거가 있습니다. 그럼에도 불구하고 하나님은 우리의 연약함 을 탓하지 않으시고, 죄도 죄대로 갚지 않으셨습니다. 우리의 못남을 있는 그대로 다루지 않으셨습니다.

만약 하나님께서 이 모든 것을 따지기를 원하셨다면 오늘의 우리가 되지는 못했을 것입니다. 현재 우리가 누리고 있는 건강, 몸담은 가정 그리고 생업을 돌아보아도 하나님은 우리를 우리 이상으로 대우하셨 지 결코 그 이하로 대우하지 않으셨다는 것을 알 수 있습니다. 나 이상 의 삶을 사는 것, 이것이 바로 '그러나'의 파격적인 은혜입니다. 바울 이 받았던 그 놀라운 은혜입니다.

우리는 자신도 모르게 현대 문명의 속성인 과학주의 사고에 물들어 있습니다. 무슨 일에나 그럴듯한 이유를 둘러대기 잘한다는 말입니다. 우리나라의 1년 간 자동차 사고 발생 건수는 어마어마합니다. 그 와중에 내가 아무 사고 없이 1년을 보낸 것은 사실 기적이라고 할 수 있습니다. 그런데 합리주의적인 사람은 어떻게 생각하는지 아십니까? 그들은 무사고의 원인이 자신의 능숙한 운전 때문이라고 믿습니다. "나는 운전 경험도 많고 방어운전도 조심해서 하기 때문에 갑자기 튀어나오는 사람도 피할 수가 있다. 또한 절대로 음주 운전을 하지 않기 때문에 사고를 내지 않는 거야"라고 말입니다.

건강에 대해서도 비슷한 말을 잘합니다. "내가 이만큼 건강한 것은 규칙적인 생활을 할 뿐 아니라 음식도 골고루 먹고 과식하지 않으며, 일주일에 한 번은 맑은 공기를 마시러 산에 다녀오기 때문이다." 또 이런 경우는 어떻습니까? "우리 할아버지가 과거에 작은 밭 하나 있는 것을 팔아서 교회에 헌금했다는 소리를 들었다. 내가 이만큼 남부끄럽지 않게 살고, 자식들을 제대로 키우게 된 것은 그 복을 자손인 내가 받고 있기 때문이다."

이상과 같은 말들은 인과응보의 원칙을 염두에 두고 하는 합리주의적인 사고방식입니다. 전적으로 잘못되었다고 할 수는 없지만, 잘된 것은 무엇이나 자신의 공로로 돌리고 있다는 점에서는 위험한 요소를 담고 있다고 해야 할 것입니다. 이런 생각은 마치 한두 살 먹은 어린애가 "내가 우유도 잘 먹고, 오줌과 똥도 잘 누고, 잠도 잘 자니까 이렇게 건강한 거야" 하고 으스대는 것과 비슷합니다. 얼마나 가소롭습니까? 하물며 온 우주를 창조하신 하나님, 우주를 보존하고 지키는 능력을 가지신 하나님, 생사를 주관하시는 하나님이 보실 때 얼마나 가관이라고 생각하시겠습니까?

이 어린애의 말처럼 규칙적으로 잘 먹고 소화를 잘 시켜야 건강하게 자라는 것은 사실이지만, 생리적인 활동이 아이를 성장시키는 전부는 아니지 않습니까? 이와 같은 생각들은 은혜를 거부하는 공로주의에 속합니다. 은혜란 조건 없이, 공로 없이 받아서 누리는 축복인데, 자기 공로를 앞세운다는 것은 모든 복을 은혜로 보지 않고 보상으로 보는 것이 됩니다.

스톰스(C. Samuel Storms) 박사가 은혜에 대하여 이런 말을 했습니다.

> "은혜란 당신의 공로로 얻을 수 있는 것도 아니요, 당신의 무공로로 잃어버릴 수 있는 것도 아니다. 만일 우리의 선함과 자랑할 만한 것을 따라서 하나님이 주신 것이라면 그것이 건강이든, 장수든, 부귀든 간에 은혜일 수 없다. 또한 우리의 악하고 부끄러운 것을 따라서 주시지 않는 것이라면 그것 역시 은혜일 수 없다. 은혜는 우리의 잘잘못을 따지지 않고 주시는 선물이다. 이 놀라운 은혜 주심을 감사해야 한다."

그렇습니다. 나의 나 된 것은 하나님이 무조건 주신 파격적인 은혜로 된 것이지 내 노력, 내 선함과 의로움 때문이 아니라는 사실을 알아야 합니다.

주를 위해 더 많이 수고하게 하신 하나님의 은혜

바울은 하나님의 파격적인 은혜가 있었기에 주를 위해 더 많이 수고할 수 있었다고 고백합니다. 고린도전서 15장 10절을 다시 보겠습니다.

> 그러나 내가 나 된 것은 하나님의 은혜로 된 것이니 내게 주신 그의 은혜

가 헛되지 아니하여 내가 모든 사도보다 더 많이 수고하였으나 내가 한
것이 아니요 오직 나와 함께하신 하나님의 은혜로라_고전 15:10

바울은 예수님을 알고 나서부터 전력을 다해 주님을 위해서 일한 사람입니다. 마치 온종일 일거리를 찾지 못한 어느 일꾼이 오후 5시가 되어서야 마음씨 좋은 포도원 주인을 만나, 하루 일당을 받기로 하고 남은 한 시간 동안 열심히 일하게 된 것과 같은 심정이었을 것입니다 (마 20:1-16 참조). 그 일꾼이 감지덕지해서 물불을 가리지 않고 포도원 일을 한 것처럼 바울 역시 너무 감격해서 베드로나 요한보다 더 열심히 일했던 것입니다.

그럼에도 불구하고 바울은 하나님께 충성하게 된 것은 자기의 적극적인 성격 때문이거나 자기의 능력과 학식이 많았기 때문이라고 말하지 않습니다. 그것은 자신을 파격적으로 대우하신 '그러나'의 은혜 때문이라고 말합니다. 바울의 말을 들으면 그가 퍽 겸손한 사람임을 알 수 있습니다.

그는 고린도후서 11장 23절과 12장 10절에서 자신이 "그리스도의 일꾼으로서 수고를 넘치도록 하고 옥에 갇히기도 더 많이 하고 매도 수없이 맞고 여러 번 죽을 뻔하였고"(고후 11:23), "내가 그리스도를 위하여 약한 것들과 능욕과 궁핍과 박해와 곤고를 기뻐하노니"(고후 12:10)라고 실토합니다. 주님을 위해 이 정도의 헌신을 한 사람이라면 하나님 앞에 떳떳하게 자기 공로를 내세울 만도 한데, 그는 그렇게 하지 않았습니다. 오히려 그는 모든 사도보다 더 많이 수고하였으나 그 모든 것을 할 수 있었던 것은 "내가 한 것이 아니요 오직 나와 함께하신 하나님의 은혜로라"(고전 15:10하)라고 모든 공로를 하나님께 돌리고 있습니다.

우리는 모두 바울처럼 되어야 합니다. 우리는 하나님의 자녀로서 손가락 하나 움직이는 것조차 '그러나'의 은혜로 돌려야 합니다. 우리가 아직 건강하고 힘이 있을 때, 교회에서 하나님 나라를 위해 수고하게 된 것이 얼마나 큰 은혜입니까? 땀 흘려 번 돈을 주님의 나라를 위해서 헌금하는 일로부터 시작하여 가정과 직장, 학원의 복음화를 위해 수고하는 분들이 있습니다.

또한 약한 자와 병든 자 그리고 가난한 자를 찾아가 그리스도의 사랑을 전하거나, 다음 세대를 말씀으로 양육하기 위해 교회의 이 구석, 저 구석에서 수고하는 많은 지체가 있습니다. 이 아름다운 수고들은 모두가 주님을 섬기는 귀한 일입니다. 세상 사람들을 보십시오. 그들은 평생을 밑 빠진 독에 물 붓듯이 아무것도 남지 않는 허망한 일에 모든 것을 털어 넣고 있습니다. 그러나 우리는 다릅니다. 주님의 이름으로 행하는 작은 일조차 하나님 나라의 곳간에 쌓이는 알곡이요, 우리의 면류관에 달릴 보석들입니다. 비록 우리가 주님의 영광을 위해서 작은 일에 쓰임 받을지라도 그것은 영원히 남습니다. 이 모든 일을 '그러나'의 은혜로 설명하지 않는다면 그 무엇으로 할 수 있겠습니까?

박카스 박사라는 사람이 병원에서 진단을 받았습니다. 의사가 침통하게 말합니다. "박사님, 당신의 생명은 이제 30분밖에 남지 않았습니다." 그러자 그는 불편한 몸을 의자에서 일으키더니 무릎을 꿇고 앉아서 이렇게 기도했다고 합니다. "주님, 이 남은 30분을 아직도 구원받지 못한 사람들을 위해 기도하는 데 바치겠습니다." 그러나 우리는 박카스 박사를 위대하다고 칭찬하기 전에 그가 받은 '그러나'의 은혜를 주목할 수 있어야 합니다. 오죽이나 은혜가 벅차면 그렇게 할 수 있었겠습니까?

어떤 모양이든지 주를 위해서 산다는 것은 값으로 따질 수 없는 은혜입니다. 은혜가 아니면 흉내조차 낼 수 없습니다. 그러나 주를 위해 수고를 많이 하는 자일수록 조심해야 합니다. 자칫하면 내 믿음이 좋아서, 내가 훈련을 잘 받아서, 내가 똑똑해서 이만큼 수고할 수 있었다고 말하기가 쉽습니다. 이것은 은혜를 배척하고 내 공로를 앞세우는 행위입니다. 그러므로 이런 사람은 아무리 주님을 위해서 충성해도 주님이 영광을 받지 못하고 자기가 영광을 받아 버립니다. 우리도 "나와 함께하신 하나님의 은혜 때문에 이만큼 일할 수 있었다"라고 고백하는 바울의 감동을 가슴 가득히 소유할 수 있었으면 합니다.

"나의 나 된 것은 하나님의 은혜였다. 그리고 지금까지 내가 주님을 위해서 수고할 수 있었던 것도 하나님의 은혜였다"라는 바울의 고백은 하나의 중요한 진리를 내포하고 있습니다. 그것은 오늘의 나 된 것이 하나님의 은혜로 된 것이라면 내일의 나 되는 것도 하나님의 은혜로 될 것이라는 사실입니다.

하나님의 은혜는 실패하지 않는다

하나님의 은혜에는 놀라운 능력이 있습니다.

> 그러나 내가 나 된 것은 하나님의 은혜로 된 것이니 내게 주신 그의
> 은혜가 헛되지 아니하여_고전 15:10상

여기에서 '헛되지 아니하다'라는 말은 '유효했다' '실패가 없었다' '능력이 있었다' 등의 의미가 있습니다. 성령을 통해서 바울에게 역사한 하나님의 은혜는 얼마나 능력이 있었던지 10년 혹은 20년이 흐른 뒤에도 유효했습니다.

어느 때는 바울도 과거의 죄를 돌이켜 보고 죄책감으로 인해 두려움을 가지기도 했겠지만, 그럴 때일수록 성령은 바울이 십자가에서 돌아가신 예수님의 공로를 바라보게 하셨습니다. 그가 병이 났을 때 고쳐 주시고, 선교에 대한 염려와 두려움을 극복할 수 있는 능력을 주셨습니다. 앞길이 보이지 않고 소망이 없을 때도 성령은 바울에게 오셔서 주님의 음성을 듣게 하셨습니다. 이것이 하나님의 은혜가 바울에게 헛되지 않았다는 증거입니다.

바울이 받은 '그러나'의 은혜는 성령을 통해서 오늘을 사는 우리에게도 그대로 적용됩니다. 성령을 받고 성령의 사람이 되면 어떤 환경에서도 하나님의 은혜는 실패하지 않습니다. 그 파격적인 은혜에 붙들려 있으면 누구나 소망의 사람이 될 수 있습니다. 여러분의 남편을 보십시오. 나이 들어가면서 직장생활도 이제 얼마 남지 않았고 건강도 걱정이 됩니다. 사람을 놓고 보면 답답하지만, '그러나'의 은혜를 놓고 보면 남편에게는 소망이 있습니다. 하나님의 은혜가 그에게서 절대로 헛되지 않을 것이기 때문입니다. 그러므로 남편이 믿음의 사람, 성령의 사람이 되도록 부인들은 정성을 다해 도와야 합니다. 그것이야말로 남편이 사는 길이며, 남편의 생이 축복받는 유일한 길입니다.

여러분의 자녀를 보십시오. 예측을 불허하는 치열한 경쟁 사회에서 살아갈 그들의 미래를 생각하면 얼마나 답답합니까? 더욱이 3, 40년 후 우리가 세상을 떠난 후를 상상해 보십시오. 그러나 하나님의 '그러나'의 은혜로써 우리는 자녀에게 소망을 갖게 됩니다. 그 자녀가 믿음을 갖고 성령의 사람이 되기만 하면, 절대로 헛되지 않을 하나님의 은혜가 그의 장래를 보장할 것을 확신하기 때문입니다.

'그러나'의 은혜를 붙듭시다. 성령을 사모합시다. 우리를 파격적으로 대우해 주실 뿐만 아니라, 평생 그 은혜가 헛되지 않도록 도와주실 것입니다. 우리가 모두 바울처럼 은혜에 빚진 자의 심정을 가지고 세상을 사는 독특한 천국의 시민임을 한시도 잊지 맙시다.

12

오늘을
즐겁게사는법

하나님은 우리가 즐겁게 살기를 원하십니다.
하나님의 사랑을 독차지한 우리들이 날마다 기쁘게 웃으며 사는 것을 보기 원하십니다.
푸른 하늘을 바라보며 즐거워하는 사람이 되기를 원하십니다.

전도서 11:7-10

7 빛은 실로 아름다운 것이라 눈으로 해를 보는 것이 즐거운 일이로다 8 사람이 여러 해를 살면 항상 즐거워할지로다 그러나 캄캄한 날들이 많으리니 그날들을 생각할지로다 다가올 일은 다 헛되도다 9 청년이여 네 어린 때를 즐거워하며 네 청년의 날들을 마음에 기뻐하여 마음에 원하는 길들과 네 눈이 보는 대로 행하라 그러나 하나님이 이 모든 일로 말미암아 너를 심판하실 줄 알라 10 그런즉 근심이 네 마음에서 떠나게 하며 악이 네 몸에서 물러가게 하라 어릴 때와 검은 머리의 시절이 다 헛되니라

오늘을
즐겁게 사는 법

하루하루를 어떤 마음가짐으로 사는 것이 좋을까? 이것은 대단히 중요한 질문입니다. 그러나 대부분의 사람은 이런 문제를 별로 의식하지 않고 살아가는 것 같습니다. 온종일을 허둥대며 보내다가 밤에 잠자리에 드는 것이 거의 습관처럼 되어 버린 사람이 많습니다. 하나님은 우리가 어떤 마음가짐으로 살아야 하는지를 솔로몬을 통해서 가르치고 계십니다. 어떤 마음가짐으로 사는 것이 좋을까? 이 질문을 다시 한번 자신에게 던지면서 하나님이 주시는 교훈에 귀를 기울여 봅시다.

캄캄한 날이 많은 세상

이 세상을 사는 것은 절대 단순하지도 않고 쉽지도 않습니다. 솔로몬이 본문에서 지적한 것과 같은 여러 가지 어려움이 있습니다.

캄캄한 날들이 많으리니_전 11:8중

이 세상에 사는 사람 누구에게나 캄캄한 날이 많습니다. 10년을 살거나 백 년을 살거나 캄캄한 날이 많기는 마찬가지입니다. 눈물을 흘려야 하는 날들이 얼마나 많은지 모릅니다. 그만큼 세상을 사는 것은 힘든 일입니다.

다가올 일은 다 헛되도다_전 11:8하

어릴 때와 검은 머리의 시절이 다 헛되니라_전 11:10하

사람은 누구나 꿈과 희망을 품고 이 세상을 살아갑니다. 자신의 꿈을 이루기 위해 평생을 정신없이 사는 사람도 있습니다. 그러나 그 꿈이 이루어졌다고 해도 별것 아닙니다. 인생의 황금기라고 할 수 있는 젊을 때를 누구나 부러워하지만 사실 따지고 보면 그것도 다 허무한 것에 불과합니다. 세상은 원래 그런 것입니다.

그러나 하나님이 이 모든 일로 말미암아 너를 심판하실 줄 알라
_전 11:9하

사람은 세상에서 어떤 모양으로 살든지 간에 결국 무덤에 들어가게 되어 있습니다. 그런데 이것으로 끝나 버리는 것이 아닙니다. 준엄한 사실이 기다리고 있습니다. 하나님 앞에 가서 심판을 받게 된다는 것입니다. 어떤 면에서는 두려운 미래가 기다리고 있다는 것을 우리가 모두 알아야 합니다. 이 세상은 어두운 날이 많고, 겉으로는 화려한 것 같이 보여도 사실은 헛된 것뿐입니다. 그리고 나중에는 하나님 앞에 가서 심판을 받아야 합니다. 그런 무거운 짐을 지고 사는 것이 세상

입니다.

그럼에도 불구하고 하나님은 솔로몬을 통해서 우리에게 이렇게 교훈하고 계십니다.

사람이 여러 해를 살면 항상 즐거워할지로다_전 11:8상

하나님은 우리에게 즐겁게 살아야 한다고 말씀하고 있습니다.

청년이여 네 어린 때를 즐거워하며 네 청년의 날들을 마음에 기뻐하여_전 11:9상

우리가 매일매일을 즐겁게 살겠다는 마음가짐을 가지고 노력해야 한다는 것입니다. 그것이 만사가 헛된 이 세상에서 행복하게 살 수 있는 길이라고 하나님께서 가르쳐 주십니다.

'즐겁게 살라'는 말은 무슨 뜻입니까? 어떤 모양으로든지 즐기는 것이 최고의 선이란 말입니까? 그것은 절대 아닙니다. 쾌락주의는 하나님이 미워하시는 악입니다. 그러면 즐겁게 살라는 의미는 무엇입니까? 내 마음대로 살면 그만이라는 식으로 인생을 살아도 된다는 이야기입니까? 아닙니다. 그렇게 사는 것은 타락입니다. 하나님은 타락을 기뻐하시지 않습니다. 곤고한 날이 많고 허무한 것뿐이니까 겉으로 즐겁게 그저 보람 있는 것처럼 꾸미고 살라는 말입니까? 그것도 아닙니다. 그것은 자기기만입니다. 하나님은 자기기만을 절대 기뻐하시지 않습니다.

그러면 그 의미가 무엇입니까? 하나님은 중요한 전제 조건을 염두에 두고 말씀하고 계십니다. 그 전제 조건이 무엇인 줄 아십니까? 우

리는 모두 십자가의 은혜로 구속을 받은 새로운 피조물이라는 것입니다. 우리는 성경 말씀을 통해서 예수님을 알게 되었습니다. 나를 위해 예수님이 십자가에서 피 흘려 주셨다는 것을 깨달았습니다. 예수님께 나의 모든 죄를 고백하고 용서받았습니다. 그분이 주시는 영생을 선물로 받았습니다. 성령은 지금 내 안에서 역사하고 계십니다. 이렇게 중생받은 우리는 모두 새로운 피조물로 태어난 사람들입니다.

안목이 달라진 사람

"나는 아직 교회 다닌 지 얼마 안 돼서 성경 말씀을 잘 모르는데요"라고 말하는 사람이 간혹 있습니다. 그렇지만 예수 그리스도가 나 같은 죄인을 위하여 돌아가셨다는 것을 분명히 고백할 수 있다면 그는 새사람입니다. 믿음이 적든 많든, 좋든 나쁘든, 말씀을 많이 알든 조금 알든 상관없습니다. 예수님이 나에게 그런 엄청난 은혜를 주셨다는 것을 확실히 믿는 이상 그는 새로운 피조물입니다. 새로운 피조물이라는 것은 사람이 달라졌다는 말입니다. 사람이 새롭게 되었다는 말입니다. 사람이 새롭게 되면 안목이 달라집니다. 시각이 분명히 달라집니다. 시각이 달라지면 생각도 달라지고, 생각이 달라지면 반응도 달라지고, 반응이 달라지면 행동도 달라집니다. 우리는 달라진 사람이요, 새롭게 된 사람입니다. 이것을 전제로 하고 하나님께서는 우리에게 기뻐하는 삶을 살라고 말씀하시는 것입니다.

이 세상이 달라졌기 때문에 다르게 보는 것이 아닙니다. 우리가 예수님을 믿기 전의 세상이나 예수님을 믿은 다음의 세상이나 달라진 것은 하나도 없습니다. 어떤 면에서는 이 세상이 더 악해지고 있다는 것을 우리가 인정해야 합니다. 환경도 달라진 것이 없고, 여건도 달라진 것이 없는데 왜 우리가 기뻐해야 합니까? 그 이유는 우리 자신이 달라졌기 때문입니다. 요사이 현대말로 하면 패러다임이 달라졌다는 것입니다. 안목이 달라지고 반응이 새로워졌다는 것입니다.

앤더슨이라는 사람이 쓴 책을 읽는 중에 감명 깊은 내용을 하나 발견했습니다. 미국 뉴욕의 어느 지하철 안에서 일어난 일입니다. 주일 아침이었기 때문에 차 안에는 사람이 별로 많지 않았습니다. 신문을 보는 사람, 눈을 감고 명상에 잠겨 있는 사람, 앉아서 졸고 있는 사람들이 눈에 들어왔습니다. 매우 평화로운 분위기였습니다.

그런데 기차가 어느 역에 섰을 때, 문이 열리자마자 30대 남자가 아이들을 데리고 들어왔습니다. 남자는 자리에 가서 앉았는데 웬일인지 아이들이 소란을 피우며 돌아다니기 시작했습니다. 고함을 지르기도 하고, 발에 걸리는 물건을 차기도 하고, 신문을 보고 있는 사람에게 가서 신문을 빼앗기도 하며 법석을 떨었습니다. 사람들은 애들을 쳐다보며 아주 못마땅한 표정을 지었습니다. 그런데 이상한 것은 아이들의 아빠였습니다. 그는 애들이 무슨 짓을 하든 상관없다는 듯이 눈을 감고는 잠자코 있었습니다. 다들 화가 나서 꾹 참고 있는 표정이 역력했습니다. 앤더슨이 도저히 참지 못해서 한마디했습니다.

"선생님, 실례합니다. 댁의 아이들이 너무 소란을 피워서 많은 분들이 불쾌하게 생각하고 있습니다. 좀 조용히 하도록 애들을 타일러 주십시오."

그 말을 듣자 그 사람은 마치 그 사실을 처음 알았다는 듯이 눈을 번쩍 떴습니다. 그리고 잠시 후 힘 없이 이렇게 말했습니다.

"선생님 말씀이 옳습니다. 저도 애들을 단속해야겠다고 생각하고 있었습니다. 우리는 방금 병원에서 돌아오는 길입니다. 한 시간 전에 애들 엄마가 세상을 떠났어요. 제가 지금 무엇을 해야 할지 모르겠습니다. 저 애들도 마찬가지일 겁니다."

그 말을 듣는 순간 앤더슨은 심한 충격을 받았습니다. 한순간에 그는 딴사람이 되어 버렸습니다. 안목이 바뀐 것입니다. 눈앞의 현실을 보는 눈도, 생각도, 느낌도, 감정도 달라졌습니다. 그리고 태도도 달라졌습니다. 짜증이 온데간데없이 사라져 버렸습니다. 그 남자의 고통이 자기 가슴에 진한 아픔이 되어 밀려왔습니다. 그래서 자기도 모르게 이런 말이 튀어나왔습니다.

"선생님 미안합니다. 제가 너무 몰랐군요. 뭐 도와 드릴 것이 없을까요?"

이런 변화를 놓고 패러다임이 바뀌었다고 합니다. 환경과 여건이 달라진 것이 없는데 보는 시각과 느끼는 감정이 달라진 것입니다.

오늘 예수님을 믿는 사람들 앞에 펼쳐진 세상은 이 예화에 나오는 지하철 안의 분위기와 다를 바 없습니다. 소란을 피우며 말썽을 부리는 아이들 같은 사람들이 우리 주변에 얼마나 많습니까? 또 그런 것을 보고 참지 못해 울컥하는 사람이 얼마나 많습니까? 아무리 보아도 웃을 만한 일이 별로 없는 세상입니다. 그러나 우리는 예수님을 만났습니다. "하나님이 이처럼 세상을 사랑하사 독생자를 주셨다"라는 것을 알게 되었습니다. 하나님을 대적하는 사람들이 온 세상에 퍼져 있어도 주님은 그들이 돌아오기만을 기다리고 계심을 깨달았습니다. 그리고 이 놀라운 예수 그리스도의 사랑을 발견하자마자 우리의 눈이 바뀌었습니다. 슬프고 괴로웠던 일들이 이제는 고통으로 생각되지 않습니다. 예전에는 못마땅하게 보이던 사람들이 이제는 사랑스럽게 보이기 시작합니다. 이렇게 달라져 있기 때문에 하나님이 우리를 보고 즐겁게 살라고 말씀하시는 것입니다.

인생은 단순히 이를 악물고 참고 견디는 것이 아닙니다. 하나님은 우리가 세상에서 즐겁게 살기를 원하십니다. 주님이 우리의 시각을 바꾸어 주셨기 때문에 우리에게 항상 기뻐하며 살라고 말씀하시는 것입니다.

항상 기뻐하라_살전 5:16

이 말씀 다음에 어떤 설명도 붙어 있지 않습니다. 딱 한마디입니다. "항상 기뻐하라!" 하나님이 자신 있게 명령하시는 것입니다.

그러면, 우리가 왜 항상 기뻐해야 합니까? 우리는 그렇게 살 수 있도록 변화를 받은 사람들이기 때문입니다. 또 있습니다.

우리가 환난 중에도 즐거워하나니_롬 5:3중

우리는 어떤 경우에라도 즐거워할 수 있는 사람들입니다. 항상 기뻐하라는 말씀과 환난 중에도 즐거워하라는 말씀에 우리 자신을 한번 비춰 봅시다. 대부분 우리는 이 명령대로 살고 있지 않습니다.

참회 기도를 할 때 "주님은 항상 기뻐하라고 하셨지만 저는 슬퍼하면서 살았고 불평하면서 살았어요. 주님 저를 용서해 주세요"라고 기도합니까? 대부분의 사람이 그런 기도를 하지 않습니다. 뭔가 잘못되어 있는 것입니다. 성령의 열매 중에 희락이 있습니다. 아주 기뻐하는 것입니다. 성령이 충만하면 기뻐하는 사람이 됩니다. 어떤 환경에서도 즐거워하며 살 수 있도록 하나님은 우리를 새롭게 만들어 주셨습니다. 여건은 달라지지 않았지만 보는 눈이 달라졌기 때문에 우리가 기뻐할 수 있는 것입니다. 그런데 아직 마음속에 그런 변화가 일어나지 않는 사람이 있습니까? 그렇다면 그는 은혜를 더 받아야 할 사람이라고 할 수 있습니다.

우리의 안목이 바뀌었다고 해서 눈만 뜨면 기계처럼 벙긋벙긋 웃는 사람이 되었다는 말은 아닙니다. 하나님은 노력해야 한다고 합니다. 그러니까 항상 기뻐하라고 명령하는 것 아닙니까? 자기의 삶을 어떻게 길들이느냐에 따라 그의 삶이 밝아지기도 하고 어두워지기도 하는 것입니다. 대부분 우리는 자신의 삶을 즐겁게 만들기 위해 별로 노력을 기울이지 않는 것 같습니다. 또 그런 지혜도 부족한 것 같습니다. 그러므로 우리는 오늘 솔로몬에게서 지혜를 배워야 합니다.

○ ○ ○ ○ ○ ○
해를 바라보라

솔로몬은 오늘 우리에게 두 가지를 실천하라고 교훈하고 있습니다. 첫째는 해를 바라보고 즐거워하라고 합니다. 묘한 이야기입니다.

> 빛은 실로 아름다운 것이라 눈으로 해를 보는 것이 즐거운 일이로
> 다_전 11:7

달리 말하면, 날마다 해를 바라보면서 즐거워하고 빛을 보면서 즐거워하라는 말입니다. 빛을 보고 산다는 것은 즐거운 일인데 왜 빛을 보면서 즐거워하지 않느냐 하는 말입니다. 아침에 일어났을 때 창문으로 들어온 빛을 보고 "야, 멋있다. 정말 좋아!" 하고 기뻐하는 사람이 몇이나 됩니까? 동쪽 하늘로부터 서서히 떠오르는 붉은 태양을 보면서 기뻐하는 사람이 몇이나 됩니까? 대부분 우리는 그렇게 살지 못하고 있습니다. 그러나 하나님은 우리가 그렇게 살아야 한다고 말씀하고 계십니다.

누군가가 이런 이야기를 했습니다. "이 세상에는 마치 감옥살이를 하고 있는 두 부류의 사람이 살고 있다. 한 사람은 창살을 붙들고 찬란하게 떠오르는 태양을 바라보며 그 태양의 아름다움에 취해서 자기가 감옥에 있다는 것도 잊어버리고 황홀해하는 죄수다. 다른 한 사람은 창살을 움켜쥐고 사방으로 높이 둘러싸인 교도소의 담을 쳐다보면서 울분을 이기지 못하고 이를 악물고 있는 죄수다."

똑같은 처지이지만 한 사람은 해를 보고 감격하는데 다른 한 사람은 교도소의 담을 보고 이를 가는 것입니다. 오늘 세상은 이런 두 부류의 사람이 있는 것 같습니다. 여러분은 이 두 사람 중에서 누구를 닮았다고 생각하십니까? 해를 쳐다보고 감격하고 감사하고 즐거워하는 사람입니까? 하나님은 솔로몬을 통해서 우리가 그런 사람이 되어야 한다고 말씀하십니다.

하나님의 자녀는 자연을 보고 즐거워하고 기뻐하는 소박한 마음을 가져야 합니다. 자연은 은혜의 수단입니다. 자연은 하나님을 알고 기뻐할 수 있는 아름다움과 메시지를 담고 있습니다. 중생한 사람은 자연에 감추어져 있는 아름다움과 메시지를 읽을 수 있는 신령한 눈을 가지고 있습니다. 피곤할 때 우리는 파란 하늘을 올려다봅니다. 마음이 괴로울 때 확 트인 바다를 찾아갑니다. 왜 그렇습니까? 그 속에서 하나님의 메시지를 발견할 수 있기 때문입니다. 하나님이 만드신 아름다운 자연을 보면 슬픔을 딛고 기뻐할 힘을 얻을 수 있습니다.

시편 19편 1절에서 4절을 보십시오.

하늘이 하나님의 영광을 선포하고 궁창이 그의 손으로 하신 일을 나타내는도다 날은 날에게 말하고 밤은 밤에게 지식을 전하니 언어도 없고 말씀도 없으며 들리는 소리도 없으나 그의 소리가 온 땅에 통

누가 그 선포하는 음성을 들을 수 있습니까? 하늘을 바라보는 자입니다. 누가 궁창에 하나님의 오묘한 손길이 있다는 것을 알 수 있습니까? 궁창을 올려다보는 사람입니다. 누가 날과 밤의 그 은밀한 메시지가 오고 가는 것을 봅니까? 날을 주목하고 밤을 주목하는 사람입니다. 들리는 소리 없으나 그 소리가 온 땅에 통하는 것을 누가 들을 수 있습니까? 자연을 주목하는 사람, 해를 쳐다보는 사람입니다.

그렇습니다. 솔로몬은 매일 떠오르고 지는 태양을 보면서 즐거워했습니다. 예수님은 길가에 피어 있는 백합화를 보시고 감격하셨습니다. "들의 백합화가 어떻게 자라는가 생각하여 보라"(마 6:28). 예수님은 공중에서 지저귀는 새를 자주 쳐다보셨습니다. 그 새 소리를 마음에 담고 음미하셨습니다. "공중의 새를 보라"(마 6:26). 예수님은 머리 둘 곳 없이 가난하셨습니다. 그러나 백합화를 볼 때마다, 공중에 나는 새를 볼 때마다 그분의 마음에는 넘치는 기쁨이 있었고, 풍요로움이 있었습니다. 그래서 솔로몬도 해를 보라, 백합화를 보라고 말하고 있는 것입니다.

다윗은 자기 눈앞에 펼쳐져 있는 푸른 초장을 날마다 바라보았습니다. 수많은 양 떼들이 흩어져 꼴을 뜯고 있는 푸른 초장을 보면서 그는 마음이 기뻤습니다. "여호와는 나의 목자시니 내게 부족함이 없으리로다"(시 23:1). 이렇게 노래하는 다윗을 보십시오. 얼마나 그 마음이 풍요로웠는지 모릅니다. 가난하지만 기뻐할 수 있다는 것을 다윗이 보여 주었습니다. 저는 헤르만 헷세(Hermann Karl Hesse, 1877-1962)가 예수님을 믿은 사람인지 아닌지 잘 모릅니다. 그러나 그가 참 의미 있는 말을 한마디 했습니다. "하나의 꽃잎, 한 마리의 벌레가 도서관의 책들보다도 훨씬 많은 것을 간직하고 있다."

안 믿는 사람의 눈에도 자연은 풍요롭고 아름답고 또 진리가 가득한 것입니다. 하물며 안목이 달라진 하나님의 자녀에게는 말할 필요가 없습니다. 어떻게 떠오르는 태양이 단순한 태양일 수 있겠습니까? 어떻게 백합화 한 송이가 단순한 꽃으로 보일 수 있겠습니까? 어떻게 지저귀는 새 소리가 단순한 잡음처럼 들릴 수 있겠습니까?

하나님의 자녀는 은혜를 받으면 모두가 시인이요, 예술가가 됩니다. 하나님의 사랑에 감동된 가슴을 가지고 있기 때문입니다. 하나님의 사랑을 발견한 사람은 꽃 한 송이를 보고도 감사하고 감동할 수 있습니다. 우리는 하나님이 창조하신 자연 만물을 바라보면서 그의 사랑과 신실하심을 깨달을 수 있습니다. 어두움을 쫓아버리는 저 찬란한 태양을 보면 저절로 하나님의 능력을 찬양하게 됩니다. 저 들판에 피어 있는 향기로운 백합화를 보십시오. 소박하게 피어 있는 들꽃을 보십시오. 평화로운 푸른 초장을 보십시오. 그 속에 기쁨이 있습니다. 그 속에 하나님의 능력이 있습니다. 아무리 허탈한 심정으로 길을 나섰던 사람도 자연의 위대함을 발견하면 기쁘게 웃으며 돌아올 수 있습니다. 그런 놀라운 능력이 그 속에 숨어 있는 것입니다.

즐겁게 살기를 원하십니까? 그렇다면 사람을 너무 보지 마십시오. 신문이나 텔레비전 쪽으로만 눈을 돌리지 마십시오. 저 높은 하늘을 보십시오. 저 푸른 들판을 보십시오. 해를 보는데 돈 내라는 사람이 있습니까? 아무도 없습니다. 우리 하나님은 얼마나 자비로우신지 가난한 사람도 창문만 열면 해를 볼 수 있도록 만들어 놓으셨습니다. 아무리 천한 사람도 아무리 세상에서 짓밟히며 사는 사람도 그저 얼굴만 들면 찬란한 햇살을 볼 수 있도록 만들어 놓으신 것입니다. 하나님은 태양을 누구나 볼 수 있는 자리에 두셨습니다. 얼마나 감사합니까!

오늘을 즐겁게 사는 법

●

야생화 한 송이를 보는데 누가 돈을 내라고 합니까? 언제든지 마음만 먹으면 볼 수 있습니다. 아, 거기에 인생의 즐거움이 있다고 솔로몬은 가르쳐 줍니다. 그러나 우리는 어떻습니까? 엉뚱한 데서 즐거움을 찾곤 합니다. 그래서 즐거움을 찾기는커녕 허무감만 가슴에 가득 안고 돌아오는 때가 얼마나 많습니까? 문제는 해를 보려고 하지 않는다는 것입니다. 꽃을 보려고 하는 마음이 없다는 것입니다.

헤르만 헷세의 말을 인용해 보겠습니다.

> "위대한 시인처럼 대자연은 가장 작은 수단으로 가장 큰 효과를 내는 능력을 가지고 있다. 자연 속에는 태양, 초목, 꽃, 물 그리고 사랑이 있을 뿐이다. 그러나 가슴으로 사랑을 느끼지 못하는 사람은 그런 것들에서 아무런 시적 감흥도 느끼지 못한다. 그러한 사람에게는 태양은 직경이 수만 킬로미터 되는 하나의 물체에 지나지 않는다. 그러한 사람에게는 나무는 불을 지피는 데 유용한 것이며 꽃은 단순히 여러 가지 종류가 있다는 것에 불과하다. 그리고 물은 습기가 많은 물질일 뿐이다."

우리가 하나님이 바꾸어 놓으신 거룩한 안목을 가지고 자연을 보지 않기 때문에 하루를 즐겁게 살지 못하는 것입니다.

즐겁게 살면 하루가 그만큼 가볍습니다. 누구나 인생의 짐은 같은 것입니다. 가난한 사람이나 부한 사람이나 인생의 짐은 모두 같은 것입니다. 같은 짐이라도 즐겁게 지는 사람에게는 그 짐이 가벼운 법입니다. 그러나 마음이 무거운 사람은 그 짐도 엄청나게 무거운 것입니다. 셰익스피어(William Shakespeare, 1564-1616)가 이런 말을 했습니다. "마음이 즐거우면 종일 가도 피곤을 모르지만 마음이 슬프면 얼마 못

가서 피곤해 주저앉는다." 누가 가르쳐 주지 않아도 그 사실을 모르는 사람은 없습니다. 해를 보거나 백합화를 보는 것은 가난한 자나 부자나 차이가 없습니다.

어린아이가 천진난만하게 깔깔대고 웃는 소리가 꼭 부잣집에서만 나오는 것은 아닙니다. 달동네의 비가 새는 움막 속에서도 어린아이의 천진한 웃음소리는 들립니다. 얼마나 좋은 환경에 사느냐에 따라 기뻐할 수 있는 것이 아닙니다. 예수 그리스도를 마음에 모시고 있는 사람은 꽃 한 송이를 가지고도 하나님의 사랑을 느끼며 하루를 즐겁게 살 수 있습니다. 하나님이 그렇게 만들어 놓으셨습니다. 그러나 우리는 자기의 마음을 조율하는 데 서툴거나 게을러서 하루를 우울하게 보낼 때가 너무 많은 것 같습니다.

어떤 사람이 이런 말을 했습니다. "사람의 마음속에는 두 개의 침실이 있다. 한 침실에는 기쁨이 살고 있고, 또 한 침실에는 슬픔이 살고 있다. 한 방에서 기쁨이 깨어 있으면 다른 방의 슬픔은 잠이 든다." 참 묘한 말이지만 분명 일리가 있습니다. 기쁨이 충만하면 슬픔은 저절로 가라앉습니다. 우리는 하나님이 만드신 자연 만물을 보면서 그의 성실하심과 부요하심을 마음에 담는 습관을 지녀야 합니다. 그러면 슬픔은 사라집니다. 항상 기뻐할 수 있는 사람이 됩니다. 그렇게 되도록 우리 모두 노력을 해야 합니다.

작은 아파트에 사는 주부가 창틀에 화분을 놓고 정성껏 키우는 모습을 본 적이 있습니다. 그 부인은 즐겁게 사는 비결을 터득한 사람입니다. 오늘 어떤 문제로 다른 사람과 다퉈서 마음이 우울합니까? 창문을 활짝 열고 하늘을 바라보십시오. 그리고 "주님, 오늘도 햇살은 저를 따사롭게 비춰 주고 있군요. 우리 하나님 아버지의 사랑이 변함없이 저를 지켜 주는 것과 똑같아요. 해를 만드신 주님, 감사합니다."

오늘을 즐겁게 사는 법

이런 고백이 나올 때까지 하늘을 바라보십시오. 그런 연후에 상대방을 만나면 자기의 마음이 달라져 있는 것을 발견할 수 있을 것입니다.

우리가 이런 진리를 알고 있는 이상 노력해야 합니다. 눈을 딱 감고 있는 사람에게는 햇살이 눈 안에 들어오지 않습니다. 마음의 여유가 필요합니다. 가난해도 기뻐할 수 있는 일이 얼마든지 있는데 왜 우울하게 삽니까? 하나님은 우리가 항상 기뻐하며 살기를 원하십니다.

○ ○ ○ ○ ○ ○ ○ ○
오늘을 즐겁게 살라

하나님은 솔로몬을 통해서 다른 교훈도 가르쳐 주십니다. 그것은 오늘을 즐겁게 살라는 것입니다. 전도서 11장 8절 상반절을 보십시오.

사람이 여러 해를 살면 항상 즐거워할지로다_전 11:8상

오래 사는 사람은 그 모든 날을 즐겁게 살아야 한다고 말합니다. 우리가 행복하게 살려면 어떤 조건이 충족되어야만 가능합니까? 돈이나 명예가 있으면 저절로 행복해집니까? 아닙니다. 자기의 꿈이 이루어져야 비로소 행복해질 수 있다고 생각하는 사람이 많습니다. 그 꿈이 이루어지기까지는 즐겁게 살기가 힘들 것이라고 체념하는 사람이 많습니다. 그렇지 않습니다. 아무리 돈과 명예가 대단하다 해도 그것이 그 사람을 행복하게 만들지 못합니다.

미국의 텔레비전 프로그램 중에 〈필 도나휴 쇼〉(The Phil Donahue Show)라는 유명한 프로그램이 있습니다. 그 프로그램에서 어느 날 아주 인상 깊은 토론을 벌인 적이 있습니다. 유명 인사와 결혼을 했으나 결국 이혼하고 혼자 사는 여인들을 초청해서 좌담을 연 것입니다. 출

연자들이 저마다 쏟아 놓는 이야기는 다양했습니다. 그러나 공통된 의견이 있었습니다. "돈이면 다 해결할 수 있다고 생각했을 때 오히려 문제가 더 복잡해졌어요." "결혼 생활 중에서 행복했던 때는 오히려 어려운 살림을 꾸려 가면서 서로 의지하던 때였어요." "가장 행복했던 날들은 피곤하지만 소박하게 살던 때였어요." 거기에 출현한 여인들이 이구동성으로 한 말이었습니다.

돈이 우리에게 기쁨을 안겨 주는 것이 아닙니다. 명예가 우리에게 기쁨을 안겨 주는 것도 아닙니다. 기쁨은 젊은이들만 누리는 전매특허가 아닙니다. 우리는 언제나 기뻐할 수 있습니다. 행복은 오늘의 것입니다. 기쁨은 지금 유효한 것입니다. 그것을 유보하면 안 됩니다. 내일까지 미루면 아이스크림이 녹듯이 다 녹아 버립니다. 지금 우리는 기뻐할 수 있습니다. 예수님이 우리 안에 계시기 때문에 우리는 항상 기뻐할 수 있습니다.

토인비(Arnold Joseph Toynbee, 1889~1975)가 쓴 글을 보고 참 느끼는 바가 많았습니다.

"당신이 우리 집에 와서 내가 사는 것을 보고 나를 행복한 사람이라고 말할지 모르겠습니다. 그러나 이 가구와 음식들은 행복과는 아무런 관계가 없습니다. 하나님께서 나를 사랑하시고 돌보고 계신다는 사실을 나는 매일 아침 느끼며 자리에서 일어납니다. 하나님께서는 그리스도로 말미암아 내 모든 죄를 용서하셨습니다. 그래서 내가 아무 염려 없이 미래를 맞이할 수 있는 것입니다. 만일 내가 이것을 착각으로 여겼다면 이 집은 내게 아무 안식도 주지 못하고, 이 음식은 아무 맛도 없는 것이 되었을 것입니다. 이 집의 비싼 물건들이 행복을 가져다주는 것이 아닙니다. 내가 이것을 솔직하게 당신에게 말할 수 있게 된 것을 기쁘게 생각합니다. 내일 이 집이 갑자기 오두막집이 된다고 할지라도 나는 기뻐할 것입니다. 왜냐하면 예수 그리스도가 나의 유일한 만족이요, 기쁨이 되기 때문입니다."

◦◦◦◦◦◦◦◦꽃◦◦◦◦
여러분의 안목은 달라져 있는가?

기쁨은 오늘 내가 누리는 것입니다. 조건이 충족될 때만 누리는 것이 아닙니다. 지금 내가 기뻐할 수 있는 것입니다. 그러기에 솔로몬은 오늘 기뻐하라고 했습니다. 모든 날을 기뻐하라고 했습니다. 바울 사도도 우리에게 항상 기뻐하라고 했습니다(빌 4:4; 살전 5:16 참조). 성령을 모신 사람은 항상 기쁨이 그 마음속에 있습니다. 어떤 조건을 따지지 않고 그 모든 조건을 초월해서 기뻐할 수 있는 것입니다.

날마다 불평하며 우는 자식을 보고 싶어 하는 부모는 없습니다. 아무리 부유하게 잘살아도 자식들이 그 꼴로 사는 것을 보고 싶어 하는 부모는 없습니다. 우리 하나님 아버지도 마찬가지입니다. 하나님은 우리가 즐겁게 살기를 원하십니다. 하나님의 사랑을 독차지한 우리가 날마다 기쁘게 웃으며 사는 것을 보기 원하십니다. 푸른 하늘을 바라보며 즐거워하는 사람이 되기를 원하십니다. 푸른 하늘을 바라보며 기뻐하고, 한 송이 들꽃을 바라보며 즐거워하는 사람이 되기를 원하십니다.

"하늘의 새도 네 것이고 저 백합화도 네 것이고 저 푸른 초장도 다 네 것이다. 내가 너에게 주었노라. 그러니까 기뻐하며 살아라. 세상 사람들 앞에서 얼굴을 펴라. 환하게 웃으며 살아라." 이것이 하나님께서 우리에게 요구하시는 삶입니다. 어두운 날이 더 많은 세상입니다.

그러나 우리는 즐겁게 사는 비결을 배웠습니다. 시시때때로 해를 봅시다. 시시때때로 백합화를 봅시다. 시시때때로 하나님의 사랑을 느끼게 하는 것들을 찾아갑시다. 그 속에 하나님이 주시는 메시지가 있습니다. 그 속에 하나님이 주시는 넘치는 기쁨이 있습니다.

13

겉옷까지
주십시오

우리가 모두 높은 이상을 바라보며 하나님의 자녀답게 살려고 부단히 노력할 때
하나님은 우리를 통해 영광 받으실 것입니다.

마태복음 5:38-42

38 또 눈은 눈으로, 이는 이로 갚으라 하였다는 것을 너희가 들었으나 39 나는 너희에게 이르노니 악한 자를 대적하지 말라 누구든지 네 오른편 뺨을 치거든 왼편도 돌려 대며 40 또 너를 고발하여 속옷을 가지고자 하는 자에게 겉옷까지도 가지게 하며 41 또 누구든지 너로 억지로 오 리를 가게 하거든 그 사람과 십 리를 동행하고 42 네게 구하는 자에게 주며 네게 꾸고자 하는 자에게 거절하지 말라

겉옷까지
주십시오

성경에서 이 말씀만큼 우리의 기를 꺾어 놓는 말씀이 또 있는지 모르겠습니다. 저와 같이 목사의 처지에 있는 사람도 이 말씀 앞에서는 긍지와 자부심이 사정없이 산산조각이 나고 맙니다. 아마도 이 말씀은 성경에서 가장 오르기 힘든 최고봉 중 하나라 할 것입니다. 그러다 보니 우리는 자칫 이 말씀을 마치 사람이 한 번도 오른 적이 없는 높은 산을 대하듯 하기 쉽습니다. "저 산은 아직 한 사람도 올라간 적이 없어. 그러니까 저건 못 올라가는 산이야!" 이렇게 단념하고 나면 그 산을 오르지 못하는 데 대한 아쉬움이나 부끄러움이 다 사라지고 마음이 마냥 평안해지는 것입니다. 마찬가지로 우리는 이 말씀에 대해서도 그대로 살지 못하는 것을 매우 당연한 것처럼 생각하고 실천하려고 노력하는 것조차 포기하기 쉽습니다.

그러나 하나님은 절대 이와 같은 태도를 기뻐하지 않으십니다. 이 말씀이 아무리 순종하기 어렵다 해도 하나님의 명령이기에 우리는 실천하려고 부단히 노력해야 합니다. 그렇게 할 때 비로소 우리는 정상을 향해 조금씩 더 높이 올라가게 될 것이고, 결국에는 하나님이 기뻐하시는 수준까지 이를 수 있게 되는 것입니다.

○ ○ ○ ○ ○
두 가지 오해

사실 이 말씀은 그동안 해석을 둘러싸고 많은 사람의 오해를 받아 왔습니다. 어떤 사람들은 이 말씀을 액면 그대로 실천하려고 노력했습니다. 러시아의 문호 톨스토이가 그 한 예입니다. 절대 평화주의자요, 완전주의자였던 그는 "절대로 악한 자를 대적하지 말라. 그대로 내버려 두어야 한다. 대적하는 것은 비성경적이다. 그러므로 악한 자를 견제하고 벌을 가하는 정부도 있어서는 안 될 것이요, 군대도 있어서는 안 될 것이며, 경찰이나 행정관도 있어서는 안 된다!"라며 거의 무정부론에 가까운 주장을 폈습니다. 우리가 잘 아는 《전쟁과 평화》(Война и мир)라는 유명한 소설도 사실은 이러한 사상에 근거해서 쓴 작품입니다.

비슷하지만 또 이런 주장을 한 사람들도 있습니다. "예수님을 믿는 사람은 시시비비를 막론하고 절대 다른 사람에게 저항해서는 안 된다. 발에 묻은 진흙을 털게끔 문간에 깔아 놓은 매트처럼 아무리 밟고 뭉개도 가만히 있어야 한다. 어떤 피해와 고통을 당해도 '아멘'으로 받아들여야 한다. 이것이 크리스천이다." 그들의 말이 전혀 일리가 없는 것은 아니지만 이것은 너무 지나친 이상론입니다.

이 두 가지 극단적인 입장은 본문 말씀을 액면 그대로 받아들인 데서 빚어진 오해였습니다. 그러나 예수님을 보십시오. 그분은 당대의 악에 대해서 가장 신랄하고도 무섭게 대항하셨던 분입니다. 마태복음 23장 33절을 보면, 주님은 '독사의 새끼'라는 극한 말을 써 가면서 서기관들과 바리새인들을 책망하셨습니다. 그분은 부패한 종교 지도자들과 나라를 좀먹던 정치 지도자들에 대해 침묵이나 무저항으로 일관하신 것이 아닙니다. 이것은 참으로 역설이 아닐 수 없습니다. 왜냐하면 우리에게 악을 대적하지 말라고 말씀하신 예수님 당신은 악에 대해서 공개적으로 대항하셨기 때문입니다.

가야바의 뜰에서 마지막 심문을 받는 도중에 옆에 있던 군사 하나가 충동적으로 예수님을 때렸을 때도 그러셨습니다. 그가 어디를 때렸는지는 성경에 분명하게 기록되어 있지 않지만 아마 뺨을 때렸을 것이라고 생각됩니다. 이런 억울한 치욕을 당하실 때 예수님은 어떻게 반응하셨습니까? 오른뺨을 맞았다고 해서 왼뺨을 돌려 대셨습니까? 천만의 말씀입니다. 그분은 오히려 "네가 내 말의 어떤 부분이 잘못되었는지 명확하게 따져서 잘잘못을 가리기 전에 왜 사람을 치느냐?" 하시면서 단호히 항의하셨습니다(요 18:23 참조).

우리는 이 두 가지 사실에서 오른뺨을 때리면 왼뺨을 돌려 대라는 말씀을 표면상의 의미로 받아들여서는 안 된다는 것을 분명히 알 수 있습니다. 따라서 우리는 오해에 빠지지 않기 위해 다음의 두 가지를 분명히 해 둘 필요가 있습니다. 먼저, 이 말씀은 개인과 국가의 관계나 개인과 사회의 관계에는 적용될 수 없습니다. 예수님은 개인적인 관계에 있어서 악의를 품고 자신을 해치려 하는 자나 해를 끼친 자에게는 온유하게 용서를 베푸셨습니다. 그러나 국가나 사회의 악에 대해서는 결코 잠잠하지 않고 단호히 맞서 싸우셨습니다. 그러므로 우리는 이 말씀을 개인적인 관계에만 적용되는 진리로 보아야 합니다. 두 번째로, 이 말씀은 세상 사람 모두에게 적용될 수는 없습니다. 달리 말해서, 이 말씀은 하나님의 자녀들에게만 주어진 말씀입니다. 그러므로 우리는 이 말씀에서 하나님의 자녀가 이웃들과의 관계에서 억울한 일을 당할 때 어떻게 처신하는 것이 하나님의 자녀다운 태도인지를 배워야 합니다. 그 태도는 한마디로 이렇게 요약될 수 있습니다.
"원한에 대해 보복하느니 차라리 자비를 베풀라!"

○ ○ ○ ○ ○ ○ ○ ○
눈은 눈으로 이는 이로

사실 구약시대에는 피해자가 가해자에게 보복하는 것이 법적으로 매우 정당한 일이었습니다. 예수님 당시까지만 해도 이스라엘 사람들은 "눈은 눈으로, 이는 이로 갚으라"라는 교훈을 듣고 있었습니다. 어떤 사람이 내 눈에 상처를 냈으면 그의 눈에도 똑같이 하라는 것입니다. 출애굽기 21장 23절에서 25절은 이것을 좀 더 구체화하여 다음과 같은 여덟 가지 항목을 제시하기까지 했습니다.

> 그러나 다른 해가 있으면 갚되 생명은 생명으로, 눈은 눈으로, 이는
> 이로, 손은 손으로, 발은 발로, 데운 것은 덴 것으로, 상하게 한 것은
> 상함으로, 때린 것은 때림으로 갚을지니라_출 21:23-25

어떤 면에서는 하나님께서 보복의 정당성을 인정하신 것입니다. 그러나 보복을 정당화하는 이 법은 잔인하기 그지없어 보입니다. 어떤 문제로 두 사람이 서로 다투다가 그중 한 사람이 무의식중에 손을 휘두른 것이 공교롭게도 상대방의 눈에 치명적인 상처를 입혀 눈을 멀게 했다고 가정해 봅시다. 만약 이 법대로 한다면 때린 사람을 끌어다 놓고 그 사람의 눈을 뽑아야 할 것입니다. 어쩌다 남의 눈을 멀게 했다 해서 멀쩡한 눈을 뽑아 버리라니 이 얼마나 기가 막힌 일입니까?
그러나 유대 나라에서 "눈은 눈으로, 이는 이로 갚으라"라는 이 법이 문자 그대로 시행된 경우는 단 한 건도 없었다고 합니다. 이 법을

액면 그대로 집행하는 것은 너무나 무자비하고 잔인한 일이기에 그들은 좀 가볍게 가해한 사람에게는 돈으로 보상하게 했고, 좀 심하게 가해한 사람에게는 몇 년 동안 종이 되어 그 대가를 치르도록 했던 것입니다.

그렇다면 하나님은 무엇 때문에 그들에게 이런 무자비한 법을 주셨습니까? 하나님께서 이 법을 주신 진정한 의도가 따로 있다고 생각합니다. 하나님은 더 이상 악을 범하는 사람이 생기지 않도록 만듦으로 선한 사람을 미리 보호해 주고자 하셨던 것입니다. 신명기 19장 20절이 그 증거입니다. 거기 보면 하나님은 이 법을 언급하신 후 이런 해석을 덧붙여 놓으셨습니다.

> 그리하면 그 남은 자들이 듣고 두려워하여 다시는 그런 악을 너희
> 중에서 행하지 아니하리라_신 19:20

이로 볼 때 이 법은 사람을 잔인하게 다루기 위해서가 아니라 악을 예방함으로써 선한 자를 보호해 주시려는 하나님의 자비하심에서 나온 것이 분명합니다.

그리고 하나님은 요즘 흔히 유행하는 말로 하면 가혹 행위를 예방함으로써 가해자까지도 보호해 주려고 하셨던 것입니다. 사람들은 얼마나 잔인한 존재인지 모릅니다. 깨끗한 옷을 입고 머리를 단정히 빗고 용모를 깔끔히 하고 있으면 누구나 천사 같아 보입니다. 그러나 조금만 본성이 드러나면 피 한 방울 흘리게 한 사람에게 절대 피 한 방울만을 요구하지 않습니다. 그의 살점까지 뜯어내려고 합니다.

이와 같은 잔인성은 살인자 가인의 자손 라멕의 말속에도 적나라하게 드러나지 않습니까? 라멕은 자기 아내들을 앞혀 놓고 이렇게 자랑

했습니다. "내가 상처를 입은 것 때문에 내가 사람을 죽였다. 내가 부상을 당한 것으로 인해서 나는 젊은 소년을 죽였다"(창 4:23 참조). 라멕은 '이는 이로'의 선에서 머물기를 거부했습니다. '이는 생명으로' 보복하는 데까지 가서야 그 분노를 가라앉힐 수 있었습니다. '이는 이로'라는 최소한의 제동 장치가 없을 때 사람이 어느 정도로 잔인해 질 수 있는가를 보여 주는 좋은 예라 할 수 있습니다.

하나님의 자녀인 우리 역시 인간이기에 자칫 잘못하면 이런 잔혹행위를 할 가능성이 얼마든지 있습니다. 가정에서 부모가 화나면 어린자녀를 때리지 않습니까? 그런데 그 어린애가 잘못한 것만큼만 때리는 부모는 아마 열에 하나도 안 될 것입니다. 화가 치밀어 오르면 자녀들에게 그 이상의 벌을 가하는 게 바로 우리 인간들입니다. 하나님은 인간의 이런 잔인성을 아셨기에 해를 가한 그 이상으로 보복하지 못하도록 이 법을 주신 것입니다. 하나님은 이러한 의도를 좀 더 분명히 하시고자 이 법을 반드시 법관 앞에서 공개적으로만 시행하게 하셨습니다. 만약 자기 눈 하나를 멀게 한 사람을 끌고 와서 제 마음대로 그의 눈을 뽑게 한다면 화가 복받쳐 두 개 다 뽑을 수도 있기 때문입니다.

따라서 이 법은 가혹 행위를 범하는 것을 사전에 막고, 또 가혹 행위 때문에 희생당하는 것도 사전에 막고자 하신 하나님의 자비를 표현한 것입니다. 하나님은 이 법을 통해 죄를 짓지 않은 선한 사람들뿐 아니라 죄를 범하고 남에게 해를 끼친 악인들까지도 사랑하시고 그 인권을 매우 존중히 여기신다는 것을 보여 주신 것입니다.

그러나 예수님 당시의 종교 지도자들은 이 법을 잘못 적용하여 개인적으로 보복해도 좋다고 가르치고 있었습니다. 그들은 이 법을 허락하신 하나님의 원래 의도를 완전히 왜곡시켜서 이 법을 악용했던 것입니다. 마태복음 5장 39절에서 예수님께서 그렇게 하지 말라고 말씀하신 것은 바로 이 때문이었습니다. 주님은 이 법을 더욱 높은 원래의 수준으로 끌어올려 재해석해 주셨습니다. 하나님의 자녀는 사적인 감정이나 원한이 있을 때 "보복하느니 차라리 자비를 베풀어야 한다"라는 것입니다.

세 가지 예

예수님은 우리가 처할 수 있는 세 가지 대표적인 예를 들어 이 교훈을 세밀하게 가르치셨습니다.

왼뺨을 돌려 대라(인격적인 모욕을 당할 때)

첫 번째 예는 오른뺨을 때리면 왼뺨을 돌려 대라는 것입니다(마 5:39). 이것은 인격적인 모욕을 당할 때 하나님의 자녀가 마땅히 취해야 할 태도를 말합니다. 사람은 마땅히 사람대우를 받아야 하고 존경과 신뢰를 받아야 합니다. 사람처럼 취급받지 못할 때 우리는 인격적으로 모욕을 당했다고 느낍니다. 수십 대의 태장을 맞아도 사람대우를 받으면서 맞는다면 참을 수 있을 것입니다. 그러나 한 대를 맞아도 개처럼 취급당했다면 참아 내기가 결코 쉽지 않습니다.

예수님 당시 유대에서는 손바닥으로 뺨을 때리는 것이 상당한 인격 모독 행위로 간주되었습니다. 그래서 노예들은 무슨 일로 주인에게 매를 맞게 되면 제발 몸의 다른 부위는 마음대로 때려도 좋으나 뺨만은 때리지 말아 달라고 간청하기도 했습니다. 그 당시에는 주인이 화가 날 때 노예들의 뺨을 때리는 일이 비일비재했던 것입니다.

한 가지 재미있는 것은 주님께서 오른뺨을 맞을 때에 대해서 말씀하고 있다는 사실입니다. 두 사람이 마주 서 있는 상황을 한번 상상해 보십시오. 상대방의 오른뺨을 때리려면 왼손으로 쳐야 합니다. 그러나 대부분의 사람들은 오른손잡이여서 오른뺨을 때리기가 쉽지 않습니다. 그러므로 예수님이 "왼뺨을 때리면" 하고 말씀하셨다면 더 자연스럽게 들렸을 것입니다. 그럼에도 예수님이 굳이 오른쪽 뺨을 맞을 때에 대해 말씀하신 이유가 무엇입니까?

우리가 그 이유를 알기 위해서는 오른손잡이가 굳이 오른뺨을 때리고자 한다면 부득불 손등을 쓸 수밖에 없다는 사실을 기억할 필요가 있습니다. 그 당시의 상황으로 볼 때 손바닥으로 뺨을 맞는 것도 인격적인 모욕이지만, 손등으로 뺨을 맞는 것은 두세 갑절 이상의 모욕이었습니다. 바로 이것입니다. 예수님은 지금 우리가 인격적인 모욕을 받을 수 있는 최악의 상황에 대해서 말씀하고 계신 것입니다.

세상을 살다 보면 이처럼 도저히 참을 수 없는 인격적인 모욕을 당할 때가 가끔 있습니다. 어떤 경우에는 본의는 아니었다 해도 서로가 인격적인 모욕을 주고받을 수밖에 없는 경우도 생깁니다. 이럴 때 하나님의 자녀로서 우리는 어떻게 해야 합니까? 이에 대한 예수님의 대답은 지극히 간단합니다. "왼편을 돌려 대라!" 어떤 분들은 오른뺨을 맞을 때 왼뺨을 돌리는 것이 하나님의 자녀다운 처신이라고 하니까 진짜로 왼뺨을 돌려댈지도 모릅니다. "자. 내가 이런 모욕도 당했는데 그보다 못한 이 정도야. 때려라. 때려!" 그래서 한 대 더 맞으면 그것으로 주님의 말씀에 순종했다고 생각할지 모릅니다.

그러나 예수님은 그렇게 처신하라고 말씀하신 것이 아닙니다. 왼뺨을 돌려 대라는 말은 자기를 모욕하는 자들을 온유한 자세로 대하고 그들에게 관용을 베푸는 덕스러운 행동을 비유로 표현한 것입니다. 예수님께서는 자기를 모욕하고 침을 뱉고 때리는 자들을 용서하고 오히려 그들을 위해서 기도해 주셨습니다. 우리도 그렇게 하라는 것입니다. 이게 바로 왼뺨을 돌려 대라는 말씀의 참 의미입니다.

그러나 우리 중에 과연 이 말씀대로 살 수 있는 사람이 누가 있겠습니까? 가령, 제가 어떤 상황에서 잘못한 것이 하나도 없는데 인격적으로 심한 모욕을 당했다고 해 봅시다. 이때 제가 취할 수 있는 태도는 두 가지 중 하나일 것입니다. 정말 예수님의 말씀에 순종해서 하나님의 자녀답게 처신을 하든지, 아니면 윗도리 벗어 놓고 내가 무얼 잘못했느냐며 대들든지 하는 것입니다. 그런데 그만 제가 참지 못하고 인격을 모독한 그 사람에게 잘잘못을 따져 보자면서 대들고 소리를 지른다고 해봅시다. 제삼자가 볼 때 제가 목사 같아 보이겠습니까?

문제는 바로 여기에 있습니다. 하나님은 우리가 세상에서 당신의 자녀답게 살지 못하는 것을 매우 싫어하십니다. 이것은 우리 부모님들도 마찬가지가 아닙니까? 자기 자식이 그래도 고상한 집안에서 태어났으면 고상한 집안의 자녀답게 품위 있게 행동하기를 바라지 않습니까? 버릇없이 자란 애들처럼 행동하는 것을 좋아하는 부모는 아무도 없을 것입니다. 하나님 역시 우리가 세상 사람들에게 하나님의 자녀다운 모습을 보여 주길 바라십니다. 그런데 만약 우리가 아무리 잘했다고 해도 악으로 악을 갚는 식으로 그들을 대하면 하나님의 자녀로서의 품위를 완전히 잃어버리고 말 것입니다.

겉옷까지 주라!(최소한의 권리를 빼앗길 위기에 처했을 때)

두 번째 예는 속옷을 가지고자 하는 자에게 겉옷까지 주라는 것입니다(마 5:40). 이것은 최소한의 권리마저 빼앗길 위기에 처할 때 하나님의 자녀가 어떠한 태도를 보여야 하는지를 말하는 것입니다. 예수님은 법적인 힘을 빌린 자에 의해 송사를 당하여 속옷까지도 빼앗길 비참한 상황에 빠진 어떤 사람에 대해서 말씀하십니다. 우리는 그가

겉옷까지 주십시오

•

어떤 이유로 법정에까지 서야 했는지 모릅니다. 그러나 떳떳하든 억울하든 그는 지금 빈털터리가 될지도 모르는 궁지에 몰려 있습니다.

당시의 속옷은 오늘날 우리가 입는 것처럼 오밀조밀하게 잘 재봉된 옷이 아닙니다. 위로부터 아래로 한 번 입으면 되게끔 만들어진 옷이었습니다. 대부분의 가난한 사람은 옷이라고는 겉옷 한 벌과 속옷 두 벌밖에 가지고 있지 않았습니다. 유대 사람들은 자신이 가난해도, 어떤 혐의를 받는 죄인이라 해도 속옷과 겉옷을 끝까지 소유할 수 있는 권리를 보장받고 있었습니다. 만약 이것들마저 빼앗긴다면 그야말로 최악인 것입니다.

그런데 본문에서 예수님은 속옷을 빼앗긴 경우에 대해서 말씀하시지 않습니까? 어쩌면 그 정도는 그래도 괜찮을지 모릅니다. 겉옷이 있으니까 몸을 가릴 수 있기 때문입니다. 그러나 주님은 겉옷마저 내놓아야 할 형편에 몰리면 연연하지 말고 그것마저도 내주라고 말씀하셨습니다. 우리로서는 참으로 이해하기 힘든 말씀입니다. 예수님 당시는 웬만한 사람들이 아니면 겉옷은 한 벌밖에 없었습니다. 한 벌로 거의 평생을 살다시피 하다 보니 변색도 되고 헝겊을 대서 여기저기 기워 입고 다녀야 할 형편이었습니다. 특히 가난한 자들에게 이 겉옷은 낮에는 자기 몸을 가리는 외투요, 밤에는 추위에서 자기 몸을 보호하기 위해서 덮는 이불입니다. 그래서 하나님은 특별히 가난한 자를 생각하셔서 출애굽기 22장 26절에서 이렇게 말씀하시기도 했습니다.

네가 만일 이웃의 옷을 전당 잡거든 해가 지기 전에 그에게 돌려보내라_출 22:26

가난한 사람들이 궁지에 몰리면 배고픔을 이기지 못하여 하나뿐인 겉옷을 전당포에 맡기고 몇 푼을 얻어서 입에 풀칠하는 경우가 있었습니다. 그럴 때 전당포 주인은 해가 지기 전에 그 옷을 다시 돌려주어야 한다는 것입니다. 돈을 갚지 못해도 그 옷을 돌려주어야 합니다. 27절에 그 이유가 나와 있습니다.

> 그것이 유일한 옷이라 그것이 그의 알몸을 가릴 옷인즉 그가 무엇을 입고 자겠느냐 그가 내게 부르짖으면 내가 들으리니 나는 자비로운 자임이니라_출 22:27

겉옷이 없으면 그 사람은 밤새도록 떨고 앉아 있을 것이고, 잠을 자지 못하고 떨고 있을 때 그 사람은 하나님을 향해 부르짖을지도 모릅니다. 그러면 하나님이 그의 사정을 듣고 전당포 주인을 가만 안 두실 것이라는 말입니다. 이만큼 겉옷은 중요한 것입니다.

그러므로 속옷까지 빼앗길 때 겉옷까지 내어 주라는 말씀은 나에게 있는 최소한의 권리, 마지막 권리까지도 완전히 포기하라는 의미로 볼 수 있습니다. 우리 주변에는 자기가 먹던 밥그릇까지 전부 빼앗기는 끔찍한 비극을 겪는 사람들이 많이 있습니다. 요즘 한 사람이 부도를 내면 연쇄적으로 부도가 나고 억울하게 피해를 보는 사람이 얼마나 많습니까? 바로 이와 같은 위기에 처할 때 하나님의 자녀는 어떻게 해야 합니까? 시시비비를 가려 보자며 끝까지 싸우면서 법정에다 고소에 고소를 거듭해야 합니까? 아닙니다. 예수님은 이렇게 말씀하십니다. "다 내어 주라!" 다 내줘 버리고 하나님을 바라보라는 것입니다. 바로 이것이 하나님의 자녀다운 모습입니다.

사실, 제가 보기에도 예수님을 믿는 사람들이 너무 권리 행사를 하면 하나님의 자녀답게 보이지 않습니다. 목사가 자꾸 자기 권리만 행사한다고 생각해 보십시오. 목사답게 보이겠습니까? 그렇지 않습니다. 예수님을 믿는 사람들이 세상에 살면서 법에 너무 밝아서 심심하면 소송을 하고 난리법석을 떤다면 전혀 신자답지 못합니다. 저는 자기 것을 송두리째 다 빼앗기지 않을 수 없는 절박한 상황에서 발악했기 때문에 끝내 빼앗기지 않았다고 하는 사람을 단 한 명도 보지 못했습니다. 결국에는 다 빼앗기고 마는 것입니다. 결국 그렇게 될 상황이라면 오히려 하나님의 자녀다움을 보여 주어야 하지 않겠습니까? 큰 맘 먹고 포기하고 양보합시다. 그리고 하나님을 바라보고 모든 것을 맡깁시다. 그러면 하나님이 그 아름다운 모습을 보시고 은혜를 베푸실 것입니다.

그러나 우리 중에 이러한 교훈을 따라 그대로 살려고 하는 사람이 과연 몇이나 되겠습니까? 저는 이런 최악의 상황을 당해 보지 않아서 무엇이라고 말할 수 없습니다만, 우리는 이 말씀을 마음에 분명히 새겨 두어야 합니다. 양보해야 할 때는 양보해 버립시다. 하나님의 자녀답지 못하게 사는 것보다는 차라리 양보하고 하나님의 자녀답게 사는 것이 백배 천배 더 낫습니다.

십리를 동행하라!(자유를 속박당할 때)

세 번째 예는 억지로 5리(약 2km)를 가게 하거든 그 사람과 함께 10리를 동행하라는 것입니다(마 5:41). 이것은 자유를 속박당할 때 하나님의 자녀가 마땅히 취해야 할 태도를 말합니다. 예수님은 어떤 사람이 우리에게 억지로 오 리를 가게 할 때에 대해서 말씀하십니다. 이 말씀은 당시의 시대적 배경을 알지 못하면 이해하기 어렵습니다. 당시는 로마 제국 시대임을 기억할 필요가 있습니다. 당시 로마 군인들은 상당한 권한이 있었습니다. 그래서 길 가는 시민을 아무나 붙들어 강제로 일을 시킬 수 있었습니다.

특히 어떤 사람에게 짐을 지고 가게 하고자 할 때 적어도 약 1마일 (약 1.6km) 정도의 거리를 강제로 짐을 지워 가게 할 수 있는 권한이 있었다고 합니다. 이때는 하고 싶지 않아도 복종해야 합니다. 우리는 이미 성경에 기록되어 있는 좋은 예 하나를 알고 있습니다. 예수님이 십자가를 지고 골고다에 오르실 때 너무 기진맥진하셔서 그 형틀을 지고 발을 옮길 수 없게 되자 로마 군인이 가까이에 있던 건강한 남자 하나를 불러서 억지로 그 십자가를 정상까지 지고 가게 했다(마 27:32; 눅 23:26 참조)는 것을 우리는 알고 있습니다. 예수님은 바로 이런 상황을 말씀하시는 것입니다.

세상을 살다 보면 우리가 좋아하는 일만 골라 하며 살 수는 없습니다. 상황에 따라서는 싫은 일도 해야 하고, 억지로 끌려가면서 따라가야 할 때도 있습니다. 이웃 관계도 그렇고 대인 관계도 그렇습니다. 그런 일을 당할 때 내가 싫으니 끝까지 못 하겠다고 고집한다면 하나님의 자녀답다고 보기 어려울 것입니다. 누군가 원하면 나 자신의 의사와는 관계없이 봉사해야 합니다. 그리고 한 수 더 떠서 원하는 것보다 조금 더 해 주는 너그러움을 보여야 합니다. 달리 말해서, 5리를 가자고 하면 10리까지 가 주라는 것입니다. 그럴 때 하나님은 우리를 당신의 자녀답다고 생각하실 것입니다.

이와 같은 삶의 원칙에 따라서 살기 위해 얼마나 노력하고 있습니까? "하늘에 계신 너희 아버지가 용서하고, 포용하고, 희생하고 사랑해 주는 일에 온전하신 것처럼 너희도 온전하라!"(마 5:48 참조) 하나님은 우리가 이렇게 살기를 기대하고 계십니다. 그러므로 "이 말씀은 너무 이상론이야!"라고 말하면서 그냥 넘겨서는 안 됩니다.

오늘날 한국 교회의 천만 성도들이 비록 완전하게 실천하지는 못한다고 할지라도 이 말씀대로 살아 보려고 매일 몸부림쳤다면 교회의 이미지가 이 정도로 나빠지지는 않았을 것입니다. 예수님을 믿는 사람들이 세상 사람들의 발밑에 짓밟히는 이런 기가 막힌 비극은 피할수 있었을 것입니다. 우리가 비록 이 말씀의 정상까지 올라가지는 못한다고 해도 중턱이라도 올라가려고 자제하고, 양보하고, 희생하고, 포용하고, 용서하며 살았더라면 오늘 우리 주변에 예수님을 믿으려고 찾아오는 사람들이 더 많아졌을 것입니다. 그로 인해 하나님은 더 큰 영광을 받으셨을 것입니다. 우리가 세상 사람들 앞에 하나님의 자녀다운 모습을 더 멋지게 보여 줄 수 있었을 것입니다.

그러나 불행하게도 세상 사람들은 예수님을 믿는 사람들인 우리를 보고 이렇게 말합니다. "예수 믿는 사람이 더 지독해." "예수 믿는 사람이 더 악질이야." "예수 믿는 사람이 더 믿을 수 없어." "예수 믿는 사람이 더 욕심쟁이야." 우리가 억울한 누명을 쓰는 일도 없지는 않지만, 이런 비난을 남의 이야기처럼 들어서는 안 될 것입니다. 만일 우리가 이 말씀의 원칙에 따라서 살아 보려는 노력조차 하지 않는다면 하나님의 자녀로서의 삶을 포기하는 것이나 다름없을 것입니다. 이 땅 위에 1억 명이 산다고 해도 이런 크리스천을 통해서는 하나님께서 영광 받으실 수 없습니다. 또한 이런 크리스천들이 모이는 교회가 이 땅에 수십만 개가 있다고 해도 세상 사람들에게 짓밟히는 악순환은 반복될 수밖에 없을 것입니다.

한 가지 분명한 것은 이러한 기대에 걸맞게 사는 것은 우리 힘만으로는 안 된다는 것입니다. 성령 안에서 중생하고 새사람 된 사람만이 그렇게 살 수 있습니다. 하나님의 말씀을 날마다 가까이 두고 그 말씀을 통해서 은혜를 받으려는 사람만이 가능합니다. 예수님의 모범을 항상 바라보며 그의 걸어가신 길을 한 발짝 한 발짝 따라가려는 사람이라야 가능합니다. 십자가에 자기의 옛사람을 철저하게 못 박은 사람이라야 가능합니다. 조지 뮬러(Johann Georg Ferdinand Müller, 1805–1898)처럼 자아가 그리스도 안에서 완전히 죽어야 합니다. 그는 이렇게 고백했습니다.

> "나 조지 뮬러가 철저하게 죽어 버린 날이 있었다. 우선 나는 나 자신에 대해서 완전히 죽었다. 나의 주견, 내가 좋아하는 것, 나의 취미, 나의 뜻, 나는 이 모든 것에 대해서 죽었다. 그뿐 아니라 나는 세상에 대해서도 철저하게 죽었다. 사람들이 나를 칭찬하느냐 아니면 비난하느냐, 나를 지지하느냐 아니면 나를 거역하느냐 하는 그런 문제에 대해서 나는 완전히 죽었다. 심지어 나의 형제들과 친구들이 나를 좋게 보느냐 아니면 나를 나쁘게 보느냐 하는 그런 문제에 대해서도 나는 완전히 죽어 버렸다. 이렇게 죽은 다음부터 나는 오로지 나 자신이 하나님께서 보시기에 합당한 사람이 되는 일에만 골몰할 수 있게 되었다."

우리가 모두 높은 이상을 바라보며 하나님의 자녀답게 살려고 부단히 노력할 때 하나님은 우리를 통해 영광을 받으실 것입니다. 혹시 마음속에 원한이 있습니까? 보복하지 못해서 생긴 응어리들이 있습니까? 마음속에 끓어오르는 분노가 있습니까? 이 모든 것을 성령의 능력으로 완전히 씻어 버립시다. 우리가 내 권리와 내 자유, 내 인격, 항상 나만 생각하는 이 아집에서 해방되어 오직 하나님의 자녀답게 살려고 몸부림칠 때, 우리에게서 아버지 되신 하나님을 닮은 모습이 나타난다는 사실을 분명히 알아야겠습니다.

14

그리스도인의
사전에는
낙심은 없습니다

하나님은 어려움을 통해 우리가 영원한 나라의 영광을 바라보게 하십니다.
그리고 세상의 문제를 바라보는 내 마음의 눈의 배경을
하나님 나라의 영광으로 바꾸십니다.
하나님은 문제를 통해서 우리를 더 멋있는 노래로
하나님을 찬양할 수 있는 그리스도인으로 만들고 계십니다.

고린도후서 4:16-18

16 그러므로 우리가 낙심하지 아니하노니 우리의 겉 사람은 낡아지나 우리의 속사람은 날로 새로워지도다 17 우리가 잠시 받는 환난의 경한 것이 지극히 크고 영원한 영광의 중한 것을 우리에게 이루게 함이니 18 우리가 주목하는 것은 보이는 것이 아니요 보이지 않는 것이니 보이는 것은 잠깐이요 보이지 않는 것은 영원함이라

그리스도인의 사전에는
낙심은 없습니다

하나님은 당신의 자녀를 다루실 때 주로 두 가지 방법을 사용하십니다. 하나는, 우리의 요구를 들어주시는 방법입니다. 우리가 기도하는 대로 다 들어주시고, 우리가 필요한 것마다 채워 주시고, 우리가 원하는 것을 모두 주시는 것입니다. 다른 하나는, 우리가 원하는 것을 들어주시지 않는 방법입니다. 우리의 요구를 들어주는 대신 우리가 더욱 가치 있고 차원 높은 것에 눈을 돌리도록 만드시는 것입니다.

그러므로 혹시 예수님을 믿는 것을 우리의 욕구를 충족시키는 수단쯤으로 생각하고 있는 사람이 있다면 하나님의 뜻을 근본적으로 잘못 이해하고 있는 것입니다. 우리가 믿음으로 기도하고 간구하면 무엇이든지 100% 응답을 받아야 신앙의 절정이라 생각하는 것은 크나큰 오해입니다. 이것은 예수님을 믿는 자는 뭐든지 다 잘되어야 한다는 싸구려 축복론과 다를 바 없습니다.

"털어서 먼지 안 나는 사람 없다"라는 말처럼 낙심케 할 만한 문제와 고통을 가지고 있지 않은 사람은 이 세상에 아무도 없습니다. 우리 역시 예외가 아닙니다. 예수님을 믿는다고 해서 모든 문제가 다 사라지는 것은 아니기 때문입니다. 하나님은 한 번도 그런 약속을 하신 적이 없습니다. 그럼에도 불구하고 많은 사람이 낙관적인 생각을 가지고 신앙생활을 시작했다가 이러한 현실의 벽에 부딪힐 때 쉽게 낙담하는 것을 자주 봅니다.

사도 바울을 보십시오. 그는 우리보다 몇 배나 은사를 더 많이 받은 사람입니다. 그는 기도할 때마다 하나님이 놀랍게 응답해 주셨던 기도의 사람입니다. 그럼에도 불구하고 그가 평생 고통스러운 일을 얼마나 많이 겪었습니까? 고린도후서 4장 8절과 9절을 보십시오. 그는 거의 날마다 사방으로 우겨쌈을 당했습니다. 답답한 일을 당한 것도 한두 번이 아닙니다. 그는 복음을 전하다가 돌팔매질을 여러 번 당했고, 매도 수없이 맞았으며, 감옥 드나들기를 밥 먹듯 했습니다. 이와 같이 극심한 박해를 받고 거꾸러뜨림을 당하는 바울을 보면 예수 그리스도의 죽음을 대신 짊어지고 가는 사람처럼 보입니다.

바울처럼 믿음이 좋고 기도도 많이 하는 사람이 왜 이토록 많은 문제를 안고 인생을 살아야 합니까? 그가 선교사였기 때문입니까? 절대 그렇지 않습니다. 만약 그렇다면 선교사 아닌 사람은 기도할 때마다 무엇이든 다 응답을 받아야 하지 않겠습니까? 솔직히 말해서 우리가 아무리 믿음이 좋고 기도를 많이 한다고 해도 문제가 그대로 남아 있는 경우가 많습니다. 하나님이 안 계신 것입니까? 하나님의 능력이 부족한 것입니까? 성경 말씀이 거짓된 것입니까? 아니면 나의 믿음이 잘못된 것입니까? 그렇지 않습니다.

성경을 좀 더 냉정하게 읽어 보십시오. 하나님께서 믿음의 사람을 여전히 문제와 고통 속에 있게 하시는 데는 특별한 목적과 이유가 있기 때문이라는 사실을 알게 될 것입니다. 그러므로 우리가 당하는 문제와 고통 앞에서 낙심치 않기 위해서는 그 이유를 분명히 알아야 합니다. 그런 의미에서 우리는 본문 말씀을 통해서 들려주시는 하나님의 음성에 귀 기울여야 할 것입니다. 사도 바울은 자신이 당하고 있는 세 가지 문제를 예로 들면서 그럼에도 불구하고 우리가 낙심치 말아야 할 분명한 이유가 있음을 말해 주고 있습니다.

◦ ◦ ◦ ◦ ◦ ◦ ◦ ◦ ◦
날로 새롭게 되는 속사람

> 그러므로 우리가 낙심하지 아니하노니 겉 사람은 낡아지나 우리의 속사람은 날로 새로워지도다_고후 4:16

바울은 겉 사람이 낡아지는 것을 말합니다. 여기에서 '낡아진다'라는 것은 '점점 시들어 간다'라는 뜻입니다. 우리의 몸이 한때는 아름답고 윤기가 흘러넘칩니다. 그러나 나이와 함께 그 청춘이라는 영광은 시듭니다. 그래서 나이가 들면 거울에 비친 자기 얼굴을 들여다보면서 '이제 늙는구나!' 하는 탄식을 절로 하게 되는 것입니다.

고린도후서를 기록할 당시 바울은 40대 후반 내지 50대 초반이었습니다. 누구나 40대 후반이 되면 늙는 데 대해 안타까움이 생기지 않습니까? 바울처럼 탁월한 믿음의 인물도 늙는 것에 대해 아쉬움이 있었던 것 같습니다. 인간이기 때문에 그렇습니다. 아무리 안 그런 척하려고 해도 인간은 자신이 늙어 가는 것에 대해 아쉬움을 숨기지 못하는 것입니다. 늙는 것을 좋아할 사람은 아무도 없기 때문입니다.

언젠가 "더 늙기 전에 즐기고 살자"라고 하는 것을 인생의 좌우명으로 삼고 있는 40대 초반의 어떤 부인을 만난 적이 있습니다. 그녀는 즐길 줄 모르는 사람은 인생의 맛을 모르는 사람이라고 하며, 자신은 늙기 전에 마음껏 놀고 마음껏 즐기겠노라고 웅변을 토했습니다. 그가 애써 자신의 좌우명을 강조하는 것을 보며 참 서글픈 마음이 들었습니다. 그가 목청을 높일수록 속으로 늙는 것을 얼마나 안타까워하고, 두려워하고 있는지 엿볼 수 있었기 때문입니다.

우리는 바울 사도를 본받아야 합니다. 우리의 겉 사람은 반드시 낡아지게 되어 있습니다. 달리 말해서, 우리가 늙는다는 것은 피할 수 없는 사실입니다. 그럼에도 우리는 낙심할 필요가 없습니다. 왜냐하면 우리의 겉 사람이 낡아질지라도 속사람은 날로 새롭게 되기 때문입니다. 쉽게 말해서, 나이를 먹어 감에 따라 우리의 영적 자아가 날마다 새로워지는 것입니다. 우리 안에 심겨진 영원한 생명의 씨앗은 시간이 지날수록 더욱더 왕성하게 자랍니다. 나이가 지긋한 사람 가운데 신앙이 좋은 사람이 많은 것은 바로 이 때문이 아닌가 합니다. 젊은 사람들은 신앙의 연륜이 짧아서 안정성이 없습니다.

그러나 나이가 들수록 신앙이 터를 굳게 잡고 뿌리를 깊이 내려 속사람이 하나님과 대면하는 차원이 깊어지게 됩니다. 영적인 교제가 심오해집니다. 속사람이 이처럼 풍성한 영적 삶을 누릴 수 있다면 겉사람이 조금 쇠하여 가는 것이 무슨 상관이겠습니까? 겉 사람이 아름다움을 잃어갈수록 속사람은 날로 더 아름다워진다는 것을 믿음으로 확인하십시오. 나이로 인해서 젊음이 점점 서글픔과 탄식으로 바뀌어 갈수록 속사람의 세계는 하나님으로 인해서 더 풍성해진다는 사실을 확인하십시오. 그럴 때 우리는 낙심하지 않게 될 것입니다.

저는 시골에서 자라면서 소나무를 많이 보았습니다. 소나무는 큰 나무가 되기 전에는 껍질이 반들반들하고 보기가 좋지만 크게 자랄수록 껍질이 벗겨지고 쪼개지면서 진이 흘러내려 보기 흉해집니다. 그러나 저는 이 소나무를 보면서 중요한 진리 하나를 깨닫습니다. 어린 소나무는 겉이 반들반들하고 아름답게 보이지만 속은 약합니다. 그러니까 미려한 껍데기가 그것을 감싸는 것입니다. 사람도 마찬가지입니다. 겉이 아름답고 활기가 넘치는 것처럼 보이는 사람은 속사람이 약할 때가 많습니다. 겉 사람 때문에 너무 마음 쓰지 마십시오. 중요한 것은 겉 사람이 아니라 속사람입니다. 한편 소나무가 좀 더 나이를 먹으면 속이 알차게 됩니다. 그렇기 때문에 껍질이 벗겨지고 터져 나가도 그렇게 큰 영향을 받지 않습니다. 속이 든든해졌기 때문입니다.

우리가 나이를 먹을수록 겉 사람은 낡아질지 모르지만, 속사람은 믿음과 더불어 튼튼하게 자랍니다. 그러므로 우리는 겉 사람이 낡아진다는 사실에 오히려 더 기뻐하고 감사해야 할 것입니다. 겉 사람을 잘 꾸며 보겠다고 비싼 외제 화장품을 사서 바를 궁리를 하고 계십니까? 좀 더 젊고 아름답게 보이려고 성형 수술할 생각을 하고 계십니까? 차라리 그 정성으로 속사람을 아름답게 가꾸십시오. 우리의 겉 사람은 결국 주름지게 마련입니다.

현실의 문제는 내세의 영광을 위한 수단이다

우리가 잠시 받는 환난의 경한 것이 지극히 크고 영원한 영광의 중한 것을 우리에게 이루게 함이니_고후 4:17

우리가 보기에 바울은 낙담할 만한 일들이 너무나 많았습니다. 그에게는 육체에 가시가 있었습니다(고후 12:7). 그는 안팎으로 여러 가지 어려운 일을 수도 없이 겪었습니다. 그러나 바울은 결코 낙망하지 않았습니다. 그는 자기가 현실적으로 받는 고통과 문제들을 '잠시 받는 것'으로 보았습니다. 오히려 '가벼운 것'으로 여겼습니다.

우리 역시 현실 속에서 여러 가지 문제와 고통을 당할 수 있습니다. 그러나 그렇다 해도 낙심할 필요가 전혀 없습니다. 왜냐하면 그것들은 영원한 내세의 영광과는 비교도 안 될 정도로 순간적이고 가벼운 것들에 불과하기 때문입니다.

우리가 어떤 관점을 가지고 세상을 보느냐 하는 것은 대단히 중요합니다. 이것은 그림의 배경과도 같은 것입니다. 배경이 전혀 없다면 두더지가 파놓은 흙더미가 산처럼 보일 수도 있습니다. 그림을 볼 때 배경을 모르면 그 그림을 제대로 이해하기 어렵습니다. 바로 이러한 의미에서 나에게 닥쳐오는 문제와 고통을 바라보는 관점은 우리 생각의 배경이 됩니다. 문제를 바라보는 여러분의 배경은 무엇입니까? 현실입니까? 아니면 영원한 하늘나라 영광입니까?

만일 우리의 배경이 달라진다면 현실을 보는 눈 역시 완전히 달라질 것입니다. 하나님이나 내세의 소망이 없이 이 세상 문제를 바라보면 참담하게 느낄 수밖에 없습니다. 예수 그리스도에 대해 아는 것도 없고 현재 삶에 대한 목적과 의미도 모르는 사람이 세속적인 생각의 배경만 가지고 이 세상 문제를 쳐다볼 때 얼마나 막연하고 암담한 생각이 들겠습니까? 그러므로 우리가 어떤 배경을 가지느냐는 이처럼 중요한 것입니다.

크리스천이 세상 사람들과 다른 점은 정확하고도 분명한 배경을 가지고 있다는 것입니다. 그 배경은 바로 하나님입니다. 주님을 통해서 발견한 영원한 내세입니다. 보이지 않는 내세가 그리스도인들의 생각 배후를 좌우하는 것입니다. 이 내세를 배경으로 현실을 바라보기 때문에 문제를 바라보는 관점이 세상 사람들과는 다를 수밖에 없는 것입니다.

우리의 배경은 현실의 것이 아닙니다. 주님과 함께 누릴 영원한 영광입니다. 로마서 8장 17절 하반절을 보십시오. 우리가 당하는 고난을 무슨 배경 앞에 놓고 보아야 하는가를 명료하게 말씀하고 있습니다.

> 우리가 그와 함께 영광을 받기 위하여 고난도 함께 받아야 할 것이
> 니라_롬 8:17하

내세의 영원한 영광을 다음과 같이 세 가지로 볼 수 있습니다. 첫째는, 우리가 거룩하고 흠 없는 아들로 하나님 앞에 설 존재라는 것입니다. 에베소서 1장 4절 이후의 말씀인데, 장차 우리 주님이 오실 때 우리는 부활할 것입니다. 그리고 거룩하고 흠이 없는 하나님의 아들로서 주님 앞에 서게 될 것입니다. 눈을 감고 그 영광스러운 모습을 상상해 보십시오. 우리가 장차 이러한 영광을 누리게 될 것입니다.

또 하나는 완전한 행복입니다. 요한계시록 21장 3절 이하를 보면, 하나님과 함께 영원히 거하면서 하나님이 우리의 눈에서 눈물을 씻겨 주심으로 인해서 다시는 애통하는 것이 없고 죽음도 없고 곡하는 것이나 아픈 것이 없는 완전무결한 행복이 나옵니다. 이것이 바로 우리가 장차 누릴 영광입니다.

마지막으로 완전한 보복입니다. 원수 갚는 것을 말합니다. 하나님은 우리에게 원수 갚지 말라고 하셨습니다(롬 12:19 참조). 왜냐하면 하나님이 마지막 때 우리 대신 모든 원수를 갚아 주실 것이기 때문입니다. 여러분 가운데는 예수님을 믿기 때문에 억울한 일을 당하신 분들이 있을 것입니다. 직장에서 청렴결백하게 일하려다가 오히려 그것 때문에 밀려나고 손해를 보신 분들도 있을 것입니다. 사업을 정직하게 하다가 그것 때문에 오히려 망하게 될 수도 있습니다. 이웃에게 호의를 베풀다가 그가 선을 악으로 갚는 바람에 손해를 단단히 본 사람

도 있을 것입니다. 이외에도 우리가 의롭게 살려고 하다가 불이익을 당하는 경우가 얼마나 많습니까? 그러다 보면 우리 마음속에 이런 원한이 생기게 되는 것입니다. '왜 악한 자들은 저렇게 성공하고 잘 되는데 의롭게 살려고 하는 자는 고통을 당할까? 왜 이 세상은 모순투성이일까?'

그러나 하나님은 반드시 모든 원한을 다 풀어 주실 것입니다. 악인들이 평생 범했던 죄악을 자기 입으로 토해 놓고 성도들을 괴롭히던 사탄이 사정없이 허리가 꺾인 채 음부에 떨어지고, 거룩한 자녀들이 피를 흘리게 하던 무수한 살인마가 모두 지옥으로 향하는 그날, 마지막 보복이 성도들의 눈앞에서 이루어지는 것입니다. 그 보복은 그들에게는 더할 수 없는 저주이겠지만 우리에게는 엄청난 영광이 됩니다.

눈을 감고 마지막 날에 이루어질 그 모든 일을 생각해 보십시오. 그러면 우리도 바울처럼 현재 당하는 고통이나 어려움을 "지나가는 것!"이라고 일축해 버릴 수 있습니다. 나중에 주실 영광과는 비교도 안 될 정도로 가벼운 것으로 받아들일 수 있습니다.

하나님께서는 지혜로운 분이시기 때문에 필요하다고 판단하실 때는 우리가 현실에서 겪는 문제와 고통을 전부 제거해 주시지 않고 부분적으로 남겨 놓으실 때가 있습니다. 몇 년 동안 어떤 문제를 놓고 기도해도 안 들어주시는 일도 있습니다. 예수님을 잘 믿는데 여전히 가난할 수도 있습니다. 믿음으로 바로 한다고 했는데 사업에서 실패할 수도 있습니다. 모든 것이 해결된다는 것은 거짓말입니다. 아무리 하나님 앞에 매달려도 못 들으신 것이 아닌가 할 정도로 가만히 계실 때도 있는 것입니다. 그럴 때 우리는 이렇게 호소하지 않습니까? "하나님 왜 나에게 이와 같은 문제와 고통이 떠나지 않고 나를 엄습합니까? 내 믿음이 적은 것입니까? 하나님, 정말 계시기는 하신 것입니까?"

그러나 우리의 믿음이 적어서도 아니고 하나님이 안 계셔서 그런 것도 아닙니다. 하나님이 우리에게 문제와 고통을 남겨 두시는 것은 우리의 눈을 영원한 영광으로 돌리게 하시기 위해서입니다. 캄캄한 가운데서도 우리가 놀라운 은혜를 받게 하시기 위해서입니다.

우리 중에는 문제와 고통 때문에 하나님을 믿게 된 사람들이 많습니다. 만약 하나님께서 문제와 고통을 다 거두어 가셨다면 우리는 아마 예수님을 안 믿게 되었을지도 모릅니다. 어디 그뿐입니까? 하나님의 자녀가 된 후에도 문제가 아직 그대로 남아 있는 경우를 자주 봅니다. 그 이유가 무엇이라고 생각합니까? 그 문제를 조개 안의 모래알처럼 사용하셔서 영롱한 빛을 발하는 한 알의 진주처럼 만들고 싶으시기 때문입니다.

어느 책에서 읽은 이야기 하나가 생각납니다. 어떤 사람이 새를 한 마리 키우고 있었습니다. 이 새는 참 아름답게 노래하는 새입니다. 그런데 참 이상하게도 이 새는 새장 안에 빛이 조금이라도 들어오면 노래를 부르지 않았습니다. 간혹 노래를 부를 때가 있어도 주인이 원하는 노래를 들려주지는 않았습니다. 그래서 그 주인은 노래를 듣고 싶을 때면 까만 천으로 새장을 완전히 싸서 아주 캄캄하게 만들어 주었습니다. 그렇게 하면 틀림없이 그가 듣고 싶어 했던 청아한 가락이 캄캄한 새장에서 흘러나오는 것을 들을 수 있었다고 합니다.

아무 빛도 들어오지 않고 숨통이 막힐 것 같은 답답한 상황 속에서도 아름다운 노래를 부르는 새처럼 우리 역시 문제와 어려움과 고통으로 인해 온 천지가 캄캄해졌을 때에야 영원한 나라를 향하는 눈이 열려서 하나님을 찬양하는 놀라운 찬송을 부르게 되는 것입니다. 하나님은 우리가 값싸게 밝은 천지에서 마음껏 향락을 누리며 값싼 찬송을 하는 것을 원치 않으십니다. 차라리 우리가 가진 것들 가운데 얼마를 빼앗고 우리를 캄캄한 상황으로 몰아넣으심으로써 그 속에서 우리의 영안이 열려 하나님을 찬송하기를 원하고 계십니다.

발칸 반도(Balkan Pen)의 장미는 다른 장미들과는 비길 수 없는 최고의 향기를 가지고 있다고 합니다. 저는 제임스 크릴멘이라는 사람이 발칸 반도를 여행하고 나서 쓴 글을 읽은 적이 있습니다. 그는 발칸 반도를 여행하면서 그곳의 장미 향기가 왜 그렇게 독특한지 그 이유를 알고 싶어서 장미를 재배하고 채취하는 과정을 유심히 관찰했다고 합니다. 그때 그는 한 가지 놀라운 사실을 발견했습니다. 사람들이 밤 1시부터 2시 사이, 즉 가장 캄캄할 때만 장미를 채취한다는 사실입니다. 그는 처음에는 그렇게 하는 것이 일종의 미신 때문일 것이라고 생각했습니다. 그러나 나중에 알고 보니 그렇게 하는 데는 상당히 과학적인 이유가 있었는데, 그것은 낮에는 장미의 향기가 40% 감소한다는 사실이었습니다. 발칸 반도의 장미는 가장 어두운 야밤에야 비로소 최고의 향취를 뿜어내는 것입니다.

하나님 앞에서 아름다운 향기를 풍기는 성도들을 보십시오. 그들은 세상을 살면서 자주 고통을 받으며 씨름하는 인생의 어두운 밤을 걸어가는 사람들입니다. 어쩌면 그러한 암담한 상황이 없었다면 그들은 향기보다 썩는 냄새를 피웠을지도 모릅니다.

하나님이 기도를 들어주시지 않는다고 낙심하지 마십시오. 기도를 들어주실 때도 있지만 안 들어주실 때 역시 많은 것입니다. 그러나 바로 그러한 때 하나님은 더 큰일을 하고 계십니다. 예수님을 믿어도 문제가 떠나지 않습니까? 절대 낙심하지 마십시오. 때가 되면 하나님이 반드시 그 문제를 해결해 주실 것입니다. 그러나 해결해 주시지 않을 때는 하나님이 더 큰일을 하고 계신다는 것을 기억하십시오. 하나님은 그러한 어려움을 통해 우리가 영원한 나라의 영광을 바라보게 하십니다. 그리고 세상의 문제를 바라보는 내 마음의 눈의 배경을 하나님 나라의 영광으로 바꾸십니다. 하나님은 문제를 통해서 우리를 더 멋있는 노래로 하나님을 찬양할 수 있는 그리스도인으로 만들고 계십니다. 더 아름다운 향기를 발하게 하시려고 우리를 암담한 상황 속에 밀어 넣으시는 것입니다.

보이는 것은 잠깐이나 보이지 않는 것은 영원하다

> 우리가 주목하는 것은 보이는 것이 아니요 보이지 않는 것이니 보이는 것은 잠깐이요 보이지 않는 것은 영원함이라_고후 4:18

많은 경우 우리는 눈에 보이는 것을 가지지 못해 안타까워합니다. 정말 가지고 싶지만 아무리 애를 써도 가지지 못한 것들이 얼마나 많이 있습니까? 거의 손에 잡았다고 안심할 찰나 남의 수중으로 들어가 버리는 기가 막힐 일도 많이 경험하지 않습니까? 이러한 현실은 우리를 매우 고통스럽게 하고 낙심하게 만듭니다.

그러나 보이는 것은 잠깐이며 지나가는 것이라는 사실을 기억합시다. 우리에게는 보이지 않는 영원한 것이 있습니다. 바울은 그것을 바라보며 오히려 감사했습니다.

마귀가 광야에서 예수님을 시험할 때 높은 산에서 보여 준 것이 무엇이었습니까? 바로 온 천하의 아름다운 것들과 부귀영화였습니다. 마귀는 눈에 보이는 것을 가지고 예수님을 넘어지게 하려고 했습니다(마 4:8 참조). 왜냐하면 눈에 보이는 것이 욕심을 일으키기 때문입니다. '안목의 정욕'을 부추기는 것입니다(요일 2:16).

지금도 사탄은 성도들 앞에 이 세상의 아름다운 것들과 부귀영화를 박람회처럼 펼쳐 보이려고 노력합니다. 눈에 보이는 것, 갖고 싶은 것, 누리고 싶은 것들을 앞세워 우리를 유혹하는 것입니다. 자칫 우리가 보이는 것만 바라보면 그런 것들을 가지지 못해서 날마다 고통스러워하며 허덕이게 될 수도 있습니다.

눈과 마음을 바꿉시다. 보이는 것에서 눈을 돌려 보이지 않는 것을 바라봅시다! "우리의 주목하는 것은 보이는 것이 아니요 보이지 않는 것이니"(고후 4:18상). '주목한다'라는 말은 단순히 보는 것을 의미하지 않습니다. 이 말은 원어로 '스코페오'인데, 이것은 어떤 대상에 눈동자를 고정한 채 유심히 보는 것을 말합니다. 옛날 항해하는 선원들은 야간에 바닷길에 암초가 있는지 혹은 육지가 가까워지고 있는지를 살펴볼 때 주변에 있는 모든 불을 다 껐다고 합니다. 그것도 모자라서 손으로 눈을 가려 별빛까지 차단하고 유심히 어둠 속을 뚫어지게 쳐다보았습니다. 그렇게 해야만 앞에 무엇이 있는지를 정확하게 알게 된다는 것입니다. '주목한다'라는 것은 바로 이것을 말합니다.

지나가는 신기루 같은 현실 속에서, 안목의 정욕을 자극하는 많은 세상적인 것들 가운데서 하나님 나라의 것과 영원한 것, 보이지 않는 것을 보려면 스코페오의 눈을 가져야 합니다. 믿음의 눈을 예리하게 뜨고 주변에서 현란하게 움직이는 빛들을 모두 차단하고 유심히 그 보이지 않는 곳에 시선을 집중해야 합니다. 그렇게 할 때 드디어 영원한 것이 나를 기다리고 있다는 사실을 눈으로 확인하게 될 것입니다. 잠시 반짝하다가 꺼지는 온갖 세상 불빛으로 인해 사방을 두리번거리는 사람은 절대로 이것을 볼 수 없습니다.

내세와 영원한 세계에 대해서 확신을 가지고 계십니까? 그렇다면 집이 좀 누추하고 호화로운 가구가 없다 해도 긍지를 가지십시오. 그것들은 다 지나가는 것들입니다. 솔로몬이 말한 것처럼 그것들을 잡으려 안달하는 것은 '지나가는 바람을 잡으려는 것과 같이 헛된 것'입니다. 그래서 하나님은 썩고 지나가는 것에 불과한 것들을 우리가 달라는 대로 다 주시지 않는 것입니다. 그렇게 함으로써 우리가 보이지 않는 영원한 것에 믿음의 눈을 고정하고 이 어두운 세상을 힘있게 전진해 나가는 아름다운 천국 백성이 되게 하시려는 것입니다. 하나님이 우리에게 이와 같은 놀라운 소망을 주셨습니다.

소망이 없는 사람은 자멸할 수밖에 없습니다. 필라델피아(Philadelphia)의 한 지역에서 있었던 일입니다. 라버트와 파울라라는 40대 부부가 있었습니다. 그들은 무척 부유하게 살고 있었는데, 어느 날 아내인 파울라가 경찰서에 전화를 했습니다. 그녀는 "여보세요. 방금 제가 남편을 쏘아 죽였어요. 남편이 자꾸 자기를 죽여 달라고 했답니다. 이제 저도 죽으려고 합니다. 함께 죽기로 약속했거든요. 우리가 죽고 난 뒤 뒤처리를 부탁드립니다. 다른 사람을 보내도 소용없어요"라고 말하고는 전화를 끊어 버렸습니다. 경찰관이 허겁지겁 달려갔지만 이미 남편과 함께 그 부인은 죽어 있었습니다. 유서가 발견되었는데 거기에 이런 내용이 적혀 있었다고 합니다. "우리는 미래에 대한 소망이 전혀 없습니다. 그러므로 우리는 죽습니다."

소망이 없는 사람은 죽음밖에 자초할 것이 없습니다. 보이는 것만 갈망하고 허덕이다가 나중에는 그것이 아무것도 아니란 것을 알게 되면 절망과 낙담 속에서 헤어나지 못하는 것입니다.

오랫동안 기도해 왔지만 해결의 실마리조차 보이지 않는 고통스러운 문제가 있습니까? 나이가 들어 점점 몸이 늙어 가고 있습니까? 성취하고 싶었지만 이루지 못하고 좌절감에 빠져 있습니까? 절대 낙심하지 마십시오. 하나님의 자녀에게는 그런 것이 문제가 되지 않습니

다. 우리를 기다리는 영원한 영광을 바라보십시오. 겉 사람이 낡아져
도 우리의 속사람이 날로 새로워지고 있습니다. 보이는 것은 다 지나
가지만 보이지 않는 영원한 것이 우리를 기다리고 있습니다. 그러므
로 낙심하지 말고 날마다 그리스도인으로서 긍지를 가지고 삽시다.
하나님을 찬양하며 용기 있게 삽시다.

15

충성스러운 삶이
열매를 맺습니다

예수님의 종으로서 우리 역시 주님처럼 세상을 구원하시려는
하나님의 뜻을 이루기 위해 충성을 다해야 합니다.
달리 말해, 세상에 복음을 전하여, 아직도 예수님을 모른 채 죄에 빠져 죽어 가는
불쌍한 영혼들을 하나님 앞으로 인도하는 일에 전심전력해야 한다는 것입니다.

요한복음 12:20-33

20 명절에 예배하러 올라온 사람 중에 헬라인 몇이 있는데 21 그들이 갈릴리 벳새다 사람 빌립에게 가서 청하여 이르되 선생이여 우리가 예수를 뵈옵고자 하나이다 하니 22 빌립이 안드레에게 가서 말하고 안드레와 빌립이 예수께 가서 여쭈니 23 예수께서 대답하여 이르시되 인자가 영광을 얻을 때가 왔도다 24 내가 진실로 진실로 너희에게 이르노니 한 알의 밀이 땅에 떨어져 죽지 아니하면 한 알 그대로 있고 죽으면 많은 열매를 맺느니라 25 자기의 생명을 사랑하는 자는 잃어버릴 것이요 이 세상에서 자기의 생명을 미워하는 자는 영생하도록 보전하리라 26 사람이 나를 섬기려면 나를 따르라 나 있는 곳에 나를 섬기는 자도 거기 있으리니 사람이 나를 섬기면 내 아버지께서 그를 귀히 여기시리라 27 지금 내 마음이 괴로우니 무슨 말을 하리요 아버지여 나를 구원하여 이때를 면하게 하여 주옵소서 그러나 내가 이를 위하여 이때에 왔나이다 28 아버지여, 아버지의 이름을 영광스럽게 하옵소서 하시니 이에 하늘에서 소리가 나서 이르되 내가 이미 영광스럽게 하였고 또다시 영광스럽게 하리라 하시니 29 곁에 서서 들은 무리는 천둥이 울었다고도 하며 또 어떤 이들은 천사가 그에게 말하였다고도 하니 30 예수께서 대답하여 이르시되 이 소리가 난 것은 나를 위한 것이 아니요 너희를 위한 것이니라 31 이제 이 세상에 대한 심판이 이르렀으니 이 세상의 임금이 쫓겨나리라 32 내가 땅에서 들리면 모든 사람을 내게로 이끌겠노라 하시니 33 이렇게 말씀하심은 자기가 어떠한 죽음으로 죽을 것을 보이심이러라

충성스러운 삶이
열매를 맺습니다

　　　　　　　　　어린 시절부터 어른들을 따라서 수
없이 불렀던 찬송가 중에 지금도 부를 때마다 진한 감동에 빠져들게
하는 찬송이 하나 있습니다. 블랜디(Ernest W. Blandy, 1849?~1884)가 작
곡한 〈예수 나를 오라 하네〉(찬송가 324장/통 360) 찬송입니다. 어릴 때는
무슨 내용인지도 모르고 어른들을 따라 불렀지만 나중에 철이 들어
그 가사에 담긴 심각한 뜻을 조금이나마 알게 된 후로는 비장한 각오
로 이 찬송을 불렀던 기억이 납니다.

　　예수 나를 오라하네 / 예수 나를 오라하네
　　어디든지 주를 따라 / 주와 같이 가려네

　원래의 영어 가사를 보면 훨씬 더 실감 나는 내용입니다.

　　십자가를 지고 나를 좇으라고 / 하시는 주의 부르심 들리네
　　그가 인도하는 대로 어디든 / 나는 가리라 항상 그와 함께 가리라

2절 가사는 훨씬 더 비장합니다.

겟세마네 동산까지 / 주와 함께 가려 하네
피땀 흘린 동산까지 / 주와 함께 가려네

가사의 의미를 깊이 깨닫고 있지 못하는 사람이라도 죽음을 각오하고 부르지 않으면 안 될 것 같은 심정을 느끼게 만드는 가사입니다.

○ ○ ○ ○ ○
나를 따르라

설교 본문인 요한복은 12장 20절에서 33절 말씀은 이 찬송가 가사와 깊은 연관이 있습니다. 예수님은 유월절을 지키시려고 예루살렘에 모인 군중을 앞에 놓고, 특히 자신이 예루살렘에 입성할 때 "호산나 이스라엘 왕이여!"(요 12:13 참조)라며 환호하던 그 군중을 앞에 놓고 비장한 말씀을 한마디 하셨습니다.

사람이 나를 섬기려면 나를 따르라_요 12:26상

다시 말하면, "너희가 나를 섬기려고 하면 나를 따라오"라는 말씀이었습니다. 우리를 긴장감에 휩싸이게 하기에 충분한 말씀입니다. 죽음을 앞두고 하신 말씀이기 때문이기도 하지만, 결코 단순하다고만 볼 수 없는 내용을 담고 있다는 것을 쉽게 알 수 있기 때문입니다.

우리 가운데는 이 말씀을 받을 수 있을 만큼 영적으로 성숙한 사람이 많이 있을 것입니다. 그러나 이 말씀을 기쁘게 받지 못하고 부담스러워하는 믿음 약한 분들도 상당수 있으리라 봅니다.

일반적으로 현대 교회 성도들은 "예수님을 믿으십시오"라는 말은 부담 없이 받습니다. 예수님을 하나님 나라의 왕으로 믿고 고백하는 것은 아주 쉽게 합니다. 그러나 "예수님을 섬기기를 원합니까? 주님을 따라갈 각오가 되어 있습니까?"라고 물으면 매우 부담스러워하며 괴로워합니다. 그렇다고 그들이 예수님을 부인하는 것은 아닙니다. 나름대로 크고 작은 일들로 봉사하느라 교회를 제집 드나들듯 하기도 합니다. 그럼에도 예수님을 섬기며 따라야 한다는 말에는 마음을 활짝 열지 않는 것입니다. 예수님께 나아와 쉼을 얻기를 바라면서도 예수님이 메라고 하시는 멍에는 별로 메고 싶어 하지 않습니다. 그래서 주님의 십자가를 지고 그를 따라가는 일에는 가능하면 뒷전에 서려고 합니다.

그러나 이것은 참으로 모순된 행동이 아닐 수 없습니다. 예수님이 어린 나귀를 타고 예루살렘으로 들어오실 때 무리가 뭐라고 소리쳤습니까? 손을 들고 "호산나 이스라엘의 왕이시여!" 하며 환호하지 않았습니까? 여기서 '이스라엘의 왕'이라는 말은 팔레스타인에 있는 작은 영토의 왕이라는 뜻이 아닙니다. 하나님이 세우시는 하나님 나라의 왕이라는 말이요, 전 우주를 다스리는 영원하신 왕이라는 말입니다. 우리 중에 그들의 고백을 우리 자신의 고백으로 받아들이지 않는 사람은 아무도 없습니다. 모두들 예수님을 왕으로 믿고 고백은 합니다. 그렇다면 당연히 왕 되신 예수님을 따르고 섬겨야 하지 않겠습니까? 입으로는 예수님을 왕으로 믿고 고백한다고 하면서 실제로는 그분을 섬기고 따르기를 부담스러워하거나 달가워하지 않는다면 과연 그의 백성이 될 자격이 있다고 말할 수 있겠습니까?

당선 가능성이 높은 대선 주자들 주변에는 대학교수들과 세계 명문대 석박사 학위를 가진 석학이 많습니다. 정치학을 전공한 사람은 정치 분야를 지원하고, 경제학을 전공한 사람은 경제 분야를 지원하고,

기타 자기 전공을 따라 적절한 영역을 맡아 봉사합니다. 그들은 어떤 경우에는 연구 보고서를 작성하느라 며칠 밤을 새우기도 합니다. 월급이나 보수를 받고 그렇게 열심히 봉사하는 것이 아닙니다. 순전히 무보수로 일합니다. 그러나 우리는 왜 그들이 그렇게 헌신적으로 봉사하는지를 잘 알고 있습니다. 그들은 자신들이 섬기는 인물이 대권을 손에 쥘 날이 온다는 것을 믿기 때문입니다. 그가 누리게 될 영광이 곧 자신의 영광이 될 수 있다고 믿기 때문입니다.

한 나라의 대통령이 되고자 하는 사람을 위해서도 헌신하려는 사람들이 이와 같이 줄지어 서는데, 영원한 영광의 나라의 왕이신 예수님을 믿는다는 자들이 그분을 섬기고 따르기를 자원하지 않는다면 그가 아무리 멋진 신앙고백을 한다고 해도 그의 믿음을 정상적인 것이라 보기는 어렵습니다. 이는 상식적으로도 안 통하는 이야기입니다.

과연 이 세상의 대통령에게 우리의 소망을 둘 수 있겠습니까? 그가 우리의 미래를 책임질 수 있겠습니까? 결코 그렇지 않습니다. 어쩌면 우리는 새 대통령을 뽑아 놓고 반년이 채 가기도 전에 실망하며 불평불만을 늘어놓을지도 모릅니다. 그렇다면 우리가 어디서 꿈과 미래를 찾을 수 있습니까? 하나님 나라입니다. 예수님이 지극히 높은 보좌에 앉으셔서 정의와 사랑과 자비로 다스리시는 영원한 나라입니다. 사망도 없고, 아픔도, 눈물도 없는 그 나라만이 우리의 꿈이요, 소망입니다. 그렇다면 우리가 누구를 섬기고 따라야 할지는 너무나 자명하지 않습니까?

이 세상은 이미 몰락의 길로 달려가고 있습니다. 요한복음 12장 31절을 보십시오. 예수님은 분명히 말씀하셨습니다.

이제 이 세상의 심판이 이르렀으니 이 세상 임금이 쫓겨나리라

그리스도인의 자존심

●

이 세상에 하나님의 심판이 임하였다는 것입니다. 이 세상의 임금 사탄은 자기의 때가 얼마 안 남은 줄 알고 최후의 발악을 하고 있습니다. 이 세상의 임금들은 사탄의 권세 아래서 온갖 부정과 압제를 자행하며 자기의 욕심을 채웁니다. 그러나 그 역사는 결코 오래가지 못할 것입니다. 이 세상의 정권치고 무너지지 않는 정권은 하나도 없습니다. 우리가 이런 세상 나라와 그 임금을 위해 몸 바칠 이유가 어디에 있습니까?

하나님 나라는 이 세상 나라와는 근본적으로 다릅니다. 32절을 보십시오. 예수님은 이렇게 말씀하셨습니다.

> 내가 땅에서 들리면 모든 사람을 내게로 이끌겠노라 하시니
> _요 12:32

'땅에서 들린다'라는 말씀은 일차적으로 주님께서 십자가에 달려 돌아가실 것을 예언하고 있습니다. 동시에 사망을 이기고 부활하신 주님이 승천하사 하나님의 우편에 앉으실 것을 의미합니다. 달리 말해서, 예수님이 하나님 나라의 왕으로 등극하실 것을 가리키고 있습니다. 조금 있으면 주님께서 이 세상을 심판하려고 재림하실 것입니다. 그리고 모든 족속 중에서 구원받은 백성들이 구름 떼와 같이 주님 앞으로 몰려들 것입니다. 드디어 우리가 대망하던 하나님 나라가 우리 눈 앞에 활짝 열리게 되는 것입니다. 그 나라는 영원한 나라입니다. 그 나라는 완전하고 눈물과 고통이 없는 행복한 나라입니다. 그렇다면 우리가 어느 나라 임금을 섬기고 따라야 하겠습니까?

수년을 믿었음에도 입으로는 예수님을 믿는다고 청산유수처럼 말하지만 "예수님을 섬기고 따르십시오"라는 말을 부담스러워하는 분이 계신다면 저는 감히 이렇게 권고하고 싶습니다. "안 믿는 것보다는 나을지 모르지만, 세상 끝 날까지 그런 믿음 가지고 살 생각은 추호도 하지 마십시오."

○ ○ ○ ○
종이 되라

예수님은 자신을 둘러싼 무리에게 이렇게 말씀하셨습니다.

> 사람이 나를 섬기려면 나를 따르라_요 12:26상

여기서 '섬긴다'라는 말은 헬라어로 '디아코네오'로 '집사가 되다'라는 뜻입니다. 집사는 시중드는 종을 가리킵니다. 따라서 주님의 말씀은 다시 이렇게 풀이될 수 있을 것입니다. "종이 되어 나를 섬기기를 원하는가? 그렇다면 나를 따르라!" 저는 '나를 따르라'라는 주님의 말씀에는 적어도 두 가지 의미가 내포되어 있다고 봅니다.

첫째로, 이 말씀은 예수님 자신처럼 종이 되어야 한다는 뜻입니다. 우리가 잘 알다시피 예수님은 이 세상에 귀족이나 왕자처럼 고귀한 신분으로 오시지 않았습니다. 주님은 하늘 보좌에서 하나님으로서 누리던 그 모든 영광을 다 버리시고 사람의 몸을 입고 종의 모양으로 이 땅에 오셨습니다(빌 2:6-7 참조). 죄와 사망의 권세 아래 짓눌리는 우리를 구원하시기 위해 친히 종의 모습으로 내려오신 것입니다. 그리고 이 세상에 계실 동안 하나님께 죽도록 충성하는 종으로 사셨습니다. 그는 이따금 자신을 가리켜 '종'으로 표현하시기도 했습니다. 누가복음 22장 27절 하반절을 보십시오.

> 나는 섬기는 자로 너희 중에 있노라_눅 22:27하

예수님은 이 세상에서 시종일관 종의 삶을 사셨습니다. 스승이신 주님이 우리를 구원하시려고 한평생을 종으로 사셨다면 그의 제자인 우리 역시 종으로 살아가야 하는 것은 당연합니다. 제자라면 당연히 스승을 본받아야 합니다.

예수님이 종으로서 하나님께 얼마나 철저히 순종하셨는지는 설교 본문인 요한복은 12장 27절 상반절에 잘 나타나 있습니다. 그분은 십자가의 죽음을 몇 시간 앞두고 계셨습니다. 인간치고 죽음 앞에서 두려운 마음이 들지 않는 사람은 아무도 없습니다. 예수님도 인간의 몸을 입고 계셨기에 마찬가지였습니다. 그분은 자신의 마음을 이렇게 표현했습니다.

> 지금 내 마음이 괴로우니 무슨 말을 하리요_요 12:27상

말로 다 표현할 수 없을 정도로 마음이 두렵고 답답하다는 것입니다. 그래서 주님은 하나님 아버지 앞에 이렇게 기도하시기까지 했습니다.

> 아버지여 나를 구원하여 이때를 면하게 하여 주옵소서_요 12:27중

할 수만 있으면 십자가를 지지 않게 해달라는 기도입니다. 이것이 예수님의 솔직한 심정이었습니다. 그럼에도 예수님은 하나님의 뜻을 전적으로 따르겠다고 고백했습니다.

충성스러운 삶이 열매를 맺습니다

이는 자기가 십자가에 죽는 것이 하나님이 기뻐하시는 뜻이라면 그 것을 피하지 않겠다는 뜻입니다.

이와 같이 종으로서 죽기까지 순종하신 예수님은 더 나아가 자기를 따르는 우리에게도 종이 될 것을 요구하셨습니다. 예수님은 누가복음 17장 7절 이하에서 종의 일상을 비유로 들며 우리가 얼마나 철저하게 종이 되어야 하는지를 가르쳐 주셨습니다(눅 17:7-10 참조). 이 비유를 쉽게 이해하기 위해서는 우리에게 익숙한 '머슴'을 생각해 볼 필요가 있습니다. 제가 어릴 적만 해도 우리나라에는 '머슴'이라는 신분을 가진 사람이 꽤 많았습니다. 한창 바쁜 농번기가 되면 머슴뿐만 아니라 주인까지 온종일 들에서 일합니다. 해가 져 어두워지면 주인과 머슴이 다 집으로 돌아옵니다. 주인은 집에 들어서자마자 우물가로 가서 몸을 깨끗이 씻은 후 새 옷으로 갈아입고 저녁상을 기다립니다. 그러나 머슴은 사정이 다릅니다. 그는 온종일 들에서 일하고 돌아왔다고 해서 마루에 걸터앉아 마음 놓고 쉬고 있을 수 없습니다. 여자들은 당장 부엌으로 들어가서 불을 때고 저녁을 지어야 하고, 남자들은 농기구를 정리해서 헛간에 들이고 장작을 패거나 물을 나르는 등 여러 허드렛일을 해야 합니다. 그러다 보면 앉아서 쉬기는커녕 얼굴 한번 제대로 씻을 틈도 없습니다.

저녁밥이 다 준비되면 상을 차려서 날라야 합니다. 그리고 곁에 대기하고 있다가 밥이나 반찬이나 물을 가져오라는 주인의 잔심부름 시중도 들어야 합니다. 머슴들은 주인 식구들이 식사를 다 끝내고 편안히 쉴 때야 비로소 부엌 구석에 쭈그리고 앉아 허기진 배를 채울 수 있습니다. 그렇다고 해서 여유 있게 노닥거리며 밥을 먹을 수 있는 것도 아닙니다. 먹고 나면 산더미 같은 설거지 그릇들이 기다리고 있습니다. 이 모든 일을 다 끝내야만 드디어 몸을 씻고 자리에 누울 수 있습니다. 이게 머슴의 삶입니다.

그렇다고 해서 주인이 그에게 수고했다고 말하지 않습니다. 머슴은 원래 그렇게 사는 게 당연하다고 생각하기 때문입니다. 이것은 종의 처지에서도 마찬가지입니다. 누가복음 17장 10절을 보십시오.

> 이와 같이 너희도 명령 받은 것을 다 행한 후에 이르기를 우리는 무
> 익한 종이라 우리의 하여야 할 일을 한 것뿐이라 할지니라_눅 17:10

종으로 당연히 해야 할 일을 한 것뿐이라고 여기는 사람은 무슨 사례나 칭찬을 바라지 않는 법입니다. 주인이 매정하다고 섭섭해하지도 않습니다. 이런 자세를 가지고 섬기는 자가 바로 종입니다. 예수님은 지금 우리가 모두 이와 같은 종의 마음가짐과 자세를 가지고 섬길 것을 교훈하고 계시는 것입니다. 왜냐하면 자신이 세상에서 하나님을 위해 그렇게 사셨기 때문입니다.

세상을 구원하는 일

그러면 예수님은 세상에서 무슨 일을 위해서 종으로 충성하셨습니까? 요한복음 6장 38절과 39절에 그 대답이 나와 있습니다.

> 내가 하늘에서 내려온 것은 내 뜻을 행하려 함이 아니요 나를 보내
> 신 이의 뜻을 행하려 함이니라 나를 보내신 이의 뜻은 내게 주신 자
> 중에 내가 하나도 잃어버리지 아니하고 마지막 날에 다시 살리는 이

것이니라_요 6:38-39

예수님은 하나님 아버지의 뜻을 행하는 일에 충성하셨다는 것입니다. 아버지의 뜻이란 하나님이 만세 전에 택하사 아들에게 주신 모든 사람을 하나도 빠짐없이 구원하는 것이었습니다.

마태복음 18장 14절에서는 또 이렇게 말씀하셨습니다.

이와 같이 이 작은 자 중의 하나라도 잃는 하늘에 계신 너희 아버지
의 뜻이 아니니라_마 18:14

어린아이 하나라도 구원받지 못하고 멸망하는 것은 하나님의 뜻이 아니라는 것입니다. 예수님은 어린아이 하나까지도 빠짐없이 구원하시고자 충성을 다하셨습니다. 유월절을 지키기 위해 예루살렘에 온 헬라 사람들이 빌립을 통해 면회를 요청해 오자 주님은 흥분을 감추지 못하시고 이렇게 말씀하셨습니다.

인자의 영광을 얻을 때가 왔도다_요 12:23하

이 말씀을 하시는 주님의 얼굴이 기쁨으로 환하게 빛나는 것을 상상할 수 있습니다. 헬라 사람 몇 사람이 자기를 만나고 싶어 한다는 것이 무슨 대단한 일이라고 주님이 이렇게 흥분하셨던 것입니까? 장차 이루어질 일을 내다보셨기 때문입니다. 예수님 자신이 십자가에서 돌아가시고 부활하셔서 하나님 우편에 앉으시면 그때부터 모든 민족이 하나님 나라로 들어오는 문이 열리게 될 것입니다. 세계의 모든 백성이 하나님 앞으로 돌아오는 시온의 대로가 활짝 열리게 될 것입니다.

헬라 사람들의 면회 요청은 단순한 사건이 아니었습니다. 성경에서 헬라인은 유대인을 제외한 모든 인류를 대표하고 있습니다. 그들의 방문은 머지않아 모든 족속에게 구원의 문이 활짝 열리게 될 것을 예견하는 사건이었습니다. 주님은 이 일이 성취될 그날이 가까이 왔음을 보시고 "인자가 영광을 얻을 때가 왔도다!" 하고 기뻐하셨던 것입니다. 예수님은 온 세상을 구원하는 일을 그만큼 소중히 여기고 계셨던 것입니다.

예수님의 종으로서 우리 역시 주님처럼 세상을 구원하시려는 하나님의 뜻을 이루기 위해 충성을 다해야 합니다. 달리 말해서, 세상에 복음을 전하여, 아직도 예수님을 모른 채 죄에 빠져 죽어 가는 불쌍한 영혼들을 하나님 앞으로 인도하는 일에 전심전력해야 한다는 것입니다.

세상에서 영원히 저주받은 영혼을 구원하여 생명을 얻게 하는 일보다 더 중요한 일은 없습니다. 인간 사회에서 사람이 태어나고 죽는 것도 중요한 일입니다. 그러나 하나님의 진노 아래 영원히 멸망할 수밖에 없는 자를 예수님께로 인도해서 하나님의 자녀가 되게 하는 것만큼 중요하지는 않습니다. 우리가 사업에 성공해서 이름을 날리는 것도 중요합니다. 그러나 이 세상을 구원하시려는 하나님의 뜻을 이루는 것과 비교하면 아무것도 아닙니다. 이 세상에서 하나님 나라와 그의 의를 구하는 것보다도 더 앞세워야 할 소중한 일은 없습니다.

이런 의미에서, 선교사가 되어 자기의 젊음을 송두리째 불태우며 복음 전하는 일에 헌신하는 사람들만큼 위대한 사람은 없을 것입니다. 세상 사람들은 그들을 멸시하고 조롱할지 모르지만, 하나님이 보시기에 선교사나 전도자들만큼 큰 존재는 없습니다. 왜냐하면 그들은 하나님이 가장 중요하게 여기시고 앞세우시는 일에 충성하는 사람들이기 때문입니다.

우리가 가정에 우선권을 두고 정성을 쏟으면 평범하지만, 행복한 가정생활을 누릴 수 있습니다. 학문에 생명을 걸고 노력하면 세계적으로 명성을 날리는 학자가 될 수 있습니다. 사업에 모든 정력과 시간을 쏟으면 기업가로서 기반을 든든히 닦아 남부럽지 않은 부유한 생활을 할 수 있습니다. 이 모든 일이 다 중요합니다. 그러나 우리가 분명히 알아야 할 것은 그 일 자체만으로는 무의미하다는 사실입니다. 행복한 가정 자체로는 의미가 없습니다. 내가 명성을 얻게 된 학문 자체로는 의미가 없습니다. 내가 사업에서 이룬 성공 자체로는 의미가 없습니다.

이 모든 것들이 의미 있고 보람 있는 것이 되려면 하나님이 가장 중요하게 여기시는 일과 연관되어야 합니다. 우리가 왜 가정을 소중히 여겨야 합니까? 이웃 사람들이 우리 가정을 통해 예수님을 알 수 있기 때문입니다. 우리가 왜 신앙적인 분위기를 가지고 자녀들을 잘 키우려고 합니까? 이 자녀가 다음에 자라서 훌륭한 지도자가 되면 그를 통해서 하나님 나라와 영광이 온누리에 충만하게 될 것이기 때문입니다. 우리가 왜 사업을 하기 위해 밤낮 정신없이 뛰어다닙니까? 하나님이 물질을 주시면 그 물질 가지고 복음 사업을 위해서 기쁘게 쓸 수 있기 때문입니다. 우리가 운영하는 사업장에서 일하는 수많은 불신자를 예수님 앞으로 인도할 좋은 기회를 만들기 위해서입니다. 이와 같이 세상을 구원하는 일이 우리의 사업이나 가정, 학문과 연계될 때 우리의 삶 전부가 하나님께 드려지는 산 제사가 될 수 있는 것입니다.

안타깝게도 많은 그리스도인이 이와 같은 진리를 제대로 알지 못하고 있는 것 같습니다. 골로새서 3장 24절 하반절에서 바울은 노예 생활을 하는 사람들에게 이렇게 말했습니다.

노예가 섬기는 자는 자기 주인이지 예수 그리스도가 아닙니다. 그럼에도 바울이 그렇게 말한 이유가 있습니다. 그들은 예수님을 믿고 거듭난 후에 자기 동료들을 예수님께로 인도했습니다. 그들 가운데서 좀 똑똑한 사람들은 가정교사 노릇을 하면서 주인의 자녀들이 예수님을 믿도록 인도했습니다. 이 자녀들을 통해서 주인이 예수님을 믿게 되는 경우도 많았습니다. 로마 제국이 3백 년 동안 기독교를 핍박했지만 이러한 복음 사역은 끊임없이 이어져 나중에는 천하의 박해자 네로 황제의 주변 사람들 가운데서도 예수님을 믿는 자가 상당수 생겨났을 정도가 되었습니다. 이런 고위층에 있는 사람들에게까지 복음이 전달된 경로는 바로 이들 노예였습니다. 이들을 통해 퍼지게 된 복음은 드디어 3백 년 후에 대제국 로마를 완전히 삼키기에 이르렀던 것을 우리는 역사를 통해 분명히 알고 있습니다.

자신이 아무리 신분과 직업이 비천한 노예라 할지라도 하나님 나라를 위해, 이 세상에 복음을 전하기 위해 자기의 삶을 이용하니까 노예 생활 자체가 주님을 섬기는 가치 있는 삶이 된 것입니다.

이 말씀이 우리에게 주는 중요한 교훈이 있습니다. 우리의 삶이 주님을 섬기는 것이 되어야 한다는 것입니다. 여러분의 가정과 직업, 재능, 젊음, 재물이 주님께서 죽도록 충성하셨던 세상을 구원하는 일에 직간접으로 사용되고 있습니까? 그렇다면 여러분의 삶은 하나님이 기뻐하시는 의미 있는 삶이요, 주님을 섬기는 삶이라 할 수 있습니다.

그러나 세상을 구원하는 일과는 별로 관계없는 삶을 살고 계십니까? 그렇다면 여러분은 "나를 따르라"라고 하시는 주님의 명령을 거부하고 있는 것입니다. 세상을 구원하려고 하시는 하나님의 뜻을 이루기 위해 예수님처럼 종이 되기를 싫어하는 자는 주님을 따르지 않는 사람입니다. 그렇게 살다가 나중에 주님 앞에 무슨 면목으로 설 수 있겠습니까?

○ ○ ○ ○ ○ ○ ○
썩는 밀알이 되라

"나를 따르라"라는 말씀은 예수님 자신처럼 썩는 밀알이 되어야 한다는 뜻입니다. 예수님은 이 세상에 계실 때 한 알의 썩는 밀알로 하나님을 섬기셨습니다. 달리 말해서, 죽도록 충성하셨습니다. 요한복음 12장 24절과 25절을 보십시오.

> 내가 진실로 진실로 너희에게 이르노니 한 알의 밀이 땅에 떨어져 죽지 아니하면 한 알 그대로 있고 죽으면 많은 열매를 맺느니라 자기의 생명을 사랑하는 자는 잃어버릴 것이요 이 세상에서 자기 생명을 미워하는 자는 영생하도록 보존하리라_요 12:24-25

이것이 예수님이 종으로 충성하신 방법입니다. 그러므로 "나를 따르라"라는 말씀은 우리도 예수님처럼 썩는 밀알이 되어야 한다는 뜻인 것입니다.

시골에서 자라면서 늦가을이 되면 아버지께서 밭에 보리 종자를 뿌리는 것을 자주 보았습니다. 씨앗들은 흙 속에 떨어져 있다가 혹한이 오기 전에 파릇파릇 돋아나기 시작합니다. 그리고 그 잎새들은 작고 가냘픈 모습으로 한겨울을 난 다음 봄기운이 도는 2월 말경부터 왕성하게 자라납니다. 저는 가끔 호기심을 못 이겨 4, 5cm에 불과한 새싹들을 쑥 뽑아 보았습니다. 그러면 뿌리째 딸려 올라옵니다. 그 뿌리에는 종자로 뿌려졌던 보리 껍질이 엉겨 붙어 있습니다. 그것을 손으로 만져 보면 속이 텅 비어 있습니다. 종자 속에 있던 알맹이는 새싹을 내는 데 자양분으로 다 사용되었기 때문입니다. 이렇게 자기가 썩어 싹을 틔운 한 알의 씨앗은 4, 5월이 되면 누런 보리 이삭들을 풍성히 맺습니다. 얼마나 멋있습니까? 땅에 떨어져 죽은 한 알의 보리알 때문에 그런 풍성한 열매를 맺을 수 있다니 말입니다.

예수님 당시 유대에서는 보리보다 밀을 많이 재배하고 있었습니다. 그래서 주님은 누구나 알아들을 수 있는 썩는 밀알의 비유를 가지고 주님을 따르는 것이 어떤 의미인지 설명하려고 하셨습니다. 그래서 예수님은 이렇게 말씀하셨던 것입니다. "나는 많은 열매를 맺기 위해 한 알의 밀알이 되어 썩기를 원하노라. 그래서 내가 십자가에 죽노라. 내가 죽어야만 세상이 구원을 얻게 될 것이다. 구름 떼와 같이 많은 사람이 하나님 나라에 들어가는 영광을 얻게 될 것이다. 만일 내가 십자가를 무서워하여 회피한다면 이 세상에서 한 사람도 구원받지 못할 것이다." 주님은 이 말씀을 행동에 옮기셨습니다. 그리고 당신의 제자들인 우리에게 자신의 본을 따르라고 하십니다. "내가 많은 열매를 맺기 위해 십자가에서 죽었던 것처럼 너희도 많은 열매를 얻기 위해 한 알의 썩는 밀알이 되어 죽어야 한다." "나를 따르라"라는 말씀에는 이러한 요구가 담겨 있는 것입니다.

그렇다면 한 알의 썩어지는 밀알이 된다는 것은 구체적으로 무엇을 의미합니까? 요한복음 12장 25절에 "자기 생명을 미워하라"라는 말씀이 나옵니다. 이것은 썩는 밀알이 된다는 것이 무슨 의미인지 좀 더 분명하게 보여 줍니다. 여기서 '생명'은 헬라어로 '프쉬케'인데, '목숨'이라는 일반적인 의미 이외에도 '자아' '뜻' '의지' '소원'이라는 의미를 가지고 있습니다. 그러므로 '생명을 미워하라'라는 말은 '우리의 뜻이나 소원을 부인하라'라는 의미로 볼 수 있습니다. 마가복음 8장 34절에서는 이것을 "자기를 부인하는 것"이라고 설명하고 있습니다. "누구든지 나를 따라오려거든 자기를 부인하고 자기 십자가를 지고 나를 따를 것이니라." 예수님은 하나님의 뜻에 철저히 복종하시기 위해 자기의 소원이나 뜻은 다 부정하시고 돌아가셨습니다. 그러므로 우리가 예수님을 따르려고 한다면 우리 자신의 모든 것을 부정할 수 있어야 합니다. 이것이 곧 썩는 밀알이 되는 길입니다.

찰스 스터드(Charles Thomas Studd, 1860–1931)는 백여 년 전에 영국에 살았던 사람으로서 갑부의 아들이자, 캠브리지 대학을 나온 수재요, 당시 최고의 인기 스포츠였던 크리켓(cricket)의 대스타였습니다. 그는 가는 곳마다 사람들이 사인을 받으려고 몰려드는 바람에 식사도 제때 챙겨 먹지 못할 정도로 인기가 높았습니다. 그야말로 부와 명예를 한 몸에 누리던 젊은이였다고 할 수 있습니다.

그런데 어느 날 갑자기 그의 가정에 놀라운 변화가 찾아왔습니다. 그의 아버지가 무디로부터 전도를 받고 예수님을 믿게 된 것입니다. 자연히 그도 아버지의 영향으로 예수님을 믿게 되었습니다. 그 이후에 그의 삶은 놀랍게 변했습니다. 자기가 이제껏 누려 왔던 인기나 명문 대학 출신이라는 자부심, 집안이 부유하다는 데서 오는 만족감 같은 것들이 너무나 시시하게 여겨졌습니다. 그리고 세상을 구원하기 위해 복음을 전하는 일보다 더 보람된 일은 없다는 것을 깨달았습니다. 그는 이와 같은 깨달음을 곧바로 실천에 옮겼습니다. 이 세상을 구원하는 일에 자기의 젊음을 바치고자 선교사가 되어 중국으로 건너간 것입니다.

그러던 중 그의 아버지가 세상을 떠났고, 그는 3만 파운드가 넘는 유산을 상속받았습니다. 그 당시 파운드의 가치가 어느 정도였는지 잘 알 수 없지만 엄청난 유산이었던 것은 분명합니다. 그러나 그는 자기가 받은 유산을 모두 무디 성경 학교(Moody Bible Institute)와 조지 뮬러의 고아원과 허드슨 테일러(James Hudson Taylor, 1832~1905)의 선교 단체에 헌금했습니다. 그는 중국에서 만나 결혼한 아내와 함께 중국에서 18년 동안을 선교사로 헌신했으며, 이후 6년 동안을 인도에서 선교사로 사역했습니다.

이렇게 장기간 자기 몸을 돌보지 않고 선교하다 부부가 다 중한 병을 얻게 되었습니다. 그래서 그들은 요양차 영국으로 귀국했습니다. 영국에 돌아온 지 얼마 되지 않은 어느 날, 스터드는 어느 집회에 참석했다가 그곳에 붙어 있던 포스터를 보고 적지 않은 충격을 받았습니다. 그 포스터에는 이런 글귀가 적혀 있었습니다. "식인종이 선교사를 기다립니다!" 당시 그는 선교사로 나갈 수 있는 형편이 아니었습니다. 그는 중국에서 일을 시작하면서 천식을 앓게 되어 15년 동안을 고생해온 터라 몸이 몹시 허약해져 있었습니다. 게다가 나이도 벌써 50을 넘어서고 있었습니다.

그가 아프리카로 가려고 하자 주변에 있던 거의 모든 사람이 만류했습니다. 그의 부인조차 말렸습니다. 그러나 아무도 하나님께서 자기를 아프리카 선교사로 부르신다는 그의 확신을 꺾을 수 없었습니다. 그는 만류하는 자기 아내에게 이렇게 말했다고 합니다. "천식으로 인해 지난 15년 동안 겪은 고통을 어떻게 말로 다 설명할 수 있겠소? 밤낮을 가리지 않고 찾아오는 고통은 죽음의 고통이나 다를 바 없었소. 더군다나 내 몸은 허약해질 대로 허약해진 상태요. 왜 내게 이제는 쉬고 싶다는 그런 유혹이 없겠소? 그러나 그리스도를 위해 나는 잠시라도 쉴 수가 없소."

그는 병든 아내를 영국에 남겨둔 채 아프리카 수단(Sudan)으로 떠났습니다. 그것은 목숨을 거는 도박이나 다름없었습니다. 그러나 그는 마가복음 8장 35절 하반절 말씀을 굳게 붙잡았습니다. "누구든지 나와 복음을 위하여 자기 목숨을 잃으면 구원하리라." 이렇게 자기를 완전히 제단에 올려놓은 신실한 종을 하나님이 신실하게 대우하지 않으실 리가 없습니다. 한번은 그가 말라리아가 창궐하는 정글을 헤치고 지나가게 되었는데, 29마리의 당나귀 중 25마리가 죽고 4마리만 살아남는 기가 막힐 일이 벌어졌습니다. 그러나 그는 그런 와중에서도 말라리아에 걸리지 않고 살아남았습니다. 하나님이 죽음의 정글에서 그를 지켜 보호하신 것입니다. 더군다나 그는 70세가 되기까지 무려 20년 동안을 아프리카 선교에 헌신하며 수많은 영혼을 구원했습니다. 지금도 그의 사역은 그가 창설한 WEC 선교회에 소속된 1,800명의 선교사에 의해 계속되고 있습니다.

그는 아프리카에서 영국에 있는 아내에게 이런 편지를 썼습니다.

> "당신에게 건강을 줄 수 없는 의사를 멀리하고 예수님께 상의해 보는 게 어떻소? 사랑하는 이여. 예수님께 가서 그분께 당신을 드리시오. 그러면 나와 함께 세계를 돌며 수많은 사람을 주님께로 인도할 수 있을 것이오. 반드시 그러리라는 것을 믿고 있소. 예수님을 믿는 믿음 외에 나와 당신이 살아야 할 다른 길은 없다오."

누가 예수님의 제자입니까? 제자도의 알파(A)와 오메가(Ω)는 무엇입니까? 주님을 따르는 것입니다. 주님은 우리에게 자기를 따르는 길은 한 가지밖에 없다고 말씀하십니다. 그것은 내가 죽는 것이라고 합니다. 나의 뜻, 나의 꿈, 나의 욕심, 나의 고집, 그 무엇이든지 주님의 뜻에 반하는 것은 다 죽어야 한다고 합니다. 더 높은 생의 기쁨을 위해서는 땅에 속한 것을 포기하라고 합니다. 하나님께 집중하기 위해서는 나의 모든 것을 부인하라고 합니다. 주님이 기뻐하시면 자기 목숨까지라도 내놓을 수 있어야 한다고 합니다. 주님의 영광을 위해 내 영광을 버리라고 합니다. 주님의 뜻을 위해 내 뜻을 포기하라고 합니다. 주님의 나라가 이 땅 위에 이루어지도록 하기 위해서는 나의 짧은 생을 주님의 제단에 올려놓으라고 합니다. 이것이 바로 썩는 밀알이 되는 것이요, 예수님을 섬기기 위해서 따르는 것이라고 합니다.

우리가 이러한 삶을 살 때 많은 열매를 맺게 될 것입니다. 여러분 가운데 몇 년을 믿어도 열매를 맺지 못하는 분이 계신다면 자신의 삶을 되돌아보시기를 바랍니다. 열매가 없다는 것은 내가 살아 있다는 증거이기 때문입니다. 하나님은 우리가 과실을 많이 맺는 생활을 하기 원하십니다. 열매를 많이 맺는 삶은 하나님의 뜻을 이루는 삶이요, 하나님께 영광을 돌리는 삶입니다(요 15:8 참조).

주님은 이와 같이 죽도록 충성하는 자에게 두 가지 보상을 약속하셨습니다.

나 있는 곳에 나를 섬기는 자도 거기 있으리니_요 12:26중

주님이 계신 곳에 함께 있게 해주시겠다는 약속입니다.

내 아버지께서 그를 귀히 여기시리라_요 12:26하

하나님께서 귀하게 여겨 주신다는 약속입니다. 요한복음 17장 24절도 이와 비슷한 약속을 들려주십니다.

아버지여 내게 주신 자도 나 있는 곳에 나와 함께 있어 아버지께서

창세 전부터 나를 사랑하시므로 내게 주신 나의 영광을 그들로 보게
하시기를 원하옵나이다_요 17:24

주님이 영광을 누리시는 곳에서 주님을 위해 썩는 밀알처럼 헌신한
자들도 그 영광에 동참하게 해주신다는 것입니다.

우리는 예수님을 위해 죽도록 충성해야 하는 종입니다. 예수님께
서 친히 썩는 밀알로 희생하신 것처럼 우리도 희생하라고 말씀하십니
다. 그래서 많은 열매를 맺으라고 하십니다. 우리가 주부든, 학생이
든, 사회인이든, 직장인이든 상관이 없습니다. 어디에서 무슨 일을 하
든지 우리는 이 세상을 구원하는 귀한 일에 쓰임 받는 종이 될 수 있습
니다. 한 번밖에 없는 우리 인생입니다. 이 세상의 망할 나라를 위해
헌신하겠습니까? 아니면 장차 다가올 영원한 나라를 위해 열매 맺는
일에 헌신하겠습니까? 지금이라도 늦지 않습니다. 나중에 후회하지
말고 지금부터라도 하나님께서 기뻐하시는 그 일을 시작합시다. 우리
의 젊음과 지식, 재물, 시간, 이 모든 것을 세상을 구원하는 일을 위해
사용합시다. 그러면 우리의 삶이 하나님 앞에 복되고, 수많은 영혼을
하나님 앞으로 인도하는 빛나는 삶이 될 것입니다.

우리는 가장 영광스러운 일에 부름을 받은 예수님의 제자들입니
다. 자신의 신분을 한시도 잊지 맙시다. 함부로 살다 그만둘 인생이
아닙니다. 예수님을 따르는 제자로서 그 신분에 걸맞은 인생을 살
다가 주님 앞에 서야 합니다. "잘하였도다. 착하고 충성된 종아!"(마
25:21, 23 참조)라고 하시는 칭찬을 꼭 들을 수 있어야 합니다.

| 일러두기 |

본문의 성경은 《성경전서 개역개정판》을 주로 사용하였습니다.
이 책은 고(故) 옥한흠 목사의 설교를 바탕으로 구성한 것입니다.
설교 영상/오디오 자료는 QR코드를 참고하십시오.

희망은 있습니다

옥한흠 지음

국제제자훈련원

들어가며

"진정한 변화를 꿈꾸는 이들을 위하여"

흔히 기독교를 변화의 종교라고 말한다. 실제로 기독교의 역사는 변화된 사람들의 역사이다. 스데반을 돌로 쳤던 바울은 예수님을 만난 후 유럽을 변화시켰고, 말씀에 사로잡힌 루터(Martin Luter, 1483-1546)는 종교적인 타락이 절정에 이른 중세의 암흑기를 밝힌 횃불이 되었다. 이처럼 역사를 변화시킨 기독교의 역사는 소수의 위대한 신앙 영웅들에게만 제한되지 않는다. 오늘날 여전히 세계 최강국으로 자리매김을 하고 있는 미국을 보면, 이름도 빛도 없이 사라져 간 소수의 헌신한 청교도들에게 그 뿌리를 두고 있음은 누구나 아는 사실이다. 이처럼 역사를 변화시키고, 세상을 변화시키는 능력은 예수님을 만난 사람이면 누구에게든지 부어지는 전천후 은혜이다.

그러나 우리는 어떤가? 통계청의 종교 인구 조사에 따르면, 기독교인 수는 1995년 11월 기준으로 1,180만 명이라고 한다. 그리고 최근 모 신문에서 발표한 기사에 따르면, 1993년에서 1997년까지 지난 5년 동안 장·차관으로 임명된 인사 중에서 기독교 신자의 비율이

67.8%에 이른다. 그러나 부패 퇴치 민간 기관인 "국제 투명성(TRANS PARENCY INTERNATIONAL)"의 워싱턴(Washington, D.C.) 사무소가 공개한 '96년 TI부패 지수'에 의하면, 한국은 전체 대상 54개국 중 27위에 머물렀다. 이런 통계들은 어쩌면 우리나라에서 기독교의 현주소를 보여 주는 것인지도 모른다.

길을 가든지, 차를 타든지, 심지어 잠을 잘 때조차도 좌우에 있는 4명 중 1명은 기독교인이라고 여겨지는 우리나라에서 어디 하나 썩어서 냄새가 나지 않는 곳이 없다는 현실은 도대체 어떻게 된 일인가? 어느 교사가 만 원 단위로 꼼꼼하게 기록하였다는 촌지 기록부나 8급의 말단 세무원 부인이 꿈꾸듯 인생을 설계하였던 뇌물 노트는 우리의 억장을 무너지게 한다. 그나마도 이렇게 밝혀진 일들이 빙산의 일각이라는 것은 서로가 너무도 잘 아는 사실이다. 그렇다면 가는 곳마다 거침없이 그 사회와 역사를 변화시켜야 할 기독교는 우리 사회의 어디에 있으며, 빛과 소금이어야 할 기독교인은 어디에 있는가?

윌리엄 제임스(William James, 1842–1910)는 그의 저서에서 "종교는 우리 삶에서 습관 아니면 뜨거운 열정으로 존재한다"라고 했다. 종교가 하나의 습관이 되면 그것은 우리 생활에 아무런 영향도 끼치지 못한다. 습관이 된 종교는 생명이라고는 찾아볼 수 없는 박제된 종교에 불과하다. 오늘날 기독교인들이 보이는 생명력을 상실한 무기력함은 소위 이중적인 삶으로 인한 '영적 분열증'에서 비롯되고 있다고 생각한다. 교회 내의 삶과 교회 밖의 삶이 다르다. 일상생활에서 교인과 비교인을 구별하는 것은 곤충의 암수를 구별하는 것만큼이나 어려운 것이 현실이다. 이러한 영적 분열증의 원인은 많은 사람이 '그리스도를 포기하려 하지도 않고, 그리스도를 위해서 다른 것을 포기하려고도

하지 않기 때문'일 것이다.

　나는 사회적으로 큰 사건이 터질 때마다 두근거리는 가슴을 어찌하지 못한다. 혹시나 또 교회의 직임을 맡은 사람들이 관련되어 있지는 않나 하는 두려움 때문이다. 교회의 직분자가 사건의 관련자로 드러날 때마다 기독교는 세상 사람들로부터 조소를 당하고 있다. 교회가 사회에서 이처럼 무시를 당하고 조롱거리가 되는 이유는 어디에 있는가? 그것은 일차적으로 교회가 교인들에게 기독교의 개인적인 책임과 공적인 책임을 균형 있게 가르치지 못했기 때문이라고 생각한다. 교인들은 개인적인 구원에 대해서는 귀가 아프도록 들었지만, 공동체의 일원으로서 사회적인 책임과 의무에 대해서는 그렇게 충분한 가르침을 받지 못했다.

　우리는 세상의 빛이다. 그리스도인들은 세상의 빛으로서 공적인 책임을 다해야 한다. 세상이 아무리 더러워도 우리는 세상 속에서 살며 그리스도인으로서 세상에 대한 책임을 다해야 한다. 상대적 가치가 판을 치는 이 세상에서 하나님이라는 절대적 진리를 소유한 자로서 살아야 한다. 세상의 상대적인 도덕 기준을 하나님이라는 절대적 진리와 가치에 부합하도록 상향시켜야 할 책임이 우리에게 있다. 이 병든 사회를 치료하고 이 나라를 위기에서 구할 수 있는 길은 우리 예수 믿는 사람들이 부패한 사회에서 그 영향력을 강화하는 방법 외에는 다른 길이 없다. 우리가 더 밝은 빛이 되고, 더 짠맛을 내는 소금이 되는 길 외에는 결코 파멸적 쾌락에 찌든 이 사회를 살아나게 할 수 없다. 우리 그리스도인들이 바로 살아야 세상은 바뀐다.

　이 책의 목적은 모든 그리스도인이 공동체 속에서 사회적 책임 의식을 가진 성숙한 신앙인이 되도록 하는 데 있다. 찰스 스윈돌(Charles

Rozell Swindoll)은 성숙이란 "영혼의 삼투압 현상"과 같다고 말하였다. 성경 말씀을 듣고 흡수하여 우리 마음 한가운데 그 진리가 흘러 들어 가게 하는 것이다. 우리가 기꺼이 그 진리의 말씀에 순종할 준비만 되어 있다면, 우리 안에 거하시는 성령께서 권능으로 우리를 붙드시고 버티어 나갈 힘을 주실 것이다.

1998. 7
옥한흠

차례

들어가며   269

1   빛을 잃어버린 세상   275
2   시민이 사라진 사회   295
3   하나님의 비상수단   311
4   버려야 삽니다   329
5   내일을 위한 헌신   349
6   종교에 빠진 사람들   367
7   나라를 구하는 기도   387
8   고개 숙인 아버지   405
9   성숙이 필요한 사회   429
10   책임 전가   445
11   빈자처럼, 부자처럼   463
12   원수가 주리거든   477
13   저주받은 땅, 책임 있는 관리   495
14   희망은 있습니다   513

1

빛을 잃어버린
세상

주님은 우리를 '교회의 빛'이 아니라 '세상의 빛'으로 보내셨습니다.
세상의 빛이라는 것은 다른 말이 아닙니다.
이 사회의 부패와 타락에 대해서 우리가 책임을 져야 한다는 뜻입니다.

에베소서 5:8-13

8 너희가 전에는 어둠이더니 이제는 주 안에서 빛이라 빛의 자녀들처럼 행하라 9 빛의 열매는 모든 착함과 의로움과 진실함에 있느니라 10 주를 기쁘시게 할 것이 무엇인가 시험하여 보라 11 너희는 열매 없는 어둠의 일에 참여하지 말고 도리어 책망하라 12 그들이 은밀히 행하는 것들은 말하기도 부끄러운 것들이라 13 그러나 책망을 받는 모든 것은 빛으로 말미암아 드러나나니 드러나는 것마다 빛이니라

빛을 잃어버린
세상

종종 이런 생각을 할 때가 있습니다. '이 사회에 기독교가 존재한다는 것이 무슨 의미가 있을까?' 쉽게 말해서, 교회가 몇만 개나 되고 교인이 천몇백만 명이라고 하는 것이 이 사회에 무슨 의미가 있느냐는 것입니다. 왜냐하면 우리 사회의 현실을 보면 마치 교회가 존재하지 않는 것처럼 느껴지기 때문입니다.

요즈음 세상 돌아가는 모양을 보십시오. 사람들이 얼마나 악해졌습니까? 어느 교수의 말처럼 사람들의 마음속에서 죄의식이 완전히 실종된 것 같습니다. '다들 그렇게 하지 않느냐? 나만 재수 없어 걸린 것뿐인데 뭐가 잘못이냐?' 하는 생각이 사람들의 의식을 지배하고 있습니다. 이런 세상을 볼 때마다 저는 예수님이 우리를 향해서 책망하시는 소리를 듣습니다.

'너희들, 도대체 뭘 하고 있니? 너희들이 살고 있는 이 세상이 왜 이 모양이니?'

어떤 사람은 이렇게 변명할지도 모릅니다.

'주님, 세상은 원래 악한 것 아닙니까? 우리가 기를 쓴다고 해서 세상이 천국으로 바뀌겠습니까? 가룟 유다가 성자로 바뀌겠습니까? 그저 우리만 예수님을 잘 믿고 천국 가면 되는 것 아닙니까?'

그러나 하나님의 말씀 앞에 스스로 냉정하게 비추어 보십시오. 고개를 설레설레 흔드시는 주님의 모습이 보일 것입니다. 왜냐하면 주님은 우리가 '세상의 빛'이라고 말씀하시기 때문입니다. '세상의 빛'이라는 것은 이 사회의 부패나 타락에 대해서 우리가 책임을 져야 한다는 말입니다. 그러므로 세상이 어떻게 돌아가든 그게 나하고 무슨 상관이냐는 식의 변명은 어림없는 소리입니다. 주님은 우리를 '교회의 빛'이 아니라 '세상의 빛'으로 보내셨기 때문입니다.

그러므로 참된 기독교는 개인적인 종교로서의 역할과 공적인 종교로서의 역할을 균형 있게 잘 감당해야 합니다. 어느 한쪽으로만 치우쳐 버리면 그것은 참 기독교가 아닙니다.

개인적인 종교로서의 기독교는 나만 구원받으면 된다고 생각합니다. 내가 구원받고 내 소원이 이루어지는 것으로 만족하는 것입니다. 어느 신학자는 이것을 가리켜 '실리적인 개인주의'라고 했습니다.

이와 같이 자기 실속만 차리려는 자들은 기독교를 개인화시켜 버립니다. 그들이 예수님을 찾는 것은 단지 자기감정을 만족시키고 자기 소원을 성취하기 위한 수단에 불과합니다. 이런 사람들은 겉으로는 신앙생활을 썩 잘하는 것처럼 보입니다. 그러나 그 내면을 들여다보면, 그들은 하나님을 주인으로 모신 것이 아니라 자기가 주인이 되어 살고 있는 사람들입니다.

○ ○ ○ ○
공적 책임

기독교는 공적인 책임을 가진 종교라는 것을 기억해야 합니다. 공적인 책임이란, 정의를 외치고 약한 자와 억눌린 자 편에 서서 하나님의 공의를 세우는 데 앞장서는 것을 말합니다. 사회가 도덕적으로 타락했다면 교회가 그 타락의 환부를 끌어안고 치유하기 위해 애써야 한다는 것입니다. 이것이 바로 기독교가 감당해야 할 공적인 책임입니다. 그러나 안타깝게도 얼마나 많은 그리스도인이 이러한 공적인 책임을 도외시한 채 자기만을 위한 종교에 몰두해 있는지 모릅니다.

조지 아담 스미스(George Adam Smith, 1865-1942)라고 하는 사람이 이런 말을 했습니다.

> "기독교를 개인적인 영역에 제한시켜 보십시오. 그러면 썩어서 냄새가 진동하게 되고 심각하게 병들어 신음하게 될 것입니다. 그러나 기독교를 열린 대기 속에 살게 해보십시오. 그러면 피가 깨끗하게 될 것입니다."

참 멋진 표현이라고 생각합니다. 이 말은 기독교가 나 하나 구원받고 자기 소원을 이루는 데만 초점을 맞추다 보면 나중에는 썩은 냄새를 피우는 송장처럼 된다는 말입니다. 그러나 기독교가 사회를 거룩하게 만들고, 세상 사람들에게 하나님의 영광을 보여 주는 공적인 책임을 다하게 되면 교회의 피가 깨끗해지고, 결과적으로 사회까지 건강하게 만들 것이라는 얘기입니다. 그러므로 기독교는 개인적인 면과 공적인 면, 이 두 가지가 적절하게 조화와 균형을 이루어야 합니다.

오늘날 한국 교회를 보면 결코 그렇지 못한 것 같습니다. 기독교의 영광이 어디 있습니까? 내가 갈급한 은혜를 받는 것도 중요한 일이긴 하지만, 이 사회를 염려하여 병든 부분을 치유하려고 몸부림치지 않는다면 그 기독교는 썩은 송장에 불과한 것입니다.

예수님을 믿는다고 하면서 이 사회를 보고 가슴을 치며 하나님 앞에 울부짖지 않는다면 그는 영적으로 뭔가 병들어 있는 자입니다. 나만 구원받고, 나만 잘살면 뭘 합니까? 배가 가라앉고 있는데 식당에 앉아 맛있는 것을 혼자 실컷 먹게 되었다고 행복해하는 사람이 있다고 가정해 봅시다. 그 사람이 정말 행복한 사람입니까? 아닙니다. 그 사람은 정신이 나간 사람인 것입니다.

우리는 세상의 빛입니다! 기독교는 이 세상의 빛으로서 공적인 책임을 다해야 할 것입니다. 이러한 책임을 제일 먼저 깨닫고 실천에 옮긴 선각자들이 바로 종교개혁자들이었습니다. 당시는 신성로마제국 시대로 기독교가 그 사회를 주관하고 있었습니다. 이런 점에서 보면 굉장히 이상적인 사회가 아닐까 생각할 수도 있겠지만 실상은 그 반대였습니다.

왜냐하면 그 당시 교회는 더 이상 썩을 수 없을 만큼 썩어 있었기 때문입니다. 뇌물을 받고 성직을 팔기도 하고, 돈을 받고 죄 용서를 보증하는 면죄부를 팔고, 거룩한 삶을 자랑하는 성직자들이 수녀들과 음행을 저지르며 사생아를 낳기까지 했습니다. 세상에서 가장 부패해서 악취가 나는 곳이 바로 교회였던 것입니다.

이러한 상황에서 의식 있는 젊은이들이나 신앙생활을 바로 해보겠다는 거룩한 사람들은 누구나 세상을 등지고 수도원으로 들어가고 싶은 충동을 받았습니다. '이 더럽고 신물 나는 세상, 안 보는 것이 상책이야. 이 세상 꼴도 보기 싫으니 수도원에나 가서 그 속에서 살다가 죽자!' 그래서 수많은 신실한 사람들이 수도원으로 들어갔습니다. 세상과 담을 높이 쌓고 그 속에서 밭이나 갈고 채소나 재배하면서 하나님만 바라보고 살겠다는 것이었습니다. 이게 그 당시의 풍조였습니다.

이런 풍조를 가장 잘 보여 주는 것이 토마스 아 켐피스(Thomas à

Kempis, 1380-1471)의 《그리스도를 본받아》(*De Imitatione Christi*)라는 책입니다. 이 책은 거룩하게 살려는 사람들에게 좋은 지침서 역할을 했습니다. 그러나 이 책의 밑바닥에는 잘못된 사상이 하나 깔려 있습니다. 하나님 앞에서 긍정적인 삶을 살기 위해서는 세상에 대해 부정적인 삶을 살아야 한다는 것입니다. 더 쉽게 말씀드리면, 거룩하게 살고자 한다면 세상을 버리고 돌아서야 한다는 것입니다.

루터나 칼뱅(John Calvin, 1509-1564), 츠빙글리(Ulrich Zwingli, 1484-1531)와 같은 종교개혁자들은 바로 이러한 잘못된 신학을 부정하고 나선 것입니다. 그들은 부패한 교회를 개혁하는 일에 앞장섰을 뿐 아니라 수도원 운동들 때문에 무시되었던, 교회의 공적인 책임을 다시 강조했습니다. 그들은 그리스도인이 되는 것을 세상에서 하나님을 섬기도록 부름 받는 것으로 이해했습니다.

하나님이 세상에 교회를 세우시고 하나님의 백성을 이 땅에 남겨 놓으신 것은 타락하고 냄새나는 이 세상을 하나님과 화목하게 하여 하나님이 다스리시는 나라로 만드시기 위해서입니다. 그러므로 예수님을 믿는 사람은 세상으로부터 도피해서도 안 되고 세상에 등을 돌려서도 안 됩니다. 세상이 아무리 더러워도 우리는 세상 속에서 살며, 세상에 대한 책임을 감당해야 합니다. 왜냐하면 기독교는 개인의 구원을 위한 종교이면서 동시에 이 세상을 위한 종교이기 때문입니다.

오늘날 한국 교회는 이러한 위대한 종교개혁자들의 사상을 이어받았다고 자랑합니다. 그러나 한국 교회의 현실을 보십시오. 기독교가 개인의 전유물처럼 되었습니다. 예수가 '만유의' 주요, '온 세상의' 구주가 아니라 '나의' 구주로 소인화되었습니다. 그 결과 교회는 더욱더 무기력해졌고, 이 사회에 대해서 아무런 영향력도 미치지 못하는 비참한 존재가 되었습니다.

교회의 숫자가 계속 늘어나는데도 세상은 더 악해지고 있습니다. 예수님을 믿는 사람이 그만큼 많이 일하는 회사라면 뭐가 달라도 다를 것 같은데 피장파장입니다. 왜 이런 일들이 일어났습니까? 그것은 우리가 그동안 공적인 책임을 너무나 등한히 했기 때문입니다.

빛의 자녀들처럼 행하라!

우리는 '세상의 빛'입니다. 우리는 세상의 빛으로서 세상에 대한 공적인 책임을 감당하기에 힘써야 합니다. 그러기 위해서는 우리가 해야 할 일이 몇 가지 있습니다.

> 너희가 전에는 어둠이더니 이제는 주 안에서 빛이라 빛의 자녀들처럼 행하라_엡 5:8

우리가 먼저 해야 할 것은 빛의 자녀답게 행하는 것입니다. 여기서 '행(行)하다'라는 말은 '걸어다닌다' 혹은 '산다' '실천한다'라는 뜻이 있습니다. 우리가 빛의 자녀답게 사는 것을 최우선으로 삼아야 한다는 것입니다.

그렇다면 어떻게 사는 것이 빛의 자녀다운 삶입니까?

> 빛의 열매는 모든 착함과 의로움과 진실함에 있느니라_엡 5:9

예수님을 믿고 하나님의 자녀가 된 사람은 새로운 피조물이 되었기 때문에 착하고 의로우며 진실합니다.

'착하다'라는 말은 우리의 마음가짐을 말합니다. 예수님의 마음을 본받아 살기 때문에 우리의 거듭난 마음은 착해집니다.

'의롭다'라는 말은 하나님과 나와의 관계를 이야기하는 것입니다. 하나님 앞에서 우리는 항상 하나님이 원하시는 삶을 살려고 하는 자세를 가지고 있습니다. 하나님이 의롭다고 인정하시는 삶을 살려는 것입니다.

'진실하다'라는 말은 이웃을 향한 나의 자세를 말합니다. 우리는 모든 사람에게 정직합니다. 하나님을 두려워하는 양심을 가지고 사람들을 대하기 때문입니다. 이것이 바로 빛의 자녀로서 우리가 가져야 할 인격이자 삶입니다.

그러므로 우리는 착한 사람답게 살고, 하나님이 인정하시는 의로운 사람답게 행동하고, 진실한 사람답게 말하고 실천해야 합니다. 그럴 때 우리가 이 세상을 환하게 밝힐 수 있는 빛이 될 것입니다. 그러나 만일 우리가 이러한 빛의 자녀다운 모습을 잃어버린다면 그리스도인의 수가 아무리 많다 해도 이 세상의 어두움을 쫓아내는 빛은 되지 못할 것입니다.

"교회 갱신을 위한 목회자 협의회" 수련회가 모 기도원에서 2박 3일 동안 있었습니다. 수련회 기간 내내 참석한 4백 명의 목회자가 하나님 앞에 한국 교회의 죄를 놓고, 특히 교회 지도자들의 잘못을 놓고 가슴을 치며 탄식하고 밤낮으로 하나님 앞에 참회했습니다.

그때 참석했던 목회자들에게 설문 조사를 했는데, 설문의 요지는 "오늘날 한국 교회가 힘을 잃고 성장이 둔화한 근본 원인이 무엇이냐?" 하는 것이었습니다. 그런데 놀랍게도 참석한 목회자들 91.7%가 이 질문에 예수님을 믿는 사람들의 신앙과 삶의 불일치가 가장 근본적인 원인이라 대답했습니다. 예수님을 믿는 사람들이 사회에 나가서 세상 사람들과 똑같이 부정직하게 살고 비인간적인 행동을 하는 데에

빛을 잃어버린 세상

●

그 근본 원인이 있다고 본 것입니다.

이것을 보아도 우리 한국 교회가 지금 얼마나 심각한 상황에 빠져 있는지 알 수 있습니다. 이제까지 한국 교회는 기독교를 나만 위한 종교로 사유화시킴으로써 교회가 공적으로 이 사회와 국가를 위하여 담당해야 할 책임을 등한히 해왔습니다. 그러다 보니 신앙과 삶 사이에 심각한 괴리가 생긴 것입니다. 정직해야 할 사람이 직장에서 거짓말을 함부로 합니다. 선해야 할 사람이 세상 사람과 똑같이 더러운 생각을 품으며 행동합니다. 하나님 앞에 의롭게 행동해야 할 사람이 세상 사람들과 다를 바 없는 삶을 살고 있으니 이 사회가 달라지지 않는 것입니다.

물론 세상 사람들에게 본보기가 되는 분들이 없는 것은 아닙니다. 예수님을 믿기 때문에 어디를 가든 빛처럼 환하게 드러나는 사람들이 분명 있습니다. 그러나 그런 사람들은 소수에 불과합니다. 그러다 보니 크리스마스 새벽에 들고 다니는 등불처럼, 가까이서 보면 빨갛게 등불이 있는 것처럼 보이지만 그렇지 않으면 짙은 어둠 속에 삼키우다시피 하는 것입니다. 오늘날 한국 교회가 그 꼴입니다. 불이 켜진 등불처럼 뭔가 있어 보이기는 하는데 어두움을 몰아내지 못하고 어두움에 둘러싸여 맥을 못 추는 것입니다.

그러므로 우리가 좀 더 기도해야 하겠습니다. 하나님의 말씀을 듣고 좀 더 힘을 얻어야 하겠습니다. 진리로 무장해야 하겠습니다. 성령의 기름으로 채움을 입어야 하겠습니다. 그래서 우리가 작은 등불이 아니라 활활 타오르는 횃불처럼, 활활 타오르는 태양처럼 이 세상을 밝게 비추어서 어두움을 몰아내는 일에 제 역할을 감당해야 하겠습니다. 그래야만 우리와 우리 후손들이 살 것입니다. 하나님의 영광이 이 땅 위에 높이 드러날 수가 있을 것입니다.

○ ○ ○ ○ ○ ○ ○

도리어 책망하라!

또 하나 우리가 해야 할 일이 있습니다. 좀 더 적극적인 방법입니다.

> 너희는 열매 없는 어둠의 일에 참여하지 말고_엡 5:11

우리는 악한 사람과 같이 손잡고 그들의 일에 참여해서는 안 됩니다. 누구나 이 정도쯤은 다 알고 있을 것입니다. 그러나 그 정도에 그쳐서는 안 됩니다.

> 도리어 책망하라_엡 5:11하

하나님은 우리에게 어두움의 일을 책망하라고 하셨습니다.

> 그러나 책망을 받는 모든 것은 빛으로 말미암아 드러나나니 드러나는 것마다 빛이니라_엡 5:13

'책망한다'라는 말은 곧 들추어내고 폭로한다는 말입니다. 캄캄한 방에 들어갈 때 스위치를 올리면 형광등이 켜지면서 어두운 방 안 구석구석에 있는 게 전부 드러나는 것과 마찬가지입니다. 예수님을 믿는 사람이 좀 더 적극적으로 역할을 다하려면 그 사람이 거기 있으므로 인해 주변에 어두운 일들이 다 드러나게 해야 합니다. 예수님을 잘 믿는 사람은 존재 자체만으로도 이런 역할을 합니다.

예를 들어, 호주머니에 돈이 많이 들어올 수 있는 어떤 공직 자리나 부서가 있다고 합시다. 많은 사람은 돈방석에 앉을 것을 기대하고 그 부서에 발령을 받기를 원합니다. 그런데 이런 부서에 그리스도인이 발령을 받았다고 해 봅시다. 만일 그가 '나는 여기서 쫓겨나는 한이 있어도 뇌물을 받거나 상납하는 일은 절대 하지 않겠다'라고 결심하고 의롭고 정직하게 일한다면 그는 거기에서 빛이 되는 것입니다. 그리고 그 사람 때문에 주변에 있는 거짓된 사람들의 정체가 환하게 노출됩니다. 어둠의 일을 책망한다는 것은 바로 이런 것을 의미합니다. 그러나 이렇게 하다 보면 사람들로부터 미움을 받거나 따돌림을 당할 수도 있습니다. 어떤 경우에는 억울하게 모함을 받아 어려움을 겪기도 합니다. 하지만 이것은 당연합니다. 요한복음 3장 20절 상반절에는 "악을 행하는 자마다 빛을 미워하여"라고 말씀하십니다.

악을 행하는 자들은 빛을 미워하게 되어 있습니다. 왜냐하면 빛으로 인해서 자기들의 악한 행위가 밝히 드러나기 때문입니다. 우리가 빛으로 살고, 빛으로 행하면 주변에 있는 모든 어두운 것들이 드러나는 것입니다.

빛된 행실을 사람들이 보게 하라

그러나 가만히 앉아서 어두움이 드러나는 것 정도로 만족해서는 안 됩니다. 좀 더 적극적인 행동이 필요합니다. 달리 말해서, 우리가 어떤 존재이며, 우리가 무엇을 하며, 어떠한 삶을 살고 있는지를 세상 사람들이 좀 더 정확하게 볼 수 있도록 우리 자신을 알릴 필요가 있다는 말입니다.

우리는 이제까지 "너는 구제할 때에 오른손이 하는 것을 왼손이 모르게 하여"라는 마태복음 6장 3절 말씀을 너무 지나치게 적용해 온 경향이 있습니다. 그러나 이것은 선한 일을 하고는 무슨 공로라도 세운 것처럼 떠벌리지 말라는 말이지 감추고 숨기라는 말이 아닙니다.

마태복음 5장 16절에 주님은 이렇게도 말씀하셨습니다.

이같이 너희 빛을 사람 앞에 비치게 하여 그들로 너희 착한 행실을
보고 하늘에 계신 너희 아버지께 영광을 돌리게 하라_마 5:16

예수님은 세상 사람들에게 우리의 착한 행실을 볼 수 있게 하라고
말씀하셨습니다. 그러기 위해서는 우리의 삶과 빛 된 행실들을 알려
야 합니다. 세상 사람들은 교회가 무엇을 하고 있는지에 대해서 너무
나 무지합니다. 그러나 로마 가톨릭교회만 해도 다릅니다. 로마 가톨
릭교회는 그 조직 자체가 항상 하나의 이미지를 가지고 있습니다. 그
래서 설사 개인이 무슨 일을 해도 로마 가톨릭교회가 하는 것으로 부
각됩니다. 테레사(Mother Mary Teresa Bojaxhiu, 본명: Anjezë Gonxhe Bojaxhiu,
1910-1997) 수녀 한 사람 때문에 로마 가톨릭교회의 이미지가 얼마나
좋아졌습니까? 오응진 신부가 꽃동네를 시작한 것으로 인해 웬만한
사람은 참 종교는 로마 가톨릭교회밖에 없다고 말할 정도입니다. 로
마 가톨릭교회의 모든 것이 세상 사람들 앞에 그대로 드러나니까 로
마 가톨릭교회가 오늘날 여러 가지 면에서 이득을 보는 것입니다.

그러나 우리 개신교는 그 수가 훨씬 많음에도 불구하고 무엇을 하
고 있는지 너무나 알려지지 않습니다. 교회를 다닌다고 하면 매일 성
경과 찬송집이나 들고 다니면서 소리를 지르며 울고불고 난리를 떠는
정도로만 알고 있습니다. 심한 경우에는 목사가 신도들에게서 헌금을
짜내서 돈을 자기 호주머니에 다 넣는 것처럼 생각합니다. 재벌 목사
라는 이상한 말들이 돌아다니는 것은 이와 같은 오해에서 비롯된 것
이 아닌가 합니다.

대각성 전도집회 때 결신한 어느 형제는 지금까지 목사를 이런 식으로 생각했다고 실토했습니다. 교회의 모든 헌금을 가지고 목사가 주식 투자도 하고 자기 나름대로 축재하는 걸로 알았다는 것입니다. 대부분의 세상 사람들이 기독교에 대해서 이런 식으로 잘못 알고 있습니다.

사랑의교회 신문 〈우리〉지에서 '하하네' 이야기를 읽은 적이 있습니다. '하하네'는 사랑의교회 어느 집사님이 경영하는 도매상 이름입니다. 그 집사님은 "하나님께서 함께 하셔서 모든 일을 할 수 있다"라는 뜻으로 이름을 그렇게 지었다고 합니다. 그분은 가게를 하면서 한 가지 철칙을 세워 두고 있었습니다. 자기 집에서 물건을 사 갔다가 별로 만족스럽지 못해서 다시 가져오는 반품이 있으면 몇 달 전에 사 간 것이라도 두말하지 않고 100% 다 받아 주자는 것입니다. 왜요? 내가 손해를 보더라도 예수님을 믿는 사람은 역시 다르다는 걸 보여 주기 위해서입니다. 얼마나 멋집니까? 그렇게 해서 주변 사람들에게 그 가게는 예수님을 믿는 사람이기 때문에 자기가 손해를 보더라도 반품하면 받아 주는 가게로 소문이 나 있습니다. 저는 그 가게를 드나드는 사람들 가운데 많은 이들이 우리가 믿는 예수님에 대해 마음의 빗장을 풀어 놓고 있으리라 생각합니다.

비근한 예를 하나 들어 봅시다. 요즘 학교에서 체벌하는 것을 금지하기 위한 법안을 만든다고 일부에서 난리들이지 않습니까? 누가 그런 아이디어를 냈는지 모르지만 정신 나간 사람이 아닐 수 없습니다. 다른 선진국에서는 벌써 몇십 년 전에 매를 안 대기로 가결했다가 하도 안 되니까 이제 다시 매를 들어야 한다는 여론이 비등하고 있는데 느닷없이 때리지 말자고 하니 기가 막힐 노릇이 아닙니까?

하나님은 분명히 말씀하십니다.

　진정 자녀를 사랑하고 자녀를 위한다면 매를 아끼지 말아야 한다는 것입니다. 매를 아끼는 것이 사랑 같지만, 그것은 오히려 자녀를 망하게 하는 길입니다. 하나님이 우리를 사랑하시지만 징계하시는 것도 바로 그 때문입니다.

　이럴 때 우리는 예수님을 믿는 사람들이 뭔가 다르다는 것을 보여 주어야 합니다. 예수님을 믿는 학부모들이 함께 모여 초등학교에 찾아가십시오. 가서 교장 선생님이나 담임선생님을 붙들고 이렇게 말씀하십시오. "선생님, 우리 아이 좀 때려 주세요. 매를 들어서라도 우리 아이를 사람 되게 해주세요. 꼭 부탁드립니다." 세상 사람들이 우리를 바라보는 눈이 달라질 것입니다.

　물론 선생님 중에는 감정 때문에 아이들을 때리는 사람들이 없지 않습니다. 저는 초등학교 다닐 때 하도 많이 당해 보았기 때문에 잘 알고 있습니다. 지금도 저를 무섭게 때리던 그 선생님 얼굴이 눈앞에서 아른거릴 때가 있습니다. 아이들에게 그런 식으로 감정을 푸는 선생은 가르칠 자격이 없다고 해야 할 것입니다.

　그러나 지금 저는 그런 경우를 말하는 것이 아닙니다. 학생을 사람 만들기 위해서 부득불 매로 때리는 선생님이 있다면 우리가 오히려 존경해 드려야 합니다. 예수님을 믿는다는 사람이 자녀가 학교에서 맞고 왔다고 해서 학교로 쫓아가서 "어느 선생이 때렸어?" 하고 핏대를 올리며 따진다면 어떻게 이 사회에서 빛이 되겠습니까? 우리는 그런 사람들과는 뭔가 다른 존재들이라는 것을 보여 주어야 합니다.

○ ○ ○ ○ ○ ○

교회와 대중매체

오늘날은 대중매체가 지배하는 시대입니다. 대중매체가 사람들을 제
맘대로 끌고 다닙니다. 신문이 "아" 하면 우리도 같이 "아" 하고, "어"
하면 같이 "어" 합니다. 텔레비전에서 "요"라고 하면 "요"라고 말하는
것입니다. 어린이고 어른이고 할 것 없이 대중매체가 하는 대로 아무
런 분별없이 따라갑니다. 우리가 얼마나 무서운 세상을 살고 있는지
모릅니다.

그래서 어떤 사람들은 기독교가 이 대중매체를 장악하지 못하면 이
땅 위에 살아남지 못할 것이라고 말합니다. 그러므로 우리는 기독교
정신으로 운영하는 방송이나 언론 매체들을 힘써 도와야 할 것입니
다. 왜냐하면 그러한 대중매체를 중심으로 힘을 모으고 그것을 통해
서 우리의 정체를 세상에 좀더 적극적으로 알릴 필요가 있기 때문입
니다. 그래야만 이 사회의 어두움을 드러내고 하나님이 살아 계심을
그들에게 보여 줄 수 있습니다.

저는 〈국민일보〉 8주년 기념 심포지엄에 연사로 참석했다가 조용
기 목사님이 어떻게 신문을 시작하게 되었는지에 대해 말씀하는 것을
듣고 무척 감명을 받았습니다.

그가 뉴욕을 방문했을 때의 일입니다. 그때 믿음 좋은 어느 장로님
이 그를 찾아와서는 너무나 다급한 심정으로 이런 이야기를 했다고
합니다. 그 당시에 우리가 이름을 들으면 금방 알 수 있는 이단 종파에
서 일간신문을 계획하고 있었는데, 그들이 일간 신문을 만들려는 이
유는 다른 게 아니라 기독교를 공격하기 위해서라는 것입니다.

그래서 그 장로님은 기독교가 가만히 앉아서 당하지 않으려면 빨리
뭔가 대책을 세워야겠다 싶어 신문을 해보자고 백방으로 노력해 보았

지만, 기독교계의 힘이 모이지 않아 너무나 안타깝다는 것이었습니다. 이 말을 들으면서 조 목사님이 상당한 충격을 받았나 봅니다. 한국에 돌아와서도 그 말을 도무지 뿌리치지 못한 채, 마치 하나님께서 계속 말씀하시는 것 같은 마음의 부담을 느꼈다고 합니다. 어느 날 신문에 대해서 잘 아는 전문가에게 알아보았더니 당장 일간 신문을 하나 시작하려면 120억 원이 필요하다고 했습니다.

그래서 당회를 소집해서 "오늘 한국 기독교가 이 사회에서 영향을 미치고 살아남으려면 대중매체가 있어야 합니다. 우리 교회에서 이 일을 감당해야 하겠습니다"라고 제안했더니 모든 당회원이 교회가 공중 분해될지도 모른다며 만류했습니다.

너무나 고민이 되어 기도원에 가서 그 문제를 놓고 계속 기도를 하고 있었는데, 하나님께서 마음속에 "그래도 해야 한다"라는 강한 확신을 주셨다고 합니다. 그래서 반대를 무릅쓰고 일단 신문을 시작했습니다. 지난 8년 동안 약 2천억 원을 투자했고, 지금도 매월 2, 30억 원을 투자하고 있는데, 앞으로 이 신문이 소위 일류 신문으로 발돋움하기까지는 2천억 원을 더 투자해야 한다고 합니다.

왜 이렇게 무리한 투자를 하고 있다고 생각합니까? 그가 말한 것처럼 어느 신문사든지 한 2억만 갖다주면 싣고 싶은 기사나 글을 얼마든지 실어 줄 텐데 말입니다. 그러나 그에게는 분명한 이유가 있었습니다. 한국 교회가 가만히 있으면 살아남지 못한다는 위기의식 때문입니다. 대중매체를 통해 기독교가 힘을 모으고 세상에 우리의 모습을 알려야 한다는 소명 때문입니다. 그는 한국 교회가 이 신문을 중심으로 힘을 모으고 우리가 어떤 존재인가를 세상에 보여 주자고 호소했습니다.

그 말을 듣고 굉장한 충격을 받았습니다. 우리나라에 예수님을 믿는 가정이 2백만 가구 정도 된다고 할 때, 한 집에서 한 부씩 읽기만 해도 이 신문을 우리나라에서 최고의 신문으로 만들 수 있습니다. 그런데 기독교인들이 힘을 뭉치지 않습니다. 전부 개인 플레이하는 것입니다. 그래서 결과적으로 한국 교회가 이 사회에 아무런 영향을 끼치지 못하는 졸부와 같은 존재가 되어 버린 것입니다.

우리는 소명을 가져야 합니다. 이 사회의 빛으로서 우리가 어떻게 해야 할 것인지 좀 더 신중히 생각해야 합니다. 그래서 협조할 일은 협조하고, 선전해야 할 일은 좀 더 적극적으로 선전해서 온 세상 앞에 우리가 어떤 존재라는 것을 분명하게 알려야 합니다. 바로 이것이 이 세상에서 악을 폭로하고 어두움을 몰아내는 적극적인 방법입니다.

앞으로 세상은 점점 더 악해질 것입니다. GNP가 올라갈수록 이 세상은 점점 더 어두워질 것입니다. 많은 사람이 정욕의 종이 되고, 돈의 노예가 되어서 정말 눈 뜨고 볼 수 없는 일들이 수도 없이 벌어질 것입니다. 이럴 때일수록 우리는 빛이 되어야 합니다. 더 강한 빛을 비추어야 합니다. 이사야 60장 1절 말씀처럼 '일어나서' 빛을 비추어야 합니다. 절대 그냥 앉아 있어서는 안 됩니다.

빛을 비추려고 하다 보면 여러 가지 고통을 당할 수밖에 없습니다. 빛의 자녀답게 살려고 하다 보면 부끄러운 일을 당할 수도 있습니다. 그러나 영원한 빛이시요, 온 우주를 밝게 비추는 의의 빛 되신 하나님이 우리의 아버지가 되신다는 사실을 기억합시다. 그 하나님이 우리 편이 되어 주시는 것입니다.

그러므로 두려워하거나 부끄러워할 필요가 없습니다. 소심하게 도망가지 맙시다. 우리 모두 힘을 합해서 우리의 존재를 세상 앞에 좀더 적극적으로 드러내어 이 세상을 환하게 밝히는 역사가 일어날 수 있어야 합니다. 이것만이 우리가 하나님께 영광 돌리고 이 사회를 치료할 수 있는 유일한 길입니다.

우리 다 같이 일어납시다! 그리고 이 세상을 향하여 빛을 발합시다! 이것은 하나님의 명령입니다. 우리가 이 명령대로 살아서 이 사회의 병폐를 치유하는 데 능력 있게 쓰임 받기를 바랍니다.

2

시민이
사라진 사회

예수님을 믿고 의롭다 함을 받는 자는 많아도
세상 속에서 정직하게 살아가는 의인은 찾아보기가 쉽지 않습니다.
거짓으로 죽어 가는 우리의 영이 새로워지기 전에는
우리가 결코 정직한 의인이 될 수 없습니다.

잠언 11:10-11

10 의인이 형통하면 성읍이 즐거워하고 악인이 패망하면 기뻐 외치느니라 11 성읍은 정직한 자의 축복으로 인하여 진흥하고 악한 자의 입으로 말미암아 무너지느니라

시민이
사라진 사회

　　　　　　　　　　　대통령을 위한 조찬 기도회가 있었습니다. 지난 20년 동안 매년 한 차례씩 연례행사처럼 해온 것이라서 이번에도 큰 관심을 두지 않았습니다. 그러나 이번에는 한 가지 충격적인 사건이 있었다고 합니다.

　설교 후에 대통령이 나와서 낭독한 답사가 그것입니다. 더욱 정확하게 말한다면 답사라기보다 일종의 탄식이요, 질책이었다고 해야 옳을 것입니다. 그 요지는 이것입니다. 기독교가 사회의 어둠을 몰아내고 부패를 막는 빛과 소금이 되기는커녕 자신부터 썩어 있다는 것입니다. 그는 공무원들에 대해 내사해 본 결과 부정부패에 연루된 것으로 드러난 사람들 가운데 기독교인들이 적지 않다고 말했습니다. 그는 더 나아가 스스로 사회의 빛과 소금으로 자처하는 기독교인이 천만 명을 넘는다는 이 나라가 왜 이토록 타락하게 되었느냐고 뼈아픈 질문을 던졌습니다. 기독교에 그 책임이 있지 않느냐는 것입니다.

　한 나라를 대표하는 최고 지도자가 이토록 직선적이고 원색적인 표현을 써 가며 특정 종교를 몰아붙인 사례를 한 번도 들어 본 적이 없습니다. 그 기도회에는 개신교와 천주교의 대표들뿐만 아니라 주한 외교 사절들도 꽤 많이 참석해 있었다고 합니다. 그런 자리에서 기독교가 모욕적인 질책을 받은 것은 땅을 치고 통탄해야 할 사건이 아닐 수 없습니다. 그가 장로였기에 망정이지 만일 불교 신자로서 그런 말을 했더라면 기독교의 존립 기반 자체를 흔드는 엄청난 파장을 몰고 왔을지도 모릅니다.

한심한 것은 교회 지도자들과 평신도들이 이런 충격적이고 모욕적인 사건 앞에서도 별로 위기감을 느끼지 못하고 있다는 사실입니다. 이 일이 영적으로 무엇을 의미하는지 꿰뚫어 보지 못하기 때문에 덤덤하게 넘어가는 것입니다. 그러나 영적인 눈이 뜨인 사람이라면 절대 그럴 수 없습니다. 왜냐하면 대통령의 답사는 이 사회에서 기독교의 존재 가치에 대한 회의요, 도전이었기 때문입니다. 우리는 이 나라의 기독교 인구가 1,200만 명이라고 자랑하기를 좋아합니다.

그러나 요즈음 그 자랑이 오히려 우리의 수치가 되었습니다. 도대체 이 나라의 기독교가 왜 이 지경이 되었습니까? 나라가 온통 썩어 가고 있는데 부패를 막아야 할 이 땅의 빛과 소금들은 다 어디로 갔습니까? 무기력하다 못해 스스로 부패의 독소에 오염되어 있는 것입니다.

도덕 불감증에 걸린 교회

수년에 걸쳐 우리는 이 사회에 암 덩어리처럼 퍼져 있는 부정부패의 추악한 모습들을 지겹도록 지켜보았습니다. 처음에는 돈과 권력의 비호를 받으며 온갖 부조리를 일삼던 사람들의 죄악이 속 시원하게 밝혀지는 것을 보며 통쾌감을 느끼기도 했지만, 이제는 너무 많이 본 탓인지 더 이상 역겨워서 견딜 수가 없을 정도가 되었습니다.

그래도 지금까지 밝혀진 부정부패는 참을 만한 것인지도 모릅니다. 세상의 그 어떤 부패도 종교계의 부패보다 추악하지는 않을 것이기 때문입니다. 아마 우리가 가장 견디기 힘든 것이 있다면 비록 일부이기는 하지만 교회 지도자들의 부패일 것입니다. 아직 사정 대상이 아니어서 드러나지 않았을 뿐이지 정신적으로나 도덕적으로 교회 지도자들의 부패는 상상을 초월할 만큼 심각하다고 봅니다.

그 동안 한국 교회는 지나치게 개인 구원에만 집착해 왔습니다. 그 결과 많은 기독교인이 현실은 도외시한 채 내세만 동경하는 별종의 사람들처럼 살아온 것이 사실입니다. 정교분리 원칙을 고수한다는 명목으로 정치나 사회문제에 대해 가능한 한 침묵을 지키며 제3자적인 위치에 서려고 했습니다. 그 결과 기독교가 부도덕한 정권을 동조하는 처지에 서게 되었다는 것을 부인할 수 없습니다. 그러는 가운데 교회 지도자들은 자신도 모르는 사이에 도덕 불감증에 빠졌습니다. 목회자들의 설교를 들어 보십시오. 하나님께서 오늘의 현실에 대해 외치시고자 하는 메시지가 그 안에 담겨 있습니까? 사람들이 별로 듣기 좋아하지 않는다는 이유로 현실에 대해서 입을 굳게 다물고 있는 목사님들이 얼마나 많습니까? 도덕적으로 그만큼 무디어져 있다는 것입니다.

어느 목사가 유명한 강사 한 분을 초빙해서 집회를 열었습니다. 그 강사는 지난 10년 동안 교회가 엄청나게 부흥하는 바람에 유명해진 목사입니다. 그는 설교 가운데 자기 교회에 다니는 모 교수의 전도 사례를 자랑스럽게 소개했다고 합니다. 그 교수는 자기 제자들을 전도 집회에 인도하기 위해 이런 제안까지 했답니다. "여러분 중에 우리 교회의 전도 집회에 참석하는 사람에게는 보너스 학점을 주겠습니다."

얼마나 기가 막힌 일입니까? 전도 대상자를 교회로 끌어들이겠다고 그렇게 무책임한 말을 하는 교수도 문제지만, 어떻게 목사가 그런 행동을 자랑이라고 들고나올 수 있는지 모르겠습니다. 기독교의 도덕성이 그만큼 땅에 떨어져 버렸다는 단적인 증거입니다.

또 한 가지 예를 들겠습니다. 모 교회가 한 성도로부터 산지를 기증받아 그곳에 수양관을 건립하려고 했습니다. 그런데 문제는 건축 허가를 받으려고 관공서에 확인을 해보니 그 땅은 개발되지 못하도록 법으로 묶여 있는 땅이었습니다. 그 교회는 건축 허가를 받아 내려고 백방으로 노력해 보았지만, 소용이 없었습니다. 그러던 차에 무슨 일인지 몰라도 갑작스럽게 건축 허가가 떨어졌고 모든 성도가 기뻐하며 수양관을 거창하게 지었다고 합니다.

그러나 나중에 그 교회가 담당 공무원들과 뒷거래를 한 사실이 탄로가 나서 그 일에 관련된 공무원들이 모두 쇠고랑을 차게 되었다고 합니다. 도대체 양심을 어디에 팔아먹었는지 모르겠습니다. 어떤 사람은 그래도 이렇게 변명을 늘어놓을지 모릅니다. "기도 처소를 만드는 일은 주님이 기뻐하시는 일이다. 그러므로 하나님을 기쁘게 하기 위해 세상 법을 어겨야 한다면 그렇게 할 수밖에 없지 않은가?" 목적이 좋으면 무슨 수단을 쓰든 상관없지 않느냐는 것입니다. 그러나 이와 같은 사고방식은 노동자의 인권과 평등을 내세우며 폭력혁명을 추구하는 공산주의자들의 작태와 다를 바 없습니다. 오늘날 한국 기독교계가 이만큼 양심이 병들어 있습니다.

지난 수십 년 동안 도덕성이 약한 정권과 '잘살아 보세'라는 장밋빛 구호 아래서 살아온 우리는 절대로 포기해서는 안 될 중요한 가치들을 포기하는 데 길들여졌습니다. 좀 더 편안하게 살 수 있다면, 돈만 많이 벌 수 있다면 도덕과 양심 따위는 너무 쉽게 포기합니다.

슬프게도 이 점에 대해서는 기독교인들조차 떳떳할 수 없습니다.

오늘날 이 나라 기독교의 문제는 다른 데 있지 않습니다. 기독교인들 스스로 자기 정체성을 잃어버리고 세상 사람들과 다를 바 없이 도덕과 양심을 버리고 산다는 데 있는 것입니다. 이러고도 나라 꼴이 엉망이 되지 않는다면 그것이야 말로 기적이라 할 것입니다.

창세기 18장 32절을 보십시오. 하나님은 의인 10명만 있으면 소돔과 고모라를 멸망시키지 않겠다고 약속하셨습니다. 당시의 소돔과 고모라 인구를 만 명 정도라고 가정한다면 '10명'은 천분의 1에 해당합니다. 달리 말해서, 천 명 중 1명만 바로 살아도 그 도시가 망하지 않을 것이라는 말입니다. 그러면 우리는 어떻습니까? 기독교 인구를 1,200만 명이라고까지 말하지 않습니까? 그 수치가 사실이라면 4명 중 1명이 기독교인인 셈입니다.

그러나 이 사회를 돌아보십시오. 정치, 경제, 사회, 문화 안 썩은 영역이 있습니까? 심지어 교회까지도 도덕성을 잃어버린 것 같습니다. 소돔과 고모라처럼 천 명당 의인 1명을 발견할 수 없는 사회라면 하나님께서는 의인에게 부패를 막지 못한 책임을 묻지 않으실 것입니다. 그러나 4명 중 1명이 기독교인이라고 한다면 기독교는 절대 이 사회의 부패에 대한 책임을 면할 도리가 없습니다.

○ ○ ○ ○ ○
정직한 의인

이와 같은 현실을 안타까워하는 사람이라면 다음 말씀에 주목해야 할 것입니다.

> 의인이 형통하면 성읍이 즐거워하고_잠 11:10상
> 성읍은 정직한 자의 축복으로 인하여 진흥하고_잠 11:11상

우리는 흔히 '의인'이라고 하면 믿음으로 의롭다 함을 받은 사람을 가리킨다고 생각합니다. 그런 의미대로라면 의롭다 함을 받은 모든 사람이 여기에 포함된다고 할 것입니다. 그러나 본문의 '의인'은 그런 의미가 아닙니다. 여기 본문 10절의 '의인'이 그 다음 절에서는 '정직한 자'로 표현하고 있다는 사실을 주목할 필요가 있습니다. 본문이 말하는 의인은 다름 아닌 '정직한 의인'입니다. '정직한 의인'이란 하나님의 법을 양심적으로 지키는 사람을 말합니다.

사실 성경대로라면, 믿음으로 의롭다 함을 받는 자는 마땅히 정직한 삶을 통해서도 의인으로 인정받아야 정상일 것입니다. 달리 말해서, 믿음으로 의롭다 함을 받은 의인은 정직한 의인이어야 한다는 말입니다. 그럼에도 불구하고 우리의 현실은 그렇지 못합니다. 예수님을 믿고 의롭다 함을 받은 자는 참 많아도 세상 속에서 정직하게 살아가는 의인은 찾아보기가 쉽지 않습니다.

그러나 자기가 천국 가는 것으로 만족하는 의인은 아무리 많다 해도 사회와 국가에 유익을 끼치지 못합니다. 한국 교회가 이 사회에 바람직한 영향을 끼치지 못하고 있는 것은 바로 이 때문입니다. 그러므로 우리가 그동안 정직한 의인으로 살지 못했던 죄를 회개하고 돌이켜야 합니다. 한국 기독교계에 일대 회개 운동이 일어나야 합니다. 다윗은 나단 선지자가 자신의 죄를 지적하자 통회하는 마음으로 하나님 앞에 이렇게 부르짖었습니다.

하나님이여 내 속에 정한 마음을 창조하시고 내 안에 정직한 영을 새롭게 하소서_시 51:10

거짓으로 죽어 가는 우리의 영이 새로워지기 전에는 우리가 결코 정직한 의인이 될 수 없습니다. 하나님 앞에 겸손히 엎드려 회개하며 정직한 영을 새롭게 해달라고 간구합시다. 하나님께서는 상하고 통회하는 마음을 멸시하지 않으실 것입니다(시 51:17 참조). 우리의 영을 정직하게 회복시켜 주실 것입니다. 그럴 때 우리가 자원하는 심령으로 정직한 삶을 사는 '정직한 의인'이 될 것입니다.

우리가 정직한 의인으로 나타나면 이 사회는 살맛 나는 사회로 바뀔 것입니다. 잠언 11장 10절에서 정직한 의인이 많아지면 성읍이 즐거워한다고 했습니다. 그뿐만이 아닙니다. 11절에는 정직한 의인이 이웃과 나라를 위해서 복을 빌면 그 나라가 흥하고 형통한다고 했습니다. 또 잠언 14장 34절에서는 정직한 의인으로 인해 나라가 영화를 입게 된다고 했습니다.

1950년대 무렵의 우리나라도 그러했지만, 방글라데시(Bangladesh)나 파키스탄(Pakistan)을 비롯한 동남아 국가들이나 아프리카 국가들에 가보면 요즘도 여행객을 노리는 좀도둑이 얼마나 많은지 모릅니다. 잠시 한눈팔았다가는 여지없이 날치기를 당하고 맙니다. 한두 번 그런 일을 당하다 보면 그 나라에 대해 좋게 말할 사람은 아무도 없습니다. "정말 형편없는 나라더라구. 거기 갈 때는 꼭 좀도둑을 조심하라구." 의인이 활개를 치는 나라가 아니라 악인이 활개를 치는 나라가 되었기 때문입니다. 그러나 의인이 형통하게 되어 사회가 의롭게 되면 세계 어떤 나라도 이 나라를 우습게 보지 못합니다. 이것이 바로 의인이 나라를 영화롭게 한다는 의미입니다.

그 동안 우리 한국 기독교는 국가의 경제성장에 비견될 만큼 놀라운 부흥을 이루었습니다. 이 절호의 기회에 우리가 정직한 의인으로서 제 역할을 잘 감당했더라면 이 사회는 분명 살맛 나는 사회가 되었을 것입니다. 여러 가지 면에서 형통하여 세계가 감히 얕잡아 볼 수 없는 영화로운 나라가 되었을 것입니다.

그러나 최근 꼬리를 물고 터지는 각종 비리 사건들로 인해 우리나라의 명예는 여지없이 실추되었습니다. 세계가 깜짝 놀라는 수치스러운 국가가 된 것입니다. 예수님을 믿는 우리가 정직하게 살았더라면 이러한 수치스러운 일이 일어나지 않았을 것입니다. 그러나 지금이라도 우리가 정직한 의인이 되어 사회 곳곳에서 형통하게 된다면 이 나라가 살맛 나는 나라로 바뀐다는 사실을 꼭 믿으시기를 바랍니다.

비근한 예로, 전(前) 대통령이 그동안 쉬쉬하며 감추었던 비리들을 후련하게 들추어내고 수술하니까 국민이 얼마나 좋아했습니까? 당시 그 대통령의 지지율이 90%에 육박했었다는 놀라운 사실이 그 증거입니다. 대통령 선거 때 그를 찍지 않았던 사람들조차 그를 무척 좋아하게 된 것입니다. 흔히 '의인'으로 인해 나라가 즐거워한다고 하면 거창한 것만 생각하는 경향이 있습니다. 그러나 그 예는 우리 가까운 곳에서도 충분히 발견할 수 있습니다.

저는 얼마 전에 수박을 사려고 어떤 구멍가게에 들른 적이 있습니다. 수박이 그리 많지는 않았지만 꽤 잘 익은 것처럼 보였습니다. 그래서 그 중에 하나를 사려고 했습니다. 그런데 가게 주인이 제게 이렇게 말하는 것이었습니다. "선생님. 겉보기에는 잘 익은 것처럼 보여도 사실은 조금 덜 익었어요. 나도 잘 익은 줄 알고 도매상에서 받아 왔는데 가지고 와 보니까 속은 것 같아요. 내가 속았다고 다른 사람까지 속일 수는 없지 않아요? 그래도 사시겠다면 몇백 원 싸게 해드릴게요."

그의 마음 씀씀이가 하도 정직하길래 혹시나 해서 살펴보았더니 아니나 다를까, 그가 쪼그리고 앉아 있던 의자 밑에 성경책이 살짝 보였습니다. '그러면 그렇지.' 수박을 사 들고 집으로 가면서 마음이 얼마나 흐뭇했는지 모릅니다. 집에 가서 갈라 보니 그의 말대로 조금 덜 익은 것이었습니다. 그러나 그 수박은 이제껏 먹었던 그 어느 수박보다 달고 맛있었습니다. 그 이후로 저는 수박을 살 때면 꼭 그 가게로 갑니다. 구멍가게를 하더라도 정직하게 운영하면 사람들을 즐겁게 만들 수 있는 것입니다.

학교에서 학생들을 가르치는 교사라면 정직하게 가르치십시오. 기업을 운영하는 경영자라면 정직하게 운영하십시오. 건축업에 종사하고 있다면 정직하게 지으십시오. 뒷거래를 하지 마십시오. 약속을 했으면 그대로 지키십시오. 한국 사람들은 돈 봉투를 가지고 사람을 우롱하는데 천재적인 소질을 가지고 있는 것 같습니다. 세계 어느 곳으로 가든지 뭐든 돈으로 해결하려 합니다.

그러나 우리는 절대 돈 봉투로 사람을 우롱하는 부정직한 일은 하지 맙시다. 예수님을 믿는 사람인 우리가 이와 같이 사회 곳곳에서 정직한 의인으로 바르게 산다면 온 나라가 즐거운 나라가 될 것입니다. 그뿐만 아니라 이 나라의 경제구조와 사회제도들도 민주적으로 개선되어 가난한 사람들도 대접받으며 인간답게 살 수 있는 의로운 나라가 될 것입니다.

○ ○ ○ ○ ○ ○ ○ ○
최선의 시민이 되라

지금 우리 사회는 개혁의 몸부림을 하고 있습니다. 그러나 우리가 반드시 짚고 넘어가야 할 것이 있습니다. 법과 제도를 개선하는 것만으로는 이 사회를 개선할 수 없다는 사실입니다. 아무리 대통령이 나서서 법과 제도를 바꾸고, 사정의 칼날을 휘두른다 해도 이 사회의 근본적인 개선은 기대할 수 없습니다. 왜냐하면 사람이 바뀌지 않는 한 아무리 제도를 바꾸고 뛰어난 정치력을 발휘한다 해도 그 개혁은 성공할 수 없기 때문입니다.

세계 역사를 보십시오. 정치개혁이나 제도 개선을 통해 개혁에 성공한 사례가 한 번이라도 있었습니까? 없었습니다. 그러므로 정부가 여러 가지 개혁을 단행하고 있는 것은 다행스러운 일이지만 그것 때문에 너무 들뜰 필요가 없습니다. 사람이 바뀌지 않는 한 원점으로 돌아갈 확률이 크기 때문입니다. 어떤 면에서는 더 악해질 가능성마저 없지 않습니다. 그러므로 이 사회를 근본적으로 개선하기 위해서는 사람이 달라져야 합니다. 이것은 하나님이 교훈하시는 원칙입니다.

물론 그렇다고 해서 이 사회에서 일어나는 일들을 강 건너 불 보듯 해도 좋다는 말은 아닙니다. 세상의 국가나 법, 사회제도는 하나님께서 주신 은총입니다. 정치인들과 지도자를 세워서 이 나라를 질서로 다스리도록 하신 분도 하나님이십니다. 그렇게 함으로써 인간의 죄성을 최대한 억제하고 인간이 인간답게 살도록 만드신 것입니다. 그뿐만 아니라 교회가 이 땅 위에 하나님의 뜻을 온전히 이룰 수 있게 하셨습니다.

하나님께서 정부와 지도자, 법, 사회제도 이 모든 것을 우리를 위해서 주셨다는 사실을 아는 자들이라면 세상 사람들과 다른 관점을 가질 수밖에 없습니다. 우리는 정직한 의인이 되어 최선의 시민이 되어야 합니다. 할 것은 하고, 하지 말아야 할 것은 안 한다는 분명한 가치관을 갖고 사소하다고 생각되는 질서라도 지켜야 합니다. 자기 유익을 위해서 이웃을 이용하거나 착취하기보다는 이웃을 위해 기꺼이 자기 몸을 바쳐 봉사해야 합니다.

이와 같이 정직한 의인으로서 이 사회에 선량한 시민이 될 때 우리는 한 가지 놀라운 일을 해낼 수 있습니다. 이 나라를 망하지 않도록 보존하는 것입니다. 잠언 11장 10절과 11절 말씀처럼 우리가 정직한 의인이 되어 이 땅 위에서 형통하게 되면 이 사회가 의롭게 될 뿐 아니라 형통하게 됩니다. 그럴 때 이 나라는 망하지 않습니다. 우리 후손들에게 아름다운 나라를 물려줄 수 있는 것입니다.

예수님을 안 믿는 사람들에게는 도덕 기준이 없습니다. 그들의 기준은 지극히 상대적입니다. 남들이 어떻게 하느냐가 그들의 행동 기준이 됩니다. 하나님이 없기 때문입니다.

그러나 우리는 다릅니다. 우리는 하나님을 믿습니다. 그리고 하나님이 우리의 절대적인 법이라고 믿습니다. 동시에 세상 나라의 법과 질서 역시 그분께 속하는 이차적인 법이라는 것도 알고 있습니다. 그러므로 우리가 세상에서 법을 순종하고 질서를 지키려고 노력하는 것은 어쩔 수 없어서가 아니라 하나님께 순종하는 일이라고 믿기 때문입니다.

어느 목사가 쓴 글을 읽은 적이 있습니다. 어느 날 그가 새벽 기도회를 인도하기 위해서 집을 나섰습니다. 그날은 조금 늦게 일어나는 바람에 20분 정도밖에 여유가 없었습니다. 역촌동에서 동부이촌동까지 가려면 택시를 타고 가도 20분 만에 도착하기가 어렵습니다.

그런데 설상가상으로 그가 애서 잡은 택시의 기사는 신호등을 철저히 지키는 사람이었습니다. 그러니 그가 얼마나 속이 탔겠습니까? 횡단보도를 건너는 사람이 아무도 없는데도 파란 불만 보면 마냥 서서 기다리니까 그는 자기도 모르게 택시 기사에게 이렇게 말했다고 합니다. "선생님. 길 건너는 사람도 없는데 그냥 지나갑시다. 제가 너무 급해서요." 그러자 택시 기사는 이렇게 대답했다고 합니다. "손님, 사람은 보지 않지만, 하나님께서 보고 계십니다."

이 한 마디에 그는 몽둥이로 한 대 얻어맞은 것 같은 충격을 받았다고 합니다. 하나님의 말씀대로 살자고 큰소리치려고 달려가는 목사가 택시를 운전하는 평신도보다 도덕성이 형편없었으니 얼마나 부끄러 웠겠습니까?

그 택시 기사는 범칙금을 물지 않으려고 법을 지키는 것이 아닙니 다. 하나님을 두려워하기 때문에 이른 새벽길에도 신호를 철저히 지 켰던 것입니다. 이것이야말로 예수님을 믿는 사람이 법을 지키는 자 세입니다. 사람을 바라보고 법을 지키는 것이 아니라 하나님께 순종 하는 자세로 법을 지키는 것입니다.

오늘날 이 사회는 절대적인 가치를 찾아보기 어려운 세상이 되었 습니다. 선악을 결정하는 유일한 동기는 오로지 그때그때의 상황뿐입 니다. 여러분 가정에 있는 10대 후반의 자녀에게 한번 이렇게 말해 보 십시오. "너 그거 하면 안 돼." 그러면 10명 중의 9명은 틀림없이 이렇 게 대답할 것입니다. "아빠 왜 안 돼요? 제 친구들은 다 그렇게 하는데 요." 절대 가치가 없다는 말입니다. 세상이 다 그런데 내가 그렇게 한 다고 뭐가 잘못이냐는 것입니다. 예수님을 안 믿는 사람들은 전부 이 와 같은 가치관을 가지고 살아갑니다.

그러기에 우리는 이 사회를 그 사람들에게 맡겨 놓을 수가 없습니 다. 소련의 대문호 솔제니친(Aleksandr Solzhenitsyn, 1918-2008)은 "세상 돌 아가는 대로 이것도 선이요 저것도 선이라고 받아들이는 사람들을 그 대로 내버려 두었다가는 상상할 수 없는 무서운 재앙이 닥쳐올 것"이 라고 경고했습니다. 사람들이 편안함만 추구하게 될 것이며 자유를 남용할 뿐 아니라 악에 융화되어 그야말로 법과 질서가 없는 세상으 로 변하고 말 것이라는 말입니다. 그러다가 결국은 소돔과 고모라처 럼 멸망을 자초하게 될 것이라는 말입니다.

세상과 세상 사람들을 보면 절망할 수밖에 없는 것이 사실입니다. 그러나 우리가 정직한 의인으로서 제구실을 감당한다면 사회가 아무리 부패하고 소망이 없어 보여도 다시 일으켜 세울 수 있습니다.

그러기 위해서는 우리가 먼저 바로 서야 합니다. 거짓으로 물들었던 우리 영이 정직한 영으로 거듭나야 합니다. 그럴 때 우리가 이 사회를 치료하여 살맛 나는 사회로 만들 능력을 입게 될 것입니다. 이 나라를 의롭게 만드는 것은 절대 대통령에게만 맡긴다고 될 일이 아닙니다. 법과 제도를 바꾼다고 될 일도 아닙니다. 어떤 정치인을 의지해서도 안 됩니다.

예수님을 믿는 우리가 최선의 시민이 되어 하나님께 순종하는 마음으로 법과 질서를 지킨다면, 이 사회를 의롭게 만들고 형통하게 하여 세계가 부러워하는 나라를 만들 수 있습니다. 우리 모두 이 꿈을 가지고 다시 한번 뛰어 봅시다. 이 나라의 미래가 우리 손에 달려 있다는 사실을 잊지 맙시다.

3

하나님의
비상수단

이 나라의 소망은 예수님을 믿는 사람들인 우리에게 달려 있습니다.
우리가 침묵하면 아모스 시대의 이스라엘처럼
우리 사회도 무서운 적막 속에 빠지게 될 것입니다.

아모스 7:10-17

10 때에 벧엘의 제사장 아마샤가 이스라엘 왕 여로보암에게 보내어 이르되 이스라엘 족속 중에 아모스가 왕을 모반하나니 그 모든 말을 이 땅이 견딜 수 없나이다 11 아모스가 말하기를 여로보암은 칼에 죽겠고 이스라엘은 반드시 사로잡혀 그 땅에서 떠나겠다 하나이다 12 아마샤가 또 아모스에게 이르되 선견자야 너는 유다 땅으로 도망하여 가서 거기에서나 떡을 먹으며 거기에서나 예언하고 13 다시는 벧엘에서 예언하지 말라 이는 왕의 성소요 나라의 궁궐임이니라 14 아모스가 아마샤에게 대답하여 이르되 나는 선지자가 아니며 선지자의 아들도 아니라 나는 목자요 뽕나무를 재배하는 자로서 15 양 떼를 따를 때에 여호와께서 나를 데려다가 여호와께서 내게 이르시기를 가서 내 백성 이스라엘에게 예언하라 하셨나니 16 이제 너는 여호와의 말씀을 들을지니라 네가 이르기를 이스라엘에 대하여 예언하지 말며 이삭의 집을 향하여 경고하지 말라 하므로 17 여호와께서 이와 같이 말씀하시기를 네 아내는 성읍 가운데서 창녀가 될 것이요 네 자녀들은 칼에 엎드러지며 네 땅은 측량하여 나누어질 것이며 너는 더러운 땅에서 죽을 것이요 이스라엘은 반드시 사로잡혀 그의 땅에서 떠나리라 하셨느니라

하나님의
비상수단

아모스가 살던 시대의 북왕국 이스라엘은 사회적으로는 부정부패와 사치 풍조가 극에 달해 있었으며, 종교적으로는 거짓 예배와 우상숭배가 백성들의 눈을 어둡게 만들어 생명력 잃은 화려한 종교의식만 남아 있었습니다. 어디를 보아도 소망의 불빛이 보이지 않는 참으로 어두운 시대였습니다. 우리가 생각해 볼 것은 이와 같은 암담한 현실에 대해 하나님께서 어떻게 말씀하고 계신가 하는 것입니다.

부르짖으시는 하나님

그가 이르되 여호와께서 시온에서부터 부르짖으시며 예루살렘에서부터 소리를 내시리니 목자의 초장이 마르고 갈멜산 꼭대기가 마르리로다_암 1:2

여기에 특별히 주목해야 할 표현이 하나 있습니다. '여호와께서 부르짖으신다'라는 표현입니다. 이 말의 의미를 분명히 알기 위해서는 아모스 3장 4절과 8절을 살펴볼 필요가 있습니다.

> 사자가 움킨 것이 없는데 어찌 수풀에서 부르짖겠으며… 사자가 부르짖은즉 누가 두려워하지 아니하겠느냐 주 여호와께서 말씀하신 즉 누가 예언하지 아니하겠느냐_암 3:4상, 8

'부르짖다'는 원래 사자가 가슴이 서늘하도록 울부짖을 때의 소리를 가리키는 용어입니다. 그렇기 때문에 1장 2절의 '여호와께서 부르짖으신다'라는 표현은 절대 평범한 것이 아닙니다. 이스라엘의 죄악에 대하여 진노를 발하시는 하나님의 음성을 사자의 부르짖음에 빗대어 말하고 있기 때문입니다.

사자의 포효가 얼마나 공포감을 불러일으키는지 잘 모릅니다. 동물원이나 영화 속에서 들어 보았을 뿐 실제로 야산이나 숲속에서 사자가 우는 소리를 들어 본 적이 한 번도 없기 때문입니다.

그러나 아모스 당시만 해도 팔레스타인 야산에는 사자가 많이 살고 있었습니다. 아모스는 드고아라는 산골 벽촌에서 양을 치던 목자였기 때문에 산골짜기에서 들려오는 사자의 포효를 들을 기회가 많았을 것입니다. 사자가 부르짖는 소리를 듣고 양들이 겁에 질려 안절부절하지 못하는 모습도 많이 보았을 것입니다. 더군다나 그 당시는 변변한 무기마저 없던 시대였기 때문에 아모스 자신도 공포감으로 인해 등골이 오싹해지는 것을 느낀 적이 한두 번이 아니었을 것입니다.

'하나님께서 부르짖으신다'라는 짧은 표현 속에 그가 목자로서 겪었던 바로 이 모든 경험이 무르녹아 있다고 봅니다. 그는 패역한 이스라엘 백성들과 지도자들을 향해 진노를 발하시는 하나님의 음성을 들으며 사자의 부르짖는 소리를 들을 때와 같은 심정을 느꼈던 것입니다.

하나님은 이스라엘의 죄악들에 대해 맹렬한 진노를 발하시며 부르짖으셨습니다. 그런데 이상한 것은 백성들이 하나님의 부르짖음을 전혀 듣지 못하고 있었다는 사실입니다. 그 나라에 종교 지도자가 없었기 때문이 아닙니다. 종교 지도자들은 그 수를 헤아리기 힘들 정도로 많이 있었습니다.

그러나 그들은 한결같이 사람을 기쁘게 하는 자들이었습니다. 본문의 아마샤(암 7:12)라는 사람은 북왕국 이스라엘 최고의 종교 지도자였지만 정치 세력과 결탁해서 자기의 지위와 기득권을 보존하기에 급급했습니다. 이권을 얻는 일이라면 수단 방법을 가리지 않는 위선적인 지도자였습니다. 다른 지도자들 역시 마찬가지였습니다. 하나님의 음성을 듣는 귀라고 할 수 있는 양심이 병들어 있었기에 하나님의 부르짖는 음성이 천지를 울리고 있었음에도 듣지 못했던 것입니다.

종교 지도자들이 이 정도였다면 일반 백성들은 말할 필요도 없습니다. 이스라엘 나라에는 하나님의 음성을 들을 수 있는 자가 아무도 없었던 것입니다. 이스라엘 나라에는 죽음의 적막 같은 고요함만 감돌았습니다.

하나님의 비상수단

하나님은 종교 지도자들의 타락이 극에 달하고, 영적으로 어두워진 백성들이 멸망의 길로 치닫는 것을 보다 못해 한 가지 비상수단을 동원하셨습니다.

또 너희 아들 중에서 선지자를, 너희 청년 중에서 나실인을 일으켰
나니 이스라엘 자손들아 과연 그렇지 아니하냐 이는 여호와의 말씀
이니라_암 2:11

하나님은 구세대 지도자들과 기성세대에게 가망이 없음을 보시고
정의감에 불타는 경건한 젊은이들을 선지자와 나실인으로 세우셨습
니다.

성경에는 두 종류의 나실인이 나옵니다. 삼손처럼 태어나면서부터
나실인으로 구별된 사람이 있는가 하면(삿 13:5), 장성한 이후에 하나
님께 서원함으로써 나실인이 되는 사람도 있었습니다(민 6:2 참조).

어느 경우든 나실인이 된 사람은 머리에 삭도를 대거나 포도주와
독주를 마시면 안 됩니다. 또 시체를 만져 스스로 부정하게 만들어서
도 안 됩니다(민 6:3-6 참조). 자기를 거룩하게 지킬 의무가 있는 것입니
다. 하나님은 죄 가운데 빠져 멸망 길로 달려가는 이스라엘을 구하시
려고 거룩하게 살고자 자기를 구별하는 수많은 젊은이를 불러일으키
신 것입니다.

그들 중에는 이스라엘의 권력을 잡고 있는 가문의 출신도 있었을
것입니다. 종교 지도자들 집안의 젊은이들도 있었을 것입니다. 가령
아마샤의 가문에서 이런 나실인이 나와서 하나님의 말씀을 전했다고
가정해 봅시다. 아무래도 귀를 기울여 하나님의 음성을 들을 수 있는
확률이 더 높지 않겠습니까? 그러나 그들은 참으로 어처구니없는 반
응을 보였습니다.

그러나 너희가 나실 사람으로 포도주를 마시게 하며 또 선지자에게
명령하여 예언하지 말라 하였느니라_암 2:12

희망은 있습니다

●

평생 포도주를 마시지 않으며 자기를 경건하게 지키겠다고 서원하고 나실인이 된 자기 자식에게 강제로 포도주를 마시게 했다는 것입니다. 단 한 방울이라 할지라도 포도주는 나실인의 용기를 꺾어 버리고 양심을 병들게 만들기에 충분했습니다. 그 결과 그렇게 큰소리로 하나님의 말씀을 외치던 젊은이가 이제 아무 말도 못 하게 되고 말았던 것입니다.

더 나아가 그들은 포도주를 마시라는 회유와 압력을 이겨낸 젊은이를 끌어다가 생명을 위협하며 협박하기까지 했습니다. "예언하지 말라. 다시 예언하는 날에는 네 생명을 부지하지 못할 것이다"(암 2:12 참조). 많은 젊은이는 이 협박에 굴복해서 예언하던 입술을 굳게 다물어 버렸습니다. 협박에도 아랑곳없이 예언을 계속한 젊은이들이 있었다 해도 그들은 모두 사악한 종교 지도자들에 의해 순교를 당하고 말았을 것입니다. 참으로 기가 막힌 사회가 아닐 수 없습니다.

> 무리가 성문에서 책망하는 자를 미워하며 정직히 말하는 자를 싫어하는도다_암 5:10

악을 행하는 자는 악을 책망하는 자를 미워하게 되어 있습니다. 거짓을 일삼는 자는 정직하게 말하는 자를 싫어하게 되어 있습니다. 이것은 예나 지금이나 다를 바 없습니다. 사람들이 악에 빠지면 선한 것을 미워하게 됩니다.

그러다 보니 아모스 5장 13절 말씀대로, 화를 당하지 않기 위해 지혜자는 입을 다물어 버렸습니다. 그 결과 이스라엘 사회는 사자처럼 부르짖고 계시는 하나님의 음성을 전혀 들을 수 없는 죽음의 침묵 속에 잠기고 말았던 것입니다.

○ ○ ○ ○ ○
우리의 현실

오늘 우리 사회는 어떻습니까? 우리 사회가 이스라엘 사회만큼 절망적이라고 말하고 싶지는 않습니다. 하나님께서 선교 백 년의 짧은 역사에도 불구하고 우리에게 얼마나 엄청난 복을 주셨습니까? 주일이면 하나님의 말씀을 듣고자 전국의 크고 작은 교회들로 나오는 성도들의 수가 천만 명에 이른다고 합니다.

주님의 몸 된 교회를 위해 몸 바쳐 헌신하는 주의 종들도 수만 명에 이릅니다. 이 나라와 민족을 위해 밤낮으로 부르짖으며 기도하는 성도들도 수를 헤아릴 수 없을 정도입니다. 이런 점에서 볼 때 우리 사회는 이스라엘 사회보다 훨씬 희망적이라고 말할 수 있을 것입니다.

그럼에도 우리는 이스라엘 사회에 만연해 있던 악이 우리 사회에서도 그대로 재현되고 있다는 사실을 부인하지 못합니다. 이 나라 사람들 가운데 프로타고라스(Protagoras, 약 B.C. 490- 약 B.C. 420)의 망령에 사로잡힌 자들이 얼마나 많습니까?

고대 철학자 프로타고라스는 "인간이 만물의 척도다"라고 주장했습니다. 선악의 기준이 자기 자신에게 달려 있다는 것입니다. 내가 좋아하면 선이 되고, 싫어하면 악이 됩니다. 내가 옳다고 판단하는 것만이 진리라고 생각하는 것입니다. 하나님이 계셔야 할 자리에 자기 자신을 앉혀 놓는 이 같은 사고방식은 자신을 신격화하려는 시도와 다를 바 없습니다. 사실 세상에 존재하는 모든 악이 바로 이러한 사고에 뿌리를 두고 있지 않습니까?

바알의 망령에 사로잡힌 자들은 또 얼마나 많습니까? 바알은 물질적인 번영이 최고라고 가르치는 신입니다. 여러분 주변을 돌아보십시오. 부동산을 늘리는 데 혈안이 되어 뇌물이나 사기, 공갈, 위장 전입

등 어떠한 부정한 방법이라도 서슴지 않는 사람들이 얼마나 많습니까? 이웃이나 국가가 어떻게 되든 자기 혼자만 움켜쥐면 그만이라고 생각하는 것입니다. 그러다 보니 집값은 걷잡을 수 없이 치솟고, 집 없는 서민의 눈물과 한숨은 늘어가는 것입니다.

교회 주변에 들어서는 수많은 유흥업소를 볼 때마다 분통이 터져서 견딜 수가 없습니다. 왜 한창 열심히 미래를 설계하고 준비해야 할 젊은이들을 쾌락의 늪에 빠지게 만드느냐 말입니다. 쾌락에 빠진 자는 사랑과 쾌락 말고는 다른 아무것에도 관심이 없습니다. 미래에 대한 꿈도 희망도 없습니다. 오직 현재의 쾌락만 있을 뿐입니다. 이 나라 젊은이들에게서 미래에 대한 진취적인 꿈과 희망이 사라져 버린다고 생각해 보십시오. 이것은 비단 그들만의 문제가 아닙니다. 그들이 쾌락에 빠져 헤매는 동안 그들은 물론이거니와 이 나라의 미래도 그만큼 어두워지는 것입니다. 이 나라 정치인들에게 이렇게 따지고 싶습니다. 왜 건전한 사업장은 허가해 주지 않으면서 젊은이들을 타락시켜 범죄하게 만드는 퇴폐 영업소들은 그렇게 쉽게 허가해 주고, 왜 이 사회를 소돔과 고모라로 만들 계획을 세우고 있느냐고 말입니다.

지금 우리 사회 곳곳에서는 눈 뜨고는 못 볼 끔찍한 범죄와 패륜 행위들이 비일비재하게 벌어지고 있습니다. 인간으로서 가져야 할 최소한의 양심마저 포기한 자들이 얼마나 많습니까? '동방예의지국'이라는 별명을 자랑하던 우리 사회가 왜 이 모양이 되었습니까?

범죄자들이 더 악해진 탓도 있지만, 부와 권력을 가진 자들이 양심을 저버린 채 자기 욕심을 채우기에만 급급한 결과라는 사실도 부인할 수 없습니다. 가진 자들의 사치와 향락주의는 날로 더 심해지고 있습니다. 이 안타까운 현실이 하나님이 질타하셨던 이스라엘 나라의 부패상과 다르다고 누가 부인할 수 있습니까?

우리가 정말 심각하게 생각해야 할 것은 교회가 없어서 사회가 이 모양이 된 것이 아니라는 사실입니다. 우리나라는 세계가 부러워할 정도로 교회가 많은 나라입니다. 서울을 방문하는 외국인들은 김포공항에 내리면서 서울의 밤을 수놓은 수많은 네온 십자가를 보고 입을 다물지 못한다고 합니다. 세계 어느 도시를 가도 서울만큼 교회가 많은 곳이 없다는 것입니다. 동시에 그들은 우리 사회 전반에 만연한 부패상을 보고 또 한 번 놀랍니다. "그리스도인이 전체 인구의 4분의 1이나 된다는 나라가 어떻게 이토록 암담할 수 있는가?" 하고 의아해하는 것입니다.

이 사회에는 적어도 3만 명의 목사들이 있습니다. 전도사와 신학생들까지 합하면 6만 명 이상이 될지도 모릅니다. 만약 우리 사회에 공산주의 핵심 분자들이 6만 명 있다면 이 나라가 벌써 공산화되었을지도 모릅니다.

그러나 우리는 어떻습니까? 기독교 지도자가 6만 명이나 되는데도 이 사회는 달라지기는커녕 마치 우리를 비웃기라도 하듯 날로 더 악해지고 있지 않습니까? 저는 그 이유가 다른 데 있다고 보지 않습니다. 우리가 이 나라의 죄에 대해 부르짖으시는 하나님의 음성에 귀 기울이지 않고, 그 음성을 세상 사람들이 듣게 하지 않았기 때문입니다.

○ ○ ○ ○   ○ ○ ○ ○ ○ ○
교회여, 예언자가 되라

북왕국 이스라엘에 하나님의 부르짖는 음성을 듣는 자가 없어지고, 하나님의 심정을 대변할 자가 없어지자 하나님은 드디어 마지막 수단을 사용하셨습니다.

이스라엘 밖에서 대변자 한 사람을 세우신 것입니다. 그가 바로 아모스입니다. 아모스는 북왕국 이스라엘 사람이 아니라 남왕국 유다 사람이었습니다(암 1:1). 더군다나 그는 선지자도 아니요 선지자의 자손도 아니었습니다. 그는 뽕나무를 재배하는 농사꾼이요, 양을 치는 목자였습니다(암 7:14).

요즈음 말로 하면 평범한 직업에 종사하고 있는 평신도였다는 것입니다. 그럼에도 하나님은 그를 마지막 비상수단으로 선택하시고 선지자로 불러 이스라엘 백성에게 예언하게 하셨습니다. 그는 하나님의 부름을 듣자마자 지체하지 않고 북왕국 이스라엘로 가서 하나님의 부르짖으시는 음성을 대언했습니다.

우리 사회가 새로워지기 위해서는 아모스처럼 하나님의 부르짖으시는 음성을 대언할 예언자가 필요합니다. 그러나 지금은 신약시대이기 때문에 개인이 선지자나 예언자로 소명을 받는 일은 없습니다.

> 그때에 내가 내 영을 내 남종과 여종들에게 부어 주리니 그들이 예
> 언할 것이요_행 2:18

하나님께서 자기의 모든 남종과 여종들에게 성령을 부어 주셔서 예언하게 하십니다. 여기서 성령을 받은 남종과 여종들은 신자들의 모임, 곧 교회를 말합니다. 오늘날에는 교회가 예언자로 세움을 입었습니다. 하나님은 교회를 통해서 이 세상을 책망하고 경고하시는 음성을 들려주기를 원하시는 것입니다.

어떤 사람은 "교회가 예언자로 세움을 입었다"라는 말을 교역자 중심으로 제한시켜 이해합니다. 교역자가 강단에 서서 하나님의 말씀을 선포하는 것이 곧 교회의 예언 사역이라는 것입니다. 옳은 말이라고 봅니다. 하나님이 기름 부어 세우신 종의 입을 통해 하나님의 말씀이

선포된다는 것은 틀림없는 사실입니다.

그러나 교회를 그렇게 제한된 의미로 이해해서는 안 됩니다. 우리가 분명히 알아야 할 것은 교회의 주체는 교역자가 아니라 평신도라는 사실입니다. 사랑의교회의 주체는 0.1%도 안 되는 교역자들이 아닙니다. 99.9% 이상을 차지하는 평신도들이 교회의 주체입니다. 따라서 목사만 하나님의 말씀을 대언하는 예언자라고 볼 수 없는 것입니다. 우리는 하나님께서 마지막 비상수단으로 부르신 아모스가 일반생업을 가진 평신도였다는 사실을 주목할 필요가 있습니다. 지금은 하나님께서 특별히 예수 그리스도를 마음으로 믿고 입으로 시인하는 모든 성도를 복음의 증인으로, 세상을 쳐서 예언하는 선지자로 부르고 계십니다. 이 사실을 우리는 한시라도 잊으면 안 됩니다.

선지자는 히브리어로 '나비(נביא, nabi)'입니다. '거품이 부글부글 끓어오르다' '샘에서 물이 솟아오른다'라는 뜻이 있습니다. 선지자는 마치 샘에서 물이 쉴 새 없이 솟아오르듯이 마음속에 가득한 하나님의 말씀을 토해 내는 사람이라 할 수 있습니다.

> 그리스도의 말씀이 너희 속에 풍성히 거하여 모든 지혜로 피차 가르치며 권면하고_골 3:16상

하나님은 오늘날에는 성경을 통해서 말씀하십니다. 따라서 성경을 읽을 때 하나님의 부르짖으시는 음성을 듣게 되는 것입니다. 하나님의 음성을 듣는 자는 결코 그 말씀을 혼자 간직하고 있지 못합니다. 샘에서 물이 솟구쳐 오르는 것을 막을 수 없듯이 말씀을 전하고 싶은 충동에 견딜 수 없게 되는 것입니다. 선지자란 바로 이러한 사람을 가리킵니다.

선지자를 뜻하는 또 하나의 단어가 있습니다. '마사(מַשָּׂא, massa)'라는 말인데, '무거운 짐'이라는 뜻이 있습니다. 선지자는 말을 하지 않으면 무거운 짐에 짓눌린 것처럼 못 견뎌 하는 사람입니다. 아모스 선지자의 이름 뜻을 살펴보면 재미있는 사실을 하나 발견할 수 있습니다. '아모스'는 '무거운 짐을 진 자'라는 뜻입니다. 하나님께서 마지막 비상수단으로 그를 택하신 이유를 이름 뜻에서도 엿볼 수 있습니다.

이것은 신약시대에 와서도 마찬가지였습니다. 사도나 평신도를 가릴 것 없이 성령을 받고 예언자가 된 사람들은 한결같이 말씀을 전하지 않고는 견딜 수 없는 자들입니다. 사도행전 4장 20절을 보십시오. 베드로와 요한은 공회원들이 "예수의 이름으로 말하지 말라"고 엄포를 놓자 이렇게 대답하지 않았습니까? "우리는 보고 들은 것을 말하지 아니할 수 없다." 이것은 바울 역시 마찬가지였습니다.

> 내가 복음을 전할지라도 자랑할 것이 없음은 내가 부득불 할 일임이
> 라 만일 복음을 전하지 아니하면 내게 화가 있을 것이로라_고전 9:16

그가 가는 곳마다 복음을 전한 것은 전하지 않고는 견디지 못할 무거운 부담 때문이었다는 것입니다. 선지자란 이와 같이 부득불 전할 수밖에 없는 자입니다.

오늘날 교회가 바로 이러한 선지자의 끓어오르는 심정을 가지고 있어야 합니다.

> 주 여호와께서는 자기의 비밀을 그 종 선지자들에게 보이지 아니하
> 시고는 결코 행하심이 없으시리라 사자가 부르짖은즉 누가 두려워
> 하지 아니하겠느냐 주 여호와께서 말씀하신즉 누가 예언하지 아니

구약시대에 하나님께서는 당신의 계획을 선지자들에게 먼저 보이시고 실천하셨습니다. 이것은 오늘날도 마찬가지입니다. 이 우주와 세상 역사에 대한 계획과 뜻을 하나님은 우리에게 밝히 보여 주셨습니다. 성경에 그 모든 것이 다 기록되어 있습니다.

그러므로 우리는 성경에서 하나님의 뜻과 계획을 깨닫고, 그의 음성을 들을 수 있습니다. 그리고 생활 현장에서 어깨를 맞대고 함께 일하는 세상 사람들에게 하나님의 부르짖으시는 음성을 들려줄 수 있습니다. 그럴 때 굳어졌던 그들의 양심의 감각이 새로 살아나서 하나님을 두려워하게 될 것입니다. 마음속으로부터 회개의 역사가 일어나게 될 것입니다. 이와 같은 내적인 혁명은 더 나아가 삶의 변화로 이어지게 될 것입니다.

○ ○ ○ ○ ○ ○ ○ ○
복음으로 예언하라

그러면 우리가 무엇으로 예언해야 할까요? 첫째, 복음으로 예언해야 합니다. 우리는 흔히 복음을 전하는 것을 너무 소극적으로만 생각하는 경향이 있습니다. "예수님을 믿어야 구원받습니다"라고 말하면 복음을 전했다고 생각합니다. 물론 우리는 당연히 세상 사람들을 믿음과 구원으로 초대해야 합니다. 그러나 여기서 그쳐서는 안 됩니다. 그들의 삶의 변화도 촉구해야 합니다. "하나님께서는 이제 여러분이 악한 생각과 허황된 인생의 목표를 버리고 새로운 삶을 살기 원하십니다"라고도 말해야 합니다.

저는 셋방살이라면 이골이 난 사람입니다. 20여 년 동안 셋방살이를 해 보았습니다. 그래서 이제는 주인의 얼굴만 보고도 그가 좋은 사람인지 나쁜 사람인지 알아볼 수 있을 정도가 되었습니다. 제가 겪었던 주인들 가운데는 선하고 친절한 사람도 여럿 있었지만, 성격이 매우 까다로워 잔소리를 많이 하는 사람도 있었습니다.

세 든 사람으로서는 까다로운 주인을 만나는 것만큼 괴로운 일은 없습니다. 살다 보면 어쩌다가 밤늦게 들어올 수 있지 않습니까? 그러나 까다롭게 구는 주인은 당장 이렇게 잔소리를 합니다. "밤늦게 벨을 누르지 말라." "대문 닫는 소리가 시끄럽다." 그러면 세 든 사람은 주인의 비위를 맞추고자 밤에 일찍 들어오려고 애를 씁니다. 어쩌다 늦게 들어오게 되면 잔소리 안 들으려고 담을 뛰어넘기도 합니다. 정도의 차이는 있겠지만 셋방살이를 하는 사람은 주인의 비위를 맞추려고 신경을 많이 쓰는 것입니다.

우리는 이 세상에서 셋방살이하는 사람처럼 살고 있습니다. 이 세상에는 내 것이라고 할 만한 것이 아무것도 없습니다. 우리가 예금한 돈도, 우리가 등기한 부동산도 사실은 내 것이 아닙니다. 하나님으로부터 빌려 쓰고 있을 뿐입니다. 세를 들어 사는 사람은 마땅히 주인의 비위를 맞추어야 합니다. 주인이신 하나님은 우리가 이 세상에서 거룩하게 살기를 원하십니다. 그러므로 우리는 그의 뜻에 일치되는 삶을 살아야 합니다. 우리가 세상 사람들에게 복음을 전할 때 삶의 변화까지 요구해야 하는 이유가 바로 여기에 있습니다.

여러분 가운데 정치계에 투신한 분이 계시다면 여러분의 동료들에게 이렇게 말하십시오. "하나님이 두렵지 않습니까? 우리 양심적으로 정치합시다." 기업하시는 분들은 이렇게 말하십시오. "왜 외국에서는 4만 원밖에 안 되는 옷을 12만 원이나 받고 팝니까? 우리 정직하게 사업합시다." 세상 사람들에게 부정직하고 죄악 된 삶에서 돌이켜 생명

길로 나오라고 부르짖는 하나님의 간절한 음성을 들려주는 것, 이것이 바로 복음으로 예언하는 것입니다.

선한 생활로 예언하라

둘째, 선한 생활로 예언해야 합니다. 하나님의 음성을 들려주기만 해서는 안 됩니다. 세상 사람들에게 우리가 하나님의 뜻대로 사는 모습을 보여 주어야 합니다. 정직하게 살려고 하다 보면 핍박과 멸시, 천대와 가난을 감수해야 할지도 모릅니다. 그럼에도 우리가 그 길을 택하는 용기를 보여 준다면 우리의 예언이 얼마나 강력한 웅변이 되겠습니까? 그러므로 우리가 행동으로 악을 미워하고 선에 속하기를 즐거워하는 모습을 보여 주어야 합니다.

남편이 부정한 방법으로 돈을 벌어 오는 줄 알거든 그에게 이렇게 말하십시오. "여보, 우리 가난하게 살아도 돼요. 양심껏 삽시다. 셋방에 살아도 괜찮아요. 우리가 하나님 뜻대로 살려고 하다 보면 지금은 가난할지 모르지만, 하나님께서 반드시 우리와 우리 자손들에게 복을 주실 거예요."

그리고 행동으로 보여 주십시오. 가계부를 알뜰하게 기록하여 쓸데없는 지출을 줄이십시오. 남편에게 생활비가 넉넉지 않더라도 항상 기뻐하고 범사에 감사하는 모습을 보여 줌으로써 진정한 행복을 알게 해 보십시오. 그럴 때 남편의 생각과 삶이 놀랍게 바뀔 것입니다. 변화된 남편을 통해 그가 활동하고 있는 일터가 새로워지게 될 것입니다.

중보 기도로 예언하라

셋째, 중보 기도로 예언해야 합니다. 우리가 아무리 성공해서 높은 지위에 오르고, 재물을 많이 모은다고 해도 이 나라가 하나님의 심판을 받아 멸망하면 아무런 소용이 없습니다. 그런 의미에서 우리는 이웃과 나라를 위해서 기도해야 합니다. 심판의 때가 오기 전에 하나님 앞에 무릎 꿇고 중보 기도해야 합니다.

하나님께서 이스라엘을 불로 심판하시겠다는 무서운 이상을 보여 주시자 아모스는 이스라엘을 위해 이렇게 중보 기도했습니다. "주 여호와여 청하건대 그치소서 야곱이 미약하오니 어떻게 서리이까"(암 7:5). 그러자 하나님은 그의 중보 기도를 들으시고 뜻을 돌이키시고 불로 심판하실 계획을 당분간 철회해 주셨습니다.

이 시대의 예언자로 부름 받은 우리 역시 이 나라를 위해서 중보 기도를 해야 합니다. 국가의 지도자가 정치를 만족스럽게 못 할 수도 있습니다. 내가 별로 지지하지 않는 인물이 당선될 수도 있습니다. 그러나 그는 분명 하나님께서 세우신 사람입니다. 따라서 우리는 하나님께서 허락하신 그의 권위를 인정해야 합니다.

다른 모든 권위 역시 마찬가지입니다. 내 마음에 들든, 들지 않든 간에 부모나 교사, 사회 지도자의 권위를 인정하고 그들을 위해서 기도해 주어야 합니다. 이것이 바로 중보 기도로 예언하는 것입니다.

요즈음 청소년들은 부모나 교사의 권위를 인정하기 싫어합니다. 어쩌다 중·고등학생으로 보이는 아이들이 자기들끼리 신나게 떠들어대는 이야기를 들어 보면 기막힐 때가 많습니다. 선생님을 '이 새끼' '그 새끼'라고 부르며 욕하는 것은 예삿일처럼 되어 버렸습니다. 부모에 대해서도 욕을 합니다. 사회의 모든 권위를 부정해 버리는 것이 자유인 줄 착각하고 있습니다.

이러한 때 자녀들에게 중보 기도를 드리는 습관을 가르쳐 보십시오. 어른들을 욕하기 전에 기도하게 해보십시오. 사랑하는 친구와 민족과 국가를 위해서 하나님 앞에 부르짖는 자세부터 갖추게 하자는 것입니다. 이것이 바로 예언하는 것입니다.

이 나라의 소망은 예수님을 믿는 사람들인 우리에게 달려 있습니다. 우리가 침묵하면 이 나라도 이스라엘 사회처럼 무서운 적막 속에 빠지게 될 것입니다. 그러므로 우리는 하나님의 부르짖으시는 음성을 듣고 아모스처럼 각자의 생활 터전에서 열심히 일하면서 주변 사람들에게 복음을 전해야 합니다. 우리가 악을 미워하고 선을 사랑하는 삶을 보여 주어야 합니다. 이 나라가 죄악 가운데서 망하지 않도록 이웃과 나라를 위해 중보 기도를 해야 합니다. 그럴 때 이 나라가 놀랍게 달라질 것입니다.

하나님께서는 우리 각자에게 이렇게 말씀하고 계십니다. "너 목자여, 예언자가 되라!" 우리 모두 하나님이 주신 복된 사명을 충실히 감당하여 썩어서 악취 나는 이 사회를 생명이 넘치는 살맛 나는 사회로 만듭시다.

4

버려야
삽니다

구약에 언급되고 있는 모든 나라는 죄 때문에 역사의 뒤안길로 사라져 버렸습니다.
우리가 올곧은 삶을 살아갈 때 우리나라 곳곳에 독버섯처럼 퍼져 있는
죄악을 막을 수 있습니다. 이것이야말로 진정한 애국이요,
이 나라를 살리고 우리 모두를 살리는 길입니다.

아모스 2:1-8

1 여호와께서 이와 같이 말씀하시되 모압의 서너 가지 죄로 말미암아 내가 그 벌을 돌이키지 아니하리니 이는 그가 에돔 왕의 뼈를 불살라 재를 만들었음이라 2 내가 모압에 불을 보내리니 그리욧 궁궐들을 사르리라 모압이 요란함과 외침과 나팔 소리 중에서 죽을 것이라 3 내가 그중에서 재판장을 멸하며 지도자들을 그와 함께 죽이리라 여호와께서 말씀하시니라 4 여호와께서 이와 같이 말씀하시되 유다의 서너 가지 죄로 말미암아 내가 그 벌을 돌이키지 아니하리니 이는 그들이 여호와의 율법을 멸시하며 그 율례를 지키지 아니하고 그 조상들이 따라가던 거짓 것에 미혹되었음이라 5 내가 유다에 불을 보내리니 예루살렘의 궁궐들을 사르리라 6 여호와께서 이와 같이 말씀하시되 이스라엘의 서너 가지 죄로 말미암아 내가 그 벌을 돌이키지 아니하리니 이는 그들이 은을 받고 의인을 팔며 신 한 켤레를 받고 가난한 자를 팔며 7 힘없는 자의 머리를 티끌 먼지 속에 발로 밟고 연약한 자의 길을 굽게 하며 아버지와 아들이 한 젊은 여인에게 다녀서 내 거룩한 이름을 더럽히며 8 모든 제단 옆에서 전당 잡은 옷 위에 누우며 그들의 신전에서 벌금으로 얻은 포도주를 마심이니라

버려야
삽니다

우리 민족 역사상 가장 슬펐던 해를 들라고 한다면 1910년을 들 수 있을 것입니다. 일제에 의해 우리나라가 주권을 빼앗기는 치욕을 당한 해이기 때문입니다. 그해 을사늑약이 체결되기 몇 달 전인 4월 15일 자 〈대한매일신보〉에는 "두 종교계에 요구함"이라는 제목의 사설이 실린 적이 있습니다.

그 사설에서 주필은 기독교를 "오직 천당과 지옥의 화복만을 알 뿐, 자신들이 국가와 민족의 존립과는 무관하다고 생각하는 자들"이라고 몰아붙였습니다. 국가가 위기를 당해 존립마저 위태로운 때에 기독교가 나라의 운명에 책임질 생각을 하지 않는다는 지적이었습니다.

그러나 과연 기독교는 천당만 알고, 국가야 어떻게 되든지 자기만 구원받으면 그만이라는 사고방식을 가진 집단입니까? 저는 그렇게 생각하지 않습니다. 그 사설을 쓴 주필이 기독교에 대해서 뭔가 크게 오해한 것이 분명합니다. 그 당시 교회 지도자들은 독립운동에 앞장설 것이냐 아니면 정치와 무관하게 사람들의 영적인 문제만 다룰 것이냐를 두고 한동안 딜레마에 빠져 있었습니다. 그러다가 결국 많은 지도자가 정치보다 교인들을 영적으로 지도하는 일에 전념하는 방향으로 결단을 내렸습니다.

추측건대 아마 이것 때문에 당시 기독교가 국가의 흥망에 무관심하다는 비판을 듣게 되지 않았나 생각합니다. 교인들을 영적으로 지도하는 일의 중요성은 아무리 강조해도 지나치지 않지만, 그들이 국가를 위해서 좀 더 적극적으로 행동하지 못한 것은 유감스러운 일이 아닐 수 없습니다.

개인적으로 종교개혁자 칼뱅의 국가관이 가장 성경적인 관점이라고 봅니다. 칼뱅은 국가를 하나님이 주신 제도로 보았습니다. 국가의 권력 역시 하나님으로부터 온 것입니다(롬 13:1 참조). 국가는 하나님께서 이 세상에서 당신의 뜻을 성취하시는 데 보조적인 역할을 하게 하고자 우리에게 주신 일반 은총의 하나라고 할 수 있습니다. 만약 국가가 없다면 교회가 이 세상에 존립하기 어려울 뿐 아니라 복음이 온 세상에 전파될 수도 없을 것이며, 성도들이 편안한 생활을 할 수도 없을 것입니다. 이런 의미에서 하나님이 교회를 위해서 국가를 주셨다고 해도 과언이 아닐 것입니다. 따라서 우리는 바울이 말하는 것처럼 우리의 양심을 따라 국가권력에 복종하고, 정치 지도자들을 위해서 기도하며, 법이 정한 각종 세금을 바치는 등 국가를 위해서 해야 할 의무를 잘 감당해야 합니다(롬 13:1-7; 딤전 2:2 참조).

그뿐만 아니라 나라와 민족을 사랑해야 합니다. 마태복음 22장 39절에서 예수님은 이웃을 내 몸처럼 사랑하는 것을 크고 둘째 되는 계명이라고 말씀하셨습니다. 우리의 이웃이 누구입니까? 먼저는 우리가 속한 지역 사회와 민족과 국가를 이웃이라고 할 수 있을 것입니다. 그러므로 우리 그리스도인은 나라와 민족을 사랑할 수밖에 없습니다.

죄, 망국의 지름길

그렇다면 어떻게 하는 것이 나라를 사랑하는 것입니까? 때로는 독립을 위해서 무저항주의로 항거한 유관순처럼 나라를 위해 희생을 각오해야 할 수도 있습니다. 그러나 우리가 보다 앞세워야 할 일이 있습니다. 나라를 망하게 하는 내부의 적을 막는 일입니다. 흔히 나라가 망하게 되는 것은 외부의 적 때문이라고 생각합니다.

그러나 보다 근본적인 원인은 내부의 적에게 있습니다. 국가는 내부의 적 때문에 망하는 것입니다. 내부의 적이란 무엇입니까? 죄입니다. 국가가 망하게 되는 근본 원인은 바로 죄에 있는 것입니다!

하지만 아놀드 토인비(Arnold Joseph Toynbee, 1889-1975)는 그의 책 《역사의 연구》(A study of history)에서 국가의 흥망성쇠의 원인이 죄에 있다고 말하지 않습니다. 이것은 다른 세상 역사가들도 역시 마찬가지입니다. 그들은 한 나라가 정치적인 이유나 사회적, 경제적, 군사적 이유 등으로 인해서 망하게 되었다고 말할 뿐 죄가 근본 원인이라고 말하지는 못합니다. 눈에 보이는 이유밖에 보지 못하기 때문입니다.

그러나 아모스 1, 2장을 보십시오. 하나님께서 이스라엘을 포함한 열국의 죄를 지적하고 심판을 경고하고 계시지 않습니까? "서너 가지 죄로 말미암아 내가 그 벌을 돌이키지 아니하리니."

이것은 그 나라들을 심판대 앞에 세워 놓고 선고를 내리시는 하나님의 판결문이라 할 수 있습니다. 그 죄를 회개하지 않으면 경고한 대로 심판하시겠다는 것입니다.

죄가 하나님의 심판을 부르는 망국의 원인이라는 진리는 오늘날에도 달라지지 않았습니다. 민족을 불안 가운데 몰아넣고 전쟁 준비에 미쳐 날뛰고 있는 북한 정권은 그 죄 때문에 하나님의 심판을 받게 될 것입니다. 세계만방에 끼치고 있는 윤리적인 해악을 바로잡지 않는다면 미국 역시 하나님의 심판을 받게 될 것입니다. 우리나라라고 예외일 수 없습니다. 죄가 도를 넘으면 하나님의 심판을 받아 망할 수밖에 없습니다.

참 안타까운 것은, 예수님을 믿는 사람들 가운데서도 죄와 국가의 흥망성쇠 간의 함수관계에 대해서 확신하지 못하는 사람들이 많다는 사실입니다. 그러나 죄가 커지면 그 국가는 반드시 하나님의 심판을 받아 망하게 되어 있습니다. 이것은 역사가 입증하는 사실입니다. 구약성경을 보십시오. 구약에 언급되고 있는 그 모든 나라가 왜 멸망해서 역사의 뒤안길로 사라져 버렸다고 생각합니까? 전부 죄 때문이었습니다. 죄로 인해 하나님의 심판을 받은 것입니다.

그러므로 우리가 이 나라를 사랑한다면 죄로 인해서 망하지 않도록 죄를 막아야 합니다. 권력을 가진 자들이 죄에서 떠날 수 있도록 바른 말을 해야 합니다. 그들을 하나님 앞으로 인도하여 결과적으로 모든 정치가가 선한 양심을 가지고 국정에 임하게 만들어야 합니다. 이것이 오늘날 교회가 감당해야 할 책임입니다.

그런 의미에서 우리는 아모스가 지적한 이스라엘의 죄를 구체적으로 검토해 볼 필요가 있습니다. 왜냐하면 그들의 죄악상이 오늘날 우리의 현실과 흡사한 데가 너무나 많기 때문입니다. 그러므로 우리가 그들처럼 망하지 않으려면 그들의 죄를 살펴보면서 경각심을 얻고, 이 나라에 대한 우리의 사명을 새롭게 해야 할 것입니다.

○ ○ ○ ○ ○ ○
이스라엘의 죄

당시 이스라엘은 여로보암 2세의 치하에서 정치적으로나 경제적으로 제2의 전성기를 구가하고 있었습니다. 과거에 빼앗겼던 땅들을 되찾을 만큼 군사력도 막강했습니다. 더욱이 이스라엘을 위협하는 강대국도 그리 많지 않아서 전쟁이 거의 없었습니다. 그야말로 모든 사람이 자유와 평화를 누리면서 걱정 없이 살던 시대였습니다.

이러한 태평성대의 때에 아모스라고 하는 선지자가 나타나서 하나님의 심판을 외쳤습니다. 이스라엘 나라가 정의를 회복하지 않으면 머지않아 하나님이 심판하신다는 것이었습니다. 평화와 번영의 때에 심판과 멸망을 예언하는 그의 말은 미친 소리로 들렸을 것입니다.

그래서 종교 지도자들은 그에게 이스라엘 땅에서 예언하면 가만두지 않겠다고 협박을 했습니다(암 7:12-13 참조). 그리고 왕에게 투서를 넣어서 그가 왕을 모반하려 한다며 정치적인 음모를 꾸며 내기까지 했습니다(암 7:10). 그들은 너무나 죄 가운데 깊숙이 빠져 있었기에 귀가 멀어서 심판의 경고를 들을 수 없었고 자신들의 잘못을 볼 수 있는 눈이 없었던 것입니다.

그러면 아모스가 지적한 이스라엘 나라의 사회악은 무엇이었습니까? 크게 두 가지로 말할 수 있습니다. 첫째는 부정부패요, 둘째는 사치와 향락이었습니다.

∘ ∘ ∘
뇌물

먼저, 부정부패에 대해서 살펴봅시다. 부정부패 중에서 으뜸은 뇌물이었습니다.

> 여호와께서 이와 같이 말씀하시되 이스라엘의 서너 가지 죄로 말미
> 암아 내가 그 벌을 돌이키지 아니하리니 이는 그들이 은을 받고 의

인을 팔며 신 한 켤레를 받고 가난한 자를 팔며_암 2:6

그들은 은을 받고 의인을 팔고, 신 한 켤레를 위해서 가난한 자를 팔았다고 합니다. 여기에서 '의인'과 '가난한 자'는 표현만 달리했을 뿐 같은 뜻입니다. 당시 지배계층에 있던 사람들은 뇌물에 눈이 어두워져 있었습니다. 그들은 은을 받고 의인을 팔았습니다. 여기에서 은은 거액의 돈을 뜻합니다. 그들은 거액의 뇌물을 받고 재판을 번복했습니다. 그 결과 가난하고 힘없는 자들은 잘못이 없음에도 유죄가 되어 패소하고, 돈 있는 사람들은 명백한 죄가 있음에도 무죄가 되어 승소하는 일이 비일비재하게 일어난 것입니다.

인간은 한번 돈맛을 알게 되면 양심의 감각이 점점 둔해지게 마련입니다. 그들 역시 마찬가지였습니다. 처음에는 은을 받고 일을 해주었지만, 나중에는 신발 한 켤레 값만 받고도 뭐든지 원하는 대로 처리해 주는 쓰레기 같은 인생이 되어 버렸습니다. 이것만 보아도 당시 이스라엘 사회가 어느 정도로 부패하고 더러워졌는지 능히 짐작할 수 있지 않습니까?

그래서 하나님께서는 그들에 대해 이렇게 규탄하셨습니다.

정의를 쓴 쑥으로 바꾸며 공의를 땅에 던지는 자들아_암 5:7

정의와 공의는 같은 말입니다. 그러니까 그들이 정의를 써서 도저히 먹을 수 없는 쑥으로 만들어 놓았다는 것입니다. 높이 떠받들어야 할 공의를 땅에 집어 던졌다는 말입니다. 누가 그렇게 만들었습니까? 법을 집행하는 사람들이 그렇게 한 것입니다. 뇌물을 받고 옳은 것을 그르다고 번복하고, 악한 자를 옳다고 규정하여 면죄부를 주는 그런 세상으로 만들어 버렸으니 법이나 정의가 아무짝에도 쓸모없게 된 것입니다.

이와 같이 뇌물이 판을 치는 세상에서는 돈 없고 힘없는 사람이 희생당하게 마련입니다. 아무리 내가 옳아도 돈이 없으면 옳다는 소리를 들을 수 없는 것입니다. 이런 세상에서는 자연히 돈만 있으면 최고라는 사고방식이 사람들을 지배하게 됩니다. 무슨 짓을 해서라도 일단 돈을 벌고 보자는 생각을 하게 됩니다. 돈을 벌 수 있다면 법 따위를 어기는 것은 겁을 내지 않게 됩니다. 나중에 돈을 쥐어 주면 아무 문제가 안 된다는 것을 알기 때문입니다. 이와 같은 생각을 가진 지도자들이 수두룩한 나라가 형통하기를 바란다면 정신이상자와 무엇이 다릅니까?

대한민국이 건국된 이래 오늘까지 정치 지도자들과 공무원들이 범한 가장 무서운 악은 뇌물이었다고 생각합니다. 요즈음은 주고받는 방법들이 교묘해서 겉으로는 잘 드러나지 않습니다. 그러나 그들의 세계에 얼마나 뇌물이 판을 치고 있는가를 증명하기란 그리 어렵지 않습니다. 그들이 어떤 위치에 있든 간에 그렇게 큰 저택을 짓고 여기저기에 땅을 사 둘만큼 월급을 많이 받는다고 생각하지 않습니다. 그렇다면 그 돈이 다 어디서 생겼겠습니까? 뒷거래를 통해 생긴 더러운 돈이 아니고 무엇이겠습니까?

우리 교회에는 제가 무척 존경하는 분들이 여럿 계십니다. 명절 때나 특별한 날이 되면 비중이 큰 자리에 앉아 있는 분들에게는 선물이 많이 들어오지 않습니까? 그 가운데는 벌써 냄새가 나는 것들이 분명 있습니다. 돈을 가지고 오거나 지나치게 사치스러운 것을 선물로 가져올 때는 뭔가 흑심이 있는 것입니다.

우리 교회 집사님 중에 사회적으로도 상당한 지위에 있는 어떤 분은 그런 선물이 들어오면 누가 가져왔든지 두말 않고 다시 돌려보낸다고 합니다. 세상 사람들의 눈에는 그가 속이 좁고 타협할 줄 모르는 사람 같아 보일지 모릅니다. 하지만 모든 그리스도인이 뇌물에 대해서 이와 같은 단호한 태도를 취한다면 우리나라에서 뇌물은 뿌리가 뽑히고 말 것입니다. 뇌물은 망국으로 가는 지름길입니다. 그러므로 더 늦기 전에 교회가 나서서 이것을 막아야 합니다.

착취

두 번째, 부정부패는 착취였습니다.

> 모든 제단 옆에서 전당 잡은 옷 위에 누우며 그들의 신전에서 벌금으로 얻은 포도주를 마심이니라_암 2:8

여기에서 '제단'이나 '신전'이라는 표현이 언급되는 것은 당시 권력자들이 대부분 종교 지도자들이었기 때문입니다. 이스라엘에서는 국가권력과 종교 지도자들이 불가분의 관계를 맺고 있었습니다. 그들은 가난한 자들에게서 착취한 것들을 자기들이 예배하는 자리에 쌓아 놓고 부를 누렸습니다.

여기서 "전당 잡은 옷 위에 누우며"라는 말을 주목해 볼 필요가 있습니다. 요즈음처럼 옷이 흔한 시대에는 이 말씀의 의미가 피부에 와 닿지 않습니다. 그러나 2700년 전에는 상황이 오늘날과는 완전히 달랐습니다. 그 당시는 한 벌로 평생을 입어야 할 만큼 외투가 귀했습니다. 사람들은 빚에 쪼들리거나 가족들이 굶게 될 때 모든 방법을 다 써보다가 안 되면 결국에는 자기 외투를 저당 잡힙니다. 그런 의미에서 외투를 내주는 것은 자기에게 있는 것을 몽땅 내주는 것과 다름이 없습니다.

하나님은 이와 같은 궁핍한 처지에 빠진 자들을 외면하지 않으셨습니다. 그래서 율법을 통해 누군가의 옷을 저당 잡는 자는 해가 지기 전에는 반드시 그것을 돌려주라고 단호하게 명하셨던 것입니다(출 22:26). 그가 추운 밤을 떨며 지새지 않도록 자비를 베풀라는 것입니다. 진정으로 국민을 위하는 지도자라면 마땅히 옷을 돌려주는 자비를 베풀었어야 할 것입니다. 그러나 당시 권력층에 있던 자들은 그렇게 하지 않았습니다. 그들은 가난한 자들에게서 저당 잡은 옷을 돌려주기는커녕 쌓아 놓고 그 위에 누워 잤다고 했습니다.

그뿐만이 아닙니다.

> 은으로 힘없는 자를 사며, 신 한 켤레로 가난한 자를 사며 찌꺼기 밀
> 을 팔자 하는도다_암 8:6

가난한 사람들이 옷까지 저당 잡히고 나면 이제 벗은 몸밖에 남지 않습니다. 그들에게 마지막으로 남은 방법이 있다면 자기 몸을 파는 것입니다. 권력층에 있는 사람들은 가난한 사람들의 이러한 사정을 악용해서 그들을 헐값에 노예로 삼았습니다.

그리고 더 나아가서 그들에게 찌꺼기 밀까지 돈을 받고 팔았습니다. 찌꺼기 밀이란 등겨, 곧 벼의 껍질을 말합니다. 그들은 등겨를 몇 가마니씩 쌓아 놓고 있었습니다. 먹을 수는 없고, 그렇다고 버리거나 공짜로 주기엔 너무나 아까웠습니다. 그래서 어떻게 돈이 되게 할 수는 없을까 하고 궁리를 하던 중 묘안이 떠올랐습니다. '제대로 못 먹어서 쩔쩔매는 저것들에게 아주 싼 값에 팔자. 분명 좋다고 사 먹을 거야.'

그들은 이렇게 못 먹는 등겨조차도 양식인 양 내다 팔아서 가난한 자들을 착취했습니다. 하나님께서는 가난한 자를 학대하는 것이 곧 자신을 멸시하는 것이라고 말씀하셨지만(잠 14:31 참조), 성경을 누구보다 잘 알고 있었을 그들은 이 말씀을 완전히 무시해 버렸던 것입니다.

우리의 현실이 이보다 별로 더 나을 것이 없다고 생각합니다. 공단 지역에 가 보십시오. 나이 어리고 배우지 못했다는 약점을 이용해서 터무니없이 낮은 임금을 주면서 많은 일로 혹사시키는 고용주들이 얼마나 많습니까? 전국에 있는 크고 작은 사업장들을 뒤져 보면 이와 같은 착취가 자행되는 곳이 수도 없이 많을 것입니다. 돈 있는 사람들이 부동산 투기를 해서 집값을 올려놓는 일이나 물건을 사재기해서 힘없고 가난한 서민들이 제값보다 몇 곱절을 주어야 살 수 있게 만드는 매점매석 역시 착취입니다.

요즈음 대기업들이 상품을 내놓고 가격을 몇 퍼센트 인하한다고 요란을 떠는 것을 보며 그 이중적인 모습에 치를 떨 때가 많습니다. 그렇게 가격을 내려도 남는다면 도대체 전에는 얼마나 값을 터무니없이 올려놓고 폭리를 취했다는 말입니까? 물론 이제라도 가격을 내린 것은 박수를 보낼 일이지만 과연 그들이 그렇게 호들갑을 떨 자격이나 있는지 모르겠습니다.

이 나라가 망하지 않으려면 교회가 나서서 이와 같은 사회악을 막아야 합니다. 유감스럽게도 우리 그리스도인들은 이제껏 지나치게 침묵을 지켜 온 것이 사실입니다. 심지어는 부정직한 기업인들과 정치가들이 교회의 울타리 밑으로 숨어들어 와서 활개를 쳐도 방관하는 꼴이 되어 버렸다는 사실도 부인할 수가 없습니다.

그러나 이러한 모순을 절대 용납해서는 안 됩니다. 우리부터 이와 같은 악을 버려야 합니다. 교회 안에 경건의 가면을 쓰고서 착취를 일삼는 악덕 기업주가 발을 붙이지 못하게 만들어야 합니다. 그리고 세상에서 자행되고 있는 온갖 착취들에 대해서 적극적으로 저항해야 합니다. 그들에게 선지자의 외침을 들려주어야 합니다. 그럴 때 이 나라는 분명 달라질 것입니다.

○ ○ ○ ○ ○ ○
상도덕의 문란

세 번째, 부정부패는 상도덕의 문란이었습니다.

> 에바를 작게 하고 세겔을 크게 하여 거짓 저울로 속이며_암 8:5하

그들은 에바(*ephah*, 1에바=약 22ℓ), 곧 되를 작게 만들었습니다. 되가 표준치보다 작으면 물건을 팔 때 그만큼 많이 남길 수 있기 때문입니다. 또 그들은 세겔(*shekel*, 1세겔=약 11.4g), 곧 추를 크게 만들었습니다. 그 이유 역시 다른 데 있지 않습니다. 물건을 팔러 온 사람이 그 추가 달린 저울로 물건을 달면 표준치보다 더 많이 얹어야 하기 때문입니다. 상인은 그만큼 부당한 이득을 보는 것입니다.

우리는 어떻습니까? 상거래가 얼마나 정직하게 이루어지고 있습니까? 어떤 상품에 KS마크가 붙어 있다고 해서 100% 신용할 수 있습니까? 상점 주인이 어느 교회 장로나 집사라고 해서 그의 말을 곧이곧대로 신뢰할 수 있습니까? 이 점에 대해서 저는 매우 회의적입니다. 여러분 가운데 상거래와 관련한 일에 종사하고 있는 분들이 계시다면 제발 부탁드립니다. 양심적으로 거래하시기 바랍니다.

어떤 사람은 저에게 이렇게 말할지도 모릅니다. "목사님, 교회 안에만 계셔서 세상 돌아가는 것을 잘 모르시는 모양인데요. 남대문 시

장에 나가서 이틀만 장사해 보십시오. 아마 이틀이 다 가기도 전에 거짓말을 안 하고는 못 배길 겁니다." 그럴지도 모릅니다. 그렇기 때문에 하나님이 저를 교회 안에 있게 하셨는지도 모릅니다.

그러나 여러분은 다릅니다. 하나님이 여러분을 교회 안에만 있게 하지 않으시고 상업에 종사하게 하신 것은 거짓말 안 하고도 충분히 해낼 수 있다고 보시기 때문이 아니겠습니까? 세상 물정이 거짓 저울을 만드는 핑계가 될 수는 없습니다.

세상에 거짓이 성행할수록 그것을 막아야 할 우리의 책임은 더 막중합니다. 예수님을 믿는 우리가 먼저 정직하게 상거래를 합시다. 그러면 우리나라 상거래 질서가 놀랍게 깨끗해질 것이라 믿습니다.

○ ○ ○ ○ ○
사치와 향락

부정부패와 맞먹는 또 한 가지 죄는 사치와 향락입니다.

> 사마리아의 산에 있는 바산의 암소들아 이 말을 들으라 너희는 힘없
> 는 자를 학대하며 가난한 자를 압제하며 가장에게 이르기를 술을 가
> 져다가 우리로 마시게 하라 하는도다_암 4:1

아모스는 이스라엘의 사치주의, 향락주의를 책망하면서 그들을 '사마리아의 산에 있는 바산의 암소들'이라고 말했습니다. 그가 특별히 바산을 언급하는 것은 그만한 이유가 있었습니다. 바산은 이스라엘에서 목축이 가장 잘되는 지역으로서 그곳의 소들은 다른 지역의 소보다 훨씬 살찌고 맛도 좋았기 때문입니다. '암소들'이라는 표현 역시 상당한 의미가 있습니다.

고대로부터 지금까지 여자들이 사치의 주범이었다는 것은 부인할 수 없는 사실입니다. 아모스가 군이 '암소'라고 지칭한 것은 그런 이유 때문이라고 봅니다. 《리빙 바이블》은 이러한 의미를 분명히 하기 위해서 이 구절을 이렇게 번역했습니다. "남편에게 가난한 자와 약한 자들을 착취하게 해서 자기 향락에 필요한 것을 채우게 하는 여인들아!" 온몸에 보석을 치렁치렁 달고 있는 살진 여인을 뒤뚱거리는 살진 암소에 비기고 있는 것입니다.

> 상아 상에 누우며 침상에서 기지개 켜며 양 떼에서 어린양과 우리에서 송아지를 잡아서 먹고_암 6:4

그들은 상아로 만든 침대에 누워 잤습니다. 그리고 종일 그 호화로운 침상에 누워 기지개를 켜고 있었습니다. 먹고 즐기는 일 외에는 할 일이 없었습니다. 그들은 짐승들 가운데서 어린양과 송아지만 골라 먹었습니다. 가난한 자들이야 굶어 죽든지 말든지 맛있고 연한 고기만을 찾은 것입니다. 그뿐만이 아닙니다.

> 비파 소리에 맞추어 노래를 지절거리며 다윗처럼 자기를 위하여 악기를 제조하며_암 6:5

그들은 비파에 맞추어 노래를 불렀습니다. 자기를 위하여 악기를 제조하기도 했습니다. 이것은 그들이 즐기기 위해 갖은 수단과 방법을 다 동원했다는 말입니다.

> 대접으로 포도주를 마시며 귀한 기름을 몸에 바르면서 요셉의 환난

그들은 대접으로 포도주를 마셨습니다. 잔으로 만족하지 못할 만큼 술에 완전히 사로잡힌 것입니다. 그리고 귀한 기름을 몸에 발랐습니다. 즉 값비싼 화장품으로 몸을 치장한 것입니다. 그들은 요셉의 환난에 관해서는 관심도 없었습니다. 요셉이란 바로 그들의 동족, 곧 이웃의 가난한 사람들을 말합니다. 그들이 죽든지 말든지 거들떠보지도 않고 마음껏 먹고 마시고 즐기는 일에만 전념했다는 것입니다. 이 모든 것이 무엇을 말합니까? 사치와 향락주의 풍조를 말하는 것입니다.

우리나라가 이들과 다르다고 어느 누가 장담할 수 있습니까? 1981년도에 여행자들이 외국에 나가서 사 들고 온 외제품의 총액은 7천억 원이라고 합니다. 여행자 1인당 백만 원씩 지출한 셈입니다. 이것은 대단히 심각한 문제가 아닐 수 없습니다.

왜냐하면 우리나라 무역상들이 1년 동안 피땀 흘려 수출하여 벌어들인 순수익의 총액을 초과하는 금액이기 때문입니다. 같은 해 수출을 통해 벌어들인 순수익이 6,390억 원이었던 것을 감안하면 우리나라는 그동안 밑 빠진 독에 물을 붓고 있었던 것입니다. 7천억 원이면 울산 공단 하나를 짓고도 남는 어마어마한 돈입니다.

1년 동안 여행자들이 사치품을 사는 데 쓴 돈이 울산 공단 하나 짓는 돈보다 많다고 하니 장차 이 나라가 어떻게 되겠습니까? 하나라도 더 수출하려고 세계를 돌아다니는 사람들이 무슨 재미로 판매를 하겠습니까? 무슨 재미로 공장에서 좋은 상품을 만들어 내겠습니까? 무슨 재미로 뼈 빠지게 농사를 짓겠습니까? 무슨 힘이 나서 밤새 눈을 부릅뜨고 나라를 지키겠습니까? 사치 풍조가 만연하면 국가를 위해서 고생하는 사람들이 의욕을 잃어버리게 되어 있습니다. 그렇게 되면 의

욕을 가지고 나라를 위해 일하려는 사람이 점점 없어지고 말 것입니다. 어디 그뿐입니까?

사치 풍조는 죄를 조성할 뿐 아니라 정신적인 타락을 가져오게 마련입니다. 그래서 결국 자라나는 세대까지 썩고 병 들게 만들어 버리는 것입니다. 이런 나라가 잘될 리가 있겠습니까? 우리가 더 늦기 전에 이 악을 막지 않는다면 이 나라는 현재의 소망뿐 아니라 미래의 소망마저 모두 잃게 될 것입니다.

○ ○ ○ ○ ○ ○ ○ ○ ○ ○ ○
악을 미워하고 선을 사랑하라

그러므로 우리는 정신을 차려야 합니다.

> 보라 주 여호와의 눈이 범죄한 나라를 주목하노니 내가 그것을 지면
> 에서 멸하리라_암 9:8상

아모스가 그렇게 목이 터져라 예언을 했는데도 불구하고 듣지 않더니 이스라엘 나라는 50년도 못 되어 앗수르에게 멸망하고 말았습니다. 부정부패로 축재하고 가난한 자들을 착취하던 자들이 다 어디로 갔습니까? 사치와 향락을 일삼던 바산의 암소들이 다 어디로 갔습니까? 아모스 7장 17절 말씀대로 앗수르에 포로로 잡혀가고 창녀로 팔려 가지 않았습니까? 우리가 이스라엘처럼 망하지 않으려면 정신을 차려야 합니다.

빌리 그레이엄(William Franklin Graham Jr., 1918-2018) 목사는 《다가오는 말발굽 소리》(*Approaching Hoofbeats: The Four Horsemen of the Apocalypse*)라는 책에서 계시록이 예언하고 있는 거짓 선생의 말과 전쟁의 말, 기근의

말, 죽음의 말이 지금 전 세계를 향해서 점점 더 가까이 달려오고 있다고 경고했습니다. 그만큼 세계 종말이 가까이 왔다는 말입니다. 그는 이렇게 결론을 내렸습니다.

"우리는 지상의 운명에 대해서, 우리 자신의 운명에 대해서 너무 늦기 전에 무엇인가 할 수 있다고 믿는다."

그렇습니다. 지금이라도 늦지 않습니다. 우리는 이 나라와 우리 자신을 위해서 무엇인가 할 수 있습니다.

> 너희는 악을 미워하고 선을 사랑하며 성문에서 정의를 세울지어다
> 만군의 하나님 여호와께서 혹시 요셉의 남은 자를 불쌍히 여기시리
> 라_암 5:15

악을 미워하고 선을 사랑하라! 바로 이것입니다. 우리가 하나님 앞에 긍휼히 여김을 받기를 원한다면 악을 미워하고 선을 사랑해야 합니다. 막연히 탄식만 하고 있어서는 안 됩니다. 국가의 죄를 정죄만 하고 있어서도 안 됩니다. 더 적극적인 자세를 취해야 합니다. 악을 미워하고 선을 사랑해야 합니다. 우리가 이와 같은 자세를 가지고 생활한다면 오늘날 이 나라에서 판을 치고 있는 악은 분명 그 세력을 잃게 될 것입니다.

그러나 여기에서 만족해서는 안 됩니다. 더 나아가 무너진 정의를 바로 세워야 합니다. 이 일을 위해서 우리는 예수님을 모르는 우리 이웃들을 그리스도 앞으로 인도해서 그들이 선을 사랑하고 악을 버리는 생활을 배우게 해야 합니다. 그럴 때 이 땅에 정의가 설 수 있을 것입니다. 애국이란 다른 것이 아닙니다. 65년 전에는 일제의 착취 아래서 민족을 해방시키는 것이 애국이었다면, 지금은 부정부패와 사치와 향

락주의에서 이 민족을 해방시키는 것이 바로 애국입니다.

주변을 돌아보십시오. 여러분이 할 수 있는 일이 무엇인지 찾아보십시오. 남에게 욕을 먹더라도 이 나라가 망하지 않도록 하기 위해서, 후손들이 안심하고 살 수 있는 나라를 물려주기 위해서 우리는 부정부패와 사치와 향락주의라는 악을 미워해야 합니다. 우리 스스로 이러한 악들은 그 모양이라도 버려야 합니다. 그리고 더 나아가 선을 행하기를 힘써야 합니다. 선을 행하는 일이라면 생명을 바쳐서라도 앞장서야 합니다.

우리가 그러한 올곧은 삶을 살아갈 때 우리나라 곳곳에 독버섯처럼 번져 있는 악을 막을 수 있습니다. 그 뿌리를 근절시켜 버릴 수 있습니다. 이것이야말로 진정한 애국이요, 이 나라를 살리고 우리 모두를 살리는 길입니다.

5

내일을 위한
헌신

우리는 차세대에게 빚진 자들입니다.
현재의 행복과 장래의 소망은 우리가 내일의 지도자를 준비시키는 이 귀중한 일에
얼마나 최선을 다하느냐에 달려 있습니다.

미가 3:1-6

1 내가 또 이르노니 야곱의 우두머리들과 이스라엘 족속의 통치자들아 들으라 정의를 아는 것이 너희의 본분이 아니냐 2 너희가 선을 미워하고 악을 기뻐하여 내 백성의 가죽을 벗기고 그 뼈에서 살을 뜯어 3 그들의 살을 먹으며 그 가죽을 벗기며 그 뼈를 꺾어 다지기를 냄비와 솥 가운데에 담을 고기처럼 하는도다 4 그 때에 그들이 여호와께 부르짖을지라도 응답하지 아니하시고 그들의 행위가 악했던 만큼 그들 앞에 얼굴을 가리시리라 5 내 백성을 유혹하는 선지자들은 이에 물 것이 있으면 평강을 외치나 그 입에 무엇을 채워 주지 아니하는 자에게는 전쟁을 준비하는도다 이런 선지자에 대하여 여호와께서 이르시되 6 그러므로 너희가 밤을 만나리니 이상을 보지 못할 것이요 어둠을 만나리니 점치지 못하리라 하셨나니 이 선지자 위에는 해가 져서 낮이 캄캄할 것이라

내일을 위한
헌신

미가 선지자가 활동하던 시대는 나라 안팎으로 긴장이 매우 고조되어 있던 때였습니다. 안으로는 왕이 바뀔 때마다 종교가 바뀌고, 정책이 바뀌는 대혼란을 겪고 있었습니다.

요담이라고 하는 믿음 좋은 왕이 다스릴 때는 온 나라가 하나님을 섬겼습니다. 그러나 그의 아들 아하스는 정권을 잡자마자 우상을 숭배하는 나라로 바꾸어 버렸습니다. 그러다가 히스기야가 왕이 되자 종교개혁을 일으켜 온 나라가 하나님께로 돌아왔습니다. 그러나 그의 아들 므낫세가 정권을 잡자 또다시 우상을 섬기는 나라로 전락하는 악순환을 거듭했습니다.

요즘 우리나라 상황에 비추어 말한다면 정권이 바뀔 때마다 헌법이 바뀌고, 이전 정권의 정책이 하루아침에 백지화되는 그런 악순환을 거듭하고 있었던 것입니다.

한편, 나라 밖으로는 앗수르라고 하는 신흥 대국이 일어나 유다를 삼키려고 호시탐탐 위협을 가해 오고 있었습니다. 히스기야 왕 때에는 급기야 남유다와 동족인 북왕국 이스라엘이 앗수르에게 패망하여 다시는 일어설 수 없게 되고 말았습니다. 앗수르의 다음 표적이 남유 다라는 것은 삼척동자라도 다 아는 상식이었습니다.

한반도를 노리고 있던 주변 강대국에 의해 북한이 패망하게 되었 다고 가정해 보십시오. 그리고 그 나라가 우리나라마저 집어삼키려 고 혈안이 되어 있다고 상상해 보십시오. 온 국민이 얼마나 불안과 공 포에 떨겠습니까? 당시 유다가 바로 그런 상황에 있었습니다. 그들이 앗수르의 위협에 대해 얼마나 중압감을 느끼고 있었을지 충분히 상상 하고도 남습니다.

○ ○ ○ ○ ○ ○ ○ ○
이스라엘의 부패상

정국이 혼란스럽고 외세의 위협 아래 나라가 풍전등화와 같은 위험한 상황에 처해 있다고 한다면 지도자들과 온 백성이 정신을 바짝 차리 고 절제하며 검소하게 살아야 하지 않겠습니까? 그러나 그들은 오히 려 더 정신을 못 차리고 될 대로 되라는 식으로 방탕하게 생활하고 있 었습니다. 이것은 참으로 역사의 아이러니가 아닐 수 없습니다.

성경에 기록되어 있는 역사나 세계 역사를 통해 우리가 공통적으로 발견하게 되는 것은 나라가 안팎으로 혼란스러워지면 지도자들이나 백성들까지 정신을 못 차리고 될 대로 되라는 식이 된다는 것입니다. 정치 지도자들이 부패하고 백성들의 정신이 해이해질수록 사회는 걷 잡을 수 없는 혼란 속으로 빠져들게 마련입니다. 마치 강물이 폭포와 가까워질수록 그 속도가 빨라지듯이 나라의 멸망을 재촉하는 발걸음 도 빨라지는 것입니다. 미가 시대가 바로 그런 시대였습니다.

당시의 정치 지도자들이나 종교 지도자들이 어느 정도로 타락했는 지는 3장에 잘 나타나 있습니다.

내가 또 이르노니 야곱의 우두머리들과 이스라엘 족속의 통치자들
아 들으라 정의를 아는 것이 너희의 본분이 아니냐_미 3:1

우두머리와 통치자란 정치 지도자들을 가리킵니다. 그들은 잡신을 섬기는 이방 나라가 아니라 하나님이 선택하신 백성을 다스리는 지도자들이었습니다. 그렇다면 당연히 하나님의 법도대로, 달리 말해 공의대로 다스려야 할 것입니다. '정의'란 옳은 것과 그른 것을, 선과 악을 분명히 구별하는 것을 말합니다. 그러나 그들은 정의를 헌신짝같이 내버렸습니다.

너희가 선을 미워하고 악을 기뻐하여_미 3:2상

그들은 선악을 뒤바꾸어 버렸습니다. 아무리 옳은 사람이라 해도 돈이 없으면 죄인이 되었고, 아무리 악한 사람이라 해도 돈이 있으면 의인으로 둔갑하는 세상이 된 것입니다. 그러다 보니 뇌물은 일반 백성들 사이에서 하나의 보편적인 관행이 되었습니다.

뇌물은 마약과 같아서 한번 그 맛을 알게 되면 돌이킬 수가 없을 정도로 깊이 빠져들게 마련입니다. 당시 지도자들 역시 그랬습니다. 그들이 백성들에게서 뇌물을 뜯어내는 데 얼마나 혈안이 되어 있었는지 미가는 이렇게 표현하기까지 했습니다.

내 백성의 가죽을 벗기고 그 뼈에서 살을 뜯어 그들의 살을 먹으며
그 가죽을 벗기며 그 뼈를 꺾어 다지기를 냄비와 솥 가운데에 담을
고기처럼 하는도다_미 3:2하—3

내일을 위한 헌신

●

소를 잡는 광경을 한번 상상해 보십시오. 먼저 껍질을 벗겨 내고 고기를 뜨지 않습니까? 그런 다음 뼈는 뼈대로 추리고 살점은 각 부위대로 가려 놓습니다. 그리고 크고 작은 뼈들을 적당한 크기로 토막을 내서 솥에다 넣고 푹 고아 국물까지 남김없이 먹습니다. 가죽부터 시작해서 뼈다귀까지 하나도 남기지 않고 전부 다 먹어 치우는 것입니다. 당시의 부패한 정치 지도자들이 얼마나 잔혹하고 무자비하게 백성들을 착취했는지 뼈다귀에 붙은 작은 살점 하나라도 버리지 않고 빼먹듯이 했다는 것입니다. 얼마나 무서운 사회입니까? 지도자가 타락하면 죽어나는 것은 백성밖에 없습니다.

이러한 상황에서 종교 지도자들이라도 깨어서 권력자들의 부패상을 질타하며 경종을 울렸더라면 그나마 조금이라도 제동이 걸렸을지 모릅니다. 그러나 당시의 종교 지도자들은 그들보다 더 부패해 있었습니다.

내 백성을 유혹하는 선지자들은 이에 물 것이 있으면 평강을 외치나 그 입에 무엇을 채워 주지 아니하는 자에게는 전쟁을 준비하는도다_미 3:5

암담한 현실 속에서 짓눌리며 고통하던 백성들은 너무나 답답한 나머지 선지자들이나 제사장들을 찾아갔습니다. 하나님의 뜻을 묻기도 하고 여러 가지 문제를 상의하고자 했던 것입니다.

그런데 종교 지도자들은 악랄하게도 그들의 처지를 악용해서 돈벌이의 기회로 삼았습니다. 돈 봉투를 들고 와서 입에다 물려주면 "아, 당신은 잘됩니다"라며 평화를 외치고, 입에 물려주는 것이 없으면 "당신, 저주를 받습니다. 복을 받지 못합니다"라고 저주를 말했습니다.

권력자들의 착취와 횡포에 시달리다 지쳐서 위로를 받고자 찾아온 백성들을 또다시 등쳐 먹었던 것입니다.

마지막으로 한 가닥의 기대를 걸고 신뢰할 수 있는 지도자라고 생각했던 성직자들마저 믿을 수 없게 되자 사회 구석구석에는 무서운 불신 풍조가 만연하기 시작했습니다.

> 너희는 이웃을 믿지 말며 친구를 의지하지 말며 네 품에 누운 여인
> 에게라도 네 입의 문을 지킬지어다_미 7:5

그들은 종교 지도자들은 물론이거니와 이제 이웃이나 친구, 심지어 자기 아내까지도 믿지 못하게 되었습니다. 세상에서 가장 가까운 사이라고 할 부부마저 서로 신뢰하지 못하게 되어 버린 것입니다. 이런 사회가 어떻게 망하지 않을 수 있겠습니까? 오래가지 못해 유다는 바벨론에게 멸망하고 말았습니다.

미가 시대의 사회상을 보면서 우리가 얻을 수 있는 중요한 교훈이 있습니다. 지도자들이 정의를 내팽개친 채 선악을 뒤바꾸어 버리면, 백성들이 그들을 불신하게 되는 것은 물론이고 이웃이나 친구, 심지어 자기 아내조차 믿지 못하는 철저한 불신 사회가 되어 버린다는 것입니다.

우리 사회가 미가 시대처럼 부패와 불신 풍조가 극에 달해 있다고 보지는 않습니다. 그러나 미가 시대에 만연해 있던 뇌물을 주고받는 관행이 우리 사회에서도 광범위하게 발견되며, 불신 풍조도 나날이 심각해지고 있다는 점을 감안하면 우리 역시 결코 안심할 수 없는 상황에 있다는 것을 부인할 수 없습니다. 따라서 우리가 미가 시대의 유다가 겪었던 비극을 되풀이하지 않으려면 그들의 문제의 근원을 철저

히 분석해 보고 이 시점에서 무엇을 어떻게 할 것인지 깊이 생각해 볼 필요가 있습니다.

○ ○ ○ ○
교육 부재

먼저 생각해 볼 것은 미가 시대에 유다의 지도자들이나 일반 백성들이 총체적으로 부패하게 된 근본적인 이유가 무엇인가 하는 것입니다. 미가가 그 이유를 직접적으로 밝히고 있지는 않지만 몇 개의 구절을 토대로 어느 정도 추리는 가능하다고 봅니다.

> 사람아 주께서 선한 것이 무엇임을 네게 보이셨나니 여호와께서 네
> 게 구하시는 것은 오직 정의를 행하며 인자를 사랑하며 겸손하게 네
> 하나님과 함께 행하는 것이 아니냐_미 6:8

하나님께서 이스라엘 백성들에게 원하신 것은 세 가지였습니다. 정의와 인자와 하나님과의 동행입니다. 그렇다면 지도자들은 지도자대로 이 뜻을 따라 백성을 가르치고 다스려야 하고, 백성들은 그 뜻대로 살아야 마땅합니다. 6장 9절은 이 세 가지를 '지혜'라는 말로 요약했습니다. 지혜란 주의 이름을 경외하는 것을 말합니다. 지도자나 백성을 막론하고 지혜를 배워 주의 이름을 경외하는 자답게 살아야 마땅했습니다.

그러나 미가 시대의 사람들은 그러지를 못했습니다. 하나님의 말씀을 배우는 훈련이 전혀 안 되어 있었던 것입니다.

> 곧 많은 이방 사람들이 가며 이르기를 오라 우리가 여호와의 산에

올라가서 야곱의 하나님의 전에 이르자 그가 그의 도를 가지고 우리
에게 가르치실 것이니라 우리가 그의 길로 행하리라 하리니_미 4:2상

미가는 장차 메시아가 나타나시면 하나님의 도를 가르치거나 배우는 일이 없어진 이 사회가 달라질 것이라 예언했습니다. 예수님이 오시면 모든 사람이 하나님께서 원하시는 뜻을 행하고자 말씀으로 돌아가는 회개 운동이 일어날 것이라는 말입니다. 이 말에는 한 가지 전제가 내포되어 있습니다. 당시 사람들이 하나님의 말씀을 배우거나 말씀대로 양육을 받지 못하고 있었다는 사실입니다.

더욱 심각한 문제는 정치 지도자나 종교 지도자가 된 자들 역시 일반 백성들과 다를 바 없었다는 사실입니다. 그 결과 그들은 나라가 기울어진 줄도 모르고 정의를 내팽개친 채 자기 배만 채우려 드는 악랄한 지도자가 되었습니다. 사실 그들은 자기 배조차 채우지 못했습니다.

네가 먹어도 배부르지 못하고 항상 속이 빌 것이며 네가 감추어도 보
존되지 못하겠고 보존된 것은 내가 칼에 붙일 것이며 네가 씨를 뿌려
도 추수하지 못할 것이며 감람 열매를 밟아도 기름을 네 몸에 바르지
못할 것이며 포도를 밟아도 술을 마시지 못하리라_미 6:14-15

자기 배를 채우고자 백성들을 착취했지만, 그 모든 것을 고스란히 바벨론 사람들에게 안겨 줄 수밖에 없었기 때문입니다. 이것은 하나님의 말씀을 가르치려는 사람도, 배우려는 사람도 없는 시대가 낳은 또 다른 비극일 것입니다.

하나님은 사람을 키우신다

오늘날 우리는 어떻습니까? 어릴 때부터 우리 자녀들이 하나님을 경외하는 자가 되도록 지혜를 가르치고 있습니까? 젊은이들이 말씀대로 살아가도록 훈련시키는 일을 얼마나 소중히 여기고 있습니까? 과연 이 일에 우리의 최선을 다하고 있다고 자신할 수 있습니까? 요즈음 시국이 얼마나 불안합니까? 이런 때 교회가 나서서 정치 지도자들에게는 그릇 행하지 못하게 제동을 걸고, 이 나라 국민에게는 정신적으로 해이해지지 않도록 고삐를 당겨야 할 것입니다.

그러나 과연 우리 한국 교회가 그런 선지자 역할을 제대로 감당하고 있다고 볼 수 있습니까? 저는 교육 부재 현상이 심각하다는 점에 있어서는 우리의 현실이 미가 시대보다 그리 나을 게 없다고 봅니다.

지금 세속 교육에 대해 말하는 것이 아닙니다. 세속 교육에 대한 열의는 오히려 극성스럽다고 할 만큼 대단합니다. 그러나 문제는 세속 교육이 공부 잘하고 똑똑한 사람을 만들어 내는 것에만 혈안이 되어 있다는 것입니다. 하나님이 기뻐하시는 선한 사람을 만드는 일은 일찌감치 포기해 버렸습니다. 기독교가 세운 미션스쿨이라고 해도 상황이 더 낫지는 않은 것 같습니다.

세속 교육이 우리 자녀들을 똑똑하고 공부 잘하는 사람으로 키워낸 결과가 무엇입니까? 민주화를 부르짖는 수많은 젊은이를 세계에서 가장 독재라고 할 수 있는 북한 공산주의 정권을 찬양하고 추종하는 이 기막힌 현실을 보십시오. 자기모순의 정도를 넘어 정신이 병들어 버렸습니다. 이런 젊은이들을 치료할 수 있는 길이 과연 무엇이겠습니까? 석가모니입니까? 칸트입니까? 어느 시대에나 병든 사고를 치료할 수 있는 길은 예수 그리스도와 그의 십자가밖에 없었습니다. 이것은 역사가 증명하는 일입니다.

만일 우리가 젊은이들을 치료자이신 예수 그리스도께로 인도하여 하나님을 경외하는 훌륭한 내일의 지도자로 키우는 일을 등한히 한다면 우리의 내일이 미가 시대의 비극으로 끝나게 되지 않으리라고 누가 장담할 수 있겠습니까?

우리가 미가 시대의 비극을 되풀이하지 않기 위해서는 뭔가 대책을 세워야 합니다. 이 나라와 교회의 장래는 지금 우리가 10년 후 교회와 나라의 일꾼이 될 젊은이들을 얼마나 희생적으로 가르치고 바로잡아 주느냐에 달려 있습니다. 우리가 지금 자기 배 채우는 것으로만 만족한다면 오늘의 행복은 물론이거니와 내일의 소망마저 잃어버리게 될 것입니다.

우리 현실을 미가 시대에 비추어 볼 때마다 마음이 무거워져 견딜 수가 없습니다. 우리가 추구하는 민주주의가 좋은 것이긴 하지만 하나님의 말씀을 떠난 민주주의는 방종에 불과합니다.

자유와 평등 역시 하나님을 떠난 것이라면 도리어 도덕적인 타락을 불러와 사회를 병들게 만들 수 있습니다. 오늘날 소위 선진국이라는 나라들이 그것을 잘 보여 주고 있지 않습니까? 그러므로 우리는 무엇보다 성장 세대들을 말씀으로 바로 가르치는 일을 중요하게 여겨야 합니다.

성경에서 하나님이 크게 쓰신 인물들을 연구하다 보면 놀라운 사실을 하나 발견하게 됩니다. 하나님께서는 우리가 보기에 너무나 시급한 문제들이 산적해 있다고 해도 의중에 두고 있는 사람이 준비되기 전에는 절대 역사하지 않으신다는 것입니다. 이것을 보면 하나님께서 마치 이렇게 말씀하는 것 같습니다. "고생이 되어도 참아라. 내가 쓰려고 하는 자가 준비되기 전까지는 아무것도 해줄 수 없다. 가만히 참고 기다려라."

예수님을 보십시오. 인류가 얼마나 오랫동안 고대해 온 메시아였습니까? 예수님이 오시면 당장 고침을 받고 죄 용서를 받아야 할 병자들과 죄인들이 얼마나 많았습니까? 그럼에도 불구하고 예수님은 이 땅에 오시자마자 그들의 문제를 곧바로 해결해 주시지 않았습니다. 공생애를 준비하는 30년 동안 시골의 한 평범한 젊은이로서 아무런 능력도 행하시지 않은 것입니다.

모세도 역시 마찬가지였습니다. 이스라엘 백성들은 애굽에서 노예 생활을 하던 마지막 백 년 동안 애굽인들로부터 온갖 핍박과 설움을 받으며 비참하게 살았습니다. 그들은 아들을 낳으면 강물에 던져야 하는 민족적인 굴욕을 당해 가면서 종일 뙤약볕에서 벽돌을 구워야 했습니다. 그들의 고통과 원한이 얼마나 컸던지 하늘에까지 사무쳤다고 했습니다. 사정이 이 정도라면 지체하지 말고 자기 백성들을 구원해 주셔야 하지 않겠습니까? 그런데도 하나님은 자신이 의중에 두고 있는 모세를 준비시키시는 80년 동안 그들을 구원하시기 위해 아무 일도 하지 않으셨습니다.

이 두 경우로부터 우리가 분명히 알 수 있는 사실이 하나 있습니다. 하나님은 우리의 비참한 현실을 즉시로 해결해 주시는 인스턴트 해결사가 되시기보다는 자기의 뜻을 이룰 사람을 키우는 일을 더 중요하게 여기신다는 것입니다. 우리 하나님은 그때나 지금이나 조금도 변함이 없으십니다. 오늘날에도 하나님은 사람 키우는 것을 최우선으로 여기십니다. 따라서 하나님의 자녀인 우리 역시 하나님의 방법을 따라야 할 것입니다. 현재의 행복과 장래의 소망은 우리가 내일의 지도자들을 준비시키는 이 귀중한 일에 얼마나 최선을 다하느냐에 달려 있습니다.

어떤 사람은 '사람을 키우자'라는 말을 세상의 관점으로 받아들여 영재를 키우자는 말로 오해할지도 모릅니다. 그러나 우리가 키워야 할 인물은 세상이 말하는 그런 특출한 영재를 말하지 않습니다. 가정에서는 신앙과 삶이 자녀들에게 모범이 되는 부모요, 사회에서는 성실하고 정직한 사회인이며, 국가적으로는 나라를 사랑하는 충직한 국민인 그런 신앙적인 인재를 말하는 것입니다.

세상의 잣대로 말하자면 우리가 키우고자 하는 인물은 오히려 '보통 사람'에 가깝습니다. 우리가 이와 같은 인물들을 많이 키워 놓으면 그중에서 하나님이 때를 따라 특별히 사용하시는 큰 인물들이 나올 수 있을 것입니다. 그러나 우리가 하나님을 경외하는 보통 사람들을 길러 내는 이 일에 힘과 정성을 쏟지 않는다면 하나님이 필요한 때 적절하게 쓰실 인물도 나올 수 없을 것입니다.

교육을 위해서 치러야 할 대가

세상 모든 일이 그렇듯이 사람을 키우는 일을 충실히 감당하기 위해서는 대가를 치러야 합니다. 특히 자본주의 사회에서는 돈이 없으면 아무것도 할 수 없습니다. 따라서 진정 사람을 키우기를 원한다면 이 일을 위해 투자하기를 아까워해서는 안 됩니다. 사람을 키우기 위해 더 나은 시설이나 환경이 필요하다면 얼마든지 투자해야 합니다.

좋은 지도자나 선생님을 모시거나 더 좋은 교육 자료를 만드는 데 필요하다면 투자를 아끼지 말아야 합니다. 사람을 키우는 것이 바로 하나님의 방법이기 때문입니다. 선교도 중요하고 가난한 사람을 돕는 일도 중요하지만, 사람을 키우는 일보다 앞설 수는 없습니다. 흔히 많은 교회가 사람은 키우지 않고 일만 벌여 놓기를 좋아합니다. 그러나 이것은 허황된 선전을 추구하는 것일 뿐 하나님의 일에 충성하는 것이라 볼 수 없습니다.

피버디(George Foster Peabody, 1852-1938)라는 사람은 교육에 대해 이렇게 말했습니다. "교육이란 현세대가 차세대를 위해 마땅히 갚아야 할 부채이다." 그렇습니다. 후대를 이끌고 갈 어린 자녀들이나 젊은이들을 교육하는 것은 우리가 그들에게 베푸는 은혜가 아닙니다. 우리가 그들에게 마땅히 갚아야 할 부채입니다. 우리 기성세대는 차세대에게 빚진 자들입니다. 이것이 어찌 일반 교육에만 해당되는 것이겠습니까? 교회에서의 교육 역시 마찬가지입니다. 우리는 빚진 자의 심정으로 성장 세대들을 하나님을 경외하는 건실한 내일의 지도자와 일꾼으로 키우는 일에 우리의 물질과 정성을 쏟아야 합니다.

조금만 눈을 크게 떠보면 이 사회에는 교회가 아니면 손도 못 댈 일들이 수도 없이 많습니다. 사람을 키우는 일이 그중의 하나가 아닌가 합니다. 이 일은 제아무리 마음이 간절하고 돈이 많다고 해도 혼자서는 감당할 수 없습니다. 그러나 교회는 다릅니다. 예수님을 믿는 믿음으로 똘똘 뭉쳐진 성도들의 공동체이기에 충분히 이 일을 감당해 낼 수 있습니다. 조금만 마음을 모으면 얼마든지 큰일을 할 잠재력을 가지고 있는 것입니다. 그런 의미에서 5만 개에 가까운 한국 교회 중에서 5%에 해당하는 2,500개 교회가 내일의 인재들을 양성하는 일에 좀더 적극적인 투자를 할 수 있다면 우리나라가 미가 시대의 비극을 되풀이하는 일은 없으리라 믿습니다.

우리가 수년 동안 신앙생활을 하고 있지만 본의 아니게 쉽게 놓치는 진리가 하나 있습니다. 직접적으로 받아 누리는 복만 중요하게 여길 뿐 간접적으로 받는 복은 무시한다는 것입니다. 무엇이 간접적인 복입니까? 무엇을 받음으로써 누리는 복이라기보다 줌으로써 누리는 복을 가리킵니다. "주는 것이 받는 것보다 복이 있다"(행 20:35하)라는 말씀 그대로의 복입니다.

가령 돈 있는 어떤 사람이 "차세대를 위해서 이 돈을 사용하자. 이것이 하나님께서 기뻐하시는 일이다"라며 가진 돈을 내놓았다고 합시다. 겉으로 보기에 그는 내놓은 만큼 손해를 보았다고 할 수 있습니다. 돈을 내놓았다고 해서 당장 무슨 이득이 돌아오는 것이 아닙니다.

그러나 멀리 내다보면 이 일은 그에게 엄청난 복으로 돌아오게 되어 있습니다. 왜냐하면 10년 뒤 그의 희생을 통해서 바르게 성장한 많은 사람이 이 사회를 이끌게 되면 이 나라의 미래가 밝아져 미가 시대의 비극을 되풀이하지 않을 수 있기 때문입니다.

그럼에도 사람들은 이러한 복을 잘 모르는 것 같습니다. 무엇이나 자기 손에 들어와야 복인 줄 압니다. 자기중심적이고 이기적인 어린아이의 수준을 못 벗고 있는 것입니다. 어떤 경우에는 예수님을 믿는다는 사람들이 불신자들보다 더 이기적으로 생각하고 행동하기도 합니다. 하나님이 주신 복을 움켜쥐고 혼자서만 누리려는 것입니다. 그러나 이것은 모든 것을 하나님의 것이라고 고백하는 자녀들에게 너무나 어울리지 않는 태도입니다. 자기가 가진 물질이 하나님이 주신 것이라는 사실을 인정한다면 주님의 일을 위해 선뜻 내놓음으로써 다른 사람을 유익하게 하고 그들과 더불어 기뻐해야 마땅합니다.

사랑의교회를 개척한 이래 지금까지 '평신도 훈련'과 '선교'와 '구제'라는 세 가지 비전을 잊은 적이 없습니다. 이 세 가지 비전 중에 제가 가장 중요하게 여기는 것은 훈련입니다. 캠퍼스의 젊은이들을 보십시오. 밤늦도록 길거리를 헤매며 향락을 일삼는 젊은이들을 보십시오. 일터에서 밤늦게까지 구슬땀을 흘리며 일하는 젊은이들을 보십시오. 교회가 지금 이들을 붙잡아 말씀으로 바로 세우지 못하면 10년 후 이

나라가 미가 시대의 이스라엘처럼 법과 정의가 무너지고 불신 풍조가 팽배한 사회가 되지 않으리라는 보장이 어디 있습니까? 미가 시대와 같은 비극을 맞지 않도록 우리 자녀들을, 젊은이들을 하나님의 말씀으로 바르게 교육합시다. 젊은이들을 바로 가르쳐 이 사회로 내보냅시다. 그들이 후대를 책임질 훌륭한 지도자들이 될 것입니다.

내일의 훌륭한 지도자를 위해 지금 당장 필요한 것은 우리의 헌신입니다. 우리의 후세들을 하나님이 기뻐하시는 사람으로 만들기 위해 물질이든, 땀이든, 정성이든 아끼지 말아야 합니다. 우리가 하나님의 나라를 위해서 바로 투자하기만 하면 내일의 놀라운 기적을 가져올 수 있다고 분명히 믿습니다. 저는 가능하면 이 교회가 여러분의 마지막 교회가 되기를 바랍니다. 이 교회를 통해서 여러분의 꿈을 이루시기를 바랍니다. 이 교회를 통해서 여러분 삶의 의미와 목적을 찾으시기를 바랍니다.

그래서 훗날 여러분의 자녀들이 여러분에게 엄마 아빠는 무엇을 했느냐고 물을 때 이 교회를 가리키며 "와 보라!"라고 말할 수 있기를 바랍니다. 자녀들을 정성을 다해 키운 보람이 이 교회를 통해서 꽃 피기를 바랍니다. 그럴 때 우리가 하나님 앞에서 '착하고 충성된 종'이라는 칭찬을 듣게 될 것입니다.

주는 것이 받는 것보다 복이 있습니다. 줌으로써 멀리서 돌아오는 간접적인 복이야말로 우리가 누려야 될 참된 복이라는 사실을 다시 한번 명심합시다.

사회가 왜 이 모양이냐고 한탄하지 말고 누가 젊은이들의 정신을 이렇게 병들게 했느냐고 따지지 맙시다. 이 사회에 민주화가 온전히 이루어지지 않은 것을 두고 정치인들을 탓하지 맙시다. 우리 한국 사람들에게는 유난히 남 탓하기를 좋아하는 근성이 있는 것 같습니다.

그러나 남을 탓하기 이전에 우리 자신부터 돌아봅시다. 미가 시대와 같은 교육 부재의 상황이 되도록 방치한 우리 자신의 책임을 솔직히 시인하자는 것입니다. 지금부터라도 우리 천만 성도들이 하나님의 방법대로 사람을 키우는 일에 힘쓴다면 이 나라 젊은이들의 병든 정신이 치료될 날이 속히 올 것입니다. 이 불신 사회가 사랑이 넘치는 신뢰 사회로 바뀔 것입니다. 그리고 이 나라에서 미가 시대의 재연이란 비극을 염려하지 않아도 될 것입니다.

6

종교에 빠진
사람들

하나님께서 기뻐하시는 예배가 무엇입니까? 삶의 열매를 맺는 예배입니다.
진정한 예배는 교회를 나서는 바로 그 순간부터 시작됩니다.

미가 6:6-8

6 내가 무엇을 가지고 여호와 앞에 나아가며 높으신 하나님께 경배할까 내가 번제물로 일 년 된 송아지를 가지고 그 앞에 나아갈까 7 여호와께서 천천의 숫양이나 만만의 강물 같은 기름을 기뻐하실까 내 허물을 위하여 내 맏아들을, 내 영혼의 죄로 말미암아 내 몸의 열매를 드릴까 8 사람아 주께서 선한 것이 무엇임을 네게 보이셨나니 여호와께서 네게 구하시는 것은 오직 정의를 행하며 인자를 사랑하며 겸손하게 네 하나님과 함께 행하는 것이 아니냐

종교에 빠진
사람들

본문은 매우 짧지만 많은 의미를 던져 주고 있는 말씀입니다. 미가 선지자가 활약한 시대는 악하기로 악명 높은 왕 아하스가 통치하고 있던 때였습니다. 그 당시 부와 권력을 가진 소수의 사람은 자신의 지위를 이용하여 사리사욕을 채우기에 혈안이 되어 있었습니다. 정치계나 종교계를 가릴 것 없이 부패하여 무엇이 선이고, 무엇이 악인지 분간조차 힘들 정도였습니다. 가히 부정부패 시대의 표본이라 할 만큼 어두운 시대였습니다.

놀라운 것은 세상이 그렇게 철저히 부패했음에도 불구하고 성전에는 아침저녁으로 제물을 바치러 나오는 자들의 발길이 끊이지 않았다는 사실입니다. 그 어두운 때에 성전을 찾는 사람이 많다는 것은 매우 고무적인 일이 아니겠냐고 생각할지도 모르지만, 그러한 열심은 결코 그리 좋은 의미로 볼 수 있는 현상이 아니었습니다. 생활은 엉망진창으로 하면서 종교 행사에 유달리 집착하고 있는 모습은 정상적이기보다 병적이기 때문입니다.

○ ○ ○ ○ ○
미가의 질문

사회에 만연해 있는 이러한 기현상을 바라보며 미가는 자신에게 이런 질문을 던져 보았습니다.

> 내가 무엇을 가지고 여호와 앞에 나아가며 높으신 하나님께 경배할
> 까 내가 번제물로 일 년 된 송아지를 가지고 그 앞에 나아갈까 여호
> 와께서 천천의 숫양이나 만만의 강물 같은 기름을 기뻐하실까 내 허
> 물을 위하여 내 맏아들을, 내 영혼의 죄로 말미암아 내 몸의 열매를
> 드릴까_미 6:6-7

질문의 골자는 이것입니다. 사람들이 제사에 대해서 보이는 그러한 열심이 과연 하나님께서 원하시고 기뻐하시는 것이냐 하는 것입니다. 그는 하나님의 입장에서 이것을 진단해 보기를 원했습니다.

그는 먼저 자신에게 이 질문들을 던져 보았습니다. "내가 1년 된 수송아지를 가지고 나가면 하나님께서 기뻐하실까?" 그 당시 사람들은 적어도 1년 된 수송아지 정도는 드려야 한다고 생각했습니다. 송아지는 생후 7일이면 제사 제물로 사용될 수 있습니다. 그러므로 1년 정도를 키운 것이라면 꽤 값비싼 제물이라 할 것입니다. 그들은 하나님께서 이와 같은 값비싼 제물을 좋아하실 거라고 생각했던 것입니다.

또 그는 이렇게 질문했습니다. "아니, 수를 좀 더 늘려서 백만 마리 숫양을 드린다면 어떨까? 그 기름이 강을 이룰 만큼 많은 제물을 드리면 좋아하실까?" 그 당시 사람들은 자기가 얼마나 많은 제물을 바쳤느냐에 대해 큰 자부심을 가지고 있었습니다. 더 많은 제물을 드려야 하나님께서 기뻐하실 것이라고 생각했던 것입니다.

미가는 여기서 한 걸음 더 나아갑니다. "아하스 왕이 자기 아들을 몰렉이라는 신에게 제물로 드린 것 같이(왕하 16:3 참조) 내가 맏아들을 제물로 드린다면 하나님이 좋아하실까?" 미가는 1년 된 수송아지 한 마리에서 시작해서 수를 늘려 백만 마리의 수양으로, 그 다음에는 광적인 열심으로 맏아들을 드리는 제사에 이르기까지 사람들의 종교적인 열심을 하나하나 짚어 보면서 '하나님께서 과연 이러한 제물들을 기뻐하실까?' 하고 질문을 던지고 있는 것입니다.

그리고 나서 그가 내린 결론은 이것입니다. 하나님이 결코 이러한 제물들을 기뻐하시지 않는다는 것입니다. 이것은 미가 자신뿐만 아니라 그 당시의 모든 예배자에게 해당되는 사실입니다. 하나님은 질 좋고 값비싼 제물을 드린다고 해서 좋아하시는 분이 아닙니다. 그렇다고 많은 제물을 드린다고 기뻐하시는 것도 아닙니다. 자기 아들을 제물로 바치는 탁월한 종교적 열심을 보인다고 해서 그 제사를 기뻐하시는 것도 아닙니다. 이 모든 것들은 하나님이 진정으로 원하시고 기뻐하시는 것이 아니기 때문입니다.

그럼에도 불구하고 그들은 하나님께서 원하시지도, 기뻐하시지도 않는 제물을 바치는 데 열심을 내고 있었습니다. 그 이유가 무엇입니까? 몰랐기 때문입니까? 절대 그렇지 않습니다.

사람아 주께서 선한 것이 무엇임을 네게 보이셨나니_미 6:8상

미가 선지자는 하나님께서 무엇을 기뻐하시는지를 이미 다 보여 주셨다고 말합니다. 성경을 통해서 하나님 자신이 무엇을 원하시는지 분명히 말씀해 주셨다는 것입니다. 그러므로 그들은 몰라서 하나님이 기뻐하시는 일을 못했다고 핑계할 수 없습니다. 분명히 알고 있었지

만, 의도적으로 그것을 무시했던 것이기 때문입니다. 그들은 자신이 무슨 제물을 얼마나 많이 드리느냐에 대해서만 관심을 쏟았습니다. 그들은 종교적인 자기만족감에 흠뻑 취해 있었던 것입니다.

○ ○ ○ ○ ○ ○ ○ ○ ○
하나님이 원하시는 것

그렇다면 하나님께서 진정으로 원하시는 것은 무엇입니까?

> 여호와께서 네게 구하시는 것은 오직 정의를 행하며 인자를 사랑하
> 며 겸손하게 네 하나님과 함께 행하는 것이 아니냐_미 6:8하

하나님이 원하시는 것은 정의와 인자와 하나님과의 동행, 이 세 가지입니다. 탈무드에 보면 이것과 관련된 재미있는 글이 하나 실려 있습니다. "모세오경에는 적어도 613가지의 '하라' '하지 말라'라는 계율이 있는데, 다윗은 시편에서 이것을 열한 가지로 압축시켰고, 미가 선지자는 세 가지로, 예수님은 두 가지로 압축시켰다." 옳은 말이라고 봅니다. 정의를 행하고, 인자를 사랑하고 겸손히 하나님과 함께 행하는 것은 구약의 모든 말씀을 요약해 놓은 진리라고 할 수 있습니다.

먼저, 정의를 행하는 것에 대해서 생각해 봅시다. 정의는 하나님의 속성 중의 하나입니다.

> 그는 반석이시니 그가 하신 일이 완전하고 그 모든 길이 정의롭고
> 진실하고 거짓이 없으신 하나님이시니 공의로우시고 바르시도다
> _신 32:4

하나님께서는 절대로 선과 악을 혼돈하시는 분이 아닙니다. 그분은 선을 행하는 자는 천 대까지 복을 주시고 악을 행하는 자는 삼사 대까지 징계하십니다(출 20:5-6 참조).

이와 같이 정의로운 성품을 가지고 계시기에 정의를 행하는 자를 기뻐하십니다. 인간 사회에서 정의는 도덕률의 기본, 곧 선악을 판단하는 기준이라고 말할 수 있습니다. 따라서 만일 정의가 무너져 버리면 사회는 법이 공정하게 시행될 수 없을 뿐 아니라 정의가 살아남을 수 없는 끔찍한 박토(薄土)가 되어 버립니다.

이와 같이 법과 정의가 무너진 사회에서는 사람들이 절대 평등한 존재로, 인간답게 대우받지 못합니다. 이러한 상황에서는 서로 간의 신뢰도 무너질 수밖에 없습니다. 누가 무슨 말을 해도 믿지 않는 사람들로 가득해질 것입니다. 미가 시대의 유다가 바로 이러한 상황에 놓여 있었습니다.

> 너희는 이웃을 믿지 말며 친구를 의지하지 말며 네 품에 누운 여인
> 에게라도 네 입의 문을 지킬지어다_미 7:5

누구보다 믿고 흉금을 터놓을 수 있을 법한 자기 아내에게도 솔직한 말을 함부로 하지 말라는 것입니다. 그 정도로 신뢰할 수 없는 세상이 되어 버렸습니다. 하나님께서는 호화로운 제물이 아니라 정의를 행하기를 바라셨지만 사람들은 거꾸로 호화로운 제물을 바침으로써 얻는 자기만족에 취해서 정의를 행하는 일에 무관심했던 것입니다.

다음으로, 인자를 사랑하는 것에 대해서 생각해 봅시다. 인자는 가난하고 힘없는 이웃을 불쌍히 여기는 태도를 말합니다. 이것은 정의보다 한 단계 더 높은 것입니다.

종교에 빠진 사람들

우리가 잘 아는 바와 같이 법을 올바로 시행하는 정의로운 사회가 되면 힘없고 가난한 자들이 가장 많은 이득을 보게 됩니다. 그들이 인간답게 평등하게 대우받는 좋은 세상이 됩니다. 정의를 행하는 지도자치고 백성을 사랑하지 않는 사람은 없습니다. 의롭게 살려고 애쓰는 사람이라면 절대 힘없는 이웃을 괴롭히거나 해치지 않습니다.

그러므로 인자를 사랑하기 위해서는 반드시 정의를 세워야 합니다. 이런 의미에서 정의는 인자를 사랑하는 것의 필수 조건이라 할 것입니다.

마지막으로, 겸손히 하나님과 동행하는 것에 대해서 생각해 봅시다. 사실 이것은 정의를 행하고 인자를 사랑하는 자가 하나님으로부터 받는 특권이라 할 것입니다. 하나님은 정의를 행하고, 이웃을 아끼고 사랑하는 자를 사랑하시기 때문입니다. 그분은 자기 마음을 기쁘게 하는 자를 결코 혼자 있게 내버려 두지 않으십니다. 항상 그와 함께하시고, 위로하시며, 힘이 되어 주기를 기뻐하십니다. 우리는 이 진리의 가장 완벽한 증거를 예수님에게서 찾아볼 수 있습니다.

> 나를 보내신 이가 나와 함께하시도다 나는 항상 그가 기뻐하시는 일을 행하므로 나를 혼자 두지 아니하셨느니라_요 8:29

예수님이 항상 하나님을 기쁘시게 하는 일을 행하셨기 때문에 하나님이 그를 혼자 두지 않으셨다는 것입니다.

때때로 우리는 "주님, 함께하옵소서. 내 길을 인도하시고, 나를 떠나지 마옵소서"라며 애절하게 기도할 때가 있습니다. 그러나 사실 그런 기도는 할 필요가 없습니다. 하나님께서는 우리가 당신이 기뻐하시는 일을 행하면 멀리 계시라고 떠밀어도 멀리 계실 분이 아니시기 때문입니다. 귀찮다 싶을 정도로 우리 곁에 다가오셔서 동행해 주시는 분이 우리 하나님이십니다. 그러므로 자신의 삶은 돌아보지 않고 하나님께서 나와 함께해 주시기를 바라는 것은 잘못된 생각입니다.

○ ○ ○
뇌물

미가 시대의 사람들은 자기 욕심을 추구하느라 하나님께서 원하시는 것을 분명히 알면서도 그것을 완전히 무시하고 살았습니다. 우리는 명백한 증거를 뇌물에서 찾아볼 수 있습니다. 미가서는 전체가 7장으로 이루어진 대단히 짧은 책입니다. 주목할 것은 그럼에도 미가 선지자가 당시 사회 전반을 더럽히고 있던 뇌물의 요지경을 고발하는 데 3장 전체를 할애하고 있다는 사실입니다. 정의가 서지 못하고, 가난한 이웃을 짓밟고, 하나님과 동행하지 않는 사회는 자연히 뇌물이 판치는 무서운 세상이 되게 마련입니다.

> 그들의 우두머리들은 뇌물을 위하여 재판하며 그들의 제사장은 삯을 위하여 교훈하며 그들의 선지자는 돈을 위하여 점을 치면서도 여호와를 의뢰하여 이르기를_미 3:11상

우두머리들은 정치 지도자들을 말합니다. 그들은 뇌물을 위하여 재판했습니다. 돈 봉투를 안 가져오면 아무리 억울한 일이 있어 탄원을 해도 거들떠보지 않습니다. 반대로 아무리 명백한 잘못을 저질렀다고 해도 돈 봉투를 내밀면 적당히 무마시켜 주었습니다. 얼마나 무서운 세상입니까? 어디 그뿐입니까? 종교 지도자인 제사장들도 삯을 위하여 교훈을 했습니다. 제사장에게 무엇인가 배우고 싶어도 돈 봉

투를 들고 가야 했습니다.

또 하나님의 뜻을 선포하고 정의를 외치는 파수꾼이 되어야 할 선지자도 돈을 위하여 예언을 했습니다. 백성들이 당면한 문제를 어떻게 처리해야 할지 몰라 답답해서 찾아오면 먼저 돈 봉투를 받아 놓고 대답해 주었다는 것입니다.

> 내 백성을 유혹하는 선지자들은 이에 물 것이 있으면 평강을 외치
> 나 그 입에 무엇을 채워 주지 아니하는 자에게는 전쟁을 준비하는도
> 다_미 3:5

이것은 그 당시 선지자들이 축재를 위해서 즐겨 사용하던 전형적인 수법이었습니다. 자기의 탐욕을 채울 만큼 돈을 많이 주면 좋은 말을 해 주고, 돈을 가져오지 않거나 만족스럽지 못한 적은 액수를 가져오면 온갖 화를 예언했던 것입니다. 미가 시대는 정치계나 종교계를 비롯한 사회 전반이 뇌물이 없으면 아무것도 통하지 않는 세상이 되어 버렸던 것입니다.

그러다 보니 돈이면 무엇이든지 된다고 믿는 풍조가 만연해 있었습니다. 돈이 있느냐 없느냐라는 질문이 있을 뿐 무엇이 '의'이고 '불의'인가라는 질문은 존재하지 않았습니다. 가진 자가 의로운 자가 되고, 가난하고 돈 없는 자는 악인으로 취급되고 사람대우를 못 받는 무서운 세상이 되어 버렸습니다. 그리고 제물의 값을 가지고 하나님께서 그 제사를 받으시느냐 안 받으시느냐를 판단할 정도로까지 타락하게 되었습니다.

그들은 돈을 많이 들여서 화려한 제물을 드리거나 제사를 자주 더 많이 드리면 하나님이 그 제사를 받으시고 자기들의 소원을 이루어

주실 것이라는 망상에 빠져 있었던 것입니다. 그러나 우리가 분명히 알 것은 하나님께는 뇌물이 절대 안 통한다는 사실입니다.

> 우리의 하나님 여호와께서는 불의함도 없으시고 치우침도 없으시고 뇌물을 받는 일도 없으시니라_대하 19:7하

하나님께는 뇌물이 통하지 않습니다. 아무리 큰 봉투를 가져와도 하나님이 원하시는 삶을 살지 않는다면 절대로 그의 제사를 기뻐하시지 않습니다. 그러나 미가 시대 사람들은 너무도 명백한 이 사실을 무시하고 살았습니다.

뇌물의 가장 큰 특징은 눈을 어둡게 한다는 것입니다.

> 뇌물을 받지 말라 뇌물은 지혜자의 눈을 어둡게 하고 의인의 말을 굽게 하느니라_신 16:19하

미련한 자는 눈이 벌써 어두워진 자이기 때문에 돈을 주면 주는 대로 다 받습니다. 돈의 위력 앞에서는 스스로 지혜롭다고 하는 사람도 별수 없습니다. 끝까지 안 받으면 다행이지만, 어떤 이유에서든지 일단 돈을 받으면 그 역시 눈이 어두워져 옳고 그름을 판단하는 능력을 상실하게 되어 있습니다. 악인은 원래 악하기 때문에 뇌물을 받고 판정을 굽게 하거나 거짓말을 밥 먹듯 한다고 해도 별로 이상할 것이 없습니다.

그러나 바로 살아 보겠다는 의인이라도 어쩌다 잘못하여 봉투를 받게 되면 말을 굽게 할 수 있습니다. 뇌물의 위력은 그만큼 대단한 것입니다. 그래서 어떤 사람은 이렇게 말했습니다. "뇌물로 인한 부정부패

는 군대로부터는 힘을 앗아가고, 국회로부터는 양심을 앗아가고, 헌법으로부터는 권위와 신뢰를 앗아가고, 국가의 지도자로부터는 용기를 앗아가 버린다." 그뿐만이 아닙니다. 미가 시대에는 거룩한 예배마저 가증한 종교 행사로 전락시켜 버렸습니다.

○ ○ ○ ○ ○
우리의 현실

요즈음 우리 사회는 어떻습니까? 천만 신자가 사회 구석구석마다 들어 있다는 이 나라가 '뇌물 공화국'이라 불리울 만큼 뇌물이 판을 치는 사회가 되어 버렸습니다. 얼마나 뇌물이 심각한지 이런 말도 있습니다. "주지도 말고, 받지도 말자. 바로 찍자!" 이 나라 정치 풍토가 이렇게 악을 쓰고 소리를 질러야 공명선거에 대한 실낱같은 희망을 가질 수 있을 정도니 이 얼마나 기가 막힌 일입니까?

어느 유명 인사는 말하기를 우리나라에서 공권력 사회의 치부 일번지는 관청과 정치집단이라고 했습니다. 창구 부패, 집권 부패, 관세 부패, 징수 부패 등 헤아릴 수도 없이 많은 부패를 박테리아처럼 번식시키는 것이 무엇입니까? 뇌물입니다. 최근에는 "'직권남용'이란 권력을 돈으로 환산하는 기술을 말하고, '뇌물 제공'이란 돈으로 권력을 부려 먹는 기술을 말한다"라는 희한한 말이 세인들의 입에 오르내리고 있다고 합니다. 참으로 어처구니없는 일이 아닐 수 없습니다.

어느 중학생에 관한 이야기를 듣고 얼마나 충격을 받았는지 모릅니다. 졸업 전날까지만 해도 이 학생의 성적은 분명히 전체 1등이었다고 합니다. 그것은 담임선생님도 분명히 확인한 사실입니다. 그런데 어이없게도 그가 졸업식 당일에 학교에 가 보니 2등으로 둔갑해 있더라는 것입니다. 이 얼마나 어처구니없는 일입니까? 나중에 알고 봤더니 몇

점 차이로 경합을 벌이던 다른 학생 집에서 뇌물을 썼다는 것입니다. 이런 사회에 무슨 정의가 있을 수 있습니까? 무슨 참 교육이 있을 수 있습니까? 이것은 국가적으로 매우 심각한 위기가 아닐 수 없습니다.

> 왕은 정의로 나라를 견고하게 하나 뇌물을 억지로 내게 하는 자는 나라를 멸망시키느니라_잠 29:4

만일 여러분 가운데 어떠한 형태로든지 뇌물을 강요하는 자가 있다면 잘 들으십시오. 뇌물을 억지로 내게 하는 자는 나라를 망하게 하는 자입니다. 우리나라 법을 보며 통탄할 때가 한두 번이 아닙니다. 우리나라 법만큼 모호한 법이 없습니다. 귀에 걸면 귀걸이가 되고, 코에 걸면 코걸이가 될 수도 있습니다. 그러다 보니 돈이면 안 되는 것이 없습니다. 어떤 면에서는 모호하게 만들어진 법조문 자체가 뇌물을 조장하고 있다고 해도 과언이 아닐 것입니다.

뇌물은 비단 법조계에만 해당하는 이야기가 아닙니다. 정치계나 교육계, 심지어는 종교계까지 돈 봉투가 공공연히 오가고 있기 때문입니다. 관행이라는 명목으로 뇌물을 요구하는가 하면, 불이익을 당하지 않기 위해서라도 뇌물을 줄 수밖에 없다고 말할 정도로 뇌물이 우리 모두를 거미줄처럼 얽어매고 있습니다.

만일 이 나라가 지금이라도 돌이켜 뇌물을 버리지 않는다면 주님의 말씀대로 망하고 말 것입니다. 미가의 경고를 무시했던 유다의 결말을 보며 교훈을 얻어야 할 것입니다.

미국 의회 도서관에 들어가면 미가서 6장 8절 말씀이 걸려 있다고 합니다. 정의를 행하고, 인자를 사랑하고, 겸손히 하나님과 동행하는 것, 이 세 가지를 무시하면 나라가 망하게 될 것이기 때문입니다. 이것을 제대로 하지 않으면 후손들이 살아남을 수가 없기 때문입니다. 믿음 좋은 그 나라의 건국 조상들은 이 말씀이 얼마나 소중한지 잘 알고 있었기에 국회 의사당 도서관 벽에 걸어 놓아 국회 의원들이 경각심을 가지게 했던 것입니다.

예수님을 믿는 사람들이 미가 시대 사람들처럼 타락했다고는 생각하지 않습니다. 그럼에도 솔직히 인정할 수밖에 없는 것은 우리가 사회의 악과 싸울 힘을 점점 잃고 있다는 사실입니다.

우리 사회에서 뇌물로 인하여 정의가 무너지고 돈 없는 자들이 피해를 보는 일들이 부지기수로 일어나고 있지만 우리는 이러한 악에 대해서 너무나 무력한 것 같습니다. 그러므로 우리는 왜 이 사회를 치료할 만한 능력과 용기가 우리에게는 없는지 물어야 합니다. 우리 자신도 모르는 사이에 돈이면 다 된다는 사고방식에 지배를 받고 있지는 않은지 반성해야 합니다.

그런 의미에서 우리 역시 미가처럼 자신에게 이렇게 질문해 보아야 할 필요가 있습니다.

'하나님이 내 예배를 기뻐하실까? 내가 부르는 아름다운 찬양과 낭랑하게 읊조리는 참회의 기도, 거액의 헌금, 경건한 분위기, 빈틈없는 예배 순서, 귀를 모으는 유창한 설교, 이 모든 것을 하나님이 기뻐하실까? 내가 하나님이 정말 원하시는 것을 손에 들고나왔는가?'

왜냐하면 우리가 아무리 스스로 감탄할 만큼 만족스러운 예배를 드렸다고 해도 그것이 하나님께서 기뻐하시는 것이 아니라면 아무 소용 없는 것이기 때문입니다. 하나님께서는 삶이 따르지 않는 예배를 기뻐하지 않으십니다. 그러므로 우리 자신에게 정의를 행하고 인자를 사랑하고 겸손히 하나님과 동행하는 삶이 있는지 돌아보아야 합니다.

○ ○ ○ ○ ○ ○ ○ ○ ○ ○

베들레헴으로 돌아가자!

지금까지 우리는 미가 선지자가 자기 시대의 부패상을 고발하고 심판하는 메시지를 생각해 보았습니다. 그러나 그는 절망만 외치지 않습니다. 그가 선포하는 보다 중요한 메시지가 있습니다. "베들레헴으로 돌아가자!"라는 메시지입니다.

> 베들레헴 에브라다야 너는 유다 족속 중에 작을지라도 이스라엘을
> 다스릴 자가 네게서 내게로 나올 것이라 그의 근본은 상고에, 영원
> 에 있느니라_미 5:2

예수님이 탄생하시기 6백여 년 전에 미가는 이미 하나님의 아들이요, 인류의 구원자이신 예수 그리스도가 베들레헴에서 태어날 것을 예언했습니다. 그는 이 예언을 통해 부패한 사회, 이 악한 예배를 치료하는 유일한 길은 인간의 몸을 입고 베들레헴에 탄생하신 예수 그리스도에게로 돌아가는 것밖에 없다는 사실을 선포하고 있는 것입니다.

인간의 힘으로 도저히 개선할 수 없는 이 부패한 사회를 치료하고 개선할 방법은 하나님께서 인간의 몸을 입고 세상에 오셔서 우리의 죄를 담당하심으로써 용서해 주시는 길밖에 없다는 것입니다.

베들레헴에 태어나실 하나님, 곧 예수 그리스도는 어떤 분입니까?

> 주와 같은 신이 어디 있으리이까 주께서는 죄악과 그 기업에 남은
> 자의 허물을 사유하시며 인애를 기뻐하시므로 진노를 오래 품지 아
> 니하시나이다 다시 우리를 불쌍히 여기셔서 우리의 죄악을 발로 밟
> 으시고 우리의 모든 죄를 깊은 바다에 던지시리이다_미 7:18-19

'미가'라는 이름의 뜻이 '주와 같은 이 누구인가?'라는 것을 생각하면 미가야말로 이 예언의 말씀을 전파할 적임자라 할 것입니다. 미가는 베들레헴에서 태어나실 하나님, 인간의 몸을 입고 오시는 예수 그리스도를 바라보며 "세상에 이와 같으신 하나님이 어디 계시냐?" 하며 감탄했습니다. 그분은 정의롭게 살지도 못했을 뿐 아니라 이웃을 짓밟고, 하나님과 동행할 수 없을 만큼 더럽고 냄새나는 우리의 죄를 깊은 바다에 던져 다시는 떠오르지 못하게 하시고자 십자가에 매달려 피 한 방울 남기지 않고 다 쏟아 주신 하나님이십니다.

그러므로 이 하나님을 찾으라는 것입니다. 그 앞에 나와 무릎 꿇고 죄를 회개함으로 깨끗함을 받고, 아무리 더러워진 세상이라도 능히 치유할 수 있는 능력을 얻으라는 것입니다. 이것이 미가가 들려주는 메시지입니다.

이처럼 놀라우신 예수 그리스도를 만나면 정의를 무너뜨리고 악을 선이라고 말하는 비겁한 인간은 될 수가 없습니다. 그분을 바로 아는 자라면 이웃을 짓밟으면서 나만 잘살면 된다고 하는 잔인한 인간은 되지 못합니다. 나의 죄를 십자가 보혈로 덮어 주신 주님을 만나고 그 사랑에 사로잡히면 아무리 흉악한 죄인일지라도 하나님 없이는 살 수 없는 사람이 됩니다. 예수님을 만난 사람은 그분이 싫어하시는 생활을 더 이상 계속할 수 없게 되는 것입니다.

그러므로 우리는 하나님께 예배를 드리러 나올 때 예배의 한 면만 생각하면 안 됩니다. "내가 잘못한 것에 대해 오늘도 나가서 회개하고 하나님이 용서해 주시면 사죄함 받은 기쁨을 가지고 돌아와야지." 그것도 옳은 말입니다.

그러나 예배에는 그것보다도 중요한 다른 면이 있습니다. "오 하나님, 제가 지난 한 주 동안, 저를 용서해 주시고 불쌍히 여기신 주님의 사랑에 감격하여 조금이나마 정의롭게 살려고 애를 썼사오며, 이웃을 사랑해 보려고 노력했사오며, 주님과 동행하며 경건하게 살아 보려고 애썼습니다. 그리고 지금 그런 나의 삶을 주님께 가지고 나왔습니다. 그러나 이것은 내 힘으로 한 것이 아니요 주님이 주신 은혜로 한 것이오니, 주여 이 삶을 주님께 드립니다."

이와 같이 삶의 열매를 주님께 드려 하나님을 기쁘시게 할 때 진정한 예배를 드리는 것이라 말할 수 있습니다.

하나님께서 기뻐하시는 삶

미가 시대 사람들에게는 이러한 삶의 열매가 없었습니다. 그러므로 아무리 좋은 번제물을 가져와도 하나님을 기쁘시게 할 수 없었습니다. 우리라고 그렇게 되지 않으리라는 보장이 없습니다. 그러므로 예수 그리스도의 십자가를 다시 바라봅시다! 의롭게 살고 싶은 마음이 생길 것입니다. 하나님께서 원하시는 경건한 삶의 열매를 드리고 싶은 충동이 일어날 것입니다. 우리 모두가 그와 같은 사람이 되어서 세상으로 흩어지면 아무리 세상이 썩고 냄새가 나도 세상 구석구석에서 새로운 바람이 일어나고, 새 생명의 싹이 돋아날 것입니다.

우리는 1년 된 송아지나 천천의 수양을 들고나올 필요가 없습니다. 예수 그리스도께서 한 번 우리 죄를 위해 십자가에서 피 흘려 죽으심으로 영원하고도 완전한 속죄제물이 되셨기 때문입니다(히 7:27; 9:12 참조). 우리가 그의 피를 힘입어 하나님 앞에 나아갈 수 있게 된 것입니다(히 10:19 참조).

그러나 이것만으로는 충분하지 않습니다. 하나님께서는 우리가 정의를 행하고, 이웃을 사랑하고, 겸손히 당신과 동행하는 삶을 가지고 나오기를 원하시기 때문입니다. 예수님이 나의 구주라는 것을 고백합니까? 순종과 회개가 따라야 합니다. 참회의 기도를 드렸습니까? 그렇다면 바른 삶이 따라야 합니다. 그럴 때야 우리는 살아 계신 주님의 임재를 느끼고 그의 생명과 능력을 체험하게 될 것입니다. 예배는 예배로 끝나지 않고 또 다른 순종의 열매를 맺게 하는 능력을 공급받는 은혜의 보좌가 될 것입니다.

어느 장로님 부인은 초등학교 선생님이신데, 전근 가는 곳마다 돈 봉투를 안 받기 때문에 문제가 일어난다고 합니다. 그는 학부모들이 가지고 오는 봉투를 일절 안 받습니다. 돈이 필요 없을 정도로 잘살아서가 아닙니다. 그는 아직 전셋집에서 살고 있습니다. 그런 상황에서 봉투를 안 받기란 결코 쉽지 않습니다. 더군다나 동료 교사들의 날카로운 시선도 견디기 어려웠을 것입니다. '너만 잘났느냐? 너 혼자 그런다고 무슨 소용이 있느냐? 괜히 다른 사람 기분 잡치게 하지 말고 가만히 있어라.'

그들로부터 이런 압박을 받을 때면 받아 버릴까 하는 충동이 수도 없이 일어났을 것입니다. 그럼에도 그는 이제껏 포기하지 않고 말씀대로 살려고 무던히 애를 쓰고 있다는 것입니다. 그가 맺는 삶의 열매가 얼마나 아름답습니까! 그가 드리는 예배를 하나님이 얼마나 기뻐하시겠습니까! 우리가 이러한 삶의 열매를 맺으며 하나님 앞에 나아간다면 하나님께서는 기뻐 어쩔 줄 모르실 것입니다(습 3:17 참조).

부패한 사회 앞에 우리의 모습이 골리앗 앞에 선 다윗처럼 보잘것없어 보일지도 모릅니다. 그러나 저는 우리가 예수 그리스도의 십자가의 은혜와 하나님의 사랑과 능력을 믿고, 그 놀라우신 사랑 앞에 가슴이 뜨거워지면 비록 세상 사람들에게는 별볼일 없는 존재로 보일지 몰라도 미가 시대와 같이 썩은 이 사회를 능히 치유할 수 있다고 확실히 믿습니다.

　우리 모두가 이 예배를 통해서 이와 같은 믿음과 능력을 얻어야 할 것입니다. 단순히 교회에 나와 예배만 드리는 것으로 만족하면 안 됩니다. 하나님께서는 순종하는 삶은 살지 않으면서 교회의 문턱만 닳게 만드는 그러한 예배자들을 가장 싫어하십니다.

　그러므로 우리는 예배를 드릴 때마다 하나님이 기뻐하시는 것이 무엇일까를 생각하고, 어떻게 그 열매를 맺을까 궁리하고 다짐하며 세상을 향해 나가야 할 것입니다. 이 시간, 주의 성령이 우리 모두에게 임하셔서 십자가의 능력을 체험하게 해 주시고 의를 위해서 생명이라도 바칠 수 있는 용기와 꿈을 심어 주시기를 간절히 바랍니다. 진정한 예배는 예배당을 나서는 바로 그 순간부터 시작된다는 사실을 명심하십시오.

7

나라를
구하는 기도

어떤 사람이든지 하나님이 일단 권좌에 앉혀 놓은 이상 그의 권력이
하나님으로부터 온 것인 줄 알고 기도하고 존경해 주어야 하는 것이 교회의 위치요,
그리스도인의 입장입니다.

디모데전서 2:1-4

1 그러므로 내가 첫째로 권하노니 모든 사람을 위하여 간구와 기도와 도고와 감사를 하되 2 임금들과 높은 지위에 있는 모든 사람을 위하여 하라 이는 우리가 모든 경건과 단정함으로 고요하고 평안한 생활을 하려 함이라 3 이것이 우리 구주 하나님 앞에 선하고 받으실 만한 것이니 4 하나님은 모든 사람이 구원을 받으며 진리를 아는 데에 이르기를 원하시느니라

나라를
구하는 기도

그동안 우리 한국 교회는 정교분리 원칙에 지나치게 집착한 나머지 국가야 어떻게 되든지 교회만 부흥하면 된다는 식의 태도를 보인 면이 없지 않았습니다. 그리스도인은 영원한 하나님 나라를 바라보며 전진하는 자이기 때문에 일시적으로 있다가 없어질 이 세상 나라에 대해서는 별로 관심을 두지 않아도 된다는 생각을 가진 사람들이 많았기 때문입니다.

그러나 이러한 태도는 성경에 비추어 볼 때 결코 바람직한 자세가 아닙니다. 성경에서 국가나 위정자에 대해 무관심하거나 무책임한 자세를 취해도 좋다고 교훈하는 말씀은 한 군데도 없습니다. 성경은 오히려 그 반대의 견해를 지지하고 있습니다.

위정자를 위해 기도하라

바울은 에베소교회를 지도하고 있던 디모데에게 이런 내용을 담은 편지를 보냈습니다.

그러므로 내가 첫째로 권하노니 모든 사람을 위하여 간구와 기도와
도고와 감사를 하되 임금들과 높은 지위에 있는 모든 사람을 위하여
하라 이는 우리가 모든 경건과 단정함으로 고요하고 평안한 생활을
하려 함이라_딤전 2:1-2

대부분 주석가들은 이 말씀을 공중 예배 때의 기도에 대한 권면으
로 해석합니다. 저 역시 그들의 해석을 받아들입니다. 바울은 자신이
소아시아에 개척했던 교회들을 순방하면서 그들에게서 한 가지 문제
를 발견했습니다. 공중 예배 때 감독이나 장로들이 하는 기도가 교인
들의 건강이나 안전, 가정의 행복, 교회의 부흥을 간구하는 테두리를
벗어나지 못하고 있다는 사실이었습니다. 그래서 순방을 마치고 돌아
간 바울은 당시 에베소교회에서 목회하고 있던 디모데에게 기도의 폭
을 넓혀 특별히 나라와 위정자들을 위해서도 기도하라고 권면했던 것
입니다.

우리는 기도의 영역이나 대상을 우리 마음대로 제한하는 잘못을 자
주 범합니다. 물론 한꺼번에 모든 사람을 위해 기도할 수는 없습니다.
그러나 그 누구라도 기도 대상에서 제외해서는 안 될 것입니다.

아무리 멀리 떨어져 있는 사람도 우리의 기도 대상이 될 수 있습니
다. 지극히 평범해서 사람들 눈에 잘 띄지 않는 가난한 사람도 우리의
기도 대상이 될 수 있습니다. 아무리 높은 자리에 앉아 있는 자라 할지
라도 예외일 수 없습니다. 우리의 주변으로부터 시작해서 땅 끝까지,
심지어 하나님의 보좌에 이르기까지 우리의 기도가 미치지 않는 영역
이나 대상은 하나도 없습니다. 우리의 기도는 그만큼 강력한 위력을
가지고 있는 것입니다.

그럼에도 자기 신변의 일이나 주변의 몇 사람을 위한 기도에만 매

달린다면 엄청난 무기를 가지고 있으면서도 녹이 슬게 방치하는 어리석은 군인과 무엇이 다르겠습니까? 그런 의미에서 임금과 높은 지위에 있는 사람들도 기도의 대상에 포함해야 한다는 것입니다.

그 당시 성도들로서는 이 권면을 받아들이기가 그리 쉽지 않았을 것입니다. 왜냐하면 바울이 중보 기도를 하라고 말하는 임금은 다름 아닌 네로(Nero Claudius Caesar Augustus Germanicus, 37-68) 황제였기 때문입니다. 2천 년 기독교 역사상 네로만큼 기독교를 잔인하게 박해한 왕은 없었습니다. 얼마나 많은 믿음의 선배들이 네로에 의해 피 흘리며 죽어 갔습니까! 얼마나 많은 성도가 네로에 의해 짐승의 이빨에 갈기갈기 찢겨 순교를 당했습니까! 네로는 그야말로 악마의 화신과도 같은 사람이었습니다. 차라리 그에게 저주를 퍼부으면 퍼부었지, 그를 위해 기도한다는 것은 상상조차 하기 싫은 일이었을 것입니다.

바울이 이러한 상황을 몰랐을 리가 없습니다. 그럼에도 그는 네로를 위해 기도해야 한다는 뜻을 분명히 밝혔습니다. 그가 이 권면을 얼마나 중요하게 여기고 있는지는 '첫째로 권한다'라는 말속에 여실히 드러납니다(1절).

'첫째로'라는 말은 여러 가지 권면 중에서 순서상 첫 번째 것이라는 의미가 아닙니다. 다른 어떤 일과도 비길 수 없을 만큼 중요한 권면이라는 말입니다. 이것은 그가 단순히 '기도하라'라고 말하지 않고 '간구와 기도와 도고와 감사를 하라'라고 말하고 있다는 점에서도 분명히 드러납니다.

우리는 교회에서나 소그룹에서 서로의 기도 제목을 나누면서 이렇게 말하지 않습니까? "저를 위해 이렇게 기도해 주십시오. 저도 생각날 때마다 당신을 위해 기도하겠습니다." 그러나 위정자들을 위해 기도하라는 바울의 권면은 단순히 생각이 나면 기도하라는 정도의 요구가 아닙니다. 그는 '기도하라'라는 말을 '간구'와 '기도' '도고' '감사'라는 네 가지 다른 용어로 바꾸어 가며 반복했습니다. 기도를 이와 같이 사중으로 강조한 예는 그의 서신 가운데 다른 어느 곳에서도 찾아볼 수 없습니다.

종교개혁자 칼뱅은 이 네 가지 기도 용어에 대해 이렇게 설명했습니다. 먼저, '간구'는 간절히 사모하는 마음으로 구하는 것을 말합니다. 반드시 하나님의 응답을 받고야 말겠다는 마음으로 밤낮으로 간절히 구하는 것입니다. 문이 열릴 때까지 두드리는 것입니다.

둘째로, '기도'는 의식을 갖추고 모든 성도가 하나님의 이름에 합당하게 드리는 일반적인 기도를 말합니다. 예배 때 드리는 공중 기도가 여기에 해당한다고 볼 수 있습니다.

셋째로, '도고'는 어린아이같이 하는 기도를 말합니다. 아이들은 부모에게 조를 때 체면을 차린다거나 부담을 느끼는 법이 없습니다. 이것저것 계산하지 않고 단순히 자기가 원하는 대로 구하는 것입니다. '도고'란 바로 이러한 기도를 말합니다.

마지막으로, '감사'는 말 그대로 감사하고 감격하는 마음에서 드리는 기도를 의미합니다.

따라서 우리는 바울의 사중적인 강조를 이렇게 이해할 수 있을 것입니다. 임금과 높은 지위에 있는 자들을 위해 기도하되 하나님의 응답을 소원하는 간절한 마음으로 몸부림치면서 기도하라는 것입니다. 또 어떤 경우에는 어린아이같이 기도하라는 것입니다. 국가 지도자들로 인해 감격하며 감사 기도를 드리라는 것입니다. 우리가 드릴 수 있는 모든 형태의 기도를 통해 최선을 다해 진지하게 기도하라는 것입니다. 이것은 몇 마디 말로 잠시 읊조리고 곧 잊어버리는 그런 수박 겉 핥기식 기도와는 차원이 다릅니다.

도대체 바울은 위정자들을 위한 기도를 왜 이처럼 강조했습니까? 우리는 3절에서 그 해답을 찾아볼 수 있습니다.

> 이것이 우리 구주 하나님 앞에 선하고 받으실 만한 것이니_딤전 2:3

한 마디로 위정자들을 위해 간구와 기도와 도고와 감사를 드리는 것이 우리를 구원해 주신 하나님의 마음에 합한 기도라는 것입니다. 4절은 우리 구주 하나님에 대해서 이렇게 말합니다.

> 하나님은 모든 사람이 구원을 받으며 진리를 아는 데에 이르기를 원하시느니라_딤전 2:4

하나님의 관심은 이미 구원받은 우리에게만 제한되어 있지 않습니다. 하나님은 모든 사람이 구원에 이르기를 원하십니다. 심지어 세상이 손가락질하는 죄인이나 네로와 같은 천하의 폭군도 진리를 바로 깨닫고 구원받게 되기를 원하십니다. 그러므로 하나님의 은혜로 구원받은 우리가 하나님께서 관심을 가지고 계신 그들을 위해서 기도하는 것은 당연한 일입니다.

디모데전서에 있는 이 말씀을 수없이 읽으면서도 나라 지도자와 위정자들을 위한 기도가 그렇게 중요한 것인지 잘 몰랐습니다. 솔직히 고백해서 저는 고 박정희(朴正熙, 1917-1979) 대통령이 유신 독재로 이 나라 백성들을 탄압하고 도탄으로 몰고 갈 때 그를 위해 몸부림치며 간구해 본 적이 한 번도 없었습니다. 그를 비판하고 욕한 적은 많지만 그를 위해 애타는 마음으로 하나님께 매달려 본 적은 없습니다. 현직 대통령을 위해서도 마찬가집니다. 그를 위해서 기도하지 않은 것은 아니지만 바울이 말하는 대로 간구와 도고와 감사로 기도하지는 못했습니다. 위정자를 위해 기도하는 것이 다른 무엇과도 비길 수 없는 중요한 일이라는 사실을 미처 깨닫지 못했기 때문입니다.

토레이(대천덕, 본명: Ruben Archer Torrey III, 1918-2002) 신부님은 강원도 태백에서 예수원을 운영하며 많은 젊은이와 지성인들에게 영향을 끼치고 있는 분입니다. 저는 그분이 저술한 어떤 책을 읽다가 국가 원수(元首)에 대한 그분의 깨달음에 무척 공감을 했습니다. 미국 사람들은 얼마나 자유롭습니까? 그들은 대통령을 코미디나 풍자의 단골 메뉴로 삼습니다. 신문이나 시사 주간지의 만평을 봐도 대통령의 코를 뭉그러뜨린다거나 얼굴을 별의별 우스꽝스러운 모습으로 변형시켜 보는 이들의 실소를 자아내게 하지 않습니까? 토레이 신부님은 이러한 일들을 명백한 죄로 규정하고 있습니다. 어떤 사람이든지 하나님께서 일단 그를 권좌에 앉힌 이상, 그의 권력이 하나님으로부터 온 것인 줄 알고 기도하고 존경해야 하는 것이 교회의 위치요, 그리스도인의 입장이라는 것입니다.

옳은 말이라고 봅니다. 예수님을 안 믿는 사람들은 자신이 지지하는 사람이 당선되면 자기가 찍어서 그가 대통령이 되었다고 떠벌립니다. 그러나 자신이 반대하는 사람이 지도자가 되면 "그는 불법 선거로 당선되었다"라거나 "이 정권은 정통성이 없다"라며 그의 권위를 인정하지 않으려 합니다.

하지만 예수님을 믿는 사람이라면 심지어 민족의 원흉 김일성(金日成, 본명: 김성주, 1912-1994) 같은 자도 일단 권력을 잡고 북한을 다스리고 있는 이상 하나님이 어떤 계획을 세우고 그를 권좌에 앉혀 놓고 사용하시는 것으로 생각해야 합니다. 하나님이 그를 국가의 통치자로 앉혀 놓으신 이상 성경의 가르침대로 그 권세를 주신 하나님을 생각하고 그의 권위를 존경해야 합니다(롬 13:1 참조). 그의 권위를 존경하지 않는 사람은 결코 그를 위해 기도할 수도 없을 것입니다.

요즘 신문을 펼쳐 보면 정치 지도자들에 대해 얼마나 말들이 많습니까? 그러나 우리 그리스도인들은 냉정하게 생각해야 합니다. 국가의 통치자를 모욕하거나 말이나 글, 그림을 통해서 우스갯거리로 만드는 것은 결국 자기의 뜻대로 인간 나라의 권세를 누구에게든지 주시는 하나님을 욕하는 것이요(단 4:17 참조), 동시에 통치자를 위해 기도해야 할 책임을 가진 우리 자신을 모욕하는 것이라 할 수 있습니다.

○ ○ ○ ○ ○ ○ ○ ○ ○ ○
회개의 중보 기도를 하라

임금들과 높은 사람들을 위해 기도해야 한다는 말에는 적어도 세 가지 의미가 담겨 있습니다.

첫째로는, 회개의 중보 기도를 하라는 뜻입니다. 우리가 잘 알다시피 세상에서 가장 더러운 곳이 정치계입니다. 요즘 월간 시사 잡지들마다 지나간 공화국에 관한 숨겨진 이야기들을 폭로하는 데 얼마나 열을 올리고 있습니까? 무엇인가 큰 것 하나만 터트리면 그 잡지는 날개 돋친 듯 팔려 나가 매진에 매진을 거듭하며 즐거운 비명을 지르는 것을 볼 수 있습니다.

일반 국민들이 이러한 정치 비화(秘話)에 대해 지대한 관심을 보이는 것은 무엇을 의미하는 것입니까? 그만큼 이제까지의 정치가 뒷거래나 배후 조종 내지는 조작을 통해 은밀하게 이루어져 왔다는 것을 뜻합니다. 그래서 사람들은 이런 비화들을 읽으며 자신들의 눈을 가리고 있던 수건이 벗겨지고 모든 진상을 밝히 보는 것 같은 통쾌함을 느끼는 것입니다.

저도 가끔 그런 기사들을 읽어 보지만 뒷맛이 좋지 않은 것이 사실입니다. 추악한 정치계에 대한 씁쓸한 여운이 쉽게 가시지 않기 때문입니다. 그런 기사를 읽은 대부분의 사람이 아마 저와 비슷한 감정을 느꼈으리라 봅니다. 정치계는 세상의 모든 악이 모여 있다고 해도 과언이 아닐 정도로 더러운 것 같습니다. 정적에 대한 비윤리적인 보복 행위나 권모술수, 통계 수치 조작, 거짓말, 허세, 공작, 사건 조작 등 수많은 악이 자행되고 있는 곳이 바로 정치계입니다.

그러므로 우리 그리스도인들은 정치인들의 죄를 짊어지고 회개할 수 있어야 합니다. 대통령이 회개하지 않는 죄를 대신 회개해야 합니다. 국회의원이 죄를 범하고도 뻔뻔스럽게 허세를 부리는 것을 교회가 담당하고 하나님 앞에 회개해야 합니다. 권력을 무기로 삼아 힘없는 사람들을 착취하는 통치자들의 죄를 우리가 짊어지고 회개해야 합니다. 우리가 그들의 죄를 대신 짊어지고 하나님 앞에 기도하면 하나님께서 우리의 기도를 들으시고 그들로 인하여 이 나라와 민족이 당하게 될지도 모를 모든 비극을 거두어 주실 것이기 때문입니다.

솔직히 고백하면, 저는 그들의 죄를 짊어지고 눈물로 회개한 적이 별로 없습니다. 여러분들 가운데 대부분이 저와 마찬가지일 것이라 생각합니다. 이 점에 대해서 우리 모두가 가슴 아파해야 합니다. 정치 지도자의 잘못 때문에 아파하기에 앞서 우리가 그들의 죄를 짊어지는 뜨거운 마음이 없었던 것을 가슴 아파해야 합니다. 우리는 언제든지 하나님 앞에 나가서 기도할 수 있는 특권을 가진 왕 같은 제사장들입니다. 그들이 범하는 죄를 보고도 회개의 중보 기도를 하지 않는다면 제사장으로서의 직무를 유기하는 것과 다를 바 없는 것입니다.

관심을 가지라

둘째로는, 지도자들이나 나랏일에 대해 깊은 관심을 가지라는 뜻입니다. 별로 관심을 두지 않는 어떤 사람을 위해 기도하기란 결코 쉽지 않습니다. 그런 의미에서 위정자들을 위해 기도하라는 말은 곧 그들에게 관심을 가지라는 말로 이해할 수 있습니다. 진정으로 대통령을 위해서 기도하기를 원한다면 대통령에게 관심을 기울여야 합니다. 국회의원을 위해서 기도하기를 원한다면 그들의 입법 활동에 관심을 가져야 합니다. 그렇다고 그들의 말이나 행동에 동조하라는 말이 아닙니다. 그들의 문제가 무엇인지 분명히 알고 하나님 앞에서 더 구체적으로 기도해야 한다는 것입니다.

만약 대통령이 국정을 제대로 돌보고 있지 못하다면 우리는 그 문제를 가지고 하나님 앞에 나아가 간구해야 합니다. 우리가 청와대에 들어갈 수는 없지만 하나님 앞에는 얼마든지 나갈 수 있습니다. 대통령 앞에서 직언할 기회를 못 얻는다 할지라도 하나님 앞에서는 언제든지 직언할 수 있는 것입니다. 사회가 잘못되어 갈 때 마냥 침묵하고 있어서는 안 됩니다. 기도를 통해 하나님께 하소연해야 합니다. 일부 특권층 사람들 때문에 인플레이션이 계속된다면 남의 일처럼 여기고 입을 다물면 안 됩니다. 가난한 사람들이 핍박을 당하고 압박을 받는 것을 보고도 구경만 하고 있어서는 안 됩니다. 통치자나 정부가 기독교를 탄압한다거나 불이익을 끼치려 든다면 가만히 보고만 있어서는 안 됩니다. 악덕 기업주가 자기 욕심을 채우느라 노동자들에게 돌아갈 이익을 부당하게 가로채고 있다면 소리쳐야 합니다. 기업들이 터무니없이 비싼 값을 받으며 엉터리 같은 상품을 만들어 낸다면 말을 해야 합니다.

저는 국산 소형 카세트 플레이어 하나를 샀다가 무척 후회했던 적이 있습니다. 며칠 못 쓰고 고장이 났기 때문입니다. 사용해 본 사람들의 말을 들어 보면 비슷한 가격의 일제 카세트 플레이어는 1년이 넘도록 고장 한 번 안 난다고 합니다. 사람들이 일제 카세트 플레이어를 고집하는 것도 그만한 이유가 있는 것입니다.

그리스도인이 전 국민의 0.5%도 안 된다는 일본 사람들은 카세트 플레이어를 만들어도 믿을 만하게 만들어 내는데 우리나라는 왜 이래야 합니까? 돈을 벌면 외국으로 빼돌리기에 급급하고, 정치 지도자들은 검은 거래를 통해 챙긴 돈으로 치부하기에 바쁘다면 이 나라를 누가 신뢰하겠습니까? 조금이라도 이 나라를 염려하고 국정에 관심이 있다면 이렇게 기도하지 않을 수 없을 것입니다. "하나님, 세계의 모든 나라가 그리스도인이 5분의 1이나 된다는 이 나라를 어떻게 보겠습니까? 기업인들이 예수님을 믿고 선한 양심을 가지고 더 좋은 제품을 만들어 내놓을 수 있게 해 주옵소서."

더 나아가 참된 관심에서 하는 기도는 실제적인 참여로 이어져야 합니다. 저는 예수님을 믿는 사람들이 정치계에도 많이 나가야 한다고 봅니다. 우리는 한때 정권을 잡았던 예수님을 믿는 대통령이나 국무위원들이 좋지 않은 결과를 빚어냈던 뼈아픈 과거를 가지고 있습니다. 그러나 그것 때문에 좌절해서는 안 됩니다.

링컨(Abraham Lincoln, 1809-1865)이 암살당한 후 그 유해가 아직 빈소에 있을 때 그 당시 미국에서 가장 유명한 설교자였던 필립스 브룩스(Phillips Brooks, 1835-1893)는 "에이브러햄 링컨"이라는 제목으로 다음과 같은 설교를 했습니다. "오 하나님, 우리에게 에이브러햄 링컨 대통령과 같은 좋은 목자를 주신 것을 감사드립니다. 그는 이 나라의 최고 지도자로서 우리에게 하나님을 어떻게 사랑해야 하는지 그리고 거룩하고 공의로운 삶이 어떤 것인지를 분명하게 보여 주었습니다." 얼마나 자부심 있는 설교입니까? 빈소에서 한 설교가 아닙니다. 그가 섬기던 교회에서 주일예배 시간에 한 설교입니다.

우리나라에도 링컨과 같은 예수님을 잘 믿는 지도자가 많이 나와야 되지 않겠습니까? 우리나라 사람들이 어떤 후보를 지지하게 되는 것은 대개 각종 인간관계 때문입니다. 그러나 예수님을 믿는 사람인 우리는 그런 것을 선택 기준으로 삼아서는 안 됩니다.

그렇다면 무엇을 기준으로 삼아야 합니까? 우리가 먼저 따져 볼 것은 후보자가 하나님을 두려워하는 사람이냐 하는 것입니다. 만약 후보들 가운데서 하나님을 두려워하는 자가 하나도 없다면 예수님을 믿는 부인이 있는 후보를 찾아야 합니다. 그가 비록 믿지 않는다고 해도 예수님을 믿는 아내에게서 직간접적인 영향을 받게 마련이기 때문입니다. 만약 아내마저 예수님을 믿는 후보가 아니라면 그들의 자녀를 살펴보십시오. 자녀들에게 자유롭게 예수님을 믿고 교회에 나가게 하는 사람이 있다면 그에게 더 많은 점수를 주어야 합니다. 자녀들을 통해서 그들이 선한 영향을 받게 될 것이기 때문입니다.

1982년 4월 워싱턴에서는 "예수를 위한 워싱턴 대회"라는 집회가 열린 적이 있습니다. 이 집회에 참석한 목사님들은 미국 교회가 그동안 하나님 앞에서 잘못한 죄를 하나하나 열거하면서 회개 기도를 했습니다.

그 가운데 제가 무척 감명을 받았던 기도 제목이 하나 있는데, 불신자가 정계와 교육계, 연예계, 언론, 대중매체를 완전히 장악하도록 방치한 죄를 회개하는 내용이었습니다. 우리는 상상도 못하는 이야기가 아닙니까? 우리가 이 나라 교육계의 부정부패를 보며 얼마나 혀를 찼습니까? 이 나라 교육계가 촌지로 병들어 가는 것을 보며 얼마나 입이 마르도록 성토했습니까?

　그러나 비난의 화살을 쏘기에 앞서 더 많은 양심적인 그리스도인들이 교육계를 주도할 수 있게끔 자녀를 교육하거나 교육계에서 일하는 사람들을 보다 적극적으로 전도하여 예수님을 믿게 하지 못한 책임을 통감하고 회개해야 할 것입니다. 양심이 병든 세상 사람들이 교육계를 쥐고 흔들도록 방치한 죄를 회개해야 합니다. 정치계나 교육계뿐만 아니라 다른 모든 분야에 대해서도 마찬가지입니다. 세상 사람들이 주도권을 쥐고 엉뚱한 방향으로 이끌고 가도록 무책임하게 방치해서는 안 됩니다.

　이와 같은 무책임한 태도는 그 모든 영역에서 하나님의 영광이 드러나든지 말든지 오로지 자신만을 위해서 살겠다는 것과 다를 바 없기 때문입니다. 이것이 하나님 앞에 죄가 아니고 무엇이겠습니까?

ㅇ ㅇ ㅇ ㅇ ㅇ ㅇ ㅇ ㅇ
나라를 구하는 기도

마지막으로, 우리가 임금과 높은 지위에 있는 자를 위해서 기도하는 것은 구국(救國)의 의미를 갖습니다.

> 이는 우리가 모든 경건과 단정함으로 고요하고 평안한 생활을 하려
> 함이라_딤전 2:2하

　'경건'이 하나님과의 관계에 있어 신자답게 사는 것을 말한다면, '단정'은 세상 사람들과의 관계에서 신자답게 사는 것을 말합니다. 우리가 위정자들을 위해서 기도할 때 하나님과 사람들과의 관계 속에서 신자다운 면모를 보일 수 있습니다. 더 나아가 우리의 기도로 인해 이

나라가 평안해질 수 있습니다. 그럴 때야 우리가 평안한 가운데 하나님께 영광을 돌리며 멋지게 신앙생활을 할 수 있게 되는 것입니다.

> 너희는 내가 사로잡혀 가게 한 그 성읍의 평안을 구하고 그를 위하여 여호와께 기도하라 이는 그 성읍이 평안함으로 너희도 평안할 것임이니라_렘 29:7

조국이 바벨론에 의해 함락되고 포로로 잡혀 온 상황에서 이스라엘 백성들에게 꿈이 있다면 하루빨리 고국으로 돌아가는 것이었습니다. 그러나 하나님께서는 그들의 소원과는 정반대의 말씀을 들려주셨습니다. 원수의 나라 바벨론의 평안을 위해서 기도하라고 말씀하신 것입니다.

저는 그들이 이 말씀을 쉽게 받아들일 수 있었으리라고 보지 않습니다. 니느웨에 가서 회개를 선포하라는 하나님의 명령을 거역했던 요나처럼 그들의 마음속에 저항감이 일어났을 것입니다. 그러나 하나님께서 그렇게 말씀하셨던 것은 오히려 그들의 유익을 위함이었습니다. 그들이 그렇게 기도해 줄 때 바벨론이 평안해질 것이요, 그 안에서 평안하게 살 수 있을 것이기 때문입니다. 우리는 이 말씀에서 적당한 때가 되기까지 이스라엘 민족을 평안한 가운데 지키시려는 하나님의 계획을 발견할 수 있습니다.

이와 같은 원리는 오늘날 우리에게도 그대로 적용이 됩니다. 저는 하나님께서 우리나라에 특별한 계획을 세우고 계시다고 봅니다. 우리나라는 경제적으로나 군사적으로 세계 강대국 대열에 들지 못하지만 전 인구의 4분의 1이 넘는 사람들이 예수님을 믿고 있습니다. 그중에서 적어도 3분의 1은 밤이든 낮이든 간에 하루에 한 번 이상은 이 나라를 위해서 기도하고 있습니다. 이 나라에 민주화가 온전히 이루어지고, 이 사회에 정의가 바로 서고 양심이 살아나서 사람들이 일한 만큼 정당한 대우를 받을 수 있는 나라가 되게 해달라고 기도하고 있는 것입니다.

우리가 부르짖는 이 기도를 듣고 계시는 하나님께서 어떻게 우리나라를 뜻 없이 다루시겠습니까? 설사 통치자가 악정을 하고 있다고 해도 걱정할 필요가 없습니다. 우리가 밤낮없이 이 나라를 위해서 기도하면 하나님께서 하나님의 때에 적절한 조치를 취하실 것입니다.

지난 수십 년 동안의 우리나라 역사를 돌이켜보십시오. 우리는 전쟁의 잿더미 위에서 세계가 놀라는 경제 기적을 이루었습니다. 우리 민족이 원래 능력이 많아서 이 일이 가능했다고 보십니까? 절대 그렇지 않습니다. 우리나라가 세계가 감탄하는 경제적인 대성공을 거두게 된 배후에는 성도들의 눈물 어린 기도가 있었습니다.

우리나라가 위기에 처할 때마다 하나님께서 얼마나 놀라운 방법으로 역사하셨습니까? 정치적으로 몹시 걱정스러울 때마다 하나님께서는 우리의 상상을 뛰어넘는 특별한 간섭으로 위기를 넘기게 하신 것을 잘 알고 있습니다.

앞으로도 하나님께서는 전국에서 기도하고 있는 수많은 무릎을 통해 이 나라를 지키실 것입니다. 통치자를 위해서 기도합시다. 정치가들과 공무원들을 위해 기도합시다. 간구와 도고와 감사로 최선을 다해 기도합시다. 하나님께서 이 나라를 다스려 달라고 기도합시다. 이 나라가 있기에 우리 가정과 사업이 있을 수 있고, 교회가 존속할 수 있는 것입니다.

미국 교회에는 우리나라 교회에서 찾아볼 수 없는 한 가지 특징이 있습니다. 교회마다 강단 한쪽 끝에 국기를 꽂아 두고 있다는 것입니다. 저는 강단에 있는 국기를 볼 때마다 이런 생각을 하곤 했습니다. '예수님을 믿는 사람이 자기 나라를 사랑하지 않는다면 누가 사랑하겠는가? 예수님을 믿는 사람이 나라를 위해 기도하지 않는다면 누가 나라를 위해서 기도하겠는가? 예수님을 믿는 사람이 나라의 장래를 책임지지 않는다면 누가 책임지겠는가?'

저는 이 나라의 모든 교회가 미국 교회처럼 강단에 국기를 꽂아 놓지는 못한다고 하더라도 나라를 위해 기도하는 책임을 다하는 교회가 되었으면 좋겠습니다. 그럴 때 우리가 국가에 대해서 당당하게 권리를 주장할 수 있을 것입니다. 기도는 전혀 안 하면서 비판하고 욕하기에 급급한 것은 절대 하나님이 기뻐하시는 태도가 아닙니다.

이 나라와 지도자들을 위해 하나님 앞에서 기도합시다. 기도만이 이 나라가 살 길입니다. 이 나라가 살아야 우리 모두가 평안 가운데 경건하고 단정한 삶을 살 수 있습니다. 그런 의미에서 기도는 우리 한국 교회가 사는 길입니다. 이 사실을 한시라도 잊지 말고 나라와 위정자들을 위해 기도하기에 힘쓰는 우리 모두가 되어야 하겠습니다.

8

고개 숙인
아버지

가난하게 살더라도 깨끗한 손으로 정직하게 사는 삶이
얼마나 행복하고 기쁜 것인지 사람들에게 알려야 합니다.
그들에게 경건의 은혜를 보여 줌으로 감동을 주어야 합니다.

사무엘상 8:1-9

1 사무엘이 늙으매 그의 아들들을 이스라엘 사사로 삼으니 2 장자의 이름은 요엘이요 차자의 이름은 아비야라 그들이 브엘세바에서 사사가 되니라 3 그의 아들들이 자기 아버지의 행위를 따르지 아니하고 이익을 따라 뇌물을 받고 판결을 굽게 하니라 4 이스라엘 모든 장로가 모여 라마에 있는 사무엘에게 나아가서 5 그에게 이르되 보소서 당신은 늙고 당신의 아들들은 당신의 행위를 따르지 아니하니 모든 나라와 같이 우리에게 왕을 세워 우리를 다스리게 하소서 한지라 6 우리에게 왕을 주어 우리를 다스리게 하라 했을 때에 사무엘이 그것을 기뻐하지 아니하여 여호와께 기도하매 7 여호와께서 사무엘에게 이르시되 백성이 네게 한 말을 다 들으라 이는 그들이 너를 버림이 아니요 나를 버려 자기들의 왕이 되지 못하게 함이니라 8 내가 그들을 애굽에서 인도하여 낸 날부터 오늘 날까지 그들이 모든 행사로 나를 버리고 다른 신들을 섬김 같이 네게도 그리하는도다 9 그러므로 그들의 말을 듣되 너는 그들에게 엄히 경고하고 그들을 다스릴 왕의 제도를 가르치라

고개 숙인
아버지

흔히 "자녀를 낳기는 쉬워도 사람답게 키우기는 어렵다"라고 말합니다. 제 경험으로 봐도 틀린 말은 아닌 것 같습니다. 아무도 큰소리칠 수 없는 것이 바로 자녀 교육입니다.

자녀 교육은 부모의 노력만으로는 안 되는 그 무엇이 있습니다. 부모가 온갖 정성을 다해서 철저하게 자녀를 교육했지만 실패하는 가정이 많은가 하면, 형편이 어려워 부모가 자녀들에게 그렇게 큰 관심과 정성을 쏟지 못하고 거의 방목하다시피 했음에도 자녀들이 잘되는 가정 역시 많습니다.

그런 의미에서 저는 자녀 교육도 은혜의 영역이라고 생각합니다. 하나님의 은혜가 따라야 성공할 수 있지, 사람의 노력만으로는 절대 안 되는 것입니다.

위대한 지도자, 실패한 아버지

성경에도 보면 지도자로서는 위대했지만, 아버지로서는 별로였던 사례들이 꽤 많이 나옵니다. 지혜의 왕 솔로몬과 본문 말씀에 나오는 사무엘이 그 대표적인 예입니다.

솔로몬은 동서고금을 막론하고 전무후무한 지혜자였습니다. 그는 인생과 동식물과 조류, 어류에 대해서 박학다식했을 뿐 아니라 문학과 음악에 대해서도 조예가 깊어 잠언 3천 편과 노래 1,005곡을 지었습니다. 그래서 그의 소문을 들은 천하의 모든 왕이 그의 지혜의 말을 들으려고 찾아오기까지 했다고 합니다(왕상 4:30-34 참조). 또 그는 이스라엘을 당대에 확고부동한 강대국 대열에 서게 할 만큼 군사적인 통솔력도 뛰어났습니다. 그뿐 아니라 그는 하나님의 성전을 건축하고, 자기 아내들을 위해 많은 궁전을 짓는 대토목 공사들을 충분히 감당해 낼 정도로 국가 경제를 이끌어 가는 능력도 탁월했습니다.

그는 정치, 경제, 군사, 문화 그 모든 분야에서 탁월한 업적을 이룬 위대한 지도자였습니다. 그러나 자녀 교육에서만큼은 실패자였습니다. 이것은 그의 뒤를 이어 왕이 된 르호보암을 보면 분명히 알 수 있습니다. 르호보암은 자기 친구들의 말을 듣고 백성을 압제하여 나라가 남북으로 분열시킨 어리석은 왕이었던 것입니다.

자녀 교육에 실패하기는 사무엘 역시 마찬가지였습니다. 사무엘은 이스라엘이 가나안 땅에 정착하고 난 이후 세움을 받은 최후의 사사요, 최초의 선지자였습니다. 하나님께서는 사무엘을 자신을 대리하여 신정 체제를 감당할 지도자로 세우셨습니다. 하나님의 대리자였던 만큼 지도자로서 그의 권위는 대단했습니다. 모든 백성이 그를 따르고 순종했으며 존경했습니다. 그러나 자녀 교육에서는 실패한 아버지였습니다.

사무엘상 8장 1절을 보면 사무엘은 나이가 많아지자 자기 두 아들을 사사로 세웠습니다. 자기의 통치권을 위임해 준 것입니다. 그러나 그의 아들들은 지도자로서 갖춰야 할 인격과 덕을 제대로 갖추지 못한 자들이었습니다. 그렇다 보니 자연히 문제가 생겼습니다.

> 그의 아들들이 자기 아버지의 행위를 따르지 아니하고 이익을 따라 뇌물을 받고 판결을 굽게 하니라_삼상 8:3

그들은 자기 이권을 추구해서 뇌물을 받고 판결을 굽게 했습니다. 아버지의 좋은 모범을 따르지 않았던 것입니다.

그들의 아버지 사무엘은 시종일관 백성들에게 흠을 보이지 아니한 훌륭한 지도자였습니다. 그는 공식적으로 퇴임식을 하는 자리에서 백성들에게 이렇게 말했습니다.

> 내가 여기 있나니 여호와 앞과 그의 기름 부음을 받은 자 앞에서 내게 대하여 증언하라 내가 누구의 소를 빼앗았느냐 누구의 나귀를 빼앗았느냐 누구를 속였느냐 누구를 압제하였느냐 내 눈을 흐리게 하는 뇌물을 누구의 손에서 받았느냐 그리하였으면 내가 그것을 너희에게 갚으리라 하니_삼상 12:3

얼마나 대단한 자신감입니까? 털끝만 한 잘못을 저지른 일이라도 있다면 말해 보라는 것입니다. 그러자 백성들은 이렇게 대답했습니다.

> 그들이 이르되 당신이 우리를 속이지 아니하였고 압제하지 아니하였고 누구의 손에서든지 아무것도 빼앗은 것이 없나이다 하니라_삼상 12:4

그의 잘못을 들고나온 사람은 아무도 없었습니다. 그는 출발도 좋고 마무리도 좋았던 완벽한 지도자였던 것입니다.

이렇게 훌륭한 아버지를 둔 아들들이라면 아버지의 모범을 따라 백성을 지도했어야 마땅합니다. 그럼에도 그들은 아버지의 모범을 우습게 여기고는 부당한 이익을 챙기려고 뇌물을 주는 대로 챙겨 넣는 타락한 지도자로 전락했습니다. 뇌물을 받는 자에게는 선과 악이 따로 없습니다. 뇌물의 액수에 따라서 선이 악이 되고, 악이 선이 되어 버립니다. 지도자가 이런 짓을 하는데 어떻게 그 사회가 건강할 수 있겠습니까? 어떻게 법과 정의가 제대로 실현되는 공평한 사회가 될 수 있겠습니까?

그들은 실로 자기 이름값도 못하는 자들이었습니다. 첫아들의 이름은 '요엘'입니다. '요엘'은 '여호와는 하나님이시다'라는 뜻이 담겨 있습니다. 얼마나 거룩한 이름입니까? 그리고 둘째 아들의 이름은 '아비야'입니다. '아비야'는 '여호와는 나의 아버지시다'라는 뜻입니다. 얼마나 훌륭한 신앙고백입니까? 그러나 그들은 뇌물을 받고 판결을 굽게 함으로써 자기 이름값도 못하는 지도자가 되었습니다.

누구든지 분수에 지나친 자리에 앉게 되거나 감당하지 못할 힘을 갖게 되면 자기가 망할 뿐 아니라 가문을 수치스럽게 만들고, 나라를 절망의 수렁에 빠지게 만들 수 있습니다. 그렇기 때문에 특히 권좌에 앉는 지도자라면 물욕을 자제할 줄 아는 수련을 닦아야 할 것입니다. 물욕을 자제할 줄 아는 것은 통치자의 기본 덕목입니다.

그러나 사무엘의 아들들은 이러한 기본적인 덕목마저 갖추고 있지 못했습니다. 이 점에서 너무나도 완벽했던 사무엘이 자기 아들들에게 이것을 가르치지 않았을 리가 없습니다. 그러나 그들은 어리석어서 아버지의 교훈을 따르지 않았습니다. 그렇다고 해서 사무엘이 자기 아들들의 행동에 책임을 면할 수 있겠습니까?

아무리 세습 제도로 권력이 이양되는 사회였다고 하더라도, 그가 아버지 구실을 제대로 한 사람이었다면 아들들이 백성을 사랑하고 하나님을 두려워하는 바른 지도자가 될 수 있는지를 냉정하게 판단해 보았어야 마땅합니다. 그래서 자녀가 아무래도 그 일을 감당하지 못하겠다고 판단되면 그들에게 권력의 칼을 쥐어 주지 말았어야 했습니다. 그러나 그는 그렇게 하지 못했습니다.

그 결과 사무엘은 말년에 그 아들들로 인해 근심이 떠날 날이 없게 되었습니다. 오랫동안 백성들의 신망을 받으며 위대한 업적을 남겼던 그였지만 이제는 아들들 때문에 사람들 앞에서 얼굴을 들고 다닐 수 없게 된 것입니다. 그들 때문에 무수한 나날들을 밤잠을 설치며 고민했을지도 모릅니다(잠 17:25 참조). 사태가 이쯤 된다면 사무엘은 한시라도 빨리 자기 아들들을 징계하여 권좌에서 물러나게 하는 용단을 내렸어야 옳았을 것입니다.

그러나 그가 결정을 차일피일 미루고 있는 사이 사태는 걷잡을 수 없이 악화되어 아들들의 악정을 견디다 못해 백성들이 들고일어나는 데까지 이르렀습니다. 이스라엘의 모든 장로들이 사무엘에게 나와서 이렇게 말했습니다.

> 그에게 이르되 보소서 당신은 늙고 당신의 아들들은 당신의 행위를 따르지 아니하니 모든 나라와 같이 우리에게 왕을 세워 우리를 다스리게 하소서 한지라_삼상 8:5

더 이상 사무엘 집안의 통치를 못 받겠으니 다른 나라들처럼 왕을 세워 달라는 것입니다. 백성들의 대표인 장로들이 뜻을 같이하여 압박하니 사무엘도 어쩔 도리가 없었습니다. 이리하여 하나님께서 직접 이스라엘을 다스리신다는 것을 상징하는 사사 제도가 무너지고 세상 나라처럼 왕정이 시작된 것입니다.

그러나 왕이 이스라엘을 다스리기 시작한 이래 수백 년 동안 백성들이 왕으로 인해 받았던 고통은 이루 말로 다 할 수 없을 정도였습니다. 왕 한 사람으로 인해서 온 나라가 쑥밭이 되었던 적이 한두 번이 아니었습니다. 사무엘상·하, 열왕기상·하, 역대상·하와 같은 역사서들이 온통 이 사실을 증거하고 있다고 해도 과언이 아닐 것입니다. 이 무서운 불행의 씨앗을 누가 뿌렸습니까? 자식을 잘못 둔 사무엘과 그의 모범을 따르지 않고 자기 이권을 추구하느라 뇌물을 받고 판결을 굽게 하여 나라를 엉망으로 만든 그의 아들들이었습니다.

이러한 사무엘 부자의 비극이 남의 이야기처럼 들리지 않는다는데 오늘 우리의 아픔이 있습니다. 누구든지 함부로 나라의 지도자가 되려고 해서는 안 될 것입니다. 한 나라의 지도자가 감당해야 할 무거운 책임을 분명히 알아야 합니다. 그럼에도 불구하고 너도나도 대통령이 되겠다고 나서는 것을 보면 여간 걱정스럽지 않습니다.

저는 언젠가 모 일간지에서 칼럼니스트 유승삼 씨의 글을 읽고 무척 공감했습니다. "대선 주자들에게 분명히 해 두고 싶다. 이제 더 이상 대통령병 환자는 필요 없다. 대통령직이 대학 입시나 사법시험처럼 자신의 개인적 야망을 이루게 해 주는 자리가 될 수 없다. 정히 대통령이 되고 싶거들랑 대통령직에 대한 공부부터 하라." 참으로 의미있는 지적이라고 생각합니다. 그러나 저는 여기에 한 가지 주문을 덧붙이고 싶습니다. 설혹 자기 자신은 대통령이 될 만한 자격을 어느 정도 갖추었다고 할지라도 자녀들이 이 사회나 국가에 누를 끼치지 않는다고 안심할 수 있는 자들인지도 살펴보라는 것입니다. 그런 의미에서 저는 대선 주자들에게 사무엘 집안의 역사를 배우라고 권면하고 싶습니다.

○ ○ ○ ○ ○ ○
뇌물의 위력

사무엘의 아들들의 악정은 뇌물이라는 말로 대변될 수 있습니다. 그래서 저는 특별히 구약성경에서 뇌물에 해당하는 단어들을 찾아보았습니다. 놀랍게도 뇌물에 해당하는 단어는 제가 발견한 것만도 무려 7개나 되었습니다.

'코펠' '므킬' '마타나' '쇼하드' '쉴롬' '테르마' '사카르' 이 모든 표현들은 뇌물을 가리키는 각기 다른 이름들입니다. 뇌물은 천의 얼굴을 가진 사회악이기에 자연히 이름이 많을 수밖에 없습니다. 이것은 우리나라도 예외가 아닌 것 같습니다. '비자금' '정치자금' '청탁금' '촌지' '급행료' '교통비' '선물' '떡값' '사과 상자' '007 가방' 등 그 이름이 얼마나 많습니까?

뇌물은 부패한 인간의 최대 약점인 탐욕을 공략하는 것이기 때문에 열이면 아홉은 그 미끼에 걸려들게 되어 있습니다. 뇌물은 일종의 만사 특효약인 셈입니다. 잠언 17장 8절은 이렇게 말씀합니다.

> 뇌물은 그 임자가 보기에 보석 같은즉 그가 어디로 향하든지 형통하게 하느니라_잠 17:8

뇌물이 받는 사람에게 보석같이 보인다는 말입니다. 그래서 그것이 어디로 향하든지 원하는 일을 형통하게 하는 것입니다. 어떤 사람은 이 구절을 보고 "성경도 뇌물을 인정하지 않느냐?"라며 반색할지도 모릅니다. 그러나 그것은 오해입니다. 이 말씀은 인간 사회에서 뇌물의 위력이 얼마나 대단한가를 말하고 있을 뿐입니다.

서양 속담에 이런 말이 있습니다. "죽음의 뱃사공은 뇌물을 받지 않는다." 세상에서 뇌물이 안 통하는 곳은 죽음밖에 없다는 뜻입니다. 죽음 앞에서는 아무리 뇌물을 흔들며 살려 달라고 애원해도 소용이 없다는 말입니다.

우리나라 속담에도 이런 말이 있지 않습니까? "기름 먹인 가죽이 부드럽다." 짧지만 매우 기가 막힌 표현이라고 생각합니다. 기름을 많이 먹이면 먹일수록 가죽은 부드러워지게 되어 있습니다. 뇌물은 가죽을 부드럽게 만들기 위해 먹이는 기름과 같아서 무슨 일이든지 순조롭게 만드는 것입니다. 뇌물의 두려워할 만한 위력 앞에 무력하기는 동서양이 차이가 없는 것 같습니다.

뇌물은 눈을 흐리게 한다

그러나 우리가 분명히 알아야 할 것이 있습니다. 뇌물에는 치명적인 독이 들어 있다는 사실입니다. 그래서 개인과 사회에 엄청난 해를 끼칠 수 있습니다.

먼저, 뇌물은 주는 자나 받는 자의 눈을 흐리게 합니다. '눈을 흐리게 한다'는 말은 '총명을 어둡게 한다' '선악을 분별하는 양심의 눈을 멀게 한다'는 뜻입니다. 출애굽기 23장 8절을 보십시오.

> 너는 뇌물을 받지 말라 뇌물은 밝은 자의 눈을 어둡게 하고 의로운
> 자의 말을 굽게 하느니라_출 23:8

뇌물로 인해 선악을 분별하는 눈이 흐려지게 되면 만사를 제대로 판단하지 못하게 되는 것이 당연합니다. 재판에서 엉뚱한 판결을 내려 수많은 의로운 사람들을 억울하게 만들 수도 있습니다. 돈을 받았는데 어찌 안 봐주겠습니까? 전도서 7장 7절 하반절은 "뇌물이 사람의 명철을 망하게 하느니라"라고 했습니다.

누군가 사과 상자에 몇 억을 담아 들고 와서 "당신의 두 눈을 뽑아 나를 주시오"라고 사정한다고 가정해 봅시다. 선뜻 자기 눈을 뽑아 줄 사람은 아무도 없을 것입니다. 아무리 많은 돈을 줘도 두 눈을 감고 평생을 더듬거리며 살고 싶은 사람은 없는 것입니다. 그러나 작은 촌지 하나에도 양심의 눈은 너무 쉽게 뽑아 줍니다. 양심의 눈이 멀면 선악을 분별하는 감각도 없어집니다. 이런 지도자들이 사회에서 활개를 치고 있다고 생각해 보십시오. 그 사회에 무슨 소망이 있겠습니까?

뇌물은 공의가 설 자리를 없앤다

둘째로, 뇌물은 공의가 설 자리를 잃게 만듭니다. 의와 불의의 경계선을 모호하게 만들어 버린다는 말입니다. 이사야 5장 23절을 보십시오.

> 그들은 뇌물로 말미암아 악인을 의롭다 하고 의인에게서 그 공의를 빼앗는도다_사 5:23

쉽게 말해서, 뇌물은 의인을 악인으로 만들고, 악인을 의인으로 둔갑시킨다는 말입니다. 법원이나 교도소 주변에 가 보면 "유전무죄(有錢無罪), 무전유죄(無錢有罪)"라는 이상한 말이 돌고 있습니다. 돈 없고 배경이 없으면 유죄요, 돈 있고 배경이 있으면 무죄라는 것입니다. 돈만 쥐여 주면 범법자가 피해자가 되고, 피해자가 범법자로 바뀌어 버립니다. 돈만 입에 물려주면 정보를 미리 빼돌려서 온갖 이권을 가로챌 수도 있습니다. 돈 봉투만 내밀면 진급도 잘됩니다. 돈만 주면 외진 시골 마을에도 러브호텔 허가가 납니다. 돈만 쥐여 주면 환경이 어떻게 되든지 골프장 허가가 납니다. 무엇이든지 돈이면 다 통하는 사회가 되어 버린 것입니다. 이런 사회에 무슨 공의가 있습니까? 법이 있어도 지켜지지 않는다면 무슨 소용이 있습니까? 뇌물은 사회를 이와 같이 무법천지로 만들어 버리는 것입니다.

뇌물은 나라를 망친다

셋째로, 뇌물은 나라를 망칩니다.

> 뇌물을 억지로 내게 하는 자는 나라를 멸망시키느니라_잠 29:4하

뇌물을 억지로 내게 하는 자는 나라를 망치는 자들입니다. 전문가들의 말에 따르면 선진국과 비교해 우리나라에는 악용할 수 있는 소지가 많은 법조항이나 규제 등이 너무 많다고 합니다. 이와 같은 법조문은 자연히 뇌물 관행이 자리 잡게 만드는 모판 역할을 해왔다는 사실을 부인할 수 없습니다.

그럼에도 불구하고 정치인들이 자기 이권을 추구하고 정쟁을 일삼느라 법조문들을 명확하게 개정하지 않고 내버려 둠으로써 결과적으로 뇌물이 사회 구석구석을 독버섯처럼 뒤덮고 있는 뇌물 공화국을 만든 것입니다.

역사를 돌아보십시오. 뇌물로 인해 지도자의 권위가 무너지고, 도

덕성이 땅에 떨어지고, 공의가 서지 않는 나라치고 망하지 않은 나라가 있습니까? 없습니다. 이사야와 미가 시대의 남유다를 보십시오. 그 당시 사회가 온통 뇌물로 물들어 있었습니다. 미가 3장 11절 상반절을 보십시오.

> 그들의 우두머리들은 뇌물을 위하여 재판하며 그들의 제사장은 삯을 위하여 교훈하며 그들의 선지자는 돈을 위하여 점을 치면서도 여호와를 의뢰하여 이르기를_미 3:11상

요즈음 말로 하면 정치인들과 법관들이 뇌물을 위하여 재판했다는 것입니다. 돈을 많이 주는 사람이 이기는 것입니다. 그리고 제사장이나 선지자는 돈을 주어야 복을 빌어 주고 제사를 지내 주었습니다. 정치와 종교가 똑같이 썩었으니 그 나라가 어떻게 버티겠습니까? 하나님께서는 선지자들을 통해 이 악에서 돌이킬 것을 수없이 지적하셨지만, 그들은 경고를 완전히 무시해 버렸습니다. 그 결과 나라가 망해 백성들이 포로로 잡혀가고 온 국토가 폐허가 되는 비극을 당하고 말았던 것입니다.

이것은 우리 역사를 보아도 분명한 사실입니다. 1세기 전 대한제국이 망하게 된 이유가 무엇이라고 생각하십니까? 주변 강대국들의 침입 때문이겠습니까? 그것도 한 가지 이유이긴 하지만 근본적인 이유는 다른 데 있다고 봅니다. 제아무리 강대국이라도 해도 내부적으로 결속이 잘 되어 있고 국가의 기강이 제대로 서 있는 나라를 삼킬 수는 없습니다.

그러나 당시 대한제국은 지도자와 백성이 하나로 결속되어 있지 않았고, 국가의 기강마저 제대로 서 있지 않았습니다. 마지막 임금인 고

종(高宗, 1852-1919)은 관직을 돈 받고 파는 일에 직접 개입했고, 뇌물이 신통치 않으면 신하들 앞에 그 봉투를 집어던지는 추태까지 보였다고 합니다. 그래서 국고는 텅텅 비어 있어도 왕과 왕비와 대원군(李昰應, 1820~1898)의 주머니는 늘 두둑했던 것입니다. 왕이 이 정도라면 나라의 벼슬아치들은 얼마나 더 부패했겠습니까?

1904년에 러일전쟁 종군 기자로 우리나라에 왔던 미국 소설가 잭 런던(Jack London, 본명: John Griffith Chaney, 1876-1916)은 우리나라에 대해 이런 글을 남겼습니다. "군수는 악명 높은 양반이다. 이를테면 귀족이면서 도둑놈인 것이다. 양반들은 모두 도둑이었다. 백성들은 '양반' 하면 으레 자기 것을 빼앗아 가는 도둑놈으로 생각했다. 그들은 지배계급이 도둑놈이라는 사실 외에는 아는 바가 없었다." 그 정도로 뇌물로 인해 나라가 엉망이 되어 있었던 것입니다.

이런 나라가 망하지 않는다면 그것이야말로 기적이라 할 것입니다. 그 당시 지도자들의 악정으로 인해 나라가 망한 이후로 그 후손인 우리 민족이 당한 수난과 질곡을 무슨 말로 다 형용할 수 있겠습니까?

35년 동안이나 식민지 생활을 한 결과 기성세대의 의식 속에는 아직도 식민지 근성이 남아 있습니다. 어떤 사람은 3대가 지나가야 겨우 씻긴다고 말합니다. 그 말이 사실이라면 식민지 근성이 완전히 없어지려면 아직도 약 5, 60년은 더 있어야 될 것입니다. 뇌물이 나라를 망친다는 것은 역사가 증명하는 진리입니다.

○ ○ ○ ○ ○ ○ ○ ○ ○ ○ ○ ○ ○ ○ ○ ○ ○ ○ ○ ○
뇌물은 하나님께서 기도를 듣지 않으시게 한다

마지막으로, 뇌물은 하나님께서 귀를 막고 우리의 기도를 듣지 않으시게 만듭니다.

너희가 손을 펼 때에 내가 내 눈을 너희에게서 가리고 너희가 많이
기도할지라도 내가 듣지 아니하리니 이는 너희의 손에 피가 가득함
이라_사 1:15

그 손에 피가 가득한 자가 누구입니까? 23절을 보면 뇌물로 의로운
자와 가난한 자를 억울하게 하는 자입니다. 그러한 자들이 하나님 앞
에 나와 아무리 열심히 기도해도 하나님께서는 그 기도를 듣지 않으
실 것이라는 말입니다. 이것은 오늘날에도 사실입니다. 그때나 지금
이나 하나님께서는 달라지지 않으셨습니다. 우리가 부정하게 모은 돈
으로 하나님께 드리면, 하나님께서는 그 헌금은 물론이거니와 우리가
드리는 기도마저 듣지 않으시는 것입니다.

지금 우리나라는 가라앉는 배에 비유될 정도로 심각한 위기에 처해
있습니다. 개혁을 외친 문민정부(文民政府, 1993.2~1998.2)가 더 타락했
다는 사실 때문에 국민의 실망과 분노와 원망이 극에 달한 것 같습니
다. 한보가 특혜 대출을 받은 총액이 자그마치 5조 원을 넘는다고 합
니다(1997년 1월에 발생한 한보사태). 이것은 우리 같은 사람들은 상상할
수도 없는 거액입니다.

저는 어떤 목사님으로부터 5조 원이 어느 정도의 액수인지 실감 나
게 들은 적이 있습니다. 잠실 주경기장에서 축구 경기가 열린다고 해
봅시다. 이 주경기장을 가득 채우면 5만 명 정도가 들어간다고 합니
다. 5조 원은 축구 경기 관람을 마치고 나가는 5만 명의 관중에게 한
사람당 1억 원씩 나누어 줄 수 있을 정도의 액수입니다. 그 많은 돈이
나라의 기간 산업을 튼튼하게 세우는 일에 제대로 쓰였다면 그나마도
다행이었을 것입니다.

그러나 5조 원 중에 소위 말하는 '비자금'으로 돌렸다고 의혹을 받

고 있는 돈이 수천억 원이라고 합니다. 수천억 원이라면, 한 사람당 1억씩이라고 계산해도 정계, 금융계, 공무원의 지도급 인사 가운데 수천 명이 그 악덕 기업인에게서 돈을 받고 그의 손을 들어 주었다는 이야기가 됩니다. 그러니 소위 '정 리스트'에 이름이 오르내리는 사람들이 자기들만 애꿎게 걸려들었다는 말을 함직한 것입니다.

솔직히 그의 돈을 안 먹은 사람이 있으면 나와 보라고 할 정도로 우리 사회는 정치계와 금융계, 교육계, 심지어 종교계까지 썩어 있습니다. 종교계 하면 그래도 거룩하고 깨끗해야 하지 않습니까? 기독교 하면 그래도 뭔가 살아 있는 양심의 최후의 보루여야 하지 않습니까? 그러나 돈의 무서운 마수에 빠져 주의 종들조차 썩어 가고 있는 것이 우리의 현실입니다.

저는 지난 어린이날 텔레비전에서 초등학교 남학생 몇 명을 세워 놓고 인터뷰하는 것을 본 적이 있습니다. 리포터가 아이들에게 이렇게 물었습니다. "너희들은 요즈음 어른들을 어떻게 생각하니?" 그랬더니 한 아이가 침착한 어조로 이렇게 말했습니다. "어른들이 계속 이런 식으로 하면 우리가 존경하지 못할 것 같아요!" 저는 참 무서운 말이라고 생각했습니다. 이게 바로 아이들의 눈에 비친 우리 어른들의 모습입니다. 우리는 이런 현실에 옷을 찢고 가슴을 쳐야 합니다.

○ ○ ○ ○ ○ ○ ○
어떻게 할 것인가?

솔직히 저는 이런 내용의 설교를 하고 싶지 않았습니다. 우선 저 자신에게 은혜가 안 될뿐더러, 교회 안에는 이 설교를 들어야 할 사람들보다 듣지 않아도 바르게 사는 사람들이 더 많기 때문입니다.

사실 교회 안에는 일일이 열거하기도 힘든 많은 불이익을 당하면서도 끝내 봉투 건네주기를 거부하고 착실하게 사업하는 기업인들이 많이 있습니다. 박봉을 받으면서도 뇌물의 유혹에 굴하지 않고 오히려 한직을 지원하여 하나님 앞에서 자기 양심을 지키는 공무원들도 많습니다. 촌지를 받지 않기로 하나님과 약속하고 주위 동료들의 눈총을 받으면서 묵묵히 자기 길을 걸어가고 있는 멋진 교육자들도 상당수 있습니다.

그러나 설교는 교인만을 상대로 전하는 것이 아닙니다. 사회와 국가를 향해 외치는 하나님의 진리요, 선지자의 외침이기도 합니다. 그래서 저는 부패한 이 사회를 놓고 교회가 어떻게 할 것인가를 가르치기 위해서라도 뇌물에 대해 설교를 해야겠다고 생각했습니다.

기독교 역사를 보면 사회가 썩어서 악취를 낼 때 교회가 제구실을 잘 감당한 적이 거의 없는 것 같습니다. 이러한 때 교회가 세상을 향해서 "너는 너고, 나는 나다"라는 식으로 처신할 수 있을 것입니다. 그러나 자신의 거룩에만 만족하고 세상에 대해서는 무관심해도 좋다면 도대체 교회가 이 세상에 존재해야 할 이유가 무엇입니까? 그렇다고 해서 "너 좋고, 나 좋자"라는 식으로 행동할 수 있겠습니까? 그럴 수 없습니다. 믿는 자는 "세상이 다 그런데 뭐!" 하면서 세상과 똑같이 행동해서는 안 됩니다. 그러다가는 교회가 정체성을 잃고 이 세상에서 그 존재 기반마저 잃을 수 있기 때문입니다.

그러면 교회가 권력을 등에 업고 세상을 정화하겠습니까? 이것은 굉장한 유혹이 아닐 수 없습니다. 우리는 장로가 이 나라의 대통령이 되었을 때 이러한 기대에 부풀었던 적이 있습니다. '이제 장로 대통령을 통해서 이 사회 구석구석 썩은 곳들이 다 청소되고 그릇된 제도와 관행들도 모두 고쳐질 것이다. 기독교의 강력한 힘이 사회 전반에 미치게 되어 이 사회가 하나님 보시기에 의로운 사회로 개선될 것이다.'

그러나 지금 우리의 처지는 어떻습니까? 세상 권력을 등에 업는 교회는 그 권력 때문에 반드시 망한다는 준엄한 역사의 교훈을 새삼스럽게 상기하지 않을 수 없게 되었습니다. 그래서 어떤 사람들은 우리가 세상과 끊임없는 전투를 해야 한다고 주장합니다. 사사건건 그들을 정죄하고 충돌해서 믿는 자의 색깔을 분명히 드러내야 한다는 것입니다. 이것은 얼핏 보기에는 대단히 멋진 방법 같습니다. 그러나 세상에 대해 그런 식으로 나가다 보면 일반 직장에서 살아남을 그리스도인은 한 사람도 없을 것입니다. 그렇게 되면 교회가 이 사회에서 발붙일 곳을 모두 잃어버리고 고립되리라는 것은 충분히 상상하고도 남는 일입니다.

그러면 도대체 어떻게 해야 한다는 말입니까? 뇌물로 인해 공권력이 흔들리고 양심이 마비되어 가고 있는 이 마당에 교회가 어떻게 해야 병든 사회를 치료하고 이 나라를 위기에서 구할 수 있습니까? 이것은 보통 어려운 질문이 아닙니다. 그러나 한 가지 분명하게 말할 수 있는 것은 예수님을 믿는 사람들인 우리가 부패한 사회에서 그 영향력을 강화하는 방법 외에는 다른 길이 없다는 사실입니다. 달리 말해, 우리가 더 밝은 빛이 되고, 더 짠맛을 내는 소금이 되어서 기독교의 영향력이 사회 구석구석에까지 미치게 만들어야 한다는 것입니다. 이것 외에 다른 길은 없습니다.

○ ○ ○ ○ ○ ○ ○
손을 깨끗히 하라

그러기 위해서는 몇 가지 과정이 필요합니다. 우선 우리 자신부터가 손을 깨끗이 해야 합니다. 뇌물을 주지도 말고 받지도 말아야 합니다. 내 손이 깨끗하지 않으면서 어떻게 이 사회를 바로잡을 수 있겠습니까? 시편 26편을 쓴 시인은 이렇게 기도했습니다.

> 그들의 손에 사악함이 있고 그들의 오른손에 뇌물이 가득하오나 나
> 는 나의 완전함에 행하오리니 나를 속량하시고 내게 은혜를 베푸소
> 서_시 26:10-11

세상 사람들의 손에는 뇌물이 가득합니다. 그러나 시인은 자기의 완전함에 행하겠다고 고백합니다. '나의 완전함에 행한다'라는 말은 자기 손을 뇌물로 더럽히지 않겠다는 뜻입니다. 먼저 우리 스스로 손을 깨끗이 해야 합니다.

이 말씀 앞에 가책을 받으시는 분이 있다면 하나님 앞에 회개하십시오. 뇌물을 받고 한보에 거액을 대출해 준 은행장들을 생각해 보십시오. 만약 그들이 그 자리에서 쫓겨나는 한이 있어도 뇌물을 거절하고 자기를 지켰더라면 은행도 살고 자기도 살았을 것입니다.

그러나 그들은 자기 손을 깨끗하게 지키지 못했습니다. 처음 받을 때는 갑부가 되는 것처럼 느꼈을지 모르지만 이제 그들은 가지고 있는 것을 다 뺏기고 자신은 물론이고 자식들조차 얼굴을 들고 살 수 없게 만들어 버렸습니다. 손을 깨끗이 하면 지금 당장은 손해를 보게 될지 모르지만 결국은 우리에게 복이 될 것입니다.

ⵔⵔⵔⵔⵔⵔⵔⵔⵔ
경건의 은혜를 보여 주라

더 나아가 우리는 손을 깨끗이 하고 살면서 하나님으로부터 받는 은혜를 세상 사람들에게 보여 주어야 합니다. 그래서 그들이 정직하게 사는 삶의 행복을 보고 느낄 수 있도록 해야 합니다. 달리 말해, 경건

의 은혜가 세상 사람들에게 좀 더 실감 나게 알려지도록 해야 한다는 말입니다.

뇌물을 안 주고 안 받다 보면 현실적으로 많은 어려움을 당할 수 있습니다. 교육비를 마련하기 힘들어 자녀 교육에 남들만큼 투자하지 못할지도 모릅니다. 폭등하는 전셋값을 마련하지 못해 여러 번 이사를 해야 할지도 모릅니다.

그럼에도 불구하고 우리가 환한 얼굴로 행복하게 산다면 그들은 우리를 보며 이렇게 생각할 것입니다. '봉투를 받지 않아서 가난하게 사는데도 저 가정은 어쩌면 저렇게 얼굴이 밝고 행복해 보일까? 정말 아름답다. 나도 저렇게 살아 봤으면 좋겠다.'

우리가 그들에게 경건한 삶에 임하는 하나님의 은혜를 보여 준다면, 세상 사람이 절대 갖지 못한 만족과 기쁨을 보여 준다면 세상 사람들은 이와 같이 감동을 하게 되어 있습니다. 그럴 때 기독교의 감수성이 이 사회 전반에 흘러넘치게 될 것입니다. 세상 사람들의 반응이 달라질 것입니다.

한때 텔레비전에 나오는 박카스 광고(1997년 환경미화원편)가 세간의 화제가 된 적이 있습니다. 이른 새벽 어떤 환경미화원이 쓰레기를 가득 담은 수레를 끌고 가는데 그 뒤에서 대학 다니는 아들이 그 수레를 밀어 줍니다. 아버지가 뒤를 돌아보면서 이렇게 말합니다. "애야, 힘들지 않니?" 그러니까 그 아들은 이렇게 대답합니다. "뭘요. 아버지는 매일 하시는 일인걸요." 너무나 애정이 넘치는 얼굴로 다정하게 대화를 주고받는 그 장면이 사람들의 마음을 사로잡은 것입니다.

사람들은 처음에는 '야, 참 연기 실감나게 잘한다'라고만 생각했는데 나중에 두 사람이 진짜 부자 사이라는 사실이 밝혀지자 더 많은 감동을 받았습니다. 그러다 보니 신문에서도 이들에 대해 특집 기사를 쓰기까지 했습니다.

아버지인 박선치 씨는 강동구청 소속 환경미화원입니다. 그는 원래는 시장에서 옷가게를 했었는데 가게가 잘못되는 바람에 10년 전부터 환경미화원 일을 하게 되었다고 합니다. 그러나 자녀들에게는 구청에 근무하는 공무원이라고만 알렸습니다. 그런데 큰아들인 박상호 군이 고등학교 2학년이 되더니 빗나가기 시작했습니다. 아버지가 아무리 권면을 해도 말을 안 듣는 것이었습니다.

그러던 어느 날 아버지는 용단을 내렸습니다. 삼 남매를 불러 놓고 자신이 환경미화원이라는 사실을 털어놓았습니다. "나는 사실 공무원이 아니란다. 아침마다 도로를 청소하는 청소원이야. 내가 지난 10년 동안 남들이 마다하는 그 일을 하며 너희들을 키웠는데 이러면 되겠니?" 그날 밤 온 식구가 끌어안고 밤새도록 울었습니다. 이 일을 계기로 빗나가던 상호 군은 마음을 잡게 되었고, 열심히 공부한 결과 대학에 입학하게 되었다고 합니다.

이 광고를 만든 MBC애드컴은 삭막해진 이 사회에서 부자가 서로 아끼고 자랑스러워하는 행복한 가정의 모습을 부각시켜야겠다는 생각에서 환경미화원과 그의 아들이 수레를 끌고 가면서 다정하게 대화를 나누는 장면을 기획했다고 합니다. 가상 인물은 실제 인물에 비해 아무래도 감동이 덜한 법입니다. 그래서 애드컴은 서울시 각 구청에 대학생 자녀를 둔 환경미화원을 소개해 달라고 요청했습니다.

그러나 한 달 넘게 지원자가 없어 광고 제작을 거의 포기하려고 했는데, 그때 상호 군이 지원을 한 것입니다. 상호 군은 애드컴 관계자에게 이런 말을 했다고 합니다. "어려운 형편이지만 우리 가정은 어느 가정보다 행복해요. 부모님의 부지런함이 언제나 저를 가르치고 단련시켰습니다. 맡은 일에 최선을 다하시고, 땀 흘려 번 정직한 돈으로 저를 키워 주신 아버지를 존경합니다." 길에서 쓰레기 치우는 사람이 되고 싶은 사람은 아무도 없습니다. 힘들고 천한 일이라 꺼리는 것입니다. 그러나 박선치 씨 부자는 비록 그런 일을 하며 살지라도 그 속에서 감동이 솟아날 수 있다는 것을 분명하게 보여 주었습니다.

예수님을 믿는 사람이라면 세상 사람들에게 바로 이런 감동을 줄 수 있어야 합니다. 내가 뇌물을 안 받고 안 주는 것으로 만족하면 안 됩니다. 우리가 뇌물을 안 받아서 그리 부유하게 살지는 못하지만 그러한 삶 속에서도 어떤 행복과 기쁨을 누리는가를 보여 줄 수 있어야 합니다.

우리가 자주 부르는 찬송가 가운데 이런 가사가 있습니다. "좁은 길을 걸으며 밤낮 기뻐하는 것 주의 영이 함께 함이라." 그리스도인은 좁은 길을 걸어도 밤낮 기뻐하는 사람들입니다. 가난해도, 수입이 적어도, 다른 사람들보다 진급이 늦어져도, 하나님 보시기에 정직한 삶을 사는 것이 얼마나 기쁘고 감격스러운 것인지 보여 주어야 합니다.

당장은 우리 자녀들이 남보다 뒤처지는 것처럼 보이지만 하나님께서 오른손을 높이 드셔서 권능을 베푸시고 복을 주시면 이 자녀들의 장래가 밝아진다는 것을 기억합시다. 하나님께서 복을 주셔야 우리 후손이 번창합니다. 하나님께서 복을 주셔야 우리 가정이 은혜를 받습니다. 우리가 정직하게 사느라 비록 적은 소득밖에 얻지 못한다 하더라도 이와 같이 밤낮 기뻐하는 모습을 보여 줄 때 세상 사람들이 감동하고 '야, 나도 봉투를 거절하고 저 사람처럼 살아야겠다' 하는 마음을 가지게 될 것입니다.

선지자의 목소리를 내라

우리는 선지자의 목소리를 내야 합니다. 교회는 세상에서 비상벨 역할을 해야 합니다. 나쁜 것은 나쁘다고 말해야 합니다. 위험하면 위험하다고 소리쳐야 합니다. 사람들이 망하는 길로 가면 그들을 가로막고 말려야 합니다. 비행기를 타고 가는데 어떤 정신나간 사람이 비상구를 연다고 생각해 보십시오. 그걸 보면서도 내 일이 아니라고 방관하고 있을 사람이 누가 있습니까?

잠비아(Zambia)의 전(前) 대통령이 이런 말을 한 적이 있습니다. "국가가 무엇보다 필요로 하는 것은 궁전에 있는 기독교 통치자가 아니다. 세상을 향해 목소리를 높이는 기독교 선지자다." 정곡을 찌르는 말이라고 봅니다. 이 나라를 정직한 나라로 만드는 것은 예수님을 믿는 지도자가 아니라 부패한 세상을 향해서 경종을 울리는 기독교 선지자들입니다.

아내는 남편에게 이렇게 속삭여야 합니다. "여보, 가난해도 괜찮아요. 부정한 돈은 절대 받지 마세요!" 이 한 마디에 남편이 얼마나 용기를 얻겠습니까? 자녀는 부모에게 이렇게 말해야 합니다. "아빠, 엄마. 우리 용돈 많이 안 받아도 괜찮아요. 하나님 말씀대로 거룩하고 깨끗하게 살아요." 이 한 마디에 축 처졌던 부모의 어깨가 얼마나 펴지겠습니까?

부모는 자녀에게 이렇게 말해야 합니다. "얘들아. 요즈음 많이 힘들지? 하지만 아빠의 직장이 이런 곳이란다. 우리가 하나님 말씀대로 살려면 어쩔 수가 없지 않니? 한 푼이라도 아끼면서 우리 신나게 살아보자!" 이 말을 듣고 자녀가 부모의 정직한 삶에 감동하고 부모를 존경하며 따르지 않겠습니까? 아무도 이러한 가정의 행복을 빼앗을 수 없을 것입니다.

직장에서 상사가 부하 직원에게, 부하 직원이 상사에게 이렇게 말해야 합니다. "상납은 받지도 말고 주지도 맙시다. 우리 정직하게 일해 봅시다." 그럴 때 이 사회가 정직한 사회로 바뀔 수 있는 것입니다.

가라앉는 배와 같은 이 나라의 처지를 안타까워한다면 우리 자신부터 하나님의 말씀대로 살아야 합니다. 뇌물로부터 손을 깨끗이 해야 합니다. 그리고 비록 가난하게 살아야 할지 모르지만 깨끗한 손으로 정직하게 사는 삶이 얼마나 행복하고 기쁜 것인지 사람들에게 알려야 합니다. 그들에게 경건의 은혜를 보여 줌으로 감동을 주어야 합니다. 때에 따라서는 세상 사람들에게 비상벨을 울려야 합니다. 그럴 때 이 나라가 소망이 있습니다. 이 사회가 정직한 사회가 될 것입니다. 하나님께서 우리 모두를 이 시대에 위대한 선지자로, 이 시대에 위대한 등불로 크게 사용해 주시기를 간절히 기도합니다.

9

성숙이
필요한사회

예수님을 믿는다고 해서 자동적으로 선악을 분별할 수 있게 되는 것이 결코 아닙니다.
하나님의 말씀을 꾸준히 받아먹고 속사람이 성장하는 단계를 거쳐야
선악을 분별할 수 있는 온전한 그리스도인이 되는 것입니다.

열왕기상 3:4-15

4 이에 왕이 제사하러 기브온으로 가니 거기는 산당이 큼이라 솔로몬이 그 제단에 일천 번제를 드렸더니 5 기브온에서 밤에 여호와께서 솔로몬의 꿈에 나타나시니라 하나님이 이르시되 내가 네게 무엇을 줄꼬 너는 구하라 6 솔로몬이 이르되 주의 종 내 아버지 다윗이 성실과 공의와 정직한 마음으로 주와 함께 주 앞에서 행하므로 주께서 그에게 큰 은혜를 베푸셨고 주께서 또 그를 위하여 이 큰 은혜를 항상 주사 오늘과 같이 그의 자리에 앉을 아들을 그에게 주셨나이다 7 나의 하나님 여호와여 주께서 종으로 종의 아버지 다윗을 대신하여 왕이 되게 하셨사오나 종은 작은 아이라 출입할 줄을 알지 못하고 8 주께서 택하신 백성 가운데 있나이다 그들은 큰 백성이라 수효가 많아서 셀 수도 없고 기록할 수도 없사오니 9 누가 주의 이 많은 백성을 재판할 수 있사오리이까 듣는 마음을 종에게 주사 주의 백성을 재판하여 선악을 분별하게 하옵소서 10 솔로몬이 이것을 구하매 그 말씀이 주의 마음에 든지라 11 이에 하나님이 그에게 이르시되 네가 이것을 구하도다 자기를 위하여 장수하기를 구하지 아니하며 부도 구하지 아니하며 자기 원수의 생명 멸하기도 구하지 아니하고 오직 송사를 듣고 분별하는 지혜를 구하였으니 12 내가 네 말대로 하여 네게 지혜롭고 총명한 마음을 주노니 네 앞에도 너와 같은 자가 없었거니와 네 뒤에도 너와 같은 자가 일어남이 없으리라 13 내가 또 네가 구하지 아니한 부귀와 영광도 네게 주노니 네 평생에 왕들 중에 너와 같은 자가 없을 것이라 14 네가 만일 네 아버지 다윗이 행함 같이 내 길로 행하며 내 법도와 명령을 지키면 내가 또 네 날을 길게 하리라 15 솔로몬이 깨어 보니 꿈이더라 이에 예루살렘에 이르러 여호와의 언약궤 앞에 서서 번제와 감사의 제물을 드리고 모든 신하들을 위하여 잔치하였더라

성숙이
필요한 사회

솔로몬은 이스라엘의 3대 왕이자 이스라엘 최고의 전성기를 이루었던 위대한 왕입니다. 그는 즉위한 지 얼마 되지 않아 기브온에 있는 산당에서 하나님께 일천 번제를 드렸습니다(4절). 일천 번제를 문자적으로 해석해야 할지 아니면 대단히 거창한 제사를 가리키기 위한 상징적인 표현으로 보아야 할지를 놓고 성경 학자들 사이에 의견이 분분하지만, 분명한 것은 하나님 앞에 정성을 다해 드린 제사였다는 사실입니다.

솔로몬은 일천 번제를 드린 바로 그날 밤 꿈에서 하나님으로부터 이와 같은 음성을 들었습니다.

내가 네게 무엇을 줄꼬 너는 구하라_왕상 3:5하

무엇을 구하든지 다 들어주시겠다는 것입니다. 그러자 그는 서슴없이 이렇게 대답했습니다. "주여, 저는 작은 아이입니다. 이 많은 백성을 맡아 다스릴 수 없사오니, 선악을 분별할 수 있도록 듣는 마음을 주옵소서"(7-9절). 그는 자기를 일컬어서 '작은 아이'라고 고백했습니다. 나이가 어리다는 말이 아닙니다.

열왕기상 11장 42절에 따르면 그는 40년 동안 이스라엘 나라를 다스렸습니다. 역대하 12장 13절을 보면 그의 아들 르호보암이 그를 이어 왕이 되었을 때의 나이가 마흔한 살이었습니다. 따라서 솔로몬은 왕으로 즉위하기 이전에 이미 르호보암을 낳았다고 볼 수 있습니다. 이로 볼 때 일천 번제를 드릴 당시 그의 나이는 최소한 20대 초반은 되었으리라는 추측이 가능한 것입니다.

그렇다면 그는 왜 자신을 '작은 아이'라고 말했습니까? 본문 말씀을 앞뒤로 자세히 살펴보면 '지혜가 부족한 자'라는 뜻임을 알 수 있습니다. 나이가 적은 사람은 연장자보다 지혜가 부족할 수밖에 없습니다.

늙은 자에게는 지혜가 있고, 장수하는 자에게는 명철이 있느니라

_욥 12:12

솔로몬은 이 말씀을 진리로 받아들였습니다. 그는 요즈음 젊은 사람들과는 달랐습니다. 요즈음의 젊은 세대는 기성세대를 지혜나 분별력도 없고 시대에 뒤떨어진 퇴물 대하듯 합니다. 선악을 분별하고 옳은 일을 판단하는 면에 있어서 기성세대보다 자신들이 훨씬 앞선다고 착각하고 있습니다. 그러나 솔로몬은 자신에게 지혜가 부족하다는 사실을 겸손하게 받아들였습니다. 이것은 그가 하나님께 선악을 분별할 수 있는 지혜(듣는 마음)를 달라고 간구한 사실에서도 분명히 드러납니다. 하나님께서는 겸손하게 지혜를 구한 그에게 전무후무한 지혜를 주셨을 뿐 아니라 그가 구하지 아니한 장수와 부귀와 영화까지 주셨습니다(왕상 3:11-13). 이것이 본문 말씀의 요지입니다.

○ ○ ○ ○ ○ ○ ○ ○
솔로몬의 통치 철학

우리가 솔로몬을 통해 배울 수 있는 교훈이 몇 가지 있습니다. 첫째, 올바른 통치 철학이 무엇인가 하는 것입니다. 통치 철학이 우리와 무슨 상관이 있느냐고 생각할 수 있습니다. 통치 철학은 정치가들에게나 해당한다고 말할 수 있습니다. 그러나 우리가 올바른 통치 철학에 대해 분명히 알아 두어야 할 충분한 이유가 있습니다. 오늘날에는 예전과 달리 우리 손으로 직접 나라를 다스릴 지도자를 뽑기 때문입니다. 우리가 정치 지도자를 제대로 뽑기 위해서라도 무엇이 올바른 통치 철학인지 정도는 분명히 알고 있어야 합니다.

솔로몬은 왕위에 오르자마자 한 가지 질문에 골몰했습니다. '어떻게 하면 이 나라를 번영하게 만들고 이 백성을 행복하게 만들 수 있을까?' 많은 고민 끝에 그는 이런 결론에 도달했습니다. '이 나라 백성들을 정말 행복하게 하고 이 나라를 부강하게 만드는 길은 평화도 아니요, 부도 아니요, 장기 집권도 아니다. 이 나라에 하나님께서 기뻐하시는 정의와 공평을 세우는 것만이 최선의 길이다.' 그래서 "무엇을 주기 원하느냐"라는 하나님의 질문에 서슴없이 이렇게 대답할 수 있었던 것입니다.

> 듣는 마음을 종에게 주사 주의 백성을 재판하여 선악을 분별하게 하옵소서_왕상 3:9하

상식적으로 볼 때 나라의 경제가 부흥해야 백성들이 잘살고 행복할 수 있지 않습니까? 그러나 그는 부를 구하지 않았습니다. 나라가 군사적으로 강해야 적국의 위협을 무찌르고 평화를 누리며 번영할 수

있지 않겠습니까? 그러나 그는 원수의 생명을 멸해 달라고 구하지도 않았습니다. 강력한 군사력으로 평화를 이룬다고 해서 백성들이 행복해지는 것은 아니기 때문입니다. 아무리 경제적으로 번영하고 정치적으로나 군사적으로 평화를 누리게 된다고 하더라도 선악이 뒤바뀐 사회가 되면 결코 행복할 수 없습니다.

> 악을 선하다 하며 선을 악하다 하며 흑암으로 광명을 삼으며 광명으로 흑암을 삼으며 쓴 것으로 단 것을 삼으며 단 것으로 쓴 것을 삼는 자들은 화 있을진저_사 5:20

솔로몬은 선악을 비롯한 모든 가치가 전도된 사회가 되면 결국 하나님의 진노를 받아 망하게 되리라는 것을 분명히 알고 있었습니다. 그래서 그는 무엇보다 이스라엘을 도덕과 양심이 살아 있는 나라로 만들고자 했습니다. 도덕적으로 건전한 나라가 되어 선악이 분명히 구분되고, 공의가 든든히 서는 사회가 될 때 비로소 번영과 행복을 누릴 수 있다고 생각했기 때문입니다(잠 29:4 참조).

오늘날 우리나라의 정치 지도자들은 어떻습니까? 제1공화국으로부터 지금에 이르기까지 역대 통치자 중에 비극적인 종말을 맞지 않은 사람이 누가 있습니까? 참으로 부끄러운 일이 아닐 수 없습니다.

그런데 그런 종말을 맞이한 이유가 다른 데 있다고 보지 않습니다. 그들에게는 솔로몬의 통치 철학이 없었습니다. 어떤 이는 공산주의만 몰아내면 나라가 안녕 가운데 번영할 것이라고 믿고 반공을 최우선 과제로 삼았습니다. 또 어떤 이는 경제 부흥을 최대의 과제로 내세웠습니다. 민주화와 통일을 국가 지도력의 최우선 과제로 삼고 열을 올린 이들도 있었습니다. 그 결과 우리나라가 공산주의를 막아 냈고, 거지 나라 신세를 면하게 되었으며, 상당한 정도로 민주화를 이루었다는 사실은 부인하지 않습니다.

그러나 사회에 만연해 있는 불신과 부정부패, 타락 풍조로 인해 우리 모두가 얼마나 고통을 겪고 있습니까? 얼마나 많은 돈 없는 사람들이 무고하게 피해를 보며 피눈물을 흘리며 신음하고 있습니까? 이 모든 것은 선악을 분별하는 도덕성을 우습게 여긴 정치 지도자들과 우리 모두의 어리석음이 자초한 것입니다. 따라서 우리는 솔로몬의 통치 철학을 깊이 되새겨 볼 필요가 있습니다.

해리 트루먼(Harry Shippe Truman, 1884-1972) 대통령은 6 · 25 전쟁과 밀접하게 관계된 사람이어서 우리가 그 이름을 익히 기억하고 있습니다. 그는 대통령에 취임할 때 이렇게 기도했다고 합니다. "듣는 마음을 종에게 주사 주의 백성을 재판하며 선악을 분별하게 하옵소서." 솔로몬의 기도를 자신의 기도문으로 삼았던 것입니다. 미국의 장래가 도덕성에 달려 있다는 사실을 누구보다 분명히 인식하고 있었기 때문입니다.

당시 언론이나 여론은 그가 위대한 미국을 위한 거창한 기도를 하기보다 단순하기 그지없는 솔로몬의 기도를 읊은 데 대해 비난을 퍼부었습니다. 그러나 수십 년이 지난 지금 그에 대한 평가가 얼마나 달라졌습니까? 그는 사람들의 마음속에 존경받는 대통령의 한 사람으로 기억되고 있습니다.

우리나라에도 트루먼과 같은 멋있는 지도자들이 많이 나왔으면 좋겠습니다. 선과 악을 분별할 수 있는 지혜로운 마음을 지도자의 으뜸가는 자질로 알고 그런 지도자를 뽑는 수준 높은 우리가 되었으면 좋겠습니다. 관권 선거나 금권 선거를 추방하여 모든 사람이 깨끗하게 승복할 수 있는 선거 풍토를 만드는 것도 참 중요한 일입니다.

그러나 선악을 분별할 수 있는 정상적인 양식을 갖춘 사람을 지도자로 뽑는 것은 그보다 더 중요합니다. 그가 어느 정당에 속해 있고, 어떤 지역 출신이며, 무슨 학교를 나왔는지 따지지 맙시다. 이런 것들은 모두 우리의 눈을 어둡게 해서 판단을 그르치게 하는 망상에 불과합니다. 우리가 따져야 할 것은 그가 지도자로서 얼마나 양심껏 일할 수 있는 사람인가 하는 것입니다.

만일 아무리 찾아도 그럴 만한 자질을 갖춘 사람이 안 보인다면 그 중에서 그래도 가장 나은 사람을 찾아야 할 것입니다. 맘에 드는 사람이 없다고 해서 투표권을 포기해 버리면 안 됩니다. 주변에서 자기는 산으로, 들로 놀러 가느라 투표도 안 했으면서 지도자로 당선된 자가 조금이라도 정치를 잘못하면 욕하고 비판하기에 바쁜 사람들을 많이 봅니다. 그러나 예수님을 믿는 우리는 그렇게 해서는 안 됩니다. 누가 솔로몬처럼 올바른 통치 철학을 가졌는지 살펴보고 가장 근접한 사람을 지도자로 뽑아야 할 것입니다.

○ ○ ○ ○ ○ ○ ○ ○ ○ ○
선악을 분별하기 힘든 세상

둘째, 선악을 분별하기란 결코 쉽지 않습니다. 요즘 지도자들은 권력을 손에 쥐고 나면 자기의 모든 생각이나 말이 곧 민심이요, 천심인 것으로 착각하는 경향이 있습니다. 달리 말해, 온 국민이 불평하며 저항을 하고 있는데도 자기의 말이나 생각만 옳다고 여기는 것입니다.

그러나 솔로몬은 달랐습니다. 그는 대권을 손에 쥐었음에도 선과 악을 구별하는 일이 얼마나 어려운 것인가를 솔직히 인정했습니다. 그의 곁에 훌륭한 참모가 없었던 것이 아닙니다. 훌륭한 제사장도 있었고, 그의 손에는 언제나 율법책이 들려 있었습니다.

그럼에도 그는 선과 악을 구별하는 것은 그것만으로는 안 된다는 사실을 인정했습니다. 그리고 20대 초반의 젊은이로서 비교적 때 묻지 않은 순수한 양심을 가지고 있었지만 그것으로도 선과 악을 분별하기에는 충분하지 못하다고 보았습니다.

우리가 잘 아는 바와 같이 세상에서 악만큼 교묘한 것이 없습니다. 악의 특징들 가운데 빼놓을 수 없는 한 가지는 '위장(僞裝)'일 것입니다. 악이 악으로만 나타나면 악을 가려내는 것은 그리 어렵지 않을 것입니다. 그러나 많은 경우 악은 선의 모습으로 위장해서 나타납니다. 그래서 선과 악을 구별하는 일이 생각보다 쉽지 않다는 사실을 우리는 경험을 통해 잘 알고 있습니다.

오늘날은 솔로몬 시대보다 훨씬 더 복잡하고 혼란스럽습니다. 악도 그 종류가 더 다양해졌고, 훨씬 더 교묘해졌습니다. 교통과 통신의 혁명적인 진보로 인해 세계 여러 나라로부터 홍수같이 쏟아져 들어온 다양한 윤리관들로 인해 가치관의 혼돈 현상이 빚어지고 있습니다.

그 결과 선악의 기준은 점점 더 모호해졌고 우리의 판단 능력도 흐려지게 된 것을 부인할 수 없습니다. 이런 현상에 대해 철학자들은 일련의 책임을 면할 수 없을 것 같습니다. 그들은 절대적 가치를 부정하고 상대적인 가치를 주장합니다. 자기에게 좋은 것은 선이고, 싫은 것은 악이라는 것입니다.

이와 같은 상대적 가치관은 도덕과 양심을 정면으로 부정하는 것입니다. 이러한 환경 속에서 선악을 분별하는 눈은 자연히 더 어두워질 수밖에 없는 것입니다.

요즈음 젊은 사람들은 입버릇처럼 "지금이 어떤 세상인데"라며 기성세대를 거부합니다. 기성세대의 말이 설사 옳다고 할지라도 일단 거부하고 보는 것이 젊음의 특권인 양 생각합니다. 그들은 문구류 하나를 사도 일제를 고집합니다. 청바지를 입어도 미국이나 일본에서 현지보다 몇 배나 비싸게 들어오는 청바지를 입습니다. 값비싼 수입품은 대한민국 국민의 양심상 절제해야 마땅하지만, 그들은 자신들의 행동이 옳은지 그른지 전혀 따져 보지 않습니다.

요즈음 대학생들 사이에서 소위 '의식'이 사라지고 있다고 합니다. 몇 해 전까지만 해도 독재 정권에 맞서서 '어떻게 하면 이 땅에 민주화를 이룰 수 있을까' 하고 고민하며 아파했지만, 이제는 그러한 의식이 다 사라져 버렸다는 것입니다.

학생운동이 왜 날로 폭력화한다고 생각하십니까? 의식이 사라져 가고 있기 때문입니다. 의식이 빈만큼 시위가 폭력화되는 것입니다. 선이냐 악이냐를 따지며 고민하기 싫으니까 일단 행동으로 거부하고 보자는 것입니다. 자신이 한 행동에 대해 별로 가책을 느끼지도 않습니다. 악을 행하면서도 악인 줄 모르기 때문입니다. 그만큼 시대가 흘러갈수록 선악을 분별하기가 더 힘들어지는 것입니다.

모 일간지에서 사회윤리 의식 성향 조사 결과를 분석해 놓은 기사를 읽은 적이 있습니다. 그 기사 중에서 특히 시선을 끄는 대목이 하나 있었습니다. "요즘은 무엇이 옳은지 그른지를 판단하기가 힘들다"라는 질문에 '그렇다'라고 답한 사람이 응답자의 71%나 된다는 사실입니다. 우리나라 사람들 10명 중 7명이 선악을 제대로 구별하지 못한다니 충격적인 일이 아닐 수 없습니다. 대부분의 사람이 세상 돌아가는 대로, 다수가 옳다고 생각하는 대로 세상을 살아가고 있다는 것입니다.

현대사회는 시간이 아니라 분, 초를 다투는 시대를 향해 달려가고 있습니다. 하루가 다르게 세상이 달라져 잠시라도 한눈을 팔면 도저히 따라잡기 힘들 정도가 되어 버렸습니다. 이러한 추세는 갈수록 더

심해질 것입니다. 그래서 결과적으로 이 사회의 복잡함과 애매모호함도 날로 더 심화될 것이 틀림없습니다.

그러므로 우리는 솔로몬처럼 겸손하게 선악을 분별할 지혜가 부족하다는 사실을 솔직히 인정해야 합니다. 예수님을 믿기만 하면 자동으로 선악을 쉽게 분별할 수 있게 된다고 생각하면 큰 오해입니다.

> 스스로 지혜롭다 하며 스스로 명철하다 하는 자들은 화 있을진저
> _사 5:21

조용히 자신의 삶을 돌이켜보십시오. 선악을 제대로 분별하지 못해서 애매모호하게 행동한 적이 얼마나 많았습니까? 우리가 양심의 소리에 귀 기울인다면 솔로몬처럼 하나님 앞에 엎드려 선악을 분별할 수 있는 지혜를 간구할 수밖에 없을 것입니다.

○ ○ ○ ○ ○ ○ ○ ○
듣는 마음을 얻는 비결

셋째는, 하나님께서 주시는 듣는 마음을 받아야만 합니다. 솔로몬은 하나님께 선악을 분별할 수 있는 듣는 마음 주시기를 간구했습니다(왕상 3:9). '듣는 마음'은 히브리어로 '렙 셰마아'인데, 솔로몬은 무엇을 듣기 원했겠습니까? 인간 지혜자의 말이었겠습니까? 아닙니다. 그가 구한 것은 '하나님의 음성을 듣는 마음'이었습니다. 그는 하나님의 음성을 들어야 선악을 바로 분별할 수 있다고 생각했습니다.

그러면 우리가 어떻게 하면 이러한 듣는 마음(지혜)을 얻을 수 있습니까? 성경은 우리에게 두 가지 방법을 교훈합니다.

첫째는, 기도하는 것입니다.

> 너희 중에 누구든지 지혜가 부족하거든 모든 사람에게 후히 주시고
> 꾸짖지 아니하시는 하나님께 구하라 그리하면 주시리라_약 1:5

따라서 우리도 솔로몬처럼 이렇게 간구해야 합니다. "하나님, 선과 악을 분별할 수 있는 지혜가 부족하오니, 내 귀를 열어 주셔서 하나님의 음성을 듣게 하여 주옵소서." 솔직히 우리는 이런 기도는 잘 하지 않습니다. 우리 자신이나 가정, 재물을 위해서는 입이 마르도록 간구하면서도 선악을 분별할 수 있는 지혜로운 마음을 달라고 기도하지는 않습니다.

하나님께서 솔로몬의 기도를 듣고 얼마나 기뻐하셨는지를 기억할 필요가 있습니다.

> 이에 하나님이 그에게 이르시되 네가 이것을 구하도다 자기를 위하
> 여 장수하기를 구하지 아니하며 부도 구하지 아니하며 자기 원수의
> 생명을 멸하기도 구하지 아니하고 오직 송사를 듣고 분별하는 지혜
> 를 구하였으니_왕상 3:11

하나님께서는 거의 탄성을 내다시피 하시며 기뻐하셨습니다. 아주 흡족해하신 것입니다(10절). 그래서 하나님께서는 그가 구하지 않았던 장수와 부귀영화까지 다 주셨습니다. 우리도 기왕에 기도할 바에는 하나님의 마음에 쏙 드는 기도를 해야 하지 않겠습니까? "하나님, 저에게 지혜를 주셔서 이 세상을 사는 동안 하나님께서 원하시는 선을 추구하고 의를 행하는 사람이 되도록 지혜로운 마음을 주옵소서"라고 기도해 보자는 말입니다.

둘째로, 성숙한 그리스도인이 되라는 것입니다.

이는 젖을 먹는 자마다 어린아이니 의의 말씀을 경험하지 못한 자요
단단한 음식은 장성한 자의 것이니 그들은 지각을 사용함으로 연단
을 받아 선악을 분변하는 자들이니라_히 5:13-14

그리스도인 가운데는 두 부류가 있습니다. 하나는 어린아이와 같은 그리스도인입니다. 그는 단단한 음식은 먹지 못합니다. 성경 안에는 이해하기 쉽고, 듣기 좋고, 마음에 드는 말씀도 많지만 깨닫기 힘들고, 듣기에 그리 즐겁지 않은 말씀도 상당히 많습니다. 믿음이 어린 사람은 자기 귀에 듣기 좋은 말씀만 골라 먹고 쉬운 것만 알아듣게 마련입니다. 그러다 보니 그들은 의의 말씀을 경험해 볼 기회를 한 번도 가지지 못하게 됩니다. 다시 말해, 말씀을 듣기는 들어도 실제 삶 속에서 그 말씀의 능력을 체험하지 못하는 것입니다.

다음으로는 성숙한 그리스도인입니다. 히브리서는 이런 사람을 '장성한 자'라고 표현했습니다. 어린아이는 성장해 가면서 차차 단단한 음식도 씹어 먹을 수 있게 됩니다. 이것은 영적인 면에도 그대로 적용됩니다. 우리는 그리스도인으로서 믿음이 점점 더 성숙해져 감에 따라 단단한 음식도 먹을 수 있게 됩니다. 다시 말해, 쉬운 말씀을 배울 뿐 아니라 이해하기가 어렵고 듣기에 별로 달갑지 않은 말씀도 열심히 배워 거기서 진리를 깨달으며 생활에 적용할 수 있게 됩니다. 말씀대로 살려다가 많은 어려움과 연단을 겪을 수도 있지만, 그 말씀의 진리와 능력을 실제로 체험하게 되는 것입니다. 그럴 때 그의 영성이 다듬어지고 속사람이 성숙하게 되는 것입니다.

이와 같이 하나님의 말씀을 부지런히 배우고 깨달아 성숙한 그리스도인이 되면 우리 마음이 온통 말씀으로 가득 차게 됩니다. 그럴 때 세상만사를 말씀에 따라서 보는 눈이 열리게 될 것입니다. 아무리 우리

환경이 복잡하고 애매모호하다 해도 하나님의 말씀에 비추어 선악을 분별할 수 있게 될 것입니다. 예수님을 믿는다고 해서 자동적으로 선악을 분별할 수 있게 되는 것이 결코 아닙니다. 하나님의 말씀을 꾸준히 받아먹고 속사람이 성장하는 단계를 거쳐야 선악을 분별할 수 있는 온전한 그리스도인이 되는 것입니다.

김신(金伸)이라는 판사 이야기가 생각납니다. 한번은 그가 자전거를 훔친 어떤 사람을 재판하게 되었다고 합니다. 그는 피고에게 왜 자전거를 훔쳤느냐고 질문했습니다. 그랬더니 그 사람이 얼굴색 하나 안 변하고 너무도 당당하게 이렇게 대답을 하더라는 것입니다. "새벽 기도를 마치고 나와 보니 얼마나 다리가 아픈지 한 발자국도 옮기기가 힘들었어요. 마침 근처에 자전거가 세워져 있길래 그냥 타고 갔을 뿐인데요."

참으로 어처구니없는 일이 아닐 수 없습니다. 그러나 그를 손가락질 할 일만은 아닌 것 같습니다. 경우는 다를지 몰라도 우리 역시 이 사람처럼 선악을 분별하지 못하고 나쁜 짓을 저지르는 경우가 많기 때문입니다. 자신에게 조금이라도 유익하다 싶으면 자전거를 훔치는 것과는 비교도 안 될 엄청난 일을 저지르면서도 그게 악이라고 생각하지 않는 것입니다.

○ ○ ○ ○ ○ ○
악을 대적하라

그리스도인이 천만 명이나 된다는 이 나라가 왜 이렇게 부정부패가 만연하고 도덕의식이 실종된 사회가 되었습니까? 숫자가 천만이나 되어도 대부분이 어린아이와 같은 수준의 그리스도인들이기 때문입니다. 자기가 듣기에 유쾌한 말씀은 잘 받아들이면서 정작 실제 생활

현장에서 말씀대로 선을 따라서 살아야 할 때는 꽁무니를 빼는 것입니다. 그러므로 우리는 말씀을 골고루 배우고 깨달음으로써 진리를 알고, 선악을 분별할 수 있는 성숙한 그리스도인이 되려는 노력을 게을리하지 말아야 합니다.

러시아의 대문호 솔제니친은 〈현대인은 하나님을 잃어버렸다〉라는 글에서 이렇게 말했습니다. "지구 전체를 뒤흔드는 사건들이 꼬리를 물고 일어나 온 인류를 불안에 떨게 만드는 이때, 인류의 존폐를 가름하는 가장 중요하고도 신뢰할 만한 열쇠가 있다면 선악을 구별할 줄 아는 인간의 마음일 것이다."

누가 선악을 구별할 수 있습니까? 불신자들에게 이것을 기대할 수 있겠습니까? 자기 마음에 맞으면 선이고 자기 마음에 맞지 않으면 악이라고 생각하는 사람들에게 선악 분별하기를 기대할 수 있겠습니까? 그럴 수 없습니다. 우리가 이 세상을 향해 진리의 등불을 높이 들고 무엇이 선한 길인지 보여 주어야 합니다.

우리가 지금처럼 세상을 되는대로 버려두어서는 안 됩니다. 지금과 같은 추세라면 머지않아 선악의 구분이 완전히 무너지는 대혼란이 일어날지도 모릅니다. 나 혼자 건강하다고 세상이 평안해질 것이라 생각하십니까? 돈을 많이 모아 두었다고 걱정 없이 살 줄 아십니까? 혼자 출세했다고 해서 모든 것이 형통하게 될 것이라 생각하십니까? 어리석은 생각하지 마십시오. 악을 선이라 하고, 선을 악이라 하는 사회가 되면 그 속에서 사는 삶 그 자체가 지옥과도 같을 것입니다.

언젠가 〈크리스채너티 투데이〉(Christianity Today)라는 유명한 기독교 잡지에서 독일 교회가 왜 히틀러와 그 악마 같은 정권이 독일을 통치하도록 허용해서 독일을 지상의 지옥으로 만들어 버렸는지에 대해 분석한 글을 읽은 적이 있습니다.

그 글을 쓴 이는 독일 교회가 선악을 분별하는 감각을 잃어버린 데서 그 원인을 찾았습니다. 독일 교회가 히틀러의 기만전술에 그렇게 쉽게 넘어가게 된 것은 선악을 분별하는 감각이 무뎌졌기 때문이라는 것입니다. 히틀러는 권좌에 오르자마자 독실한 그리스도인인 것처럼 위장을 했습니다. 그는 독일 기독교의 전통적인 토대를 존중한다고 말했으며, 자기 정권은 기독교를 도덕성의 기초로 삼아 올바르게 정치하겠다고 약속했습니다. 그렇게 함으로써 그는 독일 교회와 국민에게 자신이 하나님 앞에 거룩하고 겸손한 자로 부각시키는 데 성공했던 것입니다.

그러나 만일 독일 교회가 그의 사탕발림 속에 숨어 있는 악을 분별해 낼 수만 있었더라면 절대 그 악한 정권이 독일에 뿌리내리지 못하게 했을 것입니다.

이런 의미에서 예수님을 믿는 우리는 정치가들의 말을 바로 분별할 수 있어야 합니다. 세상 돌아가는 상황을 보면서 선악을 분명히 분별할 수 있는 양식을 갖추어야 합니다. 정치나 사회문제에 대해 무관심하면서 잘되기만 바란다거나 비판하기에 급급한 무책임한 사람이 되어서는 안 됩니다. 선을 좇고 악을 대적하기 위해 필요하다면 어떠한 대가라도 주저하지 않고 감당하려는 용기를 가져야 합니다.

이 나라가 잘되려면 선악을 분별할 수 있는 지혜로운 마음을 가진 지도자들이 많이 나와야 합니다. 그러기 위해서는 우리 자신부터 선악을 분별할 수 있는 성숙한 그리스도인이 되어야 합니다. 세상에 나가 말씀대로 선을 사랑하고 악을 미워하는 삶을 살아야 합니다. 그럴 때 우리를 보고 사람들이 선악을 분명히 알게 될 것입니다. 이 땅에 공의가 든든히 서게 될 것입니다. 이 나라가 번영하고, 우리 민족이 행복하게 되는 길은 바로 여기에 있습니다.

10

책임
전가

아무리 우리에게 잘못된 근성이 남아 있다 해도
하나님이 부어 주시는 폭포수 같은 은혜에 흠뻑 젖고 나면 정직할 수 있습니다.
"내 탓이오"라고 말할 수 있는 용기 있는 사람이 될 수 있습니다.

출애굽기 32:21-24

21 모세가 아론에게 이르되 이 백성이 당신에게 어떻게 하였기에 당신이 그들을 큰 죄에 빠지게 하였느냐 22 아론이 이르되 내 주여 노하지 마소서 이 백성의 악함을 당신이 아나이다 23 그들이 내게 말하기를 우리를 위하여 우리를 인도할 신을 만들라 이 모세 곧 우리를 애굽 땅에서 인도하여 낸 사람은 어찌 되었는지 알 수 없노라 하기에 24 내가 그들에게 이르기를 금이 있는 자는 빼내라 한즉 그들이 그것을 내게로 가져왔기로 내가 불에 던졌더니 이 송아지가 나왔나이다

책임
전가

　　　　　　　　　　한보 사건이 터진 후 지난 몇 개월
동안 우리는 텔레비전을 통해서 어쩔 수 없이 얼굴을 내보이는 많은
사회 지도급 인사들을 지켜보았습니다. 저는 그들을 볼 때마다 분통
이 터져 견딜 수가 없었습니다. 그들 중에서 자기 혐의를 속 시원하게
시인하는 사람이 1명도 없었습니다. 그들은 한결같이 자신들에게 씌
워진 혐의를 부인하며 "절대 그런 일이 없었다", "정말 억울하다"라는
말만 되풀이했습니다.

　잘못한 것이 있다면 솔직하게 인정할 줄 아는 게 최소한의 양심일
것입니다. 본의든 아니든 간에 자신으로 인해 이웃과 온 국민에게 엄
청난 물적, 정신적 피해를 입혔다면 뭔가 책임을 느낄 줄 아는 게 기본
적인 양식일 것입니다. 그러나 그들은 반성의 빛을 보이기는커녕 명
백하게 드러난 일조차 발뺌하기에 급급했습니다. 이제까지 그래 왔듯
이 이런저런 말로 잘 버티다 보면 들끓던 여론도 곧 잠잠해질 것이고
검찰 수사도 흐지부지되고 말 것이라 믿기 때문인 것 같습니다.

　이러한 자들이 이 사회에서 중추적인 역할을 하는 지도층 인사들이

라니 참으로 한심한 일이 아닐 수 없습니다. 많은 지도자가 이와 같은 썩어 빠진 사고방식을 가지고 있다면 일반 대중이야 말해 무엇 하겠습니까? 사실 그들의 뻔뻔스러운 언동은 오늘날 이 사회에 만연해 있는 사람들의 생각과 언동을 그대로 반영하는 빙산의 일각에 불과하다는 데 우리의 아픔이 있습니다. 따라서 우리는 그들의 문제를 바로 우리 자신의 문제로 받아들여야 합니다.

놀랍게도 본문 말씀에 등장하는 아론은 오늘날 우리가 안고 있는 문제를 적나라하게 보여 줍니다. 그의 언동을 자세히 살펴보면 우리는 이렇게 고백할 수밖에 없을 것입니다. "이것은 남의 이야기가 아니라 바로 내 이야기다. 아론의 모습은 곧 나 자신의 모습이다."

○ ○ ○ ○ ○
아론의 변명

본문을 제대로 이해하기 위해서는 배경을 알 필요가 있습니다. 하나님께서는 모세와 아론을 지도자로 세우셔서 이스라엘 백성들을 440년 동안 종살이하던 애굽에서 이끌어 내셨습니다. 강한 능력으로 홍해를 가르셔서 그들을 건너게 하셨고 시내광야로 인도하여 그곳에 얼마 동안 영주하게 하셨습니다. 하나님께서는 그곳에서 모세를 시내산으로 부르셨습니다. 이스라엘 백성들이 하나님의 자녀답게 살기 위해 필요한 모든 율법과 규례와 교훈을 지시해 주시기 위해서였습니다. 백성들은 모세가 넉넉잡아 일주일이면 내려올 것이라 생각했습니다.

그러나 2, 3주가 지나고 40여 일이 다 되도록 모세는 내려오지 않았습니다. 그들은 자신들이 하나님처럼 믿고 따라왔던 모세가 산 위에서 죽었을지도 모른다는 불길한 생각을 뿌리칠 수 없었습니다. 그렇다고 사람을 산 위로 올려 보낼 수도 없는 노릇이었습니다. 하나님께서 백성들이 산에 오르는 것을 엄히 금하셨기 때문입니다(출 19:24 참조).

이러지도 저러지도 못한 채 40여 일을 지내다 보니 백성들은 불안과 두려움에 견딜 수가 없게 되었습니다. 더 이상 그를 기다리고만 있을 수 없다고 판단한 그들은 당시 2인자였던 아론을 찾아와서 한 가지 비상 대책을 제시했습니다.

> 일어나라 우리를 위하여 우리를 인도할 신을 만들라 이 모세 곧 우리를 애굽 땅에서 인도하여 낸 사람은 어찌 되었는지 알지 못함이니라_출 32:1하

모세 대신 자신들을 인도할 신을 만들자는 것이었습니다. 아론은 그들의 요구를 거절하지 못하고 순순히 받아들였습니다. 그는 백성들에게 모든 금붙이를 모아 오게 했습니다. 그리고 그것들을 용광로에 녹여 애굽에서 보았던 금송아지 모양을 부어 만들었습니다. 그런 다음 각도로 조각을 하여 금송아지 신상을 완성했습니다. 그러자 백성들은 이렇게 외쳤습니다.

> 이스라엘아 이는 너희를 애굽 땅에서 인도하여 낸 너희의 신이로다_출 32:4하

이튿날 그들은 금송아지 신상 앞에서 제사를 지내고 먹고 마시고 춤을 추며 난리 법석을 떨었습니다.

하나님께서는 산 아래서 벌어지는 이와 같은 무서운 사태를 미리 아시고 모세에게 이렇게 말씀하셨습니다. "모세야, 기가 막히는구나! 내가 인도한 이 백성이 이토록 완악하고 목이 곧고 타락하였으니 내

가 이 백성을 한순간에 멸해 버리겠다. 내가 너로 새로운 백성의 지도자가 되게 해주겠다"(출 32:7-10 참조).

청천벽력 같은 말씀을 듣고 모세는 억장이 무너지는 것 같았습니다. 그래서 그는 하나님께 매달려 통사정을 했습니다. "하나님, 제발 그리하지 마옵소서. 하나님께서 이적과 기사를 행하시면서 마치 독수리가 새끼를 날개 위에 업고 날 듯이 이 백성을 애굽에서 끌어내셨는데 이제 이 광야에서 그 백성들을 진멸하신다면 애굽 사람들이나 주변에 있는 모든 부족이 뭐라고 빈정대겠습니까? '여호와가 전능하신 하나님이라고? 천만의 말씀. 애굽에서는 용케 구원했는지 모르지만, 광야에서 그 수많은 사람을 무슨 재주로 먹여 살리겠어? 그러니까 할 수 없이 다 죽여 버린 게 아닌가?' 만약 그들이 이런 식으로 하나님을 욕한다면 하나님의 영광이 얼마나 더럽혀지겠습니까? 하나님의 이름과 영광을 위해서라도 제발 이 백성을 용서해 주옵소서"(출 32:11-12 참조). 그러자 하나님께서는 뜻을 돌이켜 그 백성에게 내리시겠다던 화를 거두어 주셨습니다(출 32:14).

이윽고 모세가 하나님께서 주신 돌판을 가지고 산 아래로 내려와 보니 기가 막힌 상황이 벌어지고 있었습니다. 금송아지 앞에서 술에 취해 비틀거리며 춤추는 모습이 애굽에서 우상에게 제사를 지낼 때의 광경 그대로였던 것입니다. 모세는 크게 진노하여 아론을 불러 책임을 추궁했습니다.

이 백성이 당신에게 어떻게 하였기에 당신이 그들을 큰 죄에 빠지게 하였느냐_출 32:21

쉽게 말하면, 도대체 어떻게 지도했길래 백성들이 우상을 숭배하는 무서운 죄를 저지르게 했느냐는 것입니다. 그러자 아론은 이렇게 변명했습니다.

> 내 주여 노하지 마소서 이 백성의 악함을 당신이 아나이다_출 32:22

이 백성이 얼마나 완악하고 말을 잘 안 듣는지는 애굽에서부터 이 광야에 이르기까지 당신도 겪어 보아서 잘 알지 않느냐는 것입니다. 그는 모든 사태의 책임을 백성들에게 떠넘겼습니다.

> 그들이 내게 말하기를 우리를 위하여 우리를 인도할 신을 만들라 이 모세 곧 우리를 애굽 땅에서 인도하여 낸 사람은 어찌 되었는지 알 수 없노라 하기에 내가 그들에게 이르기를 금이 있는 자는 빼내라 한즉 그들이 그것을 내게로 가져왔기로 내가 불에 던졌더니 이 송아지가 나왔나이다_출 32:23-24

신상을 만들자고 한 것은 자신이 아니라 백성들이라는 것입니다. 자신은 신을 만들라는 백성들의 협박에 못 이겨 금패물이 있으면 다 가지고 오라고 했을 뿐이라는 것입니다. 그가 그다음에 한 말은 더 기가 막힙니다. 그 금붙이들을 불에 던졌더니 송아지 신상이 나왔다는 것입니다. 자신은 백성들이 가지고 온 금 고리를 용광로에 집어넣은 책임밖에 없다는 것입니다. 금송아지를 만들어 낸 것은 자기가 아니라 용광로라는 것입니다. 그러니까 자기는 전혀 책임이 없다는 것입니다. 정말 지도자로서는 너무 무책임한 말이 아닐 수 없습니다.

아론이 가진 유일한 관심사는 한시라도 빨리 궁지에서 벗어나는 것이었습니다. 그는 분명 40여 일간 모세를 대신하여 백성들을 지도했던 제2인자였습니다. 그럼에도 그는 백성들로 우상숭배에 빠지게 한 것이 자기 책임이라고 생각하지 않았습니다. 그들의 요구에 굴복한 자신의 비겁한 행동이 얼마나 끔찍한 죄를 야기시키는 죄악이었는지 생각하지 않았습니다. 그는 오로지 자기에게 날아온 화살을 피하기에만 급급했던 것입니다.

교묘한 거짓말

얼핏 듣기에 아론의 변명은 매우 그럴듯하게 들립니다. 백성이 악하다는 것도 사실이고, 백성들이 먼저 와서 신을 만들자고 한 것도 사실이며, 금붙이를 용광로에 녹인 결과 금송아지가 만들어진 것도 사실이기 때문입니다. 그러나 그의 말은 교묘하게 사실인 것처럼 위장한 거짓말이었습니다. 출애굽기 32장 1절에서 4절에 백성들이 아론에게 "우리를 인도할 신을 만들라"라고 요청을 해오자 그는 금고리를 가지고 오라고 말했습니다. 그가 구체적으로 언급하지는 않았지만, "우상을 만들려면 금이 있어야 하지 않느냐"라는 뜻을 내비친 것입니다. 더 나아가 그는 금고리를 불 속에 넣어 녹인 후 송아지 모형 틀에다 부어서 송아지 모양을 만들고 심지어 각도로 다듬고 새기기까지 했습니다 (4절). 송아지 신상을 만든 것은 용광로가 아니라 아론 자신이었습니다. 더 나아가 그는 이튿날을 '여호와의 절일'로 선포하고 송아지 앞에 제사를 지낼 준비를 하라고 명했습니다(5절).

이러한 사실들로 미루어 볼 때, 백성들이나 용광로에다 책임을 떠넘기려는 아론의 변명은 말도 안 되는 거짓말이라는 것을 분명히 알 수 있습니다. 자기가 책임져야 할 잘못을 은폐하기 위해서 교묘하게 거짓말을 둘러대고 있는 것입니다.

희망은 있습니다
●
452

오늘날 우리 사회를 돌아보십시오. 아론처럼 말을 묘하게 둘러대면서 진실을 은폐하기에 능숙한 사람들이 얼마나 많습니까? 기가 막힌 것은 이와 같이 교묘한 말재주를 가진 사람들이 사회에서는 처세술이 뛰어난 유능한 사람으로 인정받는다는 사실입니다.

물론 우리 사회에는 직업상 거짓말을 할 수밖에 없는 그런 사람들이 있습니다. 폴 에크먼(Paul Ekman) 교수는 《텔링 라이즈》(*Telling Lies: Clues to Deceit in the Marketplace, Politics, and Marriage*)라는 책에서 "거짓말에 재주가 있는 사람은 연기자나 세일즈맨, 변호사, 브로커, 외교관 같은 직업을 택하는 것이 좋다"라고 말했습니다. 이런 직업을 가진 사람들은 그 직업에서 성공하려면 거짓말을 할 수밖에 없다는 것입니다.

매년 브라질의 노바브르시아라는 도시에서는 "거짓말 대회"라는 이색 행사가 열리는데, 몇 년 전부터는 이 대회를 주관하는 임원단에서 한 가지 규정을 추가했다고 합니다. 정치인이나 고위 공무원은 절대로 이 대회에 참가할 수 없다는 것입니다. 그래서 참가 자격을 잃게 된 정치인들로부터 한동안 항의가 끊이지 않았다고 합니다. 그럼에도 대회 관계자들은 그 규정을 절대 포기하지 않았습니다. 그들은 항의자들에 대해 이렇게 대답했다고 합니다. "우리는 프로급 거짓말은 원치 않습니다."

그러나 이제 거짓말은 정치인들이나 고위 공무원들의 몫만은 아닌 것 같습니다. 대부분의 사람이 거짓말을 주고받으며 거짓에 물들어 살고 있습니다.

도스토예프스키(Fyodor Mikhailovich Dostoevskii, 1821–1881)는 이렇게 말하기도 했습니다. "인생에서 무엇보다 어려운 것은 거짓말을 하지 않고 사는 것이다." 그의 말처럼 이 사회에서 거짓말을 하지 않고 사는 것은 제일 어려운 일 중 하나가 되었습니다. 사람들은 거짓말인 줄

책임 전가

●

알면서도 고개를 끄덕여 주는 것을 훌륭한 처세술로 생각합니다. 적당한 거짓말은 오히려 귀엽게 봐주어야 할 형편이 되었습니다.

그렇다고 거짓말을 어쩔 수 없는 현실로 용납해야 하겠습니까? 그럴 수 없습니다. 이 사회가 거짓말로 물들어 가는 것을 마냥 보고만 있으면 안 됩니다. 거짓으로 병들어 가는 이 사회를 고쳐야 할 책임이 우리에게 있습니다. 우리가 이 책임을 바로 감당하기 위해서는 우리 자신부터 거짓을 버려야 합니다.

하나님께서는 적당하게 거짓말을 둘러대며 궁지를 모면하는 데 능숙한 자들을 싫어하십니다. 직업상 어쩔 수 없다고 변명하지 마십시오. 정치인이든 고위 공무원이든, 기업인이든 간에 직업상 어쩔 수 없다고 변명하는 자는 아론과 똑같은 사람이 된다는 것을 알아야 합니다. 이 사회가 아론과 같이 변명하는 자들로 가득하다면 우리 자녀들이 설 자리가 어디겠습니까? 정직한 자가 어떻게 살아남겠습니까? 우리가 진정 이 사회에 만연해 있는 거짓에 물든 병든 의식을 치료하기를 원한다면 우리부터 거짓을 버려야 합니다. 거짓말로 처세하기를 거부해야 합니다.

미국의 지미 카터(James Earl Carter Jr.) 대통령이 이란에 억류되어 있는 인질 문제로 기자회견을 할 때 있었던 일입니다. 회견 도중에 한 기자가 대뜸 대통령에게 엉뚱한 질문 하나를 던졌습니다. "각하께선 대통령으로서 거짓말을 하신 일이 한 번도 없습니까?" 참 대답하기 곤란한 질문이 아닐 수 없습니다.

그러나 그때 카터 대통령은 주저하지 않고 이렇게 대답했다고 합니다. "물론 있습니다. 그러나 알면서 고의로 거짓말한 적은 한 번도 없습니다. 어떤 이권이나 국가적인 이익을 위해 잠시 거짓말을 했다가 나중에 그게 거짓말이라는 사실이 탄로 나기라도 한다면 얻는 것보다 잃는 것이 더 많으리라는 것을 잘 알고 있기 때문입니다."

예수님을 믿는 우리가 이런 용기를 가지고 세상에 나가야 합니다. 아론처럼 이런저런 거짓말로 교묘하게 둘러대기보다 어떤 환경에서든지 하나님을 두려워하는 마음으로 진실을 말해야 하지 않겠습니까? 모든 사람이 "저 사람 말이라면 믿어도 돼"라고 인정할 정도로 신임을 받는 사람이 되어야 하지 않겠습니까? 그럴 때 이 사회가 치유되고 개혁될 것입니다.

탓

또 하나 우리가 아론에게서 주목해 볼 것이 있습니다. 책임을 떠넘기기에 급급한 그의 태도입니다. 우리가 이미 살펴본 바와 같이 그는 사태의 책임을 백성의 악한 심성에다 돌렸습니다. 그들이 신을 만들어 달라고 난리를 피우는 바람에 어쩔 수 없이 했다는 것입니다. 그는 더 나아가서 용광로에까지 책임을 전가했습니다. 금붙이를 불에 던져 넣었더니 금송아지가 나왔다는 것입니다. 이렇게 변명하는 모습에서 우리는 그가 어떻게든 자기 책임을 회피해 보려고 안간힘을 쓰고 있다는 것을 알 수 있습니다.

빌라도 역시 아론처럼 책임을 떠넘기기에 급급했던 인물이었습니다. 그는 예수님을 심문해 본 후 예수님이 아무 죄가 없다는 것을 솔직히 시인했습니다. 그럼에도 그는 정치적인 약점을 파고드는 유대인들의 강력한 요구에 밀려 예수님의 무죄를 끝까지 주장하지 못하고 사형시키도록 넘겨주고 말았습니다. 그러나 그 순간에도 양심의 고발을 의식한 듯 그는 사람들 앞에서 세숫대야의 물에 손을 씻으며 이렇게 말했습니다. "이 사람의 피에 대하여 나는 무죄하니 너희가 당하라"(마

27:24하). 이 일에 대해 자신은 아무런 책임이 없다는 것입니다.

그러나 그는 그 책임을 절대 면하지 못했습니다. 사도신경을 보십시오. "본디오 빌라도에게 고난을 받으사 십자가에 못 박혀 죽으시고." 지금까지 이 사도신경을 외운 사람만 해도 아마 수십억은 족히 될 것입니다. 그렇다면 수십억 이상의 사람들이 빌라도의 책임을 인정한 셈이 되는 것입니다.

책임을 피할 수 없기는 아론 역시 마찬가지였습니다. '백성이 악하다' '용광로에 던져 넣었더니 송아지 우상이 나왔다' 하고 별의별 변명을 둘러댄다 해도 그는 그 책임을 벗을 수 없습니다.

지금 우리 사회에는 잘못된 일은 무엇이든지 자기가 책임지지 않으려는 '기피 풍조'가 그 어느 때보다도 만연해 있습니다. 더 나아가서 그 책임을 남에게 떠넘기려는 '탓 풍조' 역시 기세를 올리고 있습니다. 세상이 악해서 그렇다거나 제도가 잘못되어서, 환경이 열악해서 그렇다는 둥 모든 문제를 전부 남의 탓으로 돌리는 것입니다.

어느 정신과 의사의 글을 보니까 정신적으로 문제가 있어 병원에 들어온 환자들이 공통적으로 가지고 있는 증상이 하나 있다고 합니다. 그들은 모두 어떻게 하면 자기가 옳다는 사실을 인정받을 수 있을까 하는 데 비상한 관심을 기울인다는 것입니다. 자기를 정당화하기 위해서라면 남을 탓하고 비난하기를 서슴지 않는다고 합니다.

그는 이렇게 말했습니다. "만일 정신병자가 되고 싶으면 항상 자기가 옳다는 식으로 말하고 행동하라. 잘못된 것은 다 다른 사람의 탓으로 돌려 버리라. 자기 잘못을 인정하지 말라. 책임질 소리는 한마디도 입 밖에 내지 말라. '나는 정당해. 문제는 나한테 있는 것이 아니야!'라고 주장하라. 그러면 당신은 정말 정신이 돌아 버릴 것이다." 어쩌면 우리는 이미 정신적으로 약간 비뚤어져 있는지도 모릅니다. 내 탓이라고 생각하기보다 남의 탓으로 돌리기를 더 좋아하기 때문입니다.

사랑의교회 우물가 선교회에서 발간하는 〈목마르거든〉을 읽다가 저도 모르게 눈시울을 적실 때가 많습니다. 때로 삶의 밑바닥에서 허우적거리는 형제자매들의 이야기를 읽으며 "내가 만약 그런 처지에 있었다면 나도 별수 없었을 거야" 하고 중얼거리기도 합니다. 그러나 그들의 이야기를 읽고 나면 제 마음 한구석에 섭섭함이 남는 것도 부인할 수 없습니다. 그들 중에서 불행했던 과거의 책임이 자신에게 있다고 솔직하게 고백하는 사람을 거의 보지 못했기 때문입니다. 그들은 대부분 다른 사람이나 환경에 그 탓을 돌렸습니다. 어릴 때 돌아가신 부모님 탓, 보육원에서 자랄 때 열악한 환경 탓, 결혼한 지 얼마 안 되어 세상을 떠난 야속한 남편 탓, 이런저런 탓을 늘어놓았습니다.

그러나 우리가 분명히 알아야 할 것은 우리 주변에는 그들보다 더 열악한 환경 가운데서도 탈선하지 않고 밝게 자란 사람들이 많다는 사실입니다. 환경이 아무리 어렵다 해도 악한 길에 발을 들여놓지 않겠다고 굳게 결심하고 몸부림쳤더라면 그들이 고백하는 그런 불행은 피할 수도 있었을 것입니다. 그러나 아쉽게도 그렇게 하지 못한 자기 자신을 탓하는 사람은 만나 보기가 힘든 것 같습니다.

이것은 비단 그들만의 문제가 아닙니다. 남의 탓 하기를 좋아하기로는 우리 역시 그들에게 결코 뒤지지 않을 것 같습니다. 심리학적으로 볼 때 남의 탓을 잘하는 사람과 책임질 줄 모르는 사람의 마음속에는 자기 연민과 자책이라는 두 극단적인 심리가 끊임없이 갈등을 일으킨다고 합니다.

자기 연민이라는 심리는 이렇게 속삭입니다. '세상이 다 악한데 너 혼자 정직하게 산다고 무슨 소용이 있냐? 세상이 다 하는 거짓말 너도 좀 한들 어떻겠는가? 이런 세상에서 거짓말 한 번 한 것 가지고 가슴을 치고 서러워해 봐야 너만 불쌍해지는 거야! 네가 무슨 성자라고 스스로 사회의 속죄양이 되려고 그러냐? 거짓말 좀 해도 괜찮아. 인생이란 게 다 그런 거지 뭐.'

반면 자책이라는 심리는 이렇게 속삭입니다. '야, 이 비겁한 놈아. 너는 지금 양심을 속이고 있는 거야. 그렇게 거짓말하고 무슨 낯으로 하나님 앞에 가서 무릎 꿇고 기도하냐? 무슨 핑계를 댄다 해도 거짓말은 거짓말이야.' 이 두 극단적인 심리의 틈바구니에서 갈등하다가 보면 시간이 갈수록 점점 위축되어 책임 있는 언동을 할 용기를 잃어버리게 됩니다. 그러다 보면 양심이 병들 뿐 아니라 인간성마저 파괴될 수도 있습니다.

아론의 경우가 좋은 예일 것입니다. 그는 40여 일 동안 모세 대신 최고 지도자의 자리에 있었습니다. 그는 신상을 만들자는 백성들의 요구가 백성의 생사를 가름할 수 있는 얼마나 심각한 사안인가를 누구보다 잘 알고 있었을 것입니다. 그는 애굽에서 하나님께서 애굽의 모든 신을 심판하시는 것을 눈으로 똑똑히 본 사람입니다. 그렇다면 백성들이 손에 돌멩이를 들고 협박한다 해도 그들의 요구를 거절했어야 옳습니다.

만일 그가 자기 생명을 내놓고 그 요구를 거부했더라면 이스라엘 백성들은 하나님께서 심판하신 금송아지 신을 용납하는 그런 무서운 죄를 범하지 않았을 것입니다. 그러나 아론은 백성들이 떼로 몰려오자 그만 겁을 먹고 너무나 쉽게 그들과 타협하고 말았습니다.

사실이 이러하다면 모세의 추궁을 받았을 때라도 자기의 잘못을 솔직히 인정했어야 옳습니다. "백성들 잘못이 아닙니다. 그들의 잘못된 요구를 거절하지 못한 제 잘못이 큽니다. 차라리 저를 죽여 주십시오"라며 책임을 자처하고 나섰어야 할 것입니다. 하지만 그는 자기 잘못을 시인하기는커녕 책임을 백성들과 용광로에다 돌렸습니다. 그렇게 하기만 하면 자기 책임을 면할 수 있다고 생각했던 것입니다. 자기 연민과 자책 사이에서 갈등하는 동안 그는 이제 용기를 잃은 정도가 아니라 양심마저 병든 심각한 지경까지 이른 것입니다.

° °

정직

안타깝게도 우리 역시 이런 아론의 근성을 가지고 있는 것 같습니다. 여러분의 가정이 왜 불행합니까? 남편 탓입니까? 아니면 아내 탓입니까? 자식이 왜 방황하며 허덕입니까? 공부를 못하기 때문입니까? 아니면 못된 친구 때문입니까? 왜 직장에서 정직하게 일하지 못합니까? 업무상 어쩔 수 없기 때문입니까? 아니면 상사의 압력 때문입니까? 세상 사람들은 충분히 그렇게 생각하고 거짓말을 하며 남이나 환경 탓을 할 수 있습니다. 왜냐하면 그들의 아비 마귀가 거짓말쟁이기 때문입니다(요 8:44 참조).

그러나 우리는 예수님의 보배로운 피로 깨끗함을 입은 하나님의 자녀들입니다. 더 이상 마귀의 자식들과 같이 책임을 회피하려고 남이나 환경을 탓하면서 거짓말이나 하는 사람이 될 수 없습니다. 빛의 자녀답게 모든 거짓을 버리고 정직하게 살아야 합니다(엡 5:8-9 참조).

흔히들 일본 사람이나 미국 사람은 비교적 정직하다고 인정합니다. 우리가 그들보다 덜 정직해야 할 이유가 무엇입니까? 이 나라에는 예수님을 믿는 사람이 천만이나 된다고 합니다. 정치인이나 고위 공무원 중에 예수님을 믿는 사람도 셀 수 없이 많습니다. 어쩌면 사회 지도층의 반수 이상이 그리스도인이라고 해도 과언이 아닐 정도입니다. 그런 면에서 볼 때 이 나라가 거짓이 판치고 남을 탓하기에 급급한 나라가 된 책임을 불교나 유교에다 떠넘길 수 없습니다. 그 책임은 철저하게 예수님을 믿는 우리가 짊어져야 합니다.

자기의 죄를 숨기는 자는 형통하지 못하나 죄를 자복하고 버리는 자는 불쌍히 여김을 받으리라_잠 28:13

하나님께서는 거짓말하며 남을 탓하기 좋아하는 사람을 가장 싫어하십니다. 그러므로 하나님의 은혜를 입기를 원한다면 이 사회를 이 모양으로 만든 우리 잘못을 은폐하려 해서는 안 됩니다. 하나님 앞에 정직하게 죄를 고백하고 스스로 그 책임을 인정할 때 하나님께서 우리를 형통하게 해 주실 것입니다.

하나님께서 위로부터 폭포수처럼 은혜를 부어 주시면 정직하지 않을 수 없습니다. 거짓말하려고 해도 거짓말을 못 합니다. 남을 탓하지 못합니다. 쏟아지는 폭포의 물을 우리의 작은 손으로 막을 수 없는 법입니다. 아무리 우리에게 잘못된 근성이 남아 있다 해도, 직업상 거짓말을 할 수밖에 없는 처지에 있다 해도 하나님께서 부어 주시는 폭포수와 같은 은혜에 흠뻑 젖고 나면 정직할 수 있습니다. "내 탓이오"라고 말할 수 있는 용기 있는 사람이 될 수 있습니다.

이 나라의 앞날을 세상 사람들의 손에 맡겨 놓을 수 없습니다. 그들은 거짓을 일삼는 마귀의 소행을 쉽게 따를 수 있습니다. 그들에게 기대를 걸기는 어렵습니다.

이 사회를 치유하는 일은 오직 예수님을 믿는 우리만이 감당할 수 있습니다. 우리 모두 하나님으로부터 폭포수와 같은 은혜를 받고 정직하게 삽시다. 이 땅에 있는 천만 그리스도인이 모두 그렇게만 될 수 있다면 이 나라는 분명 치유될 것입니다. 세계 열방 중에 내세워도 손색이 없는 도덕적으로 탁월한 나라가 될 것입니다. 거짓을 처세술로 아는 사회를 진실이 살아 있는 사회로 만들 수 있습니다. '탓' 타령을 하며 자기 책임을 회피하기에 급급한 이 사회가 자기의 잘못을 솔직히 인정하고 책임을 지는 정직한 사회가 될 것입니다.

II

빈자처럼,
부자처럼

우리는 하늘나라에 있는 그 모든 것을 상속받을 하나님의 자녀들입니다.
아버지의 것이 다 우리 것이고 하늘나라의 영광이 다 우리 것입니다.
그러므로 우리는 땅의 것에 대해서는 빈자처럼,
하늘의 것에 대해서는 부자처럼 살아야 합니다.

잠언 13:7-8

7 스스로 부한 체하여도 아무것도 없는 자가 있고 스스로 가난한 체하여도 재물이 많은 자가 있느니라 8 사람의 재물이 자기 생명의 속전일 수 있으나 가난한 자는 협박을 받을 일이 없느니라

빈자처럼,
부자처럼

본문에는 두 종류의 사람이 나옵니다. '부자인 체하는 빈자'와 '빈자인 체하는 부자'입니다.

> 스스로 부한 체하여도 아무것도 없는 자가 있고 스스로 가난한 체하
> 여도 재물이 많은 자가 있느니라_잠 13:7

많은 사람은 이 말씀이 전자를 책망하고 후자를 칭찬하고 있다고 해석합니다. 없으면서 있는 체하는 것은 잘못이지만 많이 있으면서도 없는 체하는 것은 덕행이라는 것입니다.

우리 주변에는 돈이 없으면서도 마치 대단한 갑부라도 되는 것처럼 온갖 허세를 부리며 잘난 체하는 사람들이 있습니다. 이런 자들에 대해서 좋게 말하는 것을 들어 본 적이 없습니다. 대부분의 사람이 그들에게 아니꼬운 시선을 보냅니다.

한편 우리 주변에는 돈을 많이 가지고 있으면서도 없는 자처럼 행세하는 사람들도 있습니다. 돈이나 재산이 많으면 잘난 체하거나 못

가진 자에게 횡포를 부리기 쉬운 법입니다. 그래서 부자이면서도 티를 안 내고 마치 아무것도 가지지 않은 자처럼 겸손하게 처신하는 이런 사람을 보면 누구나 칭찬을 아끼지 않습니다. 이런 점에서 볼 때 전자를 책망하고 후자를 칭찬하는 것으로 보아야 한다는 해석은 매우 타당성이 있어 보입니다.

○ ○ ○ ○ ○
두 가지 허세

그러나 말씀을 좀 더 깊이 검토해 보면 그 보다는 양자 모두를 책망하는 내용으로 보아야 옳다는 것을 알게 됩니다. 왜냐하면 양자 모두 공통적인 약점들을 가지고 있기 때문입니다. 위선의 가면을 쓰고 있다는 점과 재물의 힘을 하나님처럼 의지하고 있다는 점에서는 차이가 없는 것입니다.

먼저, 부한 체하는 빈자를 생각해 봅시다. 그가 허세를 부리는 이유는 다른 데 있지 않습니다. 돈 있는 체하기만 해도 세상에서 대접받고 존경받을 수 있다고 생각하기 때문입니다. 사실 인간 사회에서 돈은 불가능한 일이 거의 없을 정도로 엄청난 위력을 가지고 있습니다. 하늘을 나는 새도 떨어뜨린다는 기세등등한 권력자도 돈 앞에는 머리를 숙이게 되어 있습니다. 가난한 자가 자기 수중에 돈이 없으면서 돈이 많은 것처럼 허세를 부리는 것은 바로 이러한 부의 힘을 과신하기 때문입니다.

부의 힘을 과신하기는 가난한 체하는 부자 역시 마찬가지입니다. 어떤 면에서 부자가 가난한 자처럼 행세하는 것이 덕스러운 행동일 수도 있지만, 그 동기가 순수하지 못할 때는 상황이 달라집니다. 자기 재산을 빼앗기거나 조금이라도 잃고 싶지 않기 때문에 일부러 돈이 없는 것처럼 행동할 수 있는 것입니다. 인간의 심장을 살피시고 폐부를 꿰뚫어 보시는 하나님께서 그러한 불순한 동기를 모르실 리가 없습니다(렘 17:10 참조). 사실 부자들이 가난한 체하는 것은 순수하지 못한 동기에서 그러는 경우가 대부분입니다.

츠츠미 요시아키(堤義明)는 미국의 〈포브스〉Forbes라는 잡지가 세계 제일의 갑부로 꼽은 적이 있을 정도로 엄청난 부자입니다. 그는 골프장을 27개나 가지고 있으며, 스키장 27개, 호텔 56개, 열차 노선 7개, 프로야구 구단 1개를 소유하고 있는 억만장자입니다. 그러나 그의 행색이나 옷차림을 보면 남루하기가 거지를 뺨칠 정도였다고 합니다. 일례로 그는 다 낡아 빠진 구두를 끈으로 묶어서 신고 다녔다고 합니다. 또한 수돗물 한 방울도 자유롭게 쓰지 못하게 하고 화장실의 휴지도 마음대로 쓰지 못하게 하는 등 지독하게 짜게 굴었다고 합니다. 물론 좋게 말하면 절약 정신이 투철하다고 칭찬할 수도 있을 것입니다.

그러나 돈에 대한 무서운 애착이 그를 그렇게 행동하게 했다고 생각합니다. 어떻게 그 많은 재산을 모았는지는 모르겠지만 그는 움켜쥔 돈을 한 푼이라도 놓고 싶지 않은 것입니다.

부자가 없는 체하는 것이나 빈자가 있는 체하는 것 모두 그릇된 태도입니다. 그들의 행동의 배후에 돈을 사랑하는 마음이 깔려 있다는 점에서는 차이가 없습니다.

ㅇ ㅇ ㅇ ㅇ ㅇ ㅇ
위선을 버리라

하나님께서는 본문 말씀을 통해서 우리에게 두 가지 교훈을 들려주십니다. 첫째는, 실제적인 경제생활에서 '체'하는 자세를 버려야 한다는 것입니다. 우리 주변에는 많이 가지고 있으면서도 없는 체 엄살을 떠는 자들이 참 많습니다. 왜 그렇습니까? 다 그런 것은 아니지만 일반적으로 보면 자기 것을 내놓기 싫어서 그렇게 할 때가 많습니다. 있는 체하다가 남들이 자신에게 손을 많이 벌리면 손해 볼 수 있다는 계산이 깔려 있는 것입니다.

그러나 우리가 반드시 잊지 말아야 할 중요한 사실이 있습니다. 우리가 가진 모든 재물의 원소유주는 하나님이시라는 것입니다. 우리가 가지고 있는 재물은 하나님께서 잠시 우리에게 맡기신 것일 뿐, 우리 것이 아닙니다. 따라서 우리는 주인이신 하나님을 위해 재물을 사용해야 할 의무가 있습니다. 그럼에도 불구하고 이런저런 핑계를 대면서 자기 재물을 하나님을 위해 내놓기를 아까워하는 사람들이 얼마나 많은지 모릅니다. 하나님께서는 이와 같이 하나님의 일에 인색하게 구는 자들을 기뻐하시지 않습니다. 하나님께서는 하나님을 위해 즐겨 내는 자를 사랑하십니다(고후 9:7 참조).

또 한 가지 우리가 기억해야 할 것은 가진 자에게는 가진 자로서의 의무가 있다는 사실입니다. 한 사람의 부자가 그 많은 재산을 모으기까지 얼마나 많은 사람이 그 대가를 지불해야 했는지 모릅니다. 그의 재물은 수많은 사람의 피땀의 결실입니다. 그러므로 가진 자는 하나님께서 왜 자신에게 그 많은 재산을 주셨는지를 깊이 생각하고 가진 자의 의무를 다해야 합니다.

구로 공단에 있는 모 전자 회사에서 노사분규가 일어나서 사회적으로 큰 물의를 빚은 적이 있습니다. 그 회사의 사주가 교회의 중직을 맡은 자라서 그 여파가 더 심각했던 것 같습니다. 사주나 근로자 중 어느 한쪽을 일방적으로 두둔하고 싶지는 않습니다.

그러나 관련 자료들을 검토해 보면 그동안 사주가 근로자들을 가혹하게 부려 먹으며 그들의 인권을 유린해 왔다는 사실은 분명한 것 같습니다. 그는 근로자들에게 법이 정한 최저 수준에도 못 미치는 임금을 주면서 납 연기로 자욱한 공장에서 하루 평균 13-15시간 일을 시켰습니다. 그는 작업장이나 기숙사, 심지어 화장실에까지 감시 카메라를 설치해 놓고 근로자들의 행동을 일일이 통제했습니다.

더 나아가 그는 매일 아침 예배를 드리게 한다는 명목으로 근로자들을 40분이나 일찍 출근하게 해서는 "범사에 감사하고 항상 열심히 일하라"라는 똑같은 설교를 되풀이했다고 합니다. 저는 이것을 예배라고 보지 않습니다. 예배라기보다는 일종의 정신교육이었다고 봐야 옳을 것입니다. 종교의 힘을 빌어 근로자들의 불만을 누그러뜨려 보겠다는 간교한 술책에 불과했기 때문입니다.

근로자들은 사주의 이런 횡포와 압제를 더 이상 견딜 수 없어서 파업했습니다. 그러나 사주가 이것을 가만히 보고 있을 리 없었습니다. 그는 할 테면 해보라는 식으로 파업 주동자 수십 명을 해고해 버렸습니다. 사주의 강경한 조처에 부딪힌 근로자들은 외부에 도움을 요청하기로 했습니다. 사주가 예수님을 믿는 사람이라는 점을 고려해서 몇몇 큰 교회에 서신을 보냈습니다. 교회가 공식적인 이름으로 일개 회사의 일에 개입할 수는 없지만, 개인적인 차원에서 그들을 도와야 옳다고 생각합니다.

노사 간의 분규는 비단 이 회사만의 문제는 아닙니다. 지금도 수많은 사업장에서 이와 유사한 분규들이 끊임없이 일어나고 있기 때문입니다. 왜 이와 같은 분규들이 일어난다고 생각하십니까?

제가 보기에 우리 사회에서 일어나는 노사 간의 갈등은 대부분 가진 자가 가진 자의 의무를 다하지 않기 때문에 생겨난 것입니다. 물론 예외가 없는 것은 아니지만 지금까지 한국 경제가 성장해 온 과정을 되돌아볼 때 가진 자의 횡포가 그 도를 넘어섰다는 사실은 부인하지 못할 것입니다. 많은 사주가 마치 자기는 돈을 많이 벌지 못하는 것처럼 생각하고, 그래서 근로자의 처지를 외면해도 괜찮은 것처럼 행동했던 것입니다.

그러나 그런 위선은 절대 하나님 앞에 용납될 수 없습니다. 불경기라고 엄살을 떨면서도 자기가 챙길 것은 다 챙기는 이러한 얌체 근성때문에 얼마나 많은 근로자와 그들의 가족들이 가슴앓이를 하고 있는지 모릅니다. 약간의 양심이라도 있는 사주라면 근로자들의 목소리를들어주어야 할 것입니다. 최소한 그들의 처지를 듣고 이해해 주려는열린 마음을 가져야 할 것입니다. 그러나 아직도 이 땅에는 근로자들의 고통과 한숨을 철저히 외면한 채 무슨 수를 써서라도 그들의 입을틀어막는 것을 능사로 아는 비양심적인 사주들이 얼마나 많은지 모릅니다. 하루에도 수십 번 말을 바꾸는 위선적인 사주의 말을 어떤 근로자가 믿겠습니까? 설사 노사분규가 일어나 마지못해 협상 테이블에앉는다고 해도 말이 안 통합니다. 그러다 보면 파업과 진압이라는 물리적인 충돌이 일어날 수밖에 없습니다.

가진 자는 무엇보다 솔직해야 합니다. 불경기라고 엄살부리지 마십시오. 이제는 없는 체하는 것으로 자기를 보호할 수 있는 시대는 끝났습니다. 자기의 몫을 조금 줄이는 한이 있어도 근로자들의 처우를개선하는 일에 성실히 임해야 합니다. 스스로 생각하기에 남보다 가진 것이 더 많다고 생각한다면 자신에게 주어진 가진 자의 의무를 인정해야 합니다.

○ ○ ○   ○ ○ ○
허세를 버리라

우리가 버려야 할 또 한 가지 '체'하는 자세가 있습니다. 아무것도 없으면서 있는 체하는 것입니다. 우리나라 사람들은 유난히 허세를 부리기 좋아하는 것 같습니다.

어떤 수필가는 한국인의 내면을 분석하면서 '광택 인간'이라고 말한 적이 있습니다. "때 빼고 광낸다"라는 말도 있듯이 우리나라 사람들은 번쩍거리는 것을 좋아합니다. 구두에 침을 뱉어서라도 광만 잘 내준다면 만족스러워합니다. '번쩍번쩍'이라는 말은 일본어로 '삐까삐까'라고 하는데, 이 '삐까'와 '번쩍'을 합성한 '삐까번쩍'이라는 신조어가 유행할 정도입니다.

'삐까번쩍'이라는 말로 상징되는 이 광택 문화는 우리 사회 곳곳에 스며들어 있습니다. 개인은 물론이고 사회나 정부도 얼마나 겉모양 치장하기를 좋아하는지 모릅니다. 어떤 사람은 제 말이 지나치다고 생각할지 모릅니다. 그러나 이게 바로 우리의 솔직한 현실입니다. 속은 텅텅 비어 있는데 겉만 번쩍거린다고 무슨 소용이 있습니까? 지금이라도 돌이켜 허세를 버려야 마땅합니다.

우리나라 경제가 1989년 들어 겨우 흑자를 내는 수준에 올라섰습니다. 그러나 돈을 쓰는 씀씀이는 세계 어느 나라에도 뒤지지 않을 정도로 헤픕니다. 독일은 유럽에서도 경제적인 수준이 가장 높은 나라입니다. 그럼에도 독일 사람들은 휴지 한 장도 함부로 버리지 않는다고 합니다. 잘 접어서 주머니에 넣어 두었다가 너덜너덜해질 때까지 거듭 사용하는 예가 많다고 합니다. 언젠가 독일 YMCA 수양관에서 집회를 인도한 적이 있는데 그곳 화장실을 가 보고 깜짝 놀랐습니다. 깨끗하게 꾸며진 화장실마다 폐지로 만든 휴지를 사용하고 있었던 것입니다. 세계가 알아주는 부자 나라인데도 그들은 허세를 부리지 않는 것입니다.

그런데 우리나라는 어떻습니까? 화장지도 최고급을 사용하기를 좋아합니다. 한 장만 뽑아도 충분히 될 것을 한꺼번에 서너 장씩 뽑아서 사용합니다.

그까짓 화장지 몇 장을 가지고 그러느냐고 반문할지도 모르지만 화장지를 만드는 재료 중에 우리나라에서 나는 게 뭐가 있습니까? 나무가 납니까? 기름이 납니까? 화장지 만드는 주재료를 모두 외국에서 들여와야 하는 것이 우리의 형편입니다. 그럼에도 우리는 대수롭지 않게 생각하고 마구 버리는 것입니다. 사실 화장지는 빙산의 일각일 뿐입니다. 우리나라 사람들의 허세를 다 꼽으려면 한도 끝도 없을 것입니다. 그러나 없으면서도 있는 체하며 허세를 부리는 이러한 태도는 하나님께서 미워하시는 행동입니다.

작년에 이탈리아를 여행하면서 무척 놀란 것이 한 가지 있습니다. 로마 시내를 누비고 다니는 자동차 중에 중형차나 대형차는 거의 찾아볼 수가 없었습니다. 대부분이 소형차들이었습니다. 그러나 우리나라는 어떻습니까? 몇 개월 빚을 지더라도 고급 중형 자동차 정도는 타야 한다고 생각합니다. 그것도 모자라서 자동차를 번쩍번쩍하게 치장하여 최고급인 것처럼 만들기를 좋아합니다.

요즈음 음식 쓰레기 문제가 사회적으로 문제가 되고 있습니다. 전국에 있는 수많은 식당에서 얼마나 많은 멀쩡한 음식들이 쓰레기통으로 들어가는지 모릅니다. 지금 북한에서는 굶어 죽게 된 사람이 부지기수라고 합니다. 이런 때 그들을 도와주지는 못할망정 음식을 마구 버리는 것은 죄악입니다.

하나님께서는 있으면서 없는 체하는 것도 미워하시고, 없으면서 있는 체하는 것도 미워하십니다. 하나님의 자녀는 솔직해야 합니다. 왜 손님이 오면 상다리가 부러지도록 잘 차리려고 합니까? 자기 분수를 몰라서 그런 것입니다. 많이 가진 자는 부자로서 자기 위치에서 의무를 다하고, 조금 가진 자는 빈자로서 자기 위치에서 분수대로 살아야 합니다. 이것이 하나님께서 원하시는 삶입니다.

○ ○ ○ ○ ○ ○ ○ ○
빈자처럼 부자처럼

둘째로, 영적인 입장에서 이 말씀이 주는 교훈이 있습니다. 땅의 것에 대해서는 가난한 자처럼, 하늘의 것에 대해서는 모든 것을 가진 부자처럼 사는 지혜를 배워야 한다는 것입니다.

성경은 땅에 있는 것에 대해서 이렇게 교훈합니다.

> 사람의 재물이 자기 생명의 속전일 수는 있으나 가난한 자는 협박을
> 받을 일이 없느니라_잠 13:8

'재물이 그 생명을 속한다'라는 말은 돈으로 구원을 얻게 된다는 뜻이 아닙니다. 어떤 집에 강도가 들었다고 가정해 봅시다. 강도가 부잣집에 들어왔을 때, 부자는 강도에게 재물을 주지 않으면 생명이 위험합니다. 강도 앞에서는 부자의 입장이 난감해지는 것입니다.

때에 따라서는 "이것 다 드릴 테니 목숨만 살려 주십시오"라며 자기 재산으로 목숨을 구걸해야 할 때도 있습니다. 생명을 부지하기 위해서는 그렇게 애지중지하던 재산도 내주어야 하는 것입니다. 그러나 가난한 자는 강도가 들어도 생명의 위협을 받을 일이 없습니다. 강도가 탐낼만한 것이 별로 없기 때문에 위협을 당할 필요가 없는 것입니다.

잠언 23장 4절과 5절 말씀은 이렇게 교훈합니다.

> 부자 되기에 애쓰지 말고 네 사사로운 지혜를 버릴지어다 네가 어찌

허무한 것에 주목하겠느냐 정녕히 재물은 스스로 날개를 내어 하늘
을 나는 독수리처럼 날아가리라_잠 23:4-5

이 세상 재물은 결코 영원하지 못해서 나중에는 떠나고 말 것입니다. 흔히 "있다가도 없고 없다가도 있는 게 돈이다"라고 말합니다. 옳은 말이라고 봅니다. 재물은 수중에 있다고 안심하는 사이 자기도 모르게 날아가 버릴 수 있습니다. 그러므로 이런 허무한 재물에 마음을 두지 않는 것이 지혜라는 것입니다.

고린도전서 7장 31절은 세상 것에 대해 우리가 마땅히 취해야 할 자세를 교훈합니다.

세상 물건을 쓰는 자들은 다 쓰지 못하는 자 같이 하라 이 세상의 외
형은 지나감이니라_고전 7:31

모든 것은 하나님의 것이지 내 것이 아닙니다. 내게 아무리 많은 소유가 있다고 해도 이 세상을 떠날 때는 모두 두고 가야 합니다. 그러므로 부유하든 가난하든 간에 이 세상의 것에 대해서 아무것도 가지지 않았다는 자세로 사는 것이 지혜입니다. 그럴 때 우리가 물질의 복을 누리며, 물질을 더 보람된 일에 사용할 수 있을 것입니다. 비록 수중에 돈이 없다 할지라도 범사에 감사하며 즐겁게 살 수 있을 것입니다. 이 세상에 대해서는 아무것도 가지지 않은 자처럼 사는 것이야말로 그리스도인다운 모습입니다.

한편 우리는 하늘의 것에 대해서는 항상 부자처럼 생각하며 살아야 합니다. 땅과 거기에 충만한 모든 것은 다 하나님의 것입니다(시 24:1). 하나님께서는 이 모든 것을 우리에게 주셨습니다. 그러나 땅의 것들

은 하나님께서 우리에게 약속하신 하늘나라의 영광과 부요와는 비교할 수도 없는 미약한 것들입니다. 로마서 8장 18절에서 바울은 이렇게 말했습니다.

> 생각건대 현재의 고난은 장차 우리에게 나타날 영광과 비교할 수 없
> 도다_롬 8:18

예수님을 믿는 자에게 주시는 하늘나라의 복은 말로 다 표현할 수 없을 정도로 엄청난 것입니다. 하나님 아버지의 것이 다 우리 것이요, 하늘에 있는 존귀와 영광이 모두 우리 것입니다. 고린도후서 6장 10절에서 바울은 그리스도인의 모습을 이와 같이 묘사하고 있습니다.

> 근심하는 자 같으나 항상 기뻐하고 가난한 자 같으나 많은 사람을
> 부요하게 하고 아무것도 없는 자 같으나 모든 것을 가진 자로다
> _고후 6:10

하늘에 있는 것을 소망할 때 우리 마음속에 기쁨이 넘칠 것입니다. 우리가 이 세상에서는 아무것도 없는 자 같지만 하늘나라의 모든 영광과 부요를 가진 부자요, 다른 사람을 부요하게 만들 수 있는 진정한 부자들이라는 사실을 알기 때문입니다.

스펄전(Charles Haddon Spurgeon, 1834-1892) 목사님은 백여 년 전에 세계에서 가장 큰 교회를 담임하고 있었습니다. 그래서 목사님이 돈이 많을 것이라고 생각하고 돈을 빌리러 오는 사람이 많았다고 합니다. 스펄전 목사님은 그 일을 회고하며 이런 말을 했습니다.

"사람들은 내가 부자인 줄 알고 내게 수백 파운드씩 빌리러 옵니다.

그러나 저는 그들이 생각하는 것처럼 물질적인 부자가 된 적이 한번도 없습니다. 아마 이것은 앞으로도 마찬가지일 것입니다. 하지만 저는 모든 것을 소유하고 있습니다. 그렇기 때문에 저는 영국에서 제일가는 부자입니다."

그가 어떤 의도를 가지고 이런 말을 했다고 생각하십니까? 땅의 것을 가지고 말했습니까? 아닙니다. 그가 가진 하늘나라의 영광과 부요에 대해 말한 것입니다.

우리는 하늘나라에 있는 그 모든 것을 상속받을 하나님의 자녀들입니다. 아버지의 것이 다 우리 것이고, 하늘나라의 영광이 다 우리의 것입니다. 그러므로 이 땅에 있는 것을 가졌느냐 못 가졌느냐에 너무 연연하지 맙시다. 예수 그리스도의 은혜로 영원히 사라지지 않는 부요함을 누리게 될 것이기 때문입니다. 우리는 억만장자가 부럽지 않은 사람들입니다. 땅의 것에 대해서는 빈자처럼, 하늘의 것에 대해서는 부자처럼 살아가는 우리 모두가 되어야겠습니다.

12

원수가
주리거든

하나님은 누구에게나 먹고 마실 수 있는 권리를 주셨습니다.
심지어 악인조차도 이 권리를 가지고 있습니다.
우리가 하나님께 받은 은혜를 기억한다면 작은 것 하나라도 아끼고 절약해서
그들을 도울 수 있을 것입니다.

로마서 12:19-20

19 내 사랑하는 자들아 너희가 친히 원수를 갚지 말고 하나님의 진노하심에 맡기라 기록되었으되 원수 갚는 것이 내게 있으니 내가 갚으리라고 주께서 말씀하시니라 20 네 원수가 주리거든 먹이고 목마르거든 마시게 하라 그리함으로 네가 숯불을 그 머리에 쌓아 놓으리라

원수가
주리거든

　　　　　　　　　　사람들은 흔히 지구를 일컬어 '부서지기 쉬운 작은 배'와 같다고 말합니다. 여러분이 타고 있는 작은 배가 파도와 풍랑이 거세게 휘몰아치는 망망대해에 떠 있다고 상상해 보십시오. 더욱이 그 배는 너무 약해서 언제 파도에 휩쓸려 파선될지도 모른다고 생각해 보십시오. 상상하기만 해도 불안감에 몸서리가 쳐지지 않습니까?

　최근 들어 세계의 유수한 석학들은 지구를 보면서 이와 같은 불안감을 느끼고 있습니다. 그래서 그들은 불과 몇 년 전과는 달리 지구의 앞날에 대해 상당히 비관적인 말들을 많이 합니다. 듣기 싫은 소리라도 말해야 한다는 일종의 사명감을 느끼는 것 같습니다.

○ ○ ○ ○
식량 위기

그들이 이처럼 지구의 미래를 비관하게 된 데는 조만간 불어닥칠지 모르는 세계의 식량 위기에 대한 불안감의 영향이 컸다고 봅니다. 미국의 농무부에서 발표한 통계자료에 의하면, 1996년도의 세계 곡물 공급량은 1993년에 비해 무려 37%가량이나 줄어들었다고 합니다. 이 수치는 전 세계 인구에게 잡곡을 포함한 각종 식량을 골고루 공급한 다는 전제하에서 나온 것입니다. 식량 생산량이 3년 전에 비해서 37%나 감소했다는 것은 쉽게 말해 3년 전에는 여섯 식구가 쌀 10말로 한 달을 살았는데, 3년이 지난 지금은 6말을 가지고 한 달을 살아야 한다는 이야기입니다.

우리나라의 경우만 하더라도 식량문제는 이미 적신호가 켜진 상태입니다. 최근 언론에 보도된 바에 의하면 우리나라의 현재 쌀 재고량은 5년 전에 비해서 80%나 감소했다고 합니다. 백 가마를 쌓아 놓고 살던 집안이 이제 20가마밖에 안 남았다는 말입니다.

한심한 것은 정부나 국민 대다수가 이렇게 엄청난 통계 수치를 보면서도 별로 대수롭지 않게 생각하고 있다는 것입니다. 만약 선진국에서 이런 수치가 보도되었더라면 아마 대소동이 일어났을지도 모릅니다. 그러나 우리는 쌀 재고량이 무려 80%나 줄었다는 말을 들으면서도 너무나 태평합니다. 역대 정권의 기만적인 숫자놀음에 식상한 나머지 수치에 무관심해진 것입니다. 물가가 몇십 퍼센트씩 오르는 일을 하도 많이 겪다 보니 수치에 둔감해져 버린 것입니다.

사실 정부가 발표한 현재의 쌀 재고량조차도 믿을 만한 것인지 의심스럽습니다. 제가 군대 생활을 할 때 겪었던 일이 생각납니다. 저는 군대에 있는 동안 식량이나 군용 담배를 보급하는 1종 병참 관계의 일을 하고 있었습니다. 제가 해야 할 중요한 임무 중의 하나가 재고 조사였습니다. 장부에 기록된 것과 실제 재고량을 확인하기 위해 수시로 재고 조사를 했었는데 그때마다 기가 막힌 일들이 얼마나 많았는지 모릅니다.

장부상으로는 분명히 담배가 7백 상자가 있는 것으로 되어 있습니다. 실제로도 7백 상자가 있습니다. 그런데 문제는 바깥에 쌓여 있는 상자 몇 개를 들어내고 확인해 보면 속이 텅 비어 있는 상자들이 몇십 개나 되는 것입니다. 누군가 내용물을 몰래 빼돌린 것입니다. 그러니 장부의 재고 수치를 어떻게 믿겠습니까? 요즈음이라고 해서 상황이 더 나아졌다고 보지 않습니다. 그런 점에서 현재의 쌀 재고량도 사실대로 믿기가 어려운 것이 사실입니다.

정부가 발표한 현재 재고량이 비교적 정확한 것이라 해도 문제가 심각하기는 마찬가지입니다. 5년 전에 비해서 80%나 줄었다는 것은 보통 심각한 일이 아닐 수 없습니다. 일본이나 미국처럼 안정된 식량 자급책이 마련되어 있지 않기 때문입니다. 정권이 바뀌면 정기적으로 꾸준히 추진해야 할 중요 정책들이 밑바닥까지 흔들리는 마당에 식량 자급을 위한 장기적인 정책을 기대하기 어려운 것이 우리의 현실입니다.

최근에 세계적으로 공인된 어떤 통계자료를 본 적이 있습니다. 지금부터 15년 전인 1981년의 식량 생산치를 100으로 놓고 볼 때 최근 몇 년 동안 세계 각국이 식량 생산치를 어느 정도 유지하고 있는지 조사해 본 것입니다. 일본은 1991년과 1995년에 88이라는 비교적 안정된 수치로 나왔고, 미국도 이와 비슷한 수치를 보였습니다.

그러나 우리나라는 1991년에 102였던 것이 점점 떨어져 1994년에는 85로 나왔고, 1995년도의 수치는 아직 나오지도 않았습니다. 이것이 무엇을 말합니까? 우리나라의 식량자급률이 그만큼 불안정하다는 것입니다.

매년 27개국의 언어로 발표되고 있는 〈지구환경보고서〉에 따르면, 쌀 생산을 위한 혁명적인 기술 개발이 이루어지든지 아니면 전 세계적으로 인구 증가를 억제할 획기적인 가족계획이 시행되든지 하지 않으면 머지않아 굶주림의 시대가 닥쳐올 것이라고 합니다. 환경 파괴로 인해 곡물 생산은 점점 감소되는데 인구는 매년 9천만 명씩 늘어나는 것입니다. 매년 남북한 인구의 1.5배나 되는 수만큼 인구가 늘어난다는 이야기입니다. 지구는 마치 먹을 것은 줄어드는데 식구는 걷잡을 수 없이 늘어나는 집안과 같다고 할 수 있습니다. 참으로 기가 막힌일이 아닐 수 없습니다.

중국을 보십시오. 중국은 황폐화 현상으로 인하여 매년 경작 면적이 1%씩 감소하고 있다고 합니다. 이러한 추세라면 10년 후에는 전체 경작 면적의 10%가 없어지는 셈입니다. 그럼에도 중국 인구는 향후 10년간 5억가량이 더 늘어 16억이 될 전망이라고 합니다. 중국 정부가 인구정책의 하나로 자녀 1명만 낳자는 운동을 하고 있지만 인구 증가를 막기엔 역부족인 것 같습니다.

그러다 보니 식량 부족 사태를 피할 도리가 없게 되었습니다. 중국의 식량 부족 사태는 인류에게 엄청난 불행을 초래할 수도 있습니다. 세계의 곡물 수출량 전부를 중국에 쏟아붓는다고 해도 그 부족량을 다 채우지 못할 것이기 때문입니다. 앞으로 인구와 식량문제를 해결하지 못하면 인류 앞에 굶주림의 시대가 찾아오리라는 것은 불을 보듯 뻔한 일입니다.

수년 전만 해도 우리는 "기근 때문에 굶어 죽는다"라는 말을 들으면 지구 반대쪽의 아프리카에서나 일어나는 일로 생각하고 별로 관심을 기울이지 않았던 것이 사실입니다.

그러나 이제 더 이상 굶어 죽는 것이 남의 일일 수 없게 되었습니다. 휴전선 너머 북한에 있는 동족들이 2년째 무서운 기근으로 인해 굶주림에 시달리고 있기 때문입니다. 먼 산의 불인 줄 알았던 일이 바로 우리 마당에서 일어나고 있는 것입니다. 미래학자들이 불안스럽게 경고했던 일들이 우리 눈앞에 현실로 나타나고 있는 것입니다.

○ ○ ○ ○ ○ ○
먹고 마실 권리

사람이 세상에 나서 먹고 마시는 것은 창조자 하나님께서 허락하신 가장 기본적인 삶의 권리입니다. 모든 사람은 세상에 태어나면서부터 먹고 살 권리를 가지고 있습니다. 이 점에 대해서는 한 사람도 예외가 없습니다. 심지어 악인이라 해도 먹고 살 권리를 보장을 받습니다.

> 이는 하나님이 그 해를 악인과 선인에게 비추시며 비를 의로운 자와
> 불의한 자에게 내려주심이라_마 5:45하

왜 하나님께서 악한 자에게 해를 비추시고, 비를 내리십니까? 악인도 먹고 마실 권리가 있음을 인정하시기 때문입니다. 모든 사람은 그 누구에게도 빼앗길 수 없는 먹고 마실 권리를 가지고 있습니다.

그러나 또 한 가지 우리가 분명히 알아야 할 것이 있습니다. 모든 사람은 자신이 먹고 마실 권리를 가지고 있을 뿐 아니라 다른 사람의 먹고 마실 권리를 보호해 줄 책임도 가지고 있다는 사실입니다. 다시 말해, 먹고 살 권리를 서로가 보호해 주고 지켜 줘야 한다는 말입니다.

예를 들어, 어린 자녀는 먹고 마실 권리를 가지고 있지만, 그 권리를 지킬 능력이 없습니다. 따라서 부모가 아침부터 저녁까지 땀 흘려 일함으로써 자녀의 먹고 마실 권리를 보호해 주어야 합니다. 노인들 역시 자기 힘으로는 먹고 마실 권리를 향유할 수 없습니다. 따라서 자식이라면 마땅히 열심히 일해서 부모의 먹고 마실 권리를 보호해 주어야 합니다.

그뿐만이 아닙니다. 우리 사회에는 몸이 부자유스러워서 얻어먹는 것조차 몸소 할 수 없는 불쌍한 사람이 많이 있습니다. 건강한 우리가 이 사람들의 먹고 마실 권리도 보호해 주어야 합니다. 열심히 일하고 세금을 제대로 내어 그들에게도 복지 혜택이 돌아가도록 도와야 합니다. 많이 가진 자는 가난한 자에게 자비를 베풀어 그들의 먹고살 권리를 보장해 주어야 합니다. 하나님께서 바로 이러한 책임을 우리 모두에게 맡겨 주셨습니다.

요즘 우리 사회에는 과소비 열풍이 불고 있습니다. 해외여행이 자유화된 이후 우리나라 사람들이 여행지에서 쓸데없이 외화를 허비하고 사치하는 일들이 더욱 많아진 것 같습니다. 몸에 좋다는 것이면 물불을 안 가리고 먹어댈 뿐 아니라, 심지어 밀수까지 서슴지 않는 사람들로 인해 동남아에 있는 곰 발바닥, 곰 쓸개가 남아나지를 않는다고 합니다. 그들은 이런 변명을 잘 늘어놓습니다. "내 돈 가지고 내가 쓰는데 무슨 상관이냐?"

그러나 이것은 너무나 무식하고 무책임한 말이 아닐 수 없습니다. 가진 사람이 자기 돈이라고 해서 마음대로 외화를 낭비하게 되면 이 나라 경제가 그만큼 어려워지게 됩니다. 국가 경제가 어려워지면 결과적으로 돈 없는 사람들이 그만큼 살기 힘들어지게 됩니다. 내가 사치하고 낭비함으로써 다수의 돈 없는 사람들이 먹고 마실 권리를 박탈당하게 되는 것입니다. 그러므로 우리는 자기가 번 돈이라고 해서 자기 마음대로 쓰면 안 됩니다. 근검절약해야 합니다. 다른 사람의 먹고 마실 권리를 보호해 주기 위해서라도 그렇게 해야 합니다.

원수의 먹고 마실 권리도 보호해 주라

본문 말씀은 다른 사람의 먹고 마실 권리를 인정하고 보호해 주어야 할 의무에 대해 충격적이고도 실제적인 교훈 한 가지를 들려줍니다.

> 네 원수가 주리거든 먹이고 목마르거든 마시게 하라 그리함으로 네가 숯불을 그 머리에 쌓아 놓으리라_롬 12:20

그가 원수라 할지라도 먹고 마실 권리를 보호해 주어야 한다는 것입니다. 당시 로마교회 성도들은 로마제국의 여러 집단 중에서 가장 소수집단이었습니다. 그러다 보니 세상 사람들과 구별되게 살려고 하는 그들의 노력은 오히려 그들이 온갖 조롱과 핍박을 당하게 되는 빌미가 되었던 것이 사실입니다. 그들은 예수님을 믿는다는 단 한 가지 이유로 가족들의 배척을 받아 집에서 쫓겨났으며, 직장에서는 상관이나 동료들로부터 온갖 괴로움과 수모를 겪기도 했습니다. 그들에게는 본의는 아니지만, 원수처럼 지내는 자들이 있었던 것입니다.

'원수'처럼 불편한 관계에 있는 사람에게 동정을 베푼다거나 관심을 보인다는 것은 절대 쉬운 일이 아닙니다. 원수를 사랑하기보다 미워하기가 쉬운 것은 아주 당연한 일입니다.

그러나 하나님께서는 우리에게 그런 당연한 수준을 넘어설 것을 요구하십니다. 우리를 미워하여 원수처럼 대하는 사람들이라 할지라도 먹을 것이 없어서 주리는 것을 보거든 속으로 쾌재를 부르며 구경하고만 있지 말고 먹을 것을 가져다주라는 것입니다. 그들이 마실 것이 없어 목이 타는 어려움을 당하고 있으면 숨겨 놓은 물통을 가지고 찾아가라는 것입니다.

왜냐하면 비록 그들이 원수일지라도 먹고 마실 권리가 있기 때문입니다. 하나님 자신이 악인에게도 해를 비추시고, 비를 내리는 분이신 것처럼 하나님의 자녀인 우리 역시 그들의 먹고 마실 권리를 보호해 주어야 한다는 것입니다.

지금 휴전선 너머에서는 동족들이 처절하게 굶어 죽어 가고 있습니다. 지난 반세기 동안 그들은 우리의 원수가 되어 있었습니다. 그들은 굶어 죽어 가는 마당에도 공산주의 망령에 사로잡혀 또 한 번 6·25와 같은 전쟁을 꿈꾸는 철저한 공산주의자들인지도 모릅니다.

그럼에도 불구하고 우리는 그들을 외면하면 안 됩니다. 하나님께서는 원수가 주리면 먹이라고 하셨습니다. 그들이 공산주의자라는 이유로 먹고 마실 권리마저 보호받지 못하는 일이 있어서는 안 됩니다. 사상적으로는 그들이 우리의 원수일지 모르지만, 핏줄로는 형제자매들입니다.

하나님께서는 우리나라를 복 주셔서 먹을 것과 마실 것을 풍족하게 주셨습니다. 우리가 이런 풍요로운 시대를 살면서 양식이 없어 굶어 죽어 가는 북한 동포들을 모른 체한다면 하나님 앞에서 큰 죄를 짓는 것입니다.

언젠가 신문지상을 통해 함경도에서 인육을 시장에 내다 팔다가 처형당한 사람의 이야기가 소개되어 사람들에게 엄청난 충격을 준 일이 있습니다.

함경도 어느 도시에 굶주림에 지친 한 청년이 있었습니다. 그는 너무나 배가 고픈 나머지 헛것을 보기 시작했고, 심지어는 사람이라도 잡아먹고 싶은 충동까지 느끼게 되었다고 합니다. 가만히 생각해 보니 자기 동네 사람들은 다 자기처럼 굶주려 뼈만 앙상한 사람들이라 별로 먹을 것이 없을 것 같았습니다. 그런데 그에게 한 사람의 얼굴이 떠올랐습니다. 중국을 넘나들면서 장사를 하는 아주머니였는데, 그래도 다른 사람들과는 달리 비교적 살이 통통한 편이었나 봅니다. 그래서 그는 기회를 보다가 그 여자를 사람이 없는 으슥한 곳으로 유인해서 죽이고는 그 살점을 뜯어서 구워 먹었다고 합니다. 자기 혼자서 먹으면 얼마나 먹겠습니까? 실컷 먹고 배부르니까 이제 또 한 가지 생각이 떠올랐습니다. 남은 살점을 시장에 내다 팔아서 돈이나 벌자는 것입니다.

요즘 북한에는 웬만한 도시나 마을에 장이 형성되고 있다고 합니다. 사람들은 그곳에서 물물교환도 하고, 정보도 교환합니다. 이것은 10년 전만 해도 전혀 상상도 못할 일이었습니다. 그러나 너무나 먹고살기가 어려워지다 보니 당국에서 이것을 묵인하는 것 같습니다.

그 청년은 이러한 시장에 인육을 내다 팔기로 했습니다. 그는 그것을 돼지고기라고 속여서 팔았습니다. 그런데 그것을 사 간 사람들이 먹어 보니 돼지고기 맛이 아니었던 것입니다. 그렇다고 쇠고기일 것 같지도 않았습니다. 북한에서는 소를 몰래 도축하면 공개 처형하기 때문입니다.

그것이 무슨 고기냐를 놓고 사람들의 의견이 분분한 가운데 정보 당국이 그 청년을 붙잡아 조사한 결과 인육이라는 사실이 밝혀졌습니다. 결국 그는 이 만행을 저지른 죄로 공개 처형을 당하게 되었는데, 처형되기 직전에 이런 말을 남겼다고 합니다. "니도 나중에는 내 꼴이 된 데이."

이런 기가 막힌 소식을 들으면서도 대부분의 사람은 북한 사람들을 불쌍히 여기거나 그들의 처지를 별로 안타까워하지 않는 것 같습니다. 오히려 "다들 꼴좋다. 네 놈들이 저지른 죄값을 톡톡히 치러야 할 거다"라며 즐거워하기까지 합니다.

반세기 전만 해도 우리 선조들은 굶주림 때문에 자주 고생해야 했습니다. 그분들의 말을 들으면 세상에서 굶주림만큼 무섭고 잔인한 것은 없다고 합니다. 요즘처럼 시장경제가 잘 발달해서 식량과 생필품의 유통이 원활히 이루어졌다면 내가 안 가지고 있어도 다른 사람의 것을 끌어들일 수라도 있었을 것입니다. 그러나 그 당시는 제 것이 없으면 고스란히 앉아서 굶어 죽을 수밖에 없는 농경 사회였습니다. 어쩌다가 병충해나 가뭄 때문에 1년 혹은 2년의 농사가 피해를 입게 되면 농가마다 배를 움켜잡고 다음 추수 때까지 버텨야 하는 것이 그 당시의 상황이었습니다.

저는 얼마 전에 저희 어머니로부터 매우 충격적인 이야기를 들은 적이 있습니다. 제 외가에 관한 이야기입니다. 제 외증조할머니는 40살에야 아들을 얻을 수 있었다고 합니다. 늦게 얻은 아들인지라 얼마나 애지중지했겠습니까?

그런데 이 아들이 네댓 살쯤 되었을 때 2년째 계속되는 가뭄으로 인해 마을에 있던 양식이 거의 바닥이 나 버렸습니다. 5, 60호가 옹기종기 모여 살던 평화로운 시골 벽촌 마을은 이제 살기가 감도는 살벌한 곳으로 바뀌었습니다. 대부분의 사람은 굶기를 밥 먹듯 했습니다. 아침에 일어나 바깥에 나가 보면 길바닥 여기저기에 굶어 죽은 사람의 시체가 뒹구는 것을 쉽게 발견할 수 있었다고 합니다. 이런 상황에서는 양식이 있는 집조차도 제대로 살 수 없었다고 합니다. 도둑 때문입니다. 집에 양식이 있다는 사실이 알려지는 날에는 그야말로 끝장입니다. 심지어 양식 때문에 목숨마저 잃을 수도 있습니다. 그래서 사람들은 양식이 조금이라도 남아 있으면 땅에 파묻어 두었다가 몰래 꺼내 먹곤 했습니다.

이런 어려운 상황 속에서 외증조할머니는 늦게 낳은 아들만은 살려야겠다고 결심하셨습니다. 그래서 배고파 우는 두 딸은 굶기면서 아들만은 어떻게 해서든지 먹였다고 합니다. 어느 날 아침 방문을 열어보니 두 딸이 주린 배를 움켜쥐고 죽어 있더라는 것입니다.

저는 그 이야기를 들으면서 뭐라고 표현하기 어려운 묘한 기분에 사로잡혔습니다. 외증조할머니가 그렇게 독한 마음을 품고 그 아들을 살리지 않았더라면 제 어머니가 어떻게 태어났겠습니까? 만일 제 어머니가 없었더라면 제가 어떻게 이 세상에 태어날 수 있었겠습니까? 굶주림에 대해 공포감마저 느껴졌습니다. 열 손가락 깨물어 안 아픈 손가락은 없다는 말도 있듯이 어느 부모가 자식이 배고파 우는 것을 보며 피눈물을 흘리지 않겠습니까? 그러나 굶주림은 부모에게 어떤 아이는 살리고 어떤 아이는 포기해야 할 막다른 비정한 결단까지 요구할 정도로 무서운 것입니다.

○ ○ ○ ○ ○ ○
북한에 양식을

지금 휴전선 너머 저 북녘 하늘 아래에서는 이와 비슷한 비극들이 도처에서 벌어지고 있습니다. 그들도 먹고살 권리를 가진 사람들입니다. 우리가 그들의 권리를 보호해 주어야 합니다. 우리가 양식을 보낼 수 있는 길이 있다면 따지지 말고 그들을 도와주어야 합니다. 그 양식이 굶주리는 사람들의 손에 제대로 전해지기만 한다면 아무런 조건 없이 도와주어야 합니다. 사실 그들의 비참한 처지가 벌써 2년째 계속되고 있지만 이제까지 우리는 그들에게 아무런 도움도 주지 못했습니다. 그러나 이제 더 이상 시간을 미루면서 변명하지 맙시다. 정치적인 계산이나 경제적인 조건을 따지지 맙시다. 그 모든 이유를 다 내려놓고 그들을 도와야 합니다.

교회가 이 아름다운 일에 앞장섰으면 합니다. 그런 의미에서 한 달에 한 번 정도 북한 동포들을 돕는 일에 성의를 모으면 좋겠습니다. 주일 학생이면 백 원도 좋고, 5백 원도 좋습니다. 우리 젊은이들은 커피 한 잔 값만 아껴도 3천 원, 4천 원은 충분히 도울 수 있습니다. 외식 한 번만 줄이면 만 원, 2만 원은 충분히 도울 수 있습니다. 입고 싶은 것 조금만 참으면 10만 원도 도울 수 있습니다. 우리가 보기에는 대수롭지 않은 금액일지 모르지만, 그 돈이면 북한에서 굶주림에 지쳐 죽어 가는 수많은 사람이 살아납니다.

《21세기 예측》이라는 책이 있습니다. 이 책은 세계에서 내로라하는 103명의 석학들과 유명 인사들이 기고한 글들을 엮어낸 것으로, 21세기를 맞는 현대사회의 이슈들을 심도 있게 분석한 상당히 무게 있는 책이라고 할 수 있습니다. 이 책을 읽어 가던 중 노벨 평화상 수상자이자 보스톤 대학교 교수인 엘리 위젤(Elei Weisel, 1928-2016) 박사가 쓴 글을 읽고 충격을 받았습니다. 그는 21세기에 인간 사회를 황폐화시킬 수 있는 가장 무서운 악이 있다면 그것은 무관심이라고 지적했습니다. 참 옳은 지적이라고 생각합니다.

현대인들의 가장 두드러진 특징 하나를 들라면 무관심을 들 수 있을 것입니다. 사람들은 자기밖에 모르는 이기적인 동물이 되어 버렸습니다. 자기에게 직접적인 피해가 없는 일이면 남의 일처럼 생각하고 아무런 관심도 안 가지는 것입니다.

그러나 우리는 그의 말에 귀를 기울여야 합니다. "사랑의 반대는 증오가 아니라 무관심이다. 교육의 반대는 무지가 아니라 무관심이다. 아름다움의 반대는 추함이 아니라 무관심이다. 삶의 반대는 죽음이 아니라 삶과 죽음 모두에 대한 무관심이다."

북한에서 수많은 남녀노소가 굶주려 죽어 가고 있다는 말을 듣고도 무관심할 수 있다면 그는 하나님의 자녀라고 말할 수 없을 것입니다. 우리는 자기밖에 모르는 이 무서운 세대를 본받아서는 안 됩니다. 북한 사람들의 처지를 자신의 문제처럼 생각해야 합니다.

○ ○ ○ ○ ○ ○ ○ ○
숯불을 그 머리 위에

로마서 12장 1절을 보십시오.

> 그러므로 형제들아 내가 하나님의 모든 자비하심으로 너희를 권하
> 노니 너희 몸을 하나님이 기뻐하시는 거룩한 산 제물로 드리라 이는
> 너희가 드릴 영적 예배니라_롬 12:1

여기서 '그러므로'라는 말에 주목할 필요가 있습니다. 이 말은 1장부터 11장까지 제시된 복음의 진수를 한마디로 요약하는 것입니다. "로마교회 성도들이여, 너희들이 누구인가? 너희들이야말로 죽을 수밖에 없는, 영원히 저주받은 죄인이 아니었는가? 그럼에도 불구하고 하나님께서 예수 그리스도의 십자가 공로로 너희의 모든 죄를 용서하셨느니라. 너희는 용서받고 의롭다 함을 받아 거룩한 하나님의 백성이 되었다. 너희가 이 큰 구원을 아무런 값없이 받았은즉 이제 한 가지 해야 할 일이 있다. 너희 몸을 하나님이 기뻐하시는 거룩한 산 제물로 드리는 것이다.' 이렇게 말씀하는 것입니다.

그러면 어떻게 우리 몸을 거룩한 산 제물로 드릴 수 있습니까? 20절 상반절에 그 한 가지 대답이 나옵니다.

> 네 원수가 주리거든 먹이고 목마르거든 마시게 하라_롬 12:20상

원수가 주리거든
●

원수가 주린 것을 보거든 먹을 것을 들고 가라는 것입니다. 그가 목 말라 죽어 가고 있으면 우리가 마실 물을 아껴서라도 그에게 마시우 라는 것입니다. 그렇게 할 때 한 가지 놀라운 결과가 나타납니다.

그리함으로 네가 숯불을 그 머리에 쌓아 놓으리라_롬 12:20하

'그리함으로'는 20절 앞부분에 나와 있는 명령에 순종하는 것을 말 합니다. 그리고 그 뒤에 나오는 말은 그로 인해 나타날 결과를 가리킵 니다. 그러면 그 결과가 무엇입니까? 원수의 머리 위에 숯불을 쌓아 놓게 된다는 것입니다. 우리가 북한에 있는 형제들의 굶주림을 안타 깝게 여기는 마음으로 아끼고 절약해서 모은 돈을 이름도 없이 빛도 없이 그들에게 보내면 그것을 받는 북한에 있는 형제자매들의 머리에 활활 타는 숯불을 얹어 놓는 것과 같다는 말입니다.

이 말을 문자적으로 이해해서는 안 됩니다. 진짜 타오르는 숯불을 얹어 놓는다면 머리카락이 다 타 버릴 것이기 때문입니다. 이 말씀은 그들의 온몸이 뜨거워지고 가슴이 뜨거워지게 만든다는 뜻입니다. 사 람은 누군가로부터 사랑을 받으면 마음에 진한 감동을 받습니다. 그 러다 보면 가슴이 뜨겁게 달아오르게 되어 있습니다.

그리고 이렇게 가슴이 뜨거워지면 아무리 굳게 닫혀 있던 마음이라 도 활짝 열리게 됩니다. 우리가 지금 당장 그들에게 가서 예수님을 믿 으라고 전도할 필요가 없습니다. 그들이 굶어 죽어 갈 때 우리가 작은 것이라도 그들을 위해 희생하여 그들을 돕는다면 나중에 남북이 통일 될 때 힘들게 전도할 필요가 없습니다. 예수님을 믿는 사람이라고 하 면 그들이 쉽게 마음 문을 열 것이기 때문입니다. '아! 하나님의 사랑 이 이런 것이구나' 하고 우리 앞에 간증할 것이기 때문입니다.

사람은 누구나 먹고 마실 권리를 가지고 있습니다. 심지어 악인조차도 이 권리를 가지고 있습니다. 그뿐 아니라 모든 사람은 다른 사람의 먹고 마실 권리를 인정하고 보호해 주어야 할 책임도 가지고 있습니다. 상대방이 원수라고 할지라도 그가 먹고 마실 권리를 누릴 수 있도록 도와야 합니다. 그동안 우리와 원수처럼 지내 왔던 북한 동포들이 심각한 굶주림에 시달리고 있습니다.

우리가 하나님께 받은 은혜를 기억한다면 작은 것이라도 아끼고 절약해서 그들을 도와야 합니다. 그들의 먹고 마실 권리를 보호해 주어야 합니다. 우리가 이 책임을 잘 감당할 때 공산주의 사상으로 얼어붙었던 그들의 마음이 뜨거워질 것입니다. 그들의 마음이 복음에 대해서 활짝 열리게 될 것입니다. 그들은 우리를 보고 악인의 권리까지도 보장해 주시는 하나님의 사랑을 알게 될 것입니다.

우리 모두 그들의 먹고 마실 권리를 보호하는 이 일에 앞장섬으로써 그들이 복음에 대해 마음 문을 열게 만드는 이 아름다운 일에 놀랍게 쓰임을 받으면 좋겠습니다.

13

저주받은 땅,
책임 있는 관리

오늘날 환경문제의 근원은 인간들이 자연을 경작하고 관리하는 관리자가 아니라
수탈하는 정복자와 폭군으로 변했다는 데 있습니다.
이것은 경작하고 돌보게 하신 하나님의 명령을 거역하는 배임(背任)이요, 죄입니다.

창세기 3:17-19

17 아담에게 이르시되 네가 네 아내의 말을 듣고 내가 네게 먹지 말라 한 나무의 열매를 먹었은즉 땅은 너로 말미암아 저주를 받고 너는 네 평생에 수고하여야 그 소산을 먹으리라 18 땅이 네게 가시덤불과 엉겅퀴를 낼 것이라 네가 먹을 것은 밭의 채소인즉 19 네가 흙으로 돌아갈 때까지 얼굴에 땀을 흘려야 먹을 것을 먹으리니 네가 그것에서 취함을 입었음이라 너는 흙이니 흙으로 돌아갈 것이니라 하시니라

저주받은 땅,
책임 있는 관리

사람들은 흔히 자연을 일컬어 '인간의 어머니'라고 말합니다. 그리 과장된 말은 아니라고 생각합니다. 자연은 인간이 생명을 보전하기 위해 필수 불가결한 환경이요, 터전이기 때문입니다. 아무도 자연의 품을 떠나서는 살아남을 수 없습니다. 이것은 자연 편에서도 마찬가지입니다. 인간이 없는 자연은 무의미합니다. 하나님께서 인간을 위해 자연을 창조하셨기 때문입니다. 인간과 자연은 어떤 면에서 생사를 같이하는 운명 공동체라고 할 수 있을 것입니다. 우리는 본문에서도 그 증거를 발견할 수 있습니다.

○ ○ ○ ○ ○ ○
저주받은 땅

> 땅은 너로 말미암아 저주를 받고 너는 네 평생에 수고하여야 그 소산을 먹으리라_창 3:17하

아담과 하와의 죄로 인해 땅이 저주를 받았습니다. 그 결과 땅은 가시덤불과 엉겅퀴를 내게 되었습니다. 여기서 '땅'이란 우리가 밟고 다니는 땅만을 말하지 않습니다. 하늘과 바다를 포함한 자연 만물 모두를 말하는 것입니다.

그러므로 땅이 저주를 받았다는 말은 자연 만물이 저주를 받았다는 뜻입니다. 땅은 원래 인간이 먹고 살아가는 데 필요한 모든 것을 풍성히 공급하게 되어 있었습니다. 땅의 이러한 기능은 저주를 받은 이후에도 변하지 않았습니다. 범죄 이후에도 인간은 밭의 채소와 땅에서 나는 것을 먹고 살도록 되어 있었습니다.

달라진 것이 있다면 저주로 인해 땅에 생겨난 가시와 엉겅퀴 때문에 사람이 땀을 흘려 수고해야 소산물을 얻을 수 있게 된 것뿐입니다. 그런데 기독교 일각에서는 '땅이 저주를 받았다'라는 이 말을 오해하고서 '어차피 저주받은 것이니 마음대로 개발하고 훼손시켜도 된다'라고 생각하는 사람들이 있는 것 같습니다. 그래서 그런지 이제까지 기독교인들조차도 자연을 매우 거칠게 다루어 왔던 것이 사실입니다.

세계 최대의 환경 운동 단체라고 하는 '월드워치연구소'(Worldwatch Institute)가 발표한 보고서는 오늘날의 환경 위기에 대해 이렇게 보고했습니다. "지구의 환경 위기는 이제 과학기술의 발달이 해결할 수 있는 선을 넘어섰다. 혁명적인 기술 진보가 없는 한, 인류는 다가오는 굶주림의 시대를 피할 도리가 없을 것이다." 전 세계 인구는 매년 거의 1억 명 정도씩 증가한다고 합니다. 앞으로도 당분간은 이와 같은 추세가 계속될 것으로 전망됩니다.

그런데 문제는 세계의 곡물 생산량이 1984년 이래로 급격히 감소하고 있다는 사실입니다. 밀의 경우는 11%나 감소했습니다. 그럼에도 농업용수의 오염은 갈수록 더 심각해지고 도시화로 인해 농경지가 점점 줄어들고 있습니다. 그래서 농부들과 과학자들이 아무리 노력을 해도 인류를 먹여 살리기에는 역부족이라고 말하는 것입니다. 지구는 이미 생물학적인 한계점에 도달해 있기 때문입니다. 따라서 앞으로 인류가 이 지구상에서 살아남기 위해서는 산아제한을 함으로써 인구를 줄이는 방법밖에 없다는 것입니다. 이러한 위기의 근원이 어디에 있습니까? 무분별하게 자연을 착취하고 훼손시킨 데 있는 것입니다.

조금만 관심을 가지고 둘러보면 우리나라도 환경문제가 매우 심각한 수준에 이르렀다는 사실을 쉽게 알 수 있습니다. '산업화'라는 허울좋은 이유를 내세우며 산지와 농지를 함부로 파헤치고, 쓰레기를 아무 데나 마구 버리고, 죽음의 폐수를 제대로 처리하지도 않은 채 그대로 강으로 흘려보낸 결과 땅과 강, 바다, 공기 그 어느 것 하나 병 들지 않고 남아 있는 것이 없을 정도가 되었습니다.

수질오염을 막는 데는 하수처리시설이 관건일 것입니다. 그런데 담당 공무원들은 뇌물을 받고 그렇게 중요한 하수처리시설을 엉터리 업자에게 하청을 줍니다. 그러다 보니 겉모양은 그럴듯한데 실제로는 한 번도 제대로 가동된 적이 없는 시설이 얼마나 많은지 모릅니다. 가동을 중단하고 있는 것이 아니라 애초부터 가동이 안 되는 불량 시설이기 때문입니다. '금수강산'이라고 자랑하는 이 나라 산하가 악한 인간들 때문에 중병에 걸려 있는 것입니다. 지금 우리는 기로에 서 있습니다. 조금 못사는 쪽을 택하고 자연을 살릴 것인지 아니면 조금 더 잘살기 위해서 자연을 계속 훼손할 것인지 갈림길에 서 있는 것입니다. 우리는 후손들에게 호화로운 맨션과 함께 더러워진 공기와 썩은 물, 쓸모없는 땅을 물려줄 것인지, 초라한 초가집과 함께 건강하고 아름다운 자연을 물려줄 것인지 둘 중 하나를 선택해야 합니다.

이에 대한 하나님의 뜻은 너무나 명백합니다. 하나님께서는 자연을 마음대로 착취하고 파괴해도 좋다고 말씀하신 적이 한 번도 없습니다. 어떤 사람은 인간이 좀 더 편하게 살기 위해서는 어쩔 수 없는 것 아니냐고 반문할지도 모릅니다. 그러나 그러한 명분은 하나님 앞에서 아무런 설득력이 없습니다. 우리는 그 이유를 두 가지로 살펴볼 수 있습니다.

인간은 자연의 일부이다

첫째 이유는, 인간은 원래부터 자연의 한 부분으로 창조되었기 때문입니다.

> 네가 흙으로 돌아갈 때까지 얼굴에 땀을 흘려야 먹을 것을 먹으리니
> 네가 그것에서 취함을 입었음이라 너는 흙이니 흙으로 돌아갈 것이
> 니라 하시니라_창 3:19

사람은 흙으로 만들어진 존재로서 결국 흙으로 돌아가게 되어 있습니다. 인간은 땅, 곧 자연의 한 부분입니다. 이것은 음성학적으로도 입증되는 사실입니다. 히브리어로 사람은 '아담'입니다. '아담'은 인류의 첫 조상의 이름이기도 한데, 그의 이름 자체가 사람을 뜻하는 것입니다. 흙은 히브리어로 '아다마'입니다. 음성학적으로 볼 때도 사람과 흙은 공통분모를 갖고 있는 것입니다.

요즈음 '신토불이(身土不二)'라는 말이 유행하고 있습니다. 이 말에 함축된 종교적인 의미만 제거한다면 참으로 옳은 말이라고 봅니다. 우리의 몸과 땅은 둘이 아니요 하나입니다. 그러므로 땅이 가시와 엉겅퀴를 내어 인간을 수고롭게 한다고 해서 그것을 무자비하게 다루어

도 좋을 대상으로 보면 안 됩니다. 땅을 무자비하게 다루는 것은 바로 자기 자신을 무자비하게 다루는 것과 같기 때문입니다.

그럼에도 우리는 이 엄연한 사실을 외면한 채 정복감에 고취되어 자연을 마구 수탈해 왔습니다. 오늘날 지구상에 왜 이렇게 많은 기상 이변이 일어난다고 생각합니까? 왜 때아닌 홍수와 지진, 한파가 밀어닥칩니까? 인간의 그칠 줄 모르는 탐욕으로 인해 수탈당해 온 자연이 더 이상 참지 못하고 울분을 토하며 대항하는 것입니다. 인간이 병들면 자연 역시 병들게 되고, 인간이 자기 욕심만 추구하면서 살면 자연이 고통을 당하게 되어 있습니다. 그러므로 인간은 자연을 공생해야 할 존재로 알고 자기 자신을 대하듯 진정으로 아껴야 합니다.

∘ ∘ ∘ ∘ ∘ ∘ ∘ ∘ ∘ ∘ ∘
인간은 자연 만물의 관리자다

둘째 이유는, 인간은 하나님으로부터 자연 만물을 관리할 책임을 위임받았기 때문입니다.

> 하나님이 이르시되 우리의 형상을 따라 우리의 모양대로 우리가 사람을 만들고_창 1:26상

'우리'란 성부, 성자, 성령 삼위 하나님을 가리킵니다. 따라서 이 말씀은 하나님께서 자기 형상대로 사람을 만드셨다는 뜻입니다. '하나님의 형상'은 여러 가지 의미가 있겠지만 그중에서 빼놓을 수 없는 것이 '왕'이라는 의미라고 봅니다. 하나님께서는 사람을 만물의 영장으로, 곧 왕으로 만드셨습니다. 하나님께서 만드신 자연 만물을 하나님 대신 관리하고 보전하게 하기 위함이었습니다.

하나님이 이르시되 우리의 형상을 따라 우리의 모양대로 우리가 사
람을 만들고 그들로 … 모든 것을 다스리게 하자 하시고 하나님이
자기 형상 곧 하나님의 형상대로 사람을 창조하시되…_창 1:26-27

하나님께서 자연 만물을 다스리고 관리하도록 하시기 위해 인간을
자기 형상대로 창조하신 것입니다. 그러므로 28절에 뒤따르는 하나님
의 명령은 당연한 순서라고 할 것입니다.

하나님이 그들에게 복을 주시며 하나님이 그들에게 이르시되 생육
하고 번성하여 땅에 충만하라, 땅을 정복하라, 바다의 물고기와 하
늘의 새와 땅에 움직이는 모든 생물을 다스리라 하시니라_창 1:28

하나님께서는 인간에게 생육하고, 번성하고, 땅에 충만하고, 정복
하고, 다스리라는 다섯 가지 복을 주신 것입니다.

그런데 기독교인 중에는 "땅을 정복하라, 다스리라" 하는 이 말씀
을 오해한 사람이 적지 않았습니다. 그 결과 기독교 문화가 들어가는
곳마다 과학 문명이 발달하고, 그럴수록 자연을 훼손하고 파괴하는
일이 더 많아졌다는 것은 부인할 수 없는 사실입니다. 이러한 오해의
밑바닥에는 '하나님께서 땅을 정복하고 다스리라고 하셨으니 우리 마
음대로 해도 좋다'라는 사고방식이 놓여 있는 것입니다. 그래서 린 타
운젠드 화이트 주니어(Lynn Townsend White Jr., 1907-1987) 같은 학자는
자연이 오늘날과 같이 훼손되고 오염된 데는 기독교에 그 책임이 있
다고 주장하기까지 했습니다. 그들의 주장에 억지스러운 면이 없지
않다고 하더라도 기독교가 오늘날의 환경오염에 대한 책임을 져야 한
다는 목소리에는 귀를 기울일 필요가 있다고 생각합니다.

기독교가 뒤집어쓴 이와 같은 불명예를 불식시키고 자연에 대한 성경적인 태도를 확립하기 위해서는 '땅을 정복하라' '다스리라'라는 말의 의미를 분명히 해 둘 필요가 있습니다. 이 말은 흔히 '짓밟다' '지배하다'라는 의미로 사용됩니다. 이런 표면적인 의미만 생각하면 '자연을 우리 마음대로 이용해도 좋다'라는 말처럼 들리는 게 사실입니다.

그러나 성경 전체를 놓고 살펴보면 절대 그러한 통속적인 의미를 말하지 않는다는 사실이 분명하게 드러납니다. '경작하라'와 '지키다'라는 말은 다름이 아니라 하나님의 소유인 자연을 하나님께서 원하는 방법대로 잘 관리하라는 뜻입니다. 이것은 2장 15절에서도 분명히 나타납니다.

> 여호와 하나님이 그 사람을 이끌어 에덴동산에 두어 그것을 경작하며 지키게 하시고_창 2:15

하나님께서는 아담과 하와를 지으신 후 그들을 에덴동산으로 인도하시고 그것을 경작하고 지키게 하셨습니다. '경작하다'라는 말은 히브리어로 '아바드'인데 '경작하다' '일구다'라는 뜻이 있습니다. 그리고 '지키다'라는 말은 '샤마르'인데 '관리하다' '보존하다'라는 뜻이 있습니다. 하나님께서는 인간에게 에덴동산을 일구어 경작하게 하셨을 뿐 아니라 그것을 잘 관리하고 보존하게 하신 것입니다. 경작하고 돌보는 것, 이것이야말로 '경작하고 지키라'라는 말의 참 의미입니다.

여기서 한 가지 분명히 짚고 넘어가야 할 것이 있습니다. 우리는 관리자일 뿐, 주인이 아니라는 사실입니다. 따라서 우리는 탐욕이 부추기는 대로가 아니라 주인이신 하나님께서 원하시는 대로 자연을 보존하고 관리해야 합니다.

하나님께서는 절대로 자연의 아름다움을 짓밟고, 생태계의 질서를 파괴해도 좋다고 허락하신 적이 없습니다. 큰 저택의 정원을 책임지고 있는 정원사가 밤낮 술에 취해 잡초가 무성하도록 정원을 내팽개쳐 둔다거나 탐욕에 눈이 멀어 좋은 나무와 예쁜 꽃은 전부 뒤로 빼돌려 팔아먹는다고 생각해 보십시오. 과연 그가 자기 책임을 다하고 있다고 말할 수 있겠습니까?

오늘날 환경문제의 근원은 인간들이 자연을 경작하고 관리하는 관리자가 아니라 수탈하는 정복자와 폭군으로 변했다는 데 있습니다. 이것은 경작하고 돌보게 하신 하나님의 명령을 거역하는 배임(背任) 행위요, 죄입니다. 인간의 몸을 보십시오. 흙으로 만들어진 것이기에 조금만 잘못 다루어도 금방 지치거나 병들고, 심지어 죽게 될 수도 있습니다. 하나님께서는 인간의 이러한 연약함을 아시기에 잠을 주셔서 밤에 쉬게 하셨을 뿐 아니라 6일은 일하고 하루를 안식하게 하셨습니다.

연약하기로는 자연 역시 다를 바 없습니다. 자연계의 모든 상호작용은 땅을 중심으로 일어나기 때문에 자연도 똑같은 연약함을 가지고 있습니다. 잘못 다루면 병들거나 망가지기 쉬운 것은 인간이나 자연이나 차이가 없는 것입니다. 하나님께서 땅에도 안식을 주라고 하신 것은 바로 이 때문이었습니다.

> 이스라엘 자손에게 말하여 이르라 너희는 내가 너희에게 주는 땅에 들어간 후에 그 땅으로 여호와 앞에 안식하게 하라 너는 육 년 동안 그 밭에 파종하며 육 년 동안 그 포도원을 가꾸어 그 소출을 거둘 것이나 일곱째 해에는 그 땅이 쉬어 안식하게 할지니 여호와께 대한 안식이라_레 25:2-4상

하나님께서는 제7년째 되는 안식년에는 파종하지도, 열매를 거두지도 말라고 명령하셨습니다. 땅이 쉼을 얻도록 하라는 것입니다. 그렇게 할 때 땅이 생명력을 회복하게 되고, 결과적으로는 인간에게 필요한 소산물을 더욱 풍성히 맺을 수 있기 때문입니다.

하나님께서 자연을 얼마나 아끼시는지는 신명기 20장 19절에도 잘 나타나 있습니다. 하나님께서는 당신이 미워하시는 족속들의 성읍을 공격할 때라도 그 나무는 손대지 말라고 명령하셨습니다. 사람과 싸우러 간 것이지 자연과 싸우러 간 것이 아니라는 것입니다. 하나님께서는 이 정도로 자연을 소중히 여기는 분이십니다.

그러므로 우리는 '경제개발'이라는 미명 아래 하나님의 소유인 자연계를 함부로 훼손해서는 안 됩니다. 'GNP 1만 불 시대'나 '선진국 진입' 등 아무리 화려한 구호를 내건다 해도 자연을 함부로 파괴하는 것은 '오늘 즐기고 내일 죽자'라는 어리석은 행동에 지나지 않습니다.

욕심에 눈이 멀어 한치 앞을 못 보고 자연을 마구 파괴하는 사람들을 보면 분노가 치밀어 올라 견딜 수가 없습니다. 어쩌다 우리가 이토록 무모한 파괴자가 되어 버렸습니까? 자기 당대에만 편안하게 살 수 있다면 후손들이야 썩은 물과 썩은 공기를 마시고 죽어도 상관없다는 끔찍한 발상은 도대체 어디에서 왔는지 모르겠습니다.

자녀 사랑이 무엇입니까? 자연을 함부로 망가뜨리고, 강에 폐수를 방출하여 물고기들을 떼죽음시키면서 번 돈으로 그저 잘 먹이고 잘 입히기만 하면 자녀를 사랑하는 것입니까? 그래서 나중에 그가 오염된 땅에서 썩은 물과 썩은 공기를 마시며 살게 만드는 것이 진정 자녀를 사랑하는 것입니까? 자녀를 진정으로 사랑하는 사람이라면 절대 그런 짓을 할 수 없을 것입니다.

우리는 이 두 가지 사실을 꼭 명심해야 합니다. 먼저, 우리 자신도 자연의 일부분이라는 사실입니다. 우리와 자연은 공동 운명체입니다. 따라서 자연을 인간 대하듯 대해야 합니다. 그리고 또 하나는, 우리는 하나님께서 만드신 자연을 관리할 책임을 위임받은 관리자라는 사실입니다. 관리자는 주인이 아닙니다. 그럼에도 우리가 지금까지 자연을 우리 마음대로 수탈하고 착취하는 폭군 행세를 해온 것이 사실입니다. 저는 우리나라의 오염되고 파괴된 산하를 바라볼 때면 벌써 쉽게 치유할 수 없을 만큼 중병이 들지 않았나 하는 걱정이 앞섭니다.

그러나 한 가지 분명히 말할 수 있는 것은 지금이라도 늦지 않았다는 것입니다. 지금부터라도 우리가 하나님께서 맡기신 청지기 사명을 감당하는 데 앞장선다면 우리 후손들에게 덴마크나 노르웨이와 같이 깨끗하고 건강한 자연을 물려줄 수 있을 것이라 확신합니다.

자연을 사랑하라

그러기 위해서는 먼저, 자연을 내 몸처럼 사랑해야 합니다. 선진국 사람들은 야산에서 아름다운 야생화를 보더라도 절대로 꺾어 오지 않는다고 합니다. 사랑하기 때문입니다. 그러나 우리는 어떻습니까? 공짜라고 하면 닥치는 대로 꺾어 갑니다. 심지어는 뿌리째 파가기도 합니다. 자연을 사랑하지 않는 것입니다. 또 선진국 사람들은 아무도 보지 않는 산속이라고 해도 쓰레기를 함부로 버리지 않습니다. 그러나 우리는 어떻습니까? 인적이 드문 곳은 물론이고 사람들이 많이 모이는 장소에서도 아무런 양심의 가책 없이 쓰레기를 마구 버리지 않습니까?

어느 산에 갔더니 산 아래 계곡 쪽에 멋진 별장이 하나 있었습니다. 그 별장 앞에는 아름답게 가꾸어진 정원이 있었는데, 공휴일이면 사람들이 떼로 몰려와 거기서 종일 먹고 즐긴다고 합니다. 그러다 보니 그곳이 성하게 남아날 리가 없습니다. 나무와 꽃은 망가지고 여기저기 음식물 찌꺼기와 빈 병과 일회용 그릇들이 나뒹구는 모습이 마치 쓰레기 처리장을 연상케 할 정도가 된다고 합니다.

그래서 한 번은 그 정원 주인이 크게 마음을 먹고 쓰레기를 버려두고 가는 사람을 붙잡아 쓰레기를 치우고 가라고 말했다가 그가 온갖 욕설을 퍼부으며 대드는 바람에 겁에 질려 도망을 친 적도 있다고 합니다. 세상에 이런 적반하장이 어디 있습니까? 제가 그 정원 주변을 둘러보니 엉망진창이 되어 있었습니다. 자연을 사랑하는 자라면 절대 이런 짓은 하지 않을 것입니다. 그런 의미에서 우리가 자연을 자기 몸처럼 사랑하고 아끼는 마음을 가지는 일이 급선무라고 봅니다.

◦ ◦ ◦ ◦
절제하라

둘째로는, 절제해야 합니다. 절제란 한 번 쓸 것을 두 번 쓰고, 버릴 것을 한 번 더 재활용하는 것을 말합니다. 저는 우리가 자신도 모르는 사이에 결벽증에 걸려 있지 않나 생각합니다. 이것은 위생적인 차원이라기보다 습관적입니다. 무조건 많이 씻고 닦아 내야 직성이 풀리는 것입니다. 제 아내도 쓰레기를 줄이고 오염을 줄이는 데 매우 적극적이기는 합니다만 가끔 저와 다투는 때가 있습니다. 결벽증 때문입니다. 와이셔츠를 하루 입었다고 꼭 빨아야 합니까? 한 번만 입고 빨 경우 그만큼 자주 빨아야 하고 세제도 그만큼 많이 쓰게 될 것이고, 결과적으로 물이 그만큼 더 더러워진다는 것은 너무나 명백한 사실입니다. 우리가 한 번 입을 것 두 번 입는다면 수질오염을 그만큼 막을 수 있는 것입니다. 그런 의미에서 저는 좀 더럽게 살자는 운동을 하고 싶습니다. 자연을 살리기 위해서는 다소 더럽게 살 필요가 있는 것입니다.

음식물도 버리는 것이 없도록 적당히 담아 먹고, 국물은 남기지 않고 깨끗이 비우는 습관을 지녀야 합니다. 환경부의 자료에 의하면 된장국물 1g을 정화하는 데 물 7ℓ가 필요하고, 폐식용유 1g을 정화하는 데 물 200ℓ가 필요하다고 합니다. 우리가 아무 생각 없이 버리는 이런 생활하수들이 수질오염의 40%를 차지하고 있다는 사실을 기억합시다. 국물이나 식용유를 절대 함부로 버려서는 안 됩니다. 기름이 묻은 그릇은 신문지로 기름기를 깨끗이 닦아 낸 다음에 물에 씻어야 합니다.

저는 오래전부터 머리를 감을 때 비누를 사용합니다. 샴푸보다 비누가 물을 오염시키는 정도가 훨씬 작기 때문입니다. 종이도 양면으로 사용합니다. 폐지 1톤은 길이 8m, 지름 14cm의 원목 20개에 해당한다고 합니다. 폐지 1톤을 절약하면 나무를 그만큼 잘라 내지 않아도 되고 수입도 줄일 수 있는 것입니다. 그러므로 종이 한 장도 앞뒤로 꼬박꼬박 써서 더 이상 쓸 수 없을 때 버려야 합니다.

건전지 역시 마찬가지입니다. 요즈음처럼 소형 건전지가 많이 쓰이는 때도 없을 것입니다. 건전지에 수은이나 카드뮴(cadmium)과 같은 인체에 해로운 중금속이 들어 있다는 것은 누구나 아는 사실입니다. 그러나 그 해악성을 피부 깊숙이 느끼지 못하기 때문에 건전지를 함부로 버리는 일이 많습니다. 건전지는 지하수와 토양을 오염시킬 뿐 아니라 거기서 자라나는 곡식까지 오염시킵니다. 우리가 그 곡식을 먹는 것은 이 중금속을 그대로 먹는 것과 같습니다. 작은 수은전지 하나는 어른 4명이나 어린아이 14명에게 뇌 기능장애를 일으킬 만큼 아주 심각한 공해 요소를 갖고 있다고 합니다. 그뿐만 아니라 사람을 죽게 할 수도 있습니다.

1953년 일본 구마모토현(熊本県)의 미나마타(水俣市)라고 하는 어촌에서는 555명이 떼죽음을 당한 사건이 일어났는데 조사 결과 인근 화학비료 공장에서 바다로 방출한 메틸수은(methylmercury)이 그 원인이라는 사실이 밝혀져 충격을 준 일이 있습니다. 그들은 폐수에 포함되어 있던 수은에 오염된 어패류를 먹고 '미나마타병'(水俣病, Minamata disease)이라는 수은 중독증에 걸려 비극을 당했던 것입니다.

우리가 아무 생각 없이 버리는 건전지 역시 그 안에 들어 있던 중금속이 토양이나 지하수에 축적되기 때문에 장기적으로 볼 때 엄청난 비극을 초래할 수 있다는 사실을 분명히 알아야 합니다. 그래서 저는 아무리 작은 건전지라도 모아 두었다가 아파트 정문 옆에 있는 건전지 수거함에 넣습니다. 좀 귀찮을지 모르지만 이와 같이 오염원을 줄이려는 노력에 우리가 먼저 앞장섭시다. 이 모든 것이 바로 절제입니다.

○ ○ ○ ○ ○ ○ ○ ○
환경 파수꾼이 되라

셋째로는, 환경을 지키는 파수꾼이 되어야 합니다. 먼저 우리 스스로 환경을 보존하기 위한 노력을 다해야 합니다. 그리고 더 나아가 환경을 오염시키는 공해 업소나 뇌물을 받고 그들과 결탁하는 무책임한 공무원들을 감시하고 고발함으로 경종을 울려야 합니다. 산과 들에 쓰레기를 함부로 버리고 훼손시키는 행락객들을 감시해야 합니다. 이 일을 절대 남의 일로 생각하면 안 됩니다. 환경을 오염으로부터 지키고 보존하는 것은 우리 자신들과 후손들의 생사가 걸려 있는 중대한 문제이기 때문입니다.

그러나 오염 현장을 고발하고 감시하는 것만으로는 부족합니다. 후세대들을 철저하게 교육하는 것이 병행되어야 할 것입니다. 교회가 인간의 영혼 구원을 위해서 하는 사역만 주님의 일이라고 보면 안 됩니다. 중병에 걸려 죽어 가는 자연을 구원하는 것도 주님의 일입니다. 로마서 8장 19절에서 21절을 보십시오. 피조물들도 썩어짐의 종 노릇 하는 데서 해방되는 그 날을 고대하고 있습니다. 마지막 때 우리의 구원이 완성되는 날, 자연 만물도 부패의 악순환에서 구원을 받을 것입니다. 우리의 후손들이 이 땅 위에 살아남아 주님의 나라를 확장하기 위해서는 인간의 욕심으로 인해 자연이 병들지 않도록 잘 관리하고 보존해야 합니다. 그러기 위해서는 철저한 환경 교육이 필수적입니다.

어느 교회 고등부에서 수련회를 갔습니다. 강사로 오신 목사님은 특별히 환경에 관해 관심이 남다른 분이셨다고 합니다. 그는 학생들에게 이렇게 질문했습니다. "여러분들 중에 머리 감을 때 샴푸를 쓰는 사람 손 들어 보세요." 1명을 제외한 모든 학생이 샴푸를 쓴다고 손을 들었습니다. "여러분, 샴푸를 쓰는 것이 얼마나 나쁜지 아세요? 우리 몸에도 나쁜지 그것은 잘 모르지만, 물을 더럽히고 자연을 더럽히는 데 얼마나 주범인 줄 아세요? 우리 함께 비디오테이프를 보며 이것을 확인해 봅시다." 비디오를 보고 난 후 그가 다시 질문을 던졌을 때는 단 1명의 예외도 없이 100%가 비누로 감겠다고 손을 들었다고 합니다. 이것이 바로 교육의 힘입니다.

예수님을 믿는 사람인 우리가 앞장서지 않으면 '금수강산'이 썩은 물이 넘치는 '오수강산'으로 전락하고 말 것입니다. 하나님께서 주신 이 땅을 보존하고 병든 곳을 치유하여 다시금 건강하게 만들 책임이 바로 우리에게 놓여 있습니다. 그러므로 우리 스스로 환경을 아끼고 보호하는 일에 앞장섬으로써 이 세대에 대한 사명을 감당해야 하며, 우리의 자녀들에게 철저히 환경에 대한 바른 자세를 교육함으로써 소망의 불씨를 지펴야 할 것입니다.

우리와 자연은 둘이 아니라 하나입니다. 우리는 자연의 일부입니다. 따라서 우리는 자연과 생사와 운명을 같이할 수밖에 없습니다. 이 사실을 안다면 우리가 이제까지 자연에 대해 가졌던 부주의하고 오만한 태도를 버려야 합니다. 왜냐하면 그러한 태도는 다름 아닌 우리 자신의 존재와 운명을 위태롭게 만드는 어리석은 태도이기 때문입니다.

하나님께서는 우리에게 하나님 소유인 피조물들을 관리할 막중한 책임을 맡기셨습니다. 우리가 하나님께서 원하시는 대로 이 책임을 잘 감당하기 위해서는 무엇보다 자연을 사랑하는 마음을 가져야 합니다. 다소 불편하고, 덜 깨끗하다 해도 절제할 것은 절제합시다. 그럴 때 환경오염이 그만큼 줄어들 것입니다. 그리고 환경을 오염시키는 자들을 감시하고 자녀들을 철저히 교육합시다. 사람을 구원하는 일만 하나님의 일로 생각해서는 안 됩니다.

하나님께서 애초에 인간을 만드실 때 자연을 경작하고 관리하게 하신 것이라면, 비록 저주받은 땅이라 할지라도 잘 관리하고 보존해야 할 책임이 우리에게 있는 것입니다. 그 책임을 회피하거나 무시하지 맙시다. 그것은 우리에게 주어진 복이기 때문입니다. 우리 모두가 자연을 보존하고 관리하는 사명을 잘 감당함으로 이 땅 위에서 풍성한 삶을 누리는 은혜가 있기를 바랍니다.

14

희망은
있습니다

만유의 주인이신 예수님은 먹다 남은 떡 부스러기조차 낭비하지 않으셨습니다.
하나님의 것이기에 아끼고 보존하는 데 앞장서셨던 것입니다.
지금도 주님은 우리에게 이렇게 말씀하십니다.
"남은 조각을 거두고 버리는 것이 없게 하라."

요한복음 6:8-13

8 제자 중 하나 곧 시몬 베드로의 형제 안드레가 예수께 여짜오되 9 여기 한 아이가 있어 보리떡 다섯 개와 물고기 두 마리를 가지고 있나이다 그러나 그것이 이 많은 사람에게 얼마나 되겠사옵나이까 10 예수께서 이르시되 이 사람들로 앉게 하라 하시니 그곳에 잔디가 많은지라 사람들이 앉으니 수가 오천 명쯤 되더라 11 예수께서 떡을 가져 축사하신 후에 앉아 있는 자들에게 나눠 주시고 물고기도 그렇게 그들의 원대로 주시니라 12 그들이 배부른 후에 예수께서 제자들에게 이르시되 남은 조각을 거두고 버리는 것이 없게 하라 하시므로 13 이에 거두니 보리떡 다섯 개로 먹고 남은 조각이 열두 바구니에 찼더라

희망은
있습니다

목사가 날마다 마음으로 죄를 짓고 산다면 믿으시겠습니까? 아무도 믿지 않으려 할 것입니다. 그러나 저는 제가 바로 그런 사람이라는 사실을 고백하고 싶습니다. 저는 고급 차를 타고 가면서 피던 담배꽁초를 밖으로 휙 던지는 사람을 보거나, 산과 들을 함부로 파헤치고 사리사욕을 채우기 위한 시설을 짓는 자들을 보거나, 놀던 자리에 온갖 쓰레기를 그대로 버려두고 가는 사람들을 보면 마음속에서 분노가 치밀어 올라 견디지를 못합니다.

맑고 시원한 물이 흐르는 계곡에다 유흥업소나 식당을 차려 놓고 오수(汚水)를 계속 흘려보내 냄새나는 시궁창으로 만들어 버리는 장사치들과 적당히 돈을 받아먹고 그들을 묵인해 주는 공무원들을 보면 울분이 터집니다.

자연 보존에 대한 확고한 의지나 비전이 없는 통치자나 팔당 상수원 하나 깨끗하게 지키지 못하는 행정부를 보면 하루에도 수십 번 제 마음속에서 말로 다 표현하기 어려운 분노가 치밀어 오르는 것입니다.

자연을 마구 더럽히는 사람들을 볼 때면 매일 아침 집 앞에 와서 돌멩이로 유리창을 깨뜨리는 깡패를 보는 것 같은 심정을 느낍니다. 한 두 번이라면 그래도 좋게 봐줄 수 있을지 모릅니다. 그러나 매일 아침 마다 돌멩이질을 해서 유리창을 깨뜨린다면 제아무리 마음 좋은 사람 이라고 해도 그들을 보고 분노하지 않을 수 없을 것입니다. 물론 하나 님의 자녀라면 분노하거나 미워하거나 욕을 해서는 안 됩니다. 그러 나 저는 억지로 성자가 되고 싶지 않습니다. 화를 내고 욕을 해서 그들 의 행동이 달라질 수 있다면, 환경 파괴가 줄어들 수 있다면 그렇게라 도 하고 싶은 심정입니다.

자연 보호 - 21세기 최대 이슈

자연보호는 우리 모두의 생사가 달린 문제이자 자손의 건강과 행복 과 직결되는 과제요, 세계의 평화와 번영을 좌우할 21세기 최대의 이 슈라 할 수 있습니다. 그럼에도 이 중요한 문제를 소홀히 여기고 '오늘 즐기고 내일 죽자'라는 식으로 사는 사람들을 보면 제 자신이 자제력 을 잃습니다.

저는 그동안 교회가 어떻게 하면 자연보호 운동에 적극적으로 참 여할 수 있을까 하고 고심을 많이 했습니다. 물론 설교를 통해 우리가 환경에 대해 가지고 있는 그릇된 사고와 태도를 바로잡아 줄 수 있습 니다. 그러나 설교 하나만으로는 부족하다는 생각이 들었습니다. 우 리나라의 자연 파괴는 소수의 사람이 심심풀이로 떠들다가 말아도 될 정도의 수준을 훨씬 넘어섰기 때문입니다.

한반도의 좋은 자연이 얼마나 오염되고 파괴되었는지 앞으로 20 년 동안 국가 예산의 50%를 쏟아붓는다고 해도 완전한 회복이 어려 울지 모릅니다. 정말 심각한 문제가 아닐 수 없습니다. 저는 자연을 살리고 보존하는 것이 경제발전이나 통일보다 더 시급한 과제라고 생각합니다.

그래서 교회가 이 일을 잘 감당하기 위해서는 보다 조직적인 참여가 필요하겠다고 판단했습니다. '기독교 환경운동 연대'라는 한 시민 단체에 이사로 발을 들여놓게 된 것도 바로 그 때문입니다. 이제 교회가 이 시민 단체와 연대해서 환경을 보호하는 일에 더 적극적으로 나서야 할 것입니다.

'금수강산'이라고 자랑하던 이 나라 자연이 왜 이렇게 심각하게 파괴되었습니까? 그 이유가 다른 데 있다고 보지 않습니다. 자연 파괴는 우리의 눈먼 탐욕과 무절제한 낭비가 불러들인 인재(人災)입니다. 우리가 탐욕을 자제하지 못한 탓에 이 나라 산하가 황무지로 변해 가는 것입니다. 이것은 비단 우리나라만의 문제는 아닙니다. 전 세계의 자연이 인류의 탐욕으로 인해 황폐한 땅으로 바뀌고 있습니다. 우리가 함부로 쓰고 내버리는 이 낭비벽을 고치지 않는다면 지구가 쓰레기 처리장으로 변하는 것은 그야말로 시간문제입니다.

시중에 있는 서점을 한번 들러 보십시오. 지구의 환경 위기를 경고하는 책들이 얼마나 많이 나와 있는지 모릅니다. 그중에 한두 권을 잡고 몇 페이지만 넘겨보십시오. 아마 머리가 지끈거려 다섯 페이지 이상을 읽기가 힘들 것입니다. 듣기 좋은 소리는 하나도 안 나오기 때문입니다. 마치 의사가 중병에 걸린 환자를 앞혀 놓고 "당신은 이렇게 죽을 것입니다"라는 말만 들려주는 것 같습니다. 그만큼 지구의 환경 파괴가 심각하다는 말입니다. 그러나 대부분의 사람은 사형선고에 가까운 그들의 진단과 예언을 심각하게 받아들이지 않는 것 같습니다. 물이나 공기 오염이 심각하다 해도 그것 때문에 지금 당장 죽는다거나 살아가는 데 특별한 지장이 생기는 것은 아니기 때문입니다.

그러나 우리가 분명히 알아야 할 것은 자연을 염려하는 전문가들은 충분한 근거를 가지고 이야기하고 있다는 사실입니다. 그들의 예언이 아무리 현실적으로 실감이 안 난다 해도 10년이나 20년 뒤에는 반드시 현실로 나타난다는 것입니다. 일례로 20여 년 전에 과학자들이 지구의 온난화 현상에 대해 경고한 적이 있습니다. 그 당시에는 대부분의 사람이 그들의 말을 그리 대수롭지 않게 여겼습니다.

그러나 이미 그들이 경고하던 일이 우리 눈앞에 현실로 나타나고 있지 않습니까? 전 세계적으로 일어나는 기상이변도 사실은 온난화 현상과 밀접하게 연관되어 있습니다. 그러므로 듣기 싫은 말이라 해도 귀담아들어야 합니다. 우리 모두의 생사와 후손들의 안녕이 걸려 있는 이 중대한 문제를 남의 일 보듯 해서는 안 되는 것입니다.

과학자들이 말하는 몇 가지 사례를 들어 보겠습니다. 이 지구상에는 천만 종이 넘는 동식물이 살고 있다고 합니다. 그런데 지난 20년 동안 그 중 10%가 삼림 훼손이나 사막화 현상으로 사라져 버렸다고 합니다. 약 백만 종가량이 멸종된 것입니다. 이러한 추세가 계속된다면 2030년대쯤에는 동식물 중 40% 정도가 사라져 버릴 것이라고 합니다. 우리가 알고 있는 10여 종의 새 가운데서 무려 4종류가 사라져 버린다는 것입니다. 또 우리가 알고 있는 나무 10종류 중에서 4종류가 멸종한다는 것입니다. 이러한 동식물의 멸종이 인류의 운명에 얼마나 막대한 해를 끼치게 될지는 불을 보듯 뻔한 일입니다.

지구에는 약 6천 70만㎢의 삼림이 있다고 합니다. 그런데 그 가운데서 33%가 이미 훼손되어 버렸다고 합니다. '잘살아 보세'라는 구호 아래서 수많은 삼림이 공장이나 주거지로 탈바꿈했습니다. 특히 열대우림은 지구의 산소 공급량의 절반 이상을 감당하는 귀중한 삼림인데, 매년 남한 면적만큼 파괴되고 있다고 합니다.

이러한 속도대로라면 2천 년쯤에는 열대우림의 80% 정도가 사라지게 될 것입니다. 이것은 마치 지구의 허파가 병들어 20%의 기능밖에 감당하지 못하게 된다는 말과 같습니다. 1분에 20번 숨을 쉬던 사람이 단지 4번밖에 못 쉬게 된다면 과연 그가 정상적으로 살 수 있겠습니까? 지구 역시 마찬가지입니다. 이러한 지구의 위기는 곧바로 그 속에 사는 인류를 비롯한 모든 동식물의 생존을 위협하는 무서운 적이 될 것입니다.

1990년 봄에 어떤 조사 기관에서 일본 동경에 거주하는 3, 40대 직장인들을 대상으로 설문 조사를 실시한 적이 있습니다. 이 설문 조사의 핵심은 이것이었습니다. "현재 당신이 가장 불안하게 여기는 것 하나를 적으십시오." 그 당시 일본은 거품경제를 걷어 내느라 혹독한 시련을 겪고 있었습니다. 요즈음 우리 사회에서 문제가 되고 있는 조기퇴직, 명예퇴직이 꼬리를 물고 일어나고 있었고, 회사들마다 허리띠를 졸라매는 방편으로 평생고용제를 포기하려는 움직임도 활발하게 일어나고 있었습니다. 그래서 이 설문 조사를 주관했던 단체에서는 실직이 제1의 불안 요인으로 꼽힐 것이라 예상했습니다.

그러나 설문 조사 결과를 분석해서 보니 결과는 다소 엉뚱했습니다. 지구의 온난화가 최고의 불안 요인으로 꼽혔던 것입니다. 이외에도 프레온가스(Freongas)로 인한 오존층 파괴와 열대림의 벌목, 지구의 사막화가 6, 9, 10위를 차지하는 등 불안 목록 10개 항목 가운데 환경 위기와 관련된 것이 네 가지나 올라 있었습니다.

○ ○ ○ ○ ○ ○ ○ ○ ○ ○
자녀를 사랑하는 마음으로

이것만 보아도 우리가 지금 얼마나 무서운 재난 앞에 서 있는지를 분명히 알 수 있습니다. 그럼에도 우리나라 사람들은 아직도 정신을 못 차리고 '내일 죽을 테니 오늘은 신바람 나게 살자'라는 식으로 사는 것 같습니다. 오늘의 행복과 즐거움을 위해 자연을 마구 더럽히고 파괴하는 것입니다. 그러나 자녀를 사랑한다면 절대 그래서는 안 됩니다.

아미시(Amish) 속담에 이런 말이 있습니다. "우리는 우리 조상으로부터 이 땅을 물려받은 것이 아니다. 우리 자녀들로부터 그것을 빌려 쓰고 있는 것이다." 이 땅은 우리가 자녀들에게 물려줄 땅이 아니라 빌려 쓰다가 다시 돌려주어야 할 땅이라는 것입니다. 우리가 마시는 물과 숨쉬는 공기와 하늘과 산과 바다를 깨끗하게 보존했다가 후손들에게 돌려주어야 할 책임이 우리 모두에게 있습니다. 정말 자녀를 사랑한다면 자연을 함부로 파괴하거나 더럽혀 그들이 살 수 없는 곳으로 만들 수 없습니다. 자연이 파괴되는 것을 남의 일 보듯 방관할 수 없는 것입니다.

자연환경이 깨끗하기로 유명한 스웨덴에서는 유리병 하나를 33번까지 재활용하도록 법으로 규정해 놓고 있다고 합니다. 유리병을 재활용하는 만큼 유리병 생산이 줄어들게 될 것이고, 깨진 유리병이 자연을 훼손시키는 일도 그만큼 줄게 되기 때문입니다. 환경보호에 대한 관심이나 열의로 말하면 덴마크나 스위스도 스웨덴에 결코 뒤지지 않습니다. 덴마크에서는 눈을 씻고 찾아보아도 음료수나 통조림 캔을 발견할 수 없다고 합니다. 공해를 일으키는 일회용 캔은 아예 사용하지 못하도록 법으로 규정해 놓았기 때문입니다. 스위스는 지상낙원이라 할 정도로 이상적인 자연환경을 가지고 있는 나라입니다. 가만히 있어도 좋은 공기와 맑은 물을 마실 수 있고, 아름다운 산과 점점이 흩어져 있는 호수의 낭만적인 정경을 만끽하며 살 수 있습니다. 그럼에도 그들은 자연을 깨끗하게 보존하기 위한 노력을 한시도 게을리하지 않습니다. 이제 그들은 반농담조로 이런 말을 한다고 합니다. "우리나라에서는 공해 문제를 다 해결했다. 아직 마음에 걸리는 것이 하나 있다면 그것은 소음 공해를 일으키는 교회당의 종소리이다."

이런 나라들 이야기를 들으면 부러움과 아울러 한숨이 절로 납니다. 우리와 너무 비교가 되기 때문입니다. 우리나라는 도대체 어쩌자는 것인지 모르겠습니다. 말로는 '금수강산'이라고 자랑들을 하지만 그나마도 두 동강이 난 좁은 땅덩어리를 무슨 생각으로 그렇게 훼손시키는지 모르겠습니다. 공기와 물과 하늘과 땅이 다 못 살 정도가 되면 다른 나라로 집단 이주라도 할 생각입니까? 아니면 온 국민이 집단 자살이라도 하겠다는 것입니까?

전 세계가 환경을 보존하는 일에 열을 올리고 열심을 내는데 우리나라는 어떻게 된 일인지 자연을 보존하는 데 너무나 무관심합니다. 국가의 미래를 내다보고 환경을 살리는 바른 비전과 정책을 제시하고 그것을 강력하게 시행함으로써 국민을 올바르게 계도해야 할 정부조차 정신을 못 차리고 뒷돈을 받아 가며 환경 파괴에 앞장서고 있다는데 우리의 아픔이 있습니다.

버리는 것이 없게 하라

성경에서 '환경오염'이나 '자연 파괴' 문제와 직접적으로 연결될 수 있는 말씀을 찾아내기란 그리 쉽지 않습니다. 성경이 기록될 당시에는 오염이라는 말 자체가 필요 없을 정도로 모든 것이 깨끗하고 온전했기 때문입니다. 자연이 오염될까 봐 걱정할 필요도 없었습니다. 그 당시에는 인구도 그리 많지 않았을뿐더러 사람들이 먹고 입는 것들이라 해봐야 아무 데나 던져 놓으면 이내 썩어 버리는 그런 것들밖에 없었던 것입니다.

그러나 성경은 두 가지 사실을 분명하게 말씀하고 있습니다. 우주의 주인은 하나님이시며 우리는 그의 소유된 우주를 관리하는 청지기라는 것과 청지기로서 우리는 이 우주를 아름답게 관리하고 보존해야 할 책임이 있다는 것입니다.

그러면 우리가 청지기로서의 본분을 다하려면 어떻게 해야 합니까? 본문 말씀에서 예수님은 이 문제에 대해 매우 중요한 교훈 한 가지를 들려주십니다. 낭비하지 말고 절약하라는 것입니다.

오병이어의 이적은 네 복음서 모두에 기록되어 있는 대사건입니다. 예수님께서 많은 병자를 고치시는 이적을 본 많은 사람은 원근 각처에서 몰려들어 그분의 말씀을 듣고 있었습니다. 그 사이 시간은 많이 흘러 벌써 날이 저물기 시작했습니다. 사람들은 아마 하늘로부터 내려오는 신령한 은혜에 흠뻑 젖어 시장기를 전혀 못 느꼈던 것 같습니다. 그러나 말씀을 다 듣고 돌아갈 즈음이 되자 그들은 비로소 허기를 느끼기 시작했습니다. 예수님께서는 그들이 배가 고파 기진맥진하는 것을 보시고 한 아이가 가지고 있던 보리떡 5개와 물고기 2마리로 거기에 있던 모든 사람을 배불리 먹이는 엄청난 이적을 베푸셨습니다.

한 아이의 한 끼 식사밖에 안 되는 양을 가지고 장정만 5천 명에다 여자와 아이들까지 합하면 만 명이 족히 넘는 엄청난 군중을 배불리 먹였다고 상상해 보십시오. 그들이 얼마나 흥분했겠습니까? 그들 중에 어떤 이들은 예수님을 억지로 왕으로 모시려고까지 했습니다(요 6:15 참조). 그만큼 그 이적은 사람들을 흥분시켰던 것입니다.

배부르게 먹은 무리가 흩어져 가려고 할 때 예수님은 제자들을 불러 매우 귀중한 말씀을 한 마디 하셨습니다.

여기서 '버리는 것이 없게 하라'라는 말은 남은 조각들을 쓰레기통에 넣지 말라는 뜻이 아닙니다. 그 당시에는 쓰레기 문제를 언급하실 만큼 환경문제가 심각하지 않았기 때문입니다. 그렇다면 이 말이 무슨 뜻입니까? 낭비하지 말라는 것입니다.

제자들은 그 명령에 순종해서 무리를 헤집고 다니면서 그들이 먹다 남긴 떡 조각을 모았습니다. 먹어 보신 분들은 잘 아시겠지만, 보리떡은 그리 맛있는 음식이 아닙니다. 게다가 먹다가 남긴 딱딱한 부스러기라면 돼지한테나 던지고 싶지 절대 다시 먹고 싶지 않을 것입니다. 그리고 배고픈 군중이 먹고 남긴들 얼마나 남겼겠습니까?

게다가 거두려는 것은 온전한 덩어리가 아니고 부스러기들입니다. 실제로 거두어진 것도 겨우 12바구니 정도밖에 안 되었습니다. 요즘 사람들은 배낭이나 핸드백과 같은 가방을 휴대하고 다니지만, 그 당시 사람들은 천으로 만든 조그마한 주머니에다 음식물이나 여행에 필요한 물건들을 넣어서 메고 다녔습니다.

그러니까 12바구니라 해봐야 그리 대단한 양이 못 됩니다. 그들이 앉아 먹었던 들판에 그대로 내버려 두고 가면 개미나 새가 와서 먹어 버리면 그만일 정도로 하찮은 것들이었습니다. 더군다나 이것은 만여 명이 먹고 남긴 것치고는 너무나 보잘것없는 양이었습니다.

그럼에도 불구하고 주님께서 제자들에게 한 조각도 버리지 말고 거두라고 하신 이유가 무엇입니까? 성경이 그 이유를 분명히 밝히고 있지 않지만, 본문의 상황으로 미루어 볼 때 예수님 일행이 다음 한두 끼니를 해결하는 데 사용했을 것이라 추측해 볼 수 있습니다. 떡 조각을 모아서 12바구니에 담아 간 자들이 제자들이었다는 사실을 주목할 필요가 있습니다. 그들이 그걸 가지고 가서 뭘 했겠습니까? 그냥 버렸겠습니까? 그렇지 않습니다. 틀림없이 그날 저녁 한 끼를 해결하는데 썼을 것입니다.

예수님 일행은 재정이 그리 넉넉하지 못했습니다. 한번은 너무 배가 고픈 나머지 밀밭을 지나가다가 이삭을 잘라먹은 적도 있을 정도였습니다(마 12:1). 항상 재정적인 어려움을 겪고 있던 예수님 일행으로서는 비록 부스러기이긴 하지만 장정 13명이 한두 끼를 거뜬히 해결할 수 있는 양식을 거둔다는 것은 대단한 절약이었던 것입니다.

사실이 그렇다 해도 이와 같은 절약은 예수님께는 너무나 어울리지 않는 것이었습니다. 그분은 우리가 잘 아는 바와 같이 하나님의 아들이십니다. 세상에 있는 모든 것이 다 그의 손 안에 있습니다. 자기가 만드신 것들이기 때문에 원하시기만 하면 그 모든 것을 얼마든지 사용하실 수 있었습니다.

더군다나 그분은 떡 5개와 물고기 2마리로 만 명 이상을 먹이셨던 능력의 주님이셨습니다. 그런 위대하신 주님이 먹다 남은 떡 조각들을 버리지 못하게 하셨다니 정말 뜻밖이 아닐 수 없습니다. 왜 그렇게 하셨습니까? 하나님께서 주신 것은 먹다가 남은 부스러기라도 낭비하면 안 된다는 진리를 교훈하고 계시는 것입니다. 예수님께서는 만유의 주인이시면서도 스스로 하나님의 것을 낭비하지 않음으로써 낭비가 악이라는 것을 행동으로 보여 주신 것입니다.

○ ○ ○ ○ ○ ○ ○
탐욕은 우상숭배

예수님을 믿는 우리는 마땅히 예수님의 모범을 따라야 합니다. 무릇 경건하게 살고자 하는 자는 절약해야 합니다. 성경 그 어디를 보아도 있는 대로 흥청망청 낭비해도 좋다고 말하는 구절은 한 군데도 없습니다. 사도행전 24장 25절을 보십시오. 바울이 벨릭스 총독 부부에게 예수님을 믿는 도에 대해서 뭐라고 말했습니까?

> 바울이 의와 절제와 장차 오는 심판을 강론하니 벨릭스가 두려워하여 대답하되 지금은 가라 내가 틈이 있으면 너를 부르리라 하고
>
> _행 24:25

바울은 먼저 의에 대해서 이야기했습니다. "각하, 구원받으시려면 예수님을 믿어야 합니다. 예수님의 피로 말미암아 각하의 모든 죄가 용서함을 받을 것입니다. 그리고 하나님 앞에 의인으로 인정받게 될 것입니다." 그다음에 절제에 대해서 가르쳤습니다. "예수님을 믿어 의롭다 함을 얻은 후에는 지금처럼 살면 안 됩니다. 검소해야 합니다. 가진 것을 절약하여 선한 일을 위해서 쓰며 경건하게 살아야 합니다." 그 당시 왕이나 귀족들이 얼마나 호화롭고 사치스럽게 살았는지는 삼척동자라도 다 아는 일이었습니다.

그러나 바울은 절약하며 검소하게 살아야 한다고 강조했습니다. "만약 제가 말한 두 가지를 따르지 않으시면 당신에게 하나님의 심판이 임할 수 있습니다." 그러자 벨릭스는 바울의 말을 부담스럽게 여기고 그를 물러가게 했습니다. 왜 그렇게 했습니까? 바울이 말한 심판이 두렵기도 했지만, 그가 이제까지 누리던 사치스러운 생활을 포기하고 싶지 않았던 것입니다.

안타까운 일은 현대사회를 살고 있는 많은 그리스도인이 벨릭스와 별로 다르지 않게 행동한다는 것입니다. "예수님을 믿으면 구원받습니다"라고 말하면 할렐루야를 외치지만, "구원받은 자라면 절약하고

절제하며 살아야 됩니다"라고 말하면 분위기가 썰렁해집니다. 그러나 예수님을 믿는 사람이라면 조금 적게 쓰고, 불편하게 살아도 자족하는 마음으로 하나님께 감사하며 살아야 정상일 것입니다.

항상 기뻐하라 쉬지 말고 기도하라 범사에 감사하라 이는 그리스도
예수 안에서 너희를 향하신 하나님의 뜻이니라_살전 5:16-18

예수님을 주님으로 모시는 자라면 마땅히 범사에 감사해야 합니다. 약간의 부족과 불편이 있을지라도 감사하며 받아들일 수 있어야 한다는 말입니다. 그것이 하나님의 뜻이기 때문입니다.

물론 풍요로운 세상을 즐기려는 경향이 강한 현실에서 절제가 쉽지 않다는 것은 우리가 경험적으로 잘 알고 있는 사실입니다. 우리 마음 바닥에는 다소 차이가 있을지는 몰라도 탐욕이 웅크리고 있기 때문입니다. 탐욕이 살아 있는 한 약간의 부족과 불편을 감사하기는 어렵습니다. 그러므로 탐욕을 버려야 합니다.

그러므로 땅에 있는 지체를 죽이라 곧 음란과 부정과 사욕과 악한
정욕과 탐심이니 탐심은 우상숭배니라_골 3:5

바울은 탐심 곧 탐욕을 우상숭배라고까지 했습니다. 탐심을 십자가에 못 박아야 합니다.

음행과 온갖 더러운 것과 탐욕은 너희 중에서 그 이름조차도 부르지
말라 이는 성도에게 마땅한 바니라_엡 5:3

탐욕스러운 말은 농담이라도 우리 입에 담아서는 안 됩니다. 어떻게 하면 이 탐욕을 이길 수 있습니까? 탐욕을 이기는 길은 다른 데 있지 않습니다. 절약하고 절제하는 수밖에 없습니다.

절약 - 자연 보호의 첫걸음

그리스도인은 세상에 살고 있지만, 하늘에 시민권을 둔 천국의 백성들입니다. 우리는 주님이 임하시는 그 나라가 이 땅에 속히 임하기를 고대하고 있습니다. 하나님 나라는 반드시 완성될 것입니다. 그러나 우리의 헌신과 희생 없이는 그 나라의 완성을 기대할 수 없습니다.

그렇다면 우리가 그 나라를 위해 어떻게 헌신해야 합니까? 이 땅에 하나님의 나라를 세우기 위해서 물질로 헌신할 수 있을 것입니다. 그러나 무조건 물질만 드린다고 다 헌신이라고 말할 수는 없습니다. 자기 마음껏 쓰고 남으면 드리는 것은 헌신이라고 할 수 없기 때문입니다. 한 푼이라도 아끼고 절약해서 하나님 나라를 위해 드려야 헌신이라고 말할 수 있는 것입니다. 그럴 때 하나님 나라가 이 땅에 임하는 것입니다.

하나님께서 주신 이 땅을 보호하는 것 역시 우리가 하나님 나라를 위해 헌신할 수 있는 한 방법입니다. 우리는 하나님의 동산을 아름답게 보존하고 가꾸어야 할 관리자입니다. 만일 관리자가 동산을 어떻게 잘 가꾸고 보존할까를 생각하기보다 자기 탐욕을 좇아 마음껏 먹고 마시며 흥청거리고 노는 데만 정신이 팔려 있다면 그 동산은 망가지고 말 것입니다.

그러므로 탐욕을 절제하고 "남은 조각을 버리지 말고 모으라" 하셨던 예수님의 절약 정신을 배워야 합니다. 절약하는 사람치고 사치와 낭비를 일삼거나 자연을 함부로 해치는 사람은 없습니다. 우리가 조금만 더 절약한다면 머지않아 우리의 병든 자연이 아름답게 치유될 것입니다.

그런 의미에서 절약은 자연보호의 첫걸음이라고 할 것입니다. 우리가 작은 것 하나라도 절약하면 자연보호에 엄청난 기여를 할 수 있습니다. 화장지를 예로 들어 봅시다. 우리나라 사람들은 콧물이 약간만 나도 한꺼번에 화장지를 두세 장씩 뽑아서 쓴 후 바로 휴지통에 던져 넣지 않습니까? 그러나 독일 사람들은 한 번 쓴 화장지라도 접어서 호주머니에 넣어 두었다가 여러 번 사용하여 너덜너덜해진 후에야 비로소 버린다고 합니다.

한 사람이 하루에 휴지 1장씩만 덜 뽑아 쓰면 무려 4천만 장을 아낄 수 있습니다. 4천만 장이면 100매짜리 고급 화장지 40만 통에 해당하는 물량입니다. 40만 통을 아끼면 몇 그루의 나무를 살릴 수 있는지 저는 정확히 모릅니다. 그래서 그 구체적인 수치를 알고 싶어서 환경부에 문의해 보았습니다만 별 뾰족한 대답을 못 얻었습니다. 자기들도 그런 계산은 안 해봐서 잘 모르겠다는 것이었습니다. 환경부에서 일하면서 환경보호에 대해 구체적인 연구를 하지 않는 게 아닌가 하는 인상을 받아 제 마음이 착잡했습니다.

사랑의교회가 한 해 동안 전기를 얼마나 많이 썼나 하고 조사해 본 일이 있습니다. 1년 동안 쓴 전기료는 대략 9천만 원 정도였습니다. 전기료만 거의 1억에 가까운 돈을 지출한 셈입니다.

만일 우리가 전기를 조금만 더 아껴 쓰면 10% 정도는 절약할 수 있을 것입니다. 돈으로 따지면 천만 원 정도를 벌 수 있는 것입니다. 그렇게 되면 우리가 영혼을 구원하는 일이나 우리 어린 자녀들을 하나님의 말씀으로 교육하고 이웃들에게 사랑을 베푸는 데 그만큼 더 투자할 수 있을 것입니다.

그뿐 아닙니다. 우리가 전기를 천만 원 정도 적게 쓰면 그만큼 발전량을 줄일 수 있게 될 것이고, 결과적으로 발전소를 가동하는 과정에서 발생하는 오염도 그만큼 줄게 될 것입니다. 일거삼득의 효과를 얻을 수 있는 것입니다.

그럼에도 사람들이 교회에서 전기를 사용하는 것을 보면 얼마나 낭비가 심한지 모릅니다. 집회 시간이야 당연히 불을 켜 놓아야 하겠지만 모임이 폐한 후에는 마지막으로 나가는 사람이 불을 끄고 나가야 하지 않겠습니까? 그런데 그것조차 안 하는 것입니다. 집회가 끝난 뒤 사람이 하나도 없는데도 불구하고 불을 그대로 켜 놓고 가 버린 것을 한두 번 본 게 아닙니다. 물론 교회에 청소하는 분들이 계시지만 언제 일일이 따라다니며 불을 끄겠습니까? 그래서 제가 일전에는 교역자들을 나무랐습니다. 교인들이 전기를 아끼는 습관이 안 되어 있으면 교역자라도 남아서 끄고 나가야 될 것 아니냐고 말입니다.

저는 교회에 있는 제 사무실에 혼자 있을 때는 책상 위에 있는 스탠드 하나만을 켭니다. 천정에 붙어 있는 전등은 될 수 있는 대로 켜지 않으려고 합니다. 그러다가 어둑어둑해지는 저녁 무렵에는 반 정도만 켭니다. 물론 손님을 맞아야 할 때는 전부 다 켜기도 하지만 그가 가고 나면 다시금 스위치를 내립니다. 우리 모두가 전기를 조금만 아끼면 1년에 천만 원 이상을 절약하여 더 선한 사업에 유용하게 쓸 수 있다는 사실을 꼭 명심하시기 바랍니다. 그리고 환경을 보전하는 데 한몫을 감당하게 된다는 사실도 잊지 말아야 할 것입니다.

물도 마찬가집니다. 화장실에 가 보신 분들은 "1분간 물을 트는 데 22원입니다"라는 팻말이 붙어 있는 것을 보셨을 것입니다. 어떤 사람들을 보면 손이나 얼굴을 씻을 때 수도꼭지를 계속 틀어 놓은 채 비누

질을 하거나 씻습니다. 무슨 특별한 나쁜 의도가 있어서라기보다 습관적으로 그렇게 하는 것입니다. 그러나 우리가 물을 그렇게 마구 낭비해서는 안 됩니다. 썩은 한강물을 사람이 마실 수 있을 정도로 정제하는 데 화학약품과 전기가 얼마나 많이 사용되는지 아십니까? 우리가 물을 적게 쓰면 쓸수록 그만큼 자연보호에 기여하는 것입니다.

우리가 거주하는 집은 어떻습니까? 우리는 대부분 조금 더 넓은 주택을 선호하는 경향이 있습니다. 그러나 우리가 지금보다 주거지를 5평만 줄인다면 어떻게 될까요? 50평에 살던 사람은 45평에 살고, 20평에 살던 사람은 5평이 지나치면 1평만 줄여 19평에 살아 보자는 말입니다. 5평이 아니라 1, 2평만 줄여도 그 효과는 대단할 것입니다. 줄어드는 평수만큼 난방용 연료를 절약할 수 있고, 청소하는 데 사용하는 물도 아낄 수 있고, 집 크기가 줄어드는 만큼 자연을 덜 침해할 수도 있는 것입니다.

언제 이 땅에 반딧불이가 다시 돌아오겠습니까? 언제 서울 하늘에서 하얗게 솜털처럼 피어오르는 뭉게구름을 바라볼 수 있겠습니까? 언제쯤 개구쟁이들이 발가벗고 개천에 들어가서 물놀이를 하고, 미꾸라지 잡느라고 흙탕물을 뒤집어쓰며 깔깔대는 모습을 보면서 살 수 있겠습니까? 언제 쏟아질 듯이 황홀하게 반짝거리는 은하수를 올려다보며 정담을 속삭일 수 있겠습니까?

우리의 욕심 때문에 하나님께서 관리하라고 맡기신 이 아름다운 금수강산이 난지도처럼 냄새나는 쓰레기장으로 변해 가고 있습니다. 경제발전의 미명 아래 수많은 산하를 파헤치고 공장을 지어 폐수를 흘려보낸 결과 생태계가 엄청나게 파괴되고, 땅과 물과 공기 어느 것 하나 오염되지 않고 온전하게 남아 있는 것이 없을 정도가 되었습니다. 내일이야 어찌 되든 오늘은 즐기자라며 자연을 함부로 훼손하고 더럽힌 결과, 하나님의 동산을 황무지로 만들어 버린 것입니다.

그러나 지금이라도 늦지 않습니다. 지금부터라도 정신을 차립시다. 가정에서부터 작은 것 하나라도 절약하고 절제하려고 몸부림칩시다. 어린 자녀들이 왜 그렇게 화장지를 함부로 없앱니까? 왜 교회나 공공장소의 화장실에 들어가서 적당하게 쓰면 될 화장지를 마구 풀어서 내버립니까? 그런 행동을 어디에서 배웠겠습니까? 가정에서 배운 것입니다. 가정에서 화장지 한 장이라도 아끼도록 교육받지 못했기 때문입니다.

사랑의교회는 이미 오래 전부터 쓰레기 분리수거함을 설치해 두고 환경 보호에 힘써 왔습니다. 그러나 가만히 지켜보면 어른으로부터 주일학교 아이들에게 이르기까지 아직도 분리수거에 관심이 없는 사람들이 너무 많습니다. 분명히 '종이류'라는 글씨가 선명하게 붙어 있는 것을 보면서도 비닐봉지나 플라스틱 같은 것을 던져 넣는 것입니다. 환경보호에 대해 아무 생각이 없는 것입니다.

이런 식으로 환경을 보호하기 위한 작은 일 하나조차 무시하고 살다가는 우리 모두 이 땅에서 더 이상 살아남을 수 없게 될지 모릅니다. 우리나라보다 몇 배로 크고 아름다운 자연을 가진 선진국들이 환경을 보호하는 데 사력을 다하고 있는데 우리가 이런 식으로 하면 어떻게 되겠습니까?

20년 후에 우리 자녀들은 통일이 안 되었다고 우리 부모들을 욕하지는 않을 것입니다. 경제적으로 좀 넉넉하게 살지 못하는 것 때문에 부모를 저주하지는 않을 것입니다. 그러나 탁한 공기와 악취 나는 물과 온갖 오물로 뒤덮인 쓰레기 처리장 같은 이 땅을 물려준 그것 때문에 우리를 원망하고 저주할 것입니다.

만유의 주인이신 예수님은 먹다 남은 떡부스러기조차 낭비하지 않으셨습니다. 하나님의 것이기에 아끼고 보존하는 데 앞장서셨던 것입니다. 지금도 주님은 우리에게 이렇게 말씀하십니다. "남은 조각을 거두고 버리는 것이 없게 하라." 죽어가는 자연을 살리고 보존하는 길은 절약밖에 없습니다. 우리 모두 주님의 절약 정신을 본받아 절약을 생활 속에서 실천합시다.

그러나 우리만 잘해 보려고 하는 선에 머물러서는 안 됩니다. 다른 사람들에게 예수님의 절약 정신을 알려야 합니다. 그들도 자연을 살리는 일에 동참하도록 만들어야 합니다. 우리 후손들에게 썩은 강토를 넘겨주면서 '금수강산'이라고 떠벌리는 사기꾼이 되지 않으려면 온 국민이 한 마음이 되어 자연을 살리는 일에 힘을 모아야 합니다. 그럴 때 이 병든 한반도가 치료될 수 있습니다. 금수강산이 될 수 있습니다.

국제제자훈련원은 건강한 교회를 꿈꾸는 목회의 동반자로서 제자 삼는 사역을 중심으로
성경적 목회 모델을 제시함으로 세계 교회를 섬기는 전문 사역 기관입니다.

옥한흠 전집 주제 **08**

그리스도인의 자존심 | 희망은 있습니다

초 판 1쇄 인쇄   2021년 9월 10일
초 판 1쇄 발행   2021년 9월 20일

지은이   옥한흠
디자인   참디자인 (02.3216.1085)

펴낸이   오정현
펴낸곳   국제제자훈련원
등 록   제2013-000170호 (2013년 9월 25일)
주 소   서울시 서초구 효령로68길 98 (서초동)
전 화   02.3489.4300
팩 스   02.3489.4329
이메일   dmipress@sarang.org

ISBN   978-89-5731-843-0 04230
           978-89-5731-835-5 04230(세트)

* 책값은 뒷 표지에 있습니다. 잘못된 책은 구입하신 곳에서 교환해드립니다.